U0581649

罗文东 主 编
吴 波 代金平 副主编

ZHONGGUOTESE SHEHUIZHUYI
LILUNTIXI XINLUN

中国特色社会主义理论体系新论

人民出版社

Contents

目 录

导　论
当代中国发展进步的科学指南和精神支柱

马克思列宁主义普遍真理与中国具体实际相结合，经过八十多年的艰辛探索，发生了两次历史性飞跃，产生了两大理论体系。第一次飞跃发生在新民主主义革命时期，形成了关于中国革命的正确的理论原则和经验总结，即新民主主义革命理论体系。第二次飞跃发生在社会主义建设时期，形成了关于中国社会主义建设的正确的理论原则和经验总结，即中国特色社会主义理论体系。这两大理论体系都是党和人民实践经验和集体智慧的结晶，都是党最可宝贵的政治和精神财富。

新中国成立以来，特别是改革开放以来，中国社会主义建设取得了举世瞩目的成就，不仅积累了丰富的实践经验，而且形成了不断创新的理论成果。早在1956年4月，毛泽东同志在中央政治局扩大会议上就提出："最重要的是要独立思考，把马列主义的基本原理同中国革命和建设的具体实际相结合。民主革命时期，我们吃了大亏之后才成功地实现了这种结合，取得了新民主主义革命的胜利。现在是社会主义革命和建设时期，我们要进行第二次结合，找出在中国怎样建设社会主义的道路。"[①]在新世纪新阶段，胡锦涛同志进一步指出：中国特色社会主义理论体系是马克思主义中国化最新成果，总体上属于马克思列宁主义同中国实际相结合的第二次历史性飞跃的理论成果。[②] 这些重要论断深刻揭示了中国特色社会主义理论体系孕育、产生和发展的历史脉络及其在马克思主义中国化进程中的历史地位，为人们学习和研究中国特色社会主义理论体系提供了

---

① 中共中央文献研究室编：《毛泽东传（1949—1976）》（上），中央文献出版社 2003 年版，第506 页。
② 参见习近平：《关于中国特色社会主义理论体系的几点学习体会和认识》，《学习与研究》2008 年第 3 期。

重要依据。

党的十七大在总结改革开放历史进程和宝贵经验的基础上,创造性地提出和阐述了中国特色社会主义理论体系,并将它和中国特色社会主义道路一起,纳入中国特色社会主义伟大旗帜的总范畴。其中,中国特色社会主义道路,就是在中国共产党领导下,立足基本国情,以经济建设为中心,坚持四项基本原则,坚持改革开放,解放和发展社会生产力,巩固和完善社会主义制度,建设社会主义市场经济、社会主义民主政治、社会主义先进文化、社会主义和谐社会,建设富强、民主、文明、和谐的社会主义现代化国家。中国特色社会主义理论体系,是对建设中国特色社会主义波澜壮阔的伟大实践和基本经验的集中反映和科学概括。中国特色社会主义伟大旗帜则是中国特色社会主义道路和中国特色社会主义理论的有机统一,指引着当代中国发展进步的正确方向,奠定了全党全国人民团结的共同思想基础和政治纲领。高举中国特色社会主义伟大旗帜,既要在中国特色社会主义理论体系指导下,不断探索中国特色社会主义的发展道路,又要在探索中国特色社会主义发展道路的实践中,不断丰富和发展中国特色社会主义理论体系。深入学习和研究中国特色社会主义理论体系,对于高举中国特色社会主义伟大旗帜,坚持中国特色社会主义发展道路,开创我国改革开放和社会主义现代化建设新局面,无疑具有非常重要的意义。本书就是研究和阐述中国特色社会主义理论体系的一个新的探索和尝试。

一、中国特色社会主义理论体系的研究对象和基本问题

马克思主义创始人曾经说过:"一切划时代的体系的真正的内容都是由于产生这些体系的那个时期的需要而形成起来的。所有这些体系都是以本国过去的整个发展为基础的,是以阶级关系的历史形式及其政治的、道德的、哲学的以及其他的后果为基础的。"[①]中国特色社会主义理论体系是解决中国这样经济、文化落后国家在改革开放和发展社会主义市场经济的条件下如何建设社会主义、如何巩固和发展社会主义这一历史性课题应运而生的,是系统研究中国社会主义建设的本质规律的科学。这一理论体系是以我国近现代的整个历史发展为客观依据的,特别是党的十一届三中全会以来改革开放和现代化建设波澜壮阔

---

① 《马克思恩格斯全集》第3卷,人民出版社1960年版,第544页。

的实践为其产生提供了现实基础。

众所周知,社会主义在由理论变为现实的过程中,并不像马克思主义创始人所预言的那样,首先发生在先进发达的资本主义国家,而是发生在经济文化落后的国度里。这就要求共产党人既坚持科学社会主义基本原则,又从各个历史时期和各国具体国情出发,探索社会主义有效的实现形式。列宁过早去世,来不及解决这个难题,但他已经意识到社会主义在发达资本主义国家"开始困难,继续比较容易";反之,在经济文化落后国家,则"开始容易,继续比较困难"①。斯大林同反对在经济文化落后国家建设社会主义的错误倾向进行斗争,并在实践中构建了第一个社会主义体制模式。这种体制模式对苏联的强大和世界格局的转变发挥过积极作用,有其历史的必然性和合理性,但随着时代主题的变化和社会主义建设实践的发展,越来越阻碍社会主义国家生产力的进一步发展和人民生活水平的提高,其历史的过渡性和局限性日益显露。新中国成立以后,以毛泽东为代表的中国共产党人就开始探索中国自己的社会主义建设道路,既取得了巨大成就和宝贵经验,又出现过严重的曲折和失误。直到党的十一届三中全会以后,随着改革开放和社会主义现代化建设的全面展开和不断推进,我们党才正式提出建设中国特色社会主义的概念范畴和理论体系,才更加自觉地研究和解决经济文化落后国家如何建设社会主义、如何发展社会主义这个当今时代的重大课题。因此,中国特色社会主义建设的伟大实践也就成为了中国特色社会主义理论体系的研究对象。

建设中国特色社会主义需要正确认识和解答什么是社会主义、怎样建设社会主义,建设什么样的党、怎样建设党,实现什么样的发展、怎样发展三大基本问题。对这些基本问题的认识程度,决定着中国特色社会主义理论的发展水平。迄今为止,中国特色社会主义理论体系中的邓小平理论、"三个代表"重要思想、科学发展观就是分别以这三个基本问题为重点,从不同角度和侧面比较系统地初步揭示了建设中国特色社会主义的思想路线、发展道路、发展阶段、发展战略、根本任务、发展动力、依靠力量、国际战略、领导力量和根本目的,形成了一系列新思想新观点,深化了对社会主义建设规律、共产党执政规律和人类社会发展规律的认识,从而把对社会主义的认识提高到一个新的科学水平。这是我们党对马克思主义理论和社会主义事业作出的新的重大贡献。

中国特色社会主义理论体系的各个组成部分之间既是一脉相承,又是与时

---

① 《列宁全集》第 34 卷,人民出版社 1985 年版,第 343 页。

俱进的。这个"脉"从理论主题上说,都是以建设中国特色社会主义为共同主题的;从理论基础上说,都是坚持以马克思列宁主义、毛泽东思想为指导的;从实践基础上说,都是立足于我国正处于并将长期处于社会主义初级阶段这个最大国情的;从理论目标上看,都是为了实现中国最广大人民的根本利益的。这个"进"主要表现在邓小平理论、"三个代表"重要思想、科学发展观都坚持从实际出发,注重总结改革开放不同时期、不同阶段的实践经验,注重解决不同时期、不同阶段的新矛盾新问题,对中国特色社会主义理论体系的产生和发展都作出了各自独特的贡献。十一届三中全会以来,以邓小平为主要代表的中国共产党人,坚持解放思想、实事求是的思想路线,实现全党工作中心向经济建设的转移,开启了改革开放的伟大历史进程,第一次比较系统地初步回答了"什么是社会主义、怎样建设社会主义"这个首要问题,创立了邓小平理论,标志着中国特色社会主义理论体系的正式诞生。十三届四中全会以来,以江泽民同志为主要代表的中国共产党人,应对国内外政治风波和经济风险、自然灾害等种种考验,在准确把握世情、国情、党情变化的基础上,进一步回答了"什么是社会主义、怎样建设社会主义"这个首要问题,创造性地回答了"建设什么样的党、怎样建设党"这个关键问题,创立了"三个代表"重要思想,深化和发展了中国特色社会主义理论体系。十六大以来,以胡锦涛同志为主要代表的中国共产党人,总结我国发展实践,借鉴国外的发展经验,适应新的发展要求,创立了以人为本、全面协调可持续发展的科学发展观,进一步回答了"什么是社会主义、怎样建设社会主义"和"建设什么样的党、怎样建设党"这两个重大问题,创造性地回答了"实现什么样的发展、怎样发展"这个根本问题,丰富和完善了中国特色社会主义理论体系。中国特色社会主义理论体系之所以正确,之所以能够引领当代中国的发展进步,根本原因就在于它既破除了对马克思主义的教条式理解,又抵制了抛弃社会主义基本制度的错误倾向;既坚持了科学社会主义的基本原则,又具有鲜明的时代特征和中国特色;既继承前人的优秀成果,又开拓理论发展的新境界,是符合中国实际的、引领时代潮流的马克思主义。

二、中国特色社会主义理论体系的逻辑结构和鲜明特点

任何一个理论体系都有比较严密的逻辑结构,即概念、原理之间的内在逻辑联系,否则,就不成其为理论体系,人们也难以完整地、系统地把握这个理论体

系。中国特色社会主义理论体系,是以客观事实为依据,以我国改革开放和现代化建设实践为基础,以完整的逻辑形式反映经济文化落后的中国怎样认识社会主义、怎样建设社会主义这一当今时代的主题,深刻揭示中国社会主义的本质特征和发展规律。研究这个理论体系的逻辑结构和鲜明特点,便于人们从理论和实践相结合的高度,从各个层次全面逐步地把握中国特色社会主义理论体系的科学内涵和精神实质。

1. 中国特色社会主义理论体系的哲学基础和"精髓"

马克思主义哲学——辩证唯物主义和历史唯物主义是中国特色社会主义理论的哲学依据。马克思主义哲学所包含的客观的观点、联系的观点、发展的观点、实践的观点、群众的观点,是中国特色社会主义理论一贯坚持的立场、观点与方法。它们不仅指导中国特色社会主义理论体系的孕育、产生和发展,而且贯穿于这一理论体系的一切方面,使这一理论的科学体系得以确立。因此,马克思主义哲学是中国特色社会主义理论体系的世界观和方法论基础,是该理论体系的最高层次。

作为马克思主义的根本观点、根本方法,解放思想、实事求是是中国特色社会主义理论体系的精髓。把马克思主义的要义,特别是其哲学——辩证唯物主义和历史唯物主义的精神实质概括为"实事求是",是以毛泽东和邓小平为主要代表的中国共产党人的理论创造,是马克思主义中国化的典范。早在1978年6月,邓小平在《在全军政治工作会议上的讲话》中就提出:"实事求是,是毛泽东思想的出发点、根本点",也是"马克思主义的根本观点,根本方法"[1]。此后,他多次从哲学世界观和方法论的高度来阐发"实事求是"的理论观点和思想路线。1978年12月,邓小平在中央工作会议闭幕会上深刻指出:"实事求是,是无产阶级世界观的基础,是马克思主义的思想基础。过去我们搞革命所取得的一切胜利,是靠实事求是;现在我们要实现四个现代化,同样要靠实事求是。"[2]1980年2月,他在党的十一届五中全会上指出:"三中全会确立了,准确地说是重申了党的马克思主义的思想路线。马克思、恩格斯创立了辩证唯物主义和历史唯物主义的思想路线,毛泽东同志用中国语言概括为'实事求是'四个大字。实事求是,一切从实际出发,理论联系实际,坚持实践是检验真理的标准,这就是我们党

---

① 《邓小平文选》第二卷,人民出版社1994年版,第114页。
② 同上书,第143页。

的思想路线。"①1992 年年初,他在视察南方的谈话中还强调:"实事求是是马克思主义的精髓。要提倡这个,不要提倡本本。我们改革开放的成功,不是靠本本,而是靠实践,靠实事求是。"②

我们党坚持马克思主义思想路线的一个显著特点,就是把解放思想与实事求是辩证地统一起来,不断开创中国特色社会主义事业的新局面。在 20 世纪 70 年代末,党中央为了恢复实事求是的思想路线,把全党的思想解放视为头等大事。邓小平指出:"解放思想,开动脑筋,实事求是,团结一致向前看,首先是解放思想。只有思想解放了,我们才能正确地以马列主义、毛泽东思想为指导,解决过去遗留的问题,解决新出现的一系列问题,正确地改革同生产力迅速发展不相适应的生产关系和上层建筑,根据我国的实际情况,确定实现四个现代化的具体道路、方针、方法和措施。"③在他看来,解放思想是实事求是的题中应有之义,二者是有机统一的。"解放思想,就是使思想和实际相符合,使主观和客观相符合,就是实事求是。今后,在一切工作中要真正坚持实事求是,就必须继续解放思想。"④党的十七大在总结改革开放的实践经验的基础上,进一步强调:"解放思想是发展中国特色社会主义的一大法宝。"⑤从哲学上讲,中国特色社会主义理论体系之所以有强大的生命力,就在于它坚持辩证唯物主义和历史唯物主义的认识路线,坚持解放思想、实事求是的根本原则,依据变化发展的国际形势和我国的具体实际,克服理论脱离实际的唯心主义和形而上学,不断巩固和发展中国特色社会主义。

中国特色社会主义理论体系在创造性地运用唯物辩证法分析和解决当代中国改革开放和现代化建设问题的过程中,还丰富和发展了辩证唯物主义和历史唯物主义的世界观(包括历史观)和方法论。1985 年邓小平在党的全国代表会议上语重心长地说:"我们现在要建设有中国特色的社会主义,时代和任务不同了,要学习的新知识确实很多,这就更要求我们努力针对新的实际,掌握马克思主义基本理论。因为只有这样,才能提高我们运用它的基本原则和基本方法,来积极探索解决新的政治经济社会文化基本问题的本领,既把我们的事业和马克思主义理论本身推向前进,也防止一些同志,特别是一些新上来的中青年同志在

① 《邓小平文选》第二卷,人民出版社 1994 年版,第 278 页。
② 《邓小平文选》第三卷,人民出版社 1993 年版,第 382 页。
③ 《邓小平文选》第二卷,人民出版社 1994 年版,第 141 页。
④ 同上书,第 364 页。
⑤ 《中国共产党第十七次全国代表大会文件汇编》,人民出版社 2007 年版,第 1—2 页。

日益复杂的斗争中迷失方向。""熟悉马克思主义的基本理论,从而加强我们工作中的原则性、系统性、预见性和创造性。只有这样,我们党才能坚持社会主义道路,建设和发展有中国特色的社会主义,一直达到我们的最后目的,实现共产主义。"①马克思主义哲学既是中国特色社会主义理论体系的哲学基础,又是其最高层次的组成部分。解放思想、实事求是,作为马克思主义根本观点、根本方法和党的思想路线的核心内容,是贯穿中国特色社会主义理论体系的各个方面及其产生发展全过程的"精髓"。我们应该善于从马克思主义哲学的高度,来研究和把握中国特色社会主义理论体系的历史地位和指导意义。

2. 中国特色社会主义理论体系的重要基石

所谓理论基石,就是某个科学体系或学说赖以产生和发展的最基本的根据或原理,在整个理论中处于基础地位,起着决定性的作用。恩格斯在阐发科学社会主义理论时,认为马克思有两个重大发现:一是"新的历史观"即唯物史观,它揭示了"人类历史的发展规律","对于社会主义的观念有极其重要的意义";二是"剩余价值理论",它"彻底弄清了资本和劳动的关系",揭示了"现代资本主义生产方式和它产生的资产阶级社会的特殊的运动规律",得出社会主义、共产主义必然代替资本主义的科学结论。因此,"现代科学社会主义就是以这两个重要事实为依据的"②。列宁进一步提出历史唯物主义和剩余价值理论是科学社会主义的"基石",正因为有了这两大发现,才使社会主义从空想变成科学。同样,社会主义本质理论、社会主义初级阶段理论、社会主义市场经济理论,从理论上阐明了什么是社会主义以及在我国现实情况下社会主义所处的历史阶段和社会主义的实践形式,对中国特色社会主义理论体系起着奠基的作用,理论体系的其他部分都是这些基本原理的具体展开和深化。它们是中国特色社会主义理论体系中最基础性的理论内容,没有它们便不能建立中国特色社会主义理论体系。

其中,社会主义本质理论是对社会主义的主要属性和特征的高度概括,是社会主义理想目标的深刻体现。邓小平在1992年初视察南方的谈话中指出:"社会主义的本质,是解放生产力,发展生产力,消灭剥削,消除两极分化,最终达到共同富裕。"③这个论断既揭示了社会主义要消灭剥削、消除两极分化,最终实现

---

① 《邓小平文选》第三卷,人民出版社1993年版,第146—147页。

② 参见《马克思恩格斯选集》第3卷,人民出版社1995年版,第328—338、776—778页。

③ 《邓小平文选》第三卷,人民出版社1993年版,第373页。

共同富裕的长远目标,又强调社会主义解放生产力、发展生产力的根本任务。这两个方面相互联系,共同构成了对社会主义本质的完整认识,反映了我们现阶段对社会主义的认识水平和实现程度。社会主义本质要贯穿在社会主义革命和建设的全过程和各个方面。我们党关于社会主义本质的论述,从根本上回答了什么是社会主义、如何建设社会主义的问题,是中国特色社会主义所有理论观点的根基。

社会主义初级阶段理论是对社会主义的发展阶段和发展进程以及中国社会主义所处的历史方位的科学认识,是我们党对人类社会的发展规律和中国的基本国情的正确判断。十一届三中全会以来,党中央正确地分析国情,作出我国还处于社会主义初级阶段的科学论断。它包括两层含义:一是我国已经进入社会主义社会,我们必须坚持而不能离开社会主义;二是我国的社会主义正处于并将长期处于初级阶段,我们必须正视而不能超越这个阶段。党的十五大报告指出:"社会主义是共产主义的初级阶段,而中国又处在社会主义的初级阶段,就是不发达的阶段。在我们这样的东方大国,经过新民主主义走上社会主义道路,这是伟大的胜利。但是,我国进入社会主义的时候,就生产力发展水平来说,还远远落后于发达国家。这就决定了必须在社会主义条件下经历一个相当长的初级阶段,去实现工业化和经济的社会化、市场化、现代化。"①这个阶段不是泛指任何国家进入社会主义都会经历的起始阶段,而是特指我国生产力落后、商品经济不发达必然要经历的历史阶段。千里之行,始于足下。在中国建设社会主义,就只能从社会主义初级阶段的实际出发,而不能从主观愿望出发,不能从某种外国模式出发,不能从对马克思主义著作中个别论断的教条式理解和附加到马克思主义名下的某些错误论点出发。社会主义初级阶段理论不仅是中国特色社会主义实践的出发点,而且是中国特色社会主义理论的立足点。它是中国特色社会主义理论体系的重要基础和重要组成部分,是我们党制定路线、方针、政策的现实根据和理论前提。

社会主义市场经济理论揭示了社会主义生产力和生产关系矛盾运动的规律和中国社会主义经济形态的本质特征,是数百年来人类经济学说史上最重大的思想成果。把社会主义同市场经济结合起来,是我们党的一个伟大创举。十一届三中全会以来,邓小平深刻分析世界经济的发展变化,总结我国经济建设的经验教训,明确提出社会主义也可以搞市场经济。党的十四大确定,我国经济体制

----

① 《中国共产党第十五次全国代表大会文件汇编》,人民出版社1997年版,第15页。

改革的目标是建立社会主义市场经济体制。这符合世界经济发展的客观规律和我国生产力发展的客观要求。党的十五大和十六大又对建立社会主义市场经济体制的理论和实践成果进行总结,回答了发展社会主义市场经济的一些比较深层次的问题,坚持社会主义市场经济的改革方向。由于社会主义市场经济是同社会主义基本经济制度、基本政治制度和社会主义精神文明结合在一起的,这就要解决如何把市场经济与社会主义公有制和国家宏观调控结合起来、同社会主义民主法制建设结合起来、同社会主义思想道德建设结合起来等复杂课题。因此,社会主义市场经济理论关系我国改革开放和社会主义现代化建设的全局,是中国特色社会主义理论的经济学基础和重要原理。

3. 中国特色社会主义理论体系的主要内容

中国特色社会主义理论既是抽象的,又是具体的。它不仅从哲学的高度阐明了建设中国特色社会主义世界观和方法论基础以及建设中国特色社会主义的普遍规律和一般原则,而且从中国社会主义初级阶段的实际出发,阐明了中国特色社会主义经济建设、政治建设、文化建设、社会建设、对外战略和党的建设的一系列重要原理,在更具体的层次上揭示中国特色社会主义的本质属性、实现形式和发展规律。

中国特色社会主义经济建设、政治建设、文化建设、社会建设、国防和军队建设、外交工作以及党的建设等方面的重要原理,体现着建设中国特色社会主义的基本纲领和战略部署,是党的基本理论、基本路线在经济社会各方面的贯彻实施和生动体现。党的十五大根据邓小平理论和党的基本路线,围绕建设富强民主文明的社会主义现代化国家的目标,进一步确定了什么是社会主义初级阶段有中国特色社会主义的经济、政治和文化,怎样建设这样的经济、政治和文化,制定了党在社会主义初级阶段的基本纲领。党的十六大明确把社会更加和谐列为全面建设小康社会的一个重要目标。党的十六届四中全会又提出了构建社会主义和谐社会的战略任务,把不断提高构建社会主义和谐社会的能力确定为加强党的执政能力建设的重要内容。党的十六届六中全会进一步明确了构建社会主义和谐社会在中国特色社会主义事业总体布局中的地位,专门作出了关于构建社会主义和谐社会若干重大问题的决定。党的十七大根据国际国内形势的变化和我国发展新的阶段性特征,对我国社会主义经济建设、政治建设、文化建设、社会建设、国防和军队建设以及祖国统一、外交工作作出了全面部署,对以改革创新精神全面推进党的建设新的伟大工程提出了明确要求,向世人庄严宣告在新的历史起点上继续发展中国特色社会主义的坚定信念和行动纲领。反映中国特色社会主义经济建设、政治建设、文化建设、社会建设、国防和军队建设、外交工作以及党的建设的基本目标、基本政策和基本经验、基本原则的主要原理相互联系,有机统一,共同构成了中国特色社会主义理论体系的主体框架和主要内容。

4. 中国特色社会主义理论体系的基本范畴

所谓范畴,是指人的思维对事物的本质属性的反映和概括,是揭示事物诸种矛盾关系的基本概念。列宁曾经把范畴界定为"认识世界的过程中的梯级","认识和掌握自然现象之网的网上纽结"①。同样,中国特色社会主义理论体系的基本范畴,是人们在认识社会主义和建设社会主义过程中对一些重要问题和矛盾关系的反映和概括,是人们认识和把握中国特色社会主义的关节点,也可以说是人们认识中国特色社会主义的不可缺少的阶梯,因而是研究中国特色社会主义理论体系的基本元素和重要环节。

中国特色社会主义基本范畴凝聚着党和人民探索中国社会主义建设道路和实践形式的重要成果,是全党全国人民坚持和发展中国特色社会主义的历史经验和集体智慧的结晶。毛泽东的《论十大关系》、江泽民的《正确处理社会主义现代化建设中的若干重大关系》以及十七大报告关于改革开放"十个结合"的宝贵经验的论述,为我们研究中国特色社会主义理论的范畴问题提供了基本思路和思想材料。我们提炼出"马克思主义基本原理与马克思主义中国化"、"四项基本原则与改革开放"、"社会主义基本制度和社会主义具体体制"、"计划与市场"、"效率与公平"、"人民民主与依法治国"、"党的领导与基层群众自治"、"独立自主与对外开放"这八对范畴,进行专门的研究和阐发,以便更好地把握我国改革开放和社会主义现代化建设中的唯物辩证法,更加深刻地把握中国特色社会主义的基本原理及其理论体系。

以上四个层次,概括起来讲,就是中国特色社会主义理论体系的哲学基础与精髓、重要基石、主要内容和基本范畴,它们比较完整地反映了建设中国特色社会主义的丰富内涵、精神实质和内在逻辑结构,蕴涵着对当代中国认识和建设社会主义一系列基本问题的正确解答,构成了一个完整系统的、博大精深的科学体系。当然,任何一个成熟的理论,都有与之相适应的体系,但对体系要正确理解。它只表明理论的完整性和科学性,绝不意味着理论认识的终结。只有坚持中国

---

① 《列宁全集》第55卷,人民出版社1990年版,第78页。

特色社会主义理论体系,并在实践中继续丰富和创造性地发展这个理论体系,才能不断推动社会主义理论和运动的蓬勃发展。

一个社会占统治地位的思想,不仅是一个民族和一个时代精神的精华,而且是这个民族和这个时代精神的象征。中国特色社会主义理论体系之所以被确立为党的指导思想,确立为全国各族人民团结奋斗的思想基础,根本原因就在于这个理论以其严格的科学性、强烈的现实性和高度的开放性反映了当今时代发展的潮流和中华民族振兴的要求,是我们顺利完成改革开放大业、实现社会主义现代化的精神支柱。

所谓严格的科学性,是指中国特色社会主义理论体系始终以客观事实为根据,以科学的立场、观点和方法揭示中国社会主义发展的本质规律,并以严整的逻辑形式加以科学的理论表达。毛泽东曾经指出:"真正的理论在世界上只有一种,就是从客观实际抽出来又在客观实际中得到了证明的理论。"①中国特色社会主义理论体系就是这样的理论。它绝非脱离中国实际、可以被人随意解说的经院哲学,而是遵循人类社会发展的客观规律,适应中国当代的基本国情和发展要求,在改革开放和社会主义现代化建设的实践中产生,接受实践的检验,并随着实践的发展而不断丰富和完善的科学体系。这就要求人们必须用科学的态度和科学的方法,来对待和研究中国特色社会主义理论体系,并以这一科学的理论武装全党、教育人民。理论工作者的重要任务,就是要根据中国特色社会主义理论创立者和后继者的观点和思路,经过潜心研究、加工,建立科学的理论体系,以利于广大人民群众完整、准确地掌握中国特色社会主义的本质规律,为把我国建设成为社会主义现代化强国,实现中华民族的伟大复兴而努力奋斗。

所谓强烈的现实性,是指中国特色社会主义理论体系始终从实际出发,并善于把马克思主义基本原理与当代中国实际和时代特征结合起来,形成新思想新观点,从而开拓马克思主义的新境界,开辟社会主义建设的新道路。这种求真务实的精神,表明中国特色社会主义理论体系绝不是脱离时代发展和中国实际而产生的纯粹抽象思辨的学说,而是尊重人民群众的根本利益和首创精神,尊重社会主义实践的客观要求,随着时代、实践和科学的发展而不断丰富和发展的理论。这个理论坚持实践标准和"三个有利于"标准相统一,运用马克思主义的立场、观点、方法,对当今时代特征和国际、国内形势,对世界上其他社会主义国家的成败,对发展中国家谋求发展的得失,对发达国家发展面临的矛盾,进行

---

① 《毛泽东选集》第三卷,人民出版社 1991 年版,第 817 页。

科学的分析和判断，确定我们党的路线、纲领、方针和政策。离开时代发展和社会实践，孤立静止地研究中国特色社会主义理论体系，既没有意义也没有出路。

所谓高度的开放性，是指中国特色社会主义理论体系完整而不故步自封，严谨而不因循守旧，不断地开辟认识真理的道路，用新的理论成果和新的实践经验不断丰富和发展自己。这个理论体系面向实践，从建设中国特色社会主义经济、政治、文化、社会等方面的伟大实践中获得取之不竭、用之不尽的理论源泉和发展动力；它面向世界，借鉴其他国家社会主义兴衰成败的经验教训，又积极吸收资本主义的文明成果；它面向未来，求实创新，开拓进取，勇于开创社会主义现代化建设的新局面和马克思主义发展的新境界。我们党一贯坚持用辩证唯物主义和历史唯物主义的观点和方法处理问题，既肯定中国特色社会主义理论体系已经初步形成，要求用它来指导我们的整个事业和各项工作，又反对把它绝对化、教条化。党的十七大报告指出："中国特色社会主义理论体系是不断发展的开放的理论体系。"①"全党同志要倍加珍惜、长期坚持和不断发展党历经艰辛开创的中国特色社会主义道路和中国特色社会主义理论体系，坚持解放思想、实事求是、与时俱进，勇于变革、勇于创新，永不僵化、永不停滞，不为任何风险所惧，不被任何干扰所惑，使中国特色社会主义道路越走越宽广，让当代中国马克思主义放射出更加灿烂的真理光芒。"②这就为我们正确地运用和发展中国特色社会主义理论体系，开辟了广阔的天地，指明了正确的方向。

三、中国特色社会主义理论体系的理论价值和实践意义

中国特色社会主义理论体系是马列主义基本原理与当今时代特征和中国具体实际相结合的产物，是马克思主义中国化的最新成果，其中马列主义基本原理、时代特征、中国实际这三大要素，有机地统一于中国特色社会主义理论体系之中，贯穿于这个理论体系的各个方面和各个部分。党的十七大站在新的历史起点上，总结改革开放30年的历史进程和基本经验，深刻阐述了中国特色社会主义理论体系的科学内涵、历史地位和指导意义，标志着中国特色社会主义理论

---

① 《中国共产党第十七次全国代表大会文件汇编》，人民出版社2007年版，第11页。
② 同上书，第12页。

体系成为当代中国发展进步的精神支柱和行动指南。这表明中国特色社会主义理论体系具有非常重要的理论价值和实践意义。

1. 马克思主义理论的创造性发展

从理论上讲,中国特色社会主义理论体系比较系统地初步解决了经济文化落后国家如何建设社会主义、如何巩固和发展社会主义这一当代最大的历史性课题,以一系列新思想、新观点丰富和发展了马克思主义。例如,中国特色社会主义理论体系阐明了社会主义本质的思想观点,提出社会主义的本质是解放生产力,发展生产力,消灭剥削,消灭贫穷,消除两极分化,最终达到共同富裕,丰富和发展了马克思主义关于社会主义本质特征的理论;阐明了社会主义初级阶段的思想观点,强调这是我国在生产力落后、商品经济不发达条件下建设社会主义必经的特定阶段,丰富和发展了马克思主义关于社会主义发展阶段的理论;阐明了社会主义改革开放的思想观点,提出改革是社会主义制度的自我完善,开放是社会主义建设的必不可少的外部条件,改革开放是党和国家发展进步的活力源泉,丰富和发展了马克思主义关于社会主义发展动力的理论;阐明了社会主义市场经济的思想观点,提出将社会主义基本制度与市场经济结合起来,建立和完善社会主义市场经济体制,丰富和发展了马克思主义关于社会主义政治经济学的理论;阐明了社会主义政治文明的思想观点,提出要坚持党的领导、人民当家做主、依法治国有机统一,发展社会主义民主政治,建设社会主义法治国家,丰富和发展了马克思主义政治法律学说;阐明了社会主义精神文明的思想观点,提出要发展社会主义先进文化,建设社会主义核心价值体系和和谐文化,树立社会主义荣辱观,丰富和发展了马克思主义意识形态理论;阐明了社会主义和谐社会的思想观点,提出要按照民主法治、公平正义、诚信友爱、充满活力、安定有序、人与自然和谐相处的总要求构建社会主义和谐社会,丰富和发展了马克思主义社会建设理论;阐明了社会主义和平发展的思想观点,提出和平与发展是时代的主题,强调奉行独立自主的和平外交政策,争取和平的国际环境发展自己,又通过自己的发展促进世界和平,丰富和发展了马克思主义国际关系理论;阐明了马克思主义执政党建设的思想观点,提出加强党的执政能力建设和先进性建设,改进党的领导方式和执政方式,坚持科学执政、民主执政、依法执政,丰富和发展了马克思主义党建学说;阐明了社会主义科学发展的思想观点,提出发展是党执政兴国的第一要务,要实现以人为本、全面协调可持续发展,丰富和发展了马克思主义社会发展理论,等等。

　　在正确把握中国特色社会主义理论体系对马克思主义的创新的同时,还必须正确认识它对马克思列宁主义、毛泽东思想的继承关系,绝不能把它们割裂开来,对立起来。第一,中国特色社会主义理论体系对马列主义毛泽东思想首先是继承,而且是从哲学基础即"精髓"到基本原理的全面的继承。正是这种继承关系,使它与马列主义毛泽东思想之间具有内在的联系性和高度的统一性。第二,中国特色社会主义理论体系对马列主义毛泽东思想不仅是简单的继承,而且有发展,而且发展是主要的和主导的方面。但是,这种发展不是对马列主义毛泽东思想的背离,而是在马列主义毛泽东思想的基本原理的指导下进行的。这种发展就其性质和意义来说,不是表现在个别的或一般的问题上,而是表现在一系列基本问题上;不是通常的理论和实践方面的"修修补补",而是历史性的发展;不是单纯的理论观点的量的增加和延伸,而是一种理论体系的质的飞跃。由此决定中国特色社会主义理论体系已经形成既归属于马克思主义总体系,又具有相对独立性的思想体系,是当代中国的马克思主义。第三,中国特色社会主义理论体系是在新的历史条件下对马列主义毛泽东思想的继承和发展,用新的思想、观点,丰富着马克思主义和社会主义的理论宝库。当年斯大林在阐释列宁主义时指出:"列宁是马克思主义者,他的世界观的基础当然也就是马克思主义。但是由此绝不能得出结论说,叙述列宁主义应当从叙述马克思主义的基础开始。叙述列宁主义就是叙述列宁在他的著作中所加进马克思主义总宝库的、因而自然和列宁的名字分不开的那些特别的和新的贡献。"①今天我们同样可以说,叙述中国特色社会主义理论体系,就是叙述以邓小平、江泽民、胡锦涛为代表的中国共产党人的著作中所加进马列主义毛泽东思想总宝库的、因而自然与邓小平、江泽民、胡锦涛的名字分不开的那些特别的和新的贡献。从总体上说,中国特色社会主义理论体系坚持和发展了马克思列宁主义、毛泽东思想,是马克思主义中国化的最新成果。在当代中国,坚持中国特色社会主义理论体系,就是真正坚持马克思主义。

2. 指导社会主义实践的强大思想武器

　　从实践方面讲,中国特色社会主义理论体系对我国改革开放和社会主义现代化建设起着重要的指导作用,已经并将长期产生巨大的影响。马克思曾说过:

---

　　① 《斯大林选集》上卷,人民出版社1979年版,第184页。

"理论一经掌握群众,也会变成物质力量。"①理论的功能就在于指导和服务于社会实践。没有社会主义理论,就不会有社会主义运动。但社会主义理论要变成现实,就必须依靠党的路线、方针和政策的贯彻和实施,必须付诸群众的实践。当今时代,要激发广大人民群众建设社会主义的积极性和创造性,最根本的就是让他们进一步认同和掌握中国特色社会主义理论体系,更加深刻地认识到党的基本理论、基本路线、基本纲领代表着全国各族人民的根本利益,并为实践这个理论而努力奋斗。在中国特色社会主义理论体系的引导下,我们已经走过了30年改革开放和社会主义现代化建设的光辉历程。展望未来,建设中国特色社会主义伟大事业任重而道远,还会遇到各种困难和挑战。用科学的理论武装人,就是要坚持以中国特色社会主义理论体系为指导,统一全党和全国人民的思想和行动。这是我们社会主义事业能够经受考验,顺利达到目标的最可靠的保证。

中国特色社会主义理论虽然是在中国具体历史条件下产生的,带有民族的特色,但它作为理论体系,也具有世界意义和国际影响。因为这个理论是在运用马克思主义的立场、观点和方法观察世界,对当今时代特征和国际形势,对世界上其他社会主义国家的经验教训,发展中国家谋求发展的成败得失,发达国家继续发展所面临的矛盾和困难,进行正确分析的基础上形成和发展起来的。而且它要解决和回答的问题,也是现在各个社会主义国家共同面临的问题;它所揭示的社会主义本质性和规律性的东西,必然包含着普遍真理性的认识。因此,中国特色社会主义理论体系,既有中国社会主义的特殊性,又有世界社会主义的普遍性;既是当代中国的马克思主义,是马克思主义在中国发展的新阶段,又必将越出一国的范围而对世界社会主义产生广泛和深远的影响。

苏东剧变使社会主义运动遭到严重挫折,原苏东地区经济长期处于动荡、衰退和停滞状态。世界社会主义国家的数量也大大减少了。然而,中国的改革开放和社会主义现代化建设却取得了辉煌的成就,吸引着世界进步人士和国际舆论的广泛关注。一些媒体认为,中国特色社会主义理论,"造就了20世纪最壮观的经济奇迹之一","扭转了20世纪后期世界社会主义运动陷入低潮的趋势",挽救了"要失事的社会主义大船","是对马克思主义的创造性发展","是对20世纪国际共产主义运动最重大的贡献"。实际上,20世纪80年代以来,我国的改革开放和社会主义建设的成就与经验对亚洲乃至世界形势,特别是对广大发展中国家、原苏东国家、其他社会主义国家发挥着越来越大的影响,推动着

---

① 《马克思恩格斯选集》第1卷,人民出版社1995年版,第9页。

世界社会主义理论和实践的发展与创新。正如邓小平所说：我们的改革"如果成功了，可以对世界上的社会主义事业和不发达国家的发展提供某些经验"①。到 21 世纪 50 年代，"如果那时十五亿人口，人均达到四千美元，年国民生产总值就达到六万亿美元，属于世界前列。这不但是给占世界总人口四分之三的第三世界走出了一条路，更重要的是向人类表明，社会主义是必由之路，社会主义优于资本主义"②。

我们党是一个拥有七千万党员的大党，我们国家是一个拥有十几亿人口的发展中大国，我们所从事的是建设中国特色社会主义、实现中华民族伟大复兴的宏伟大业。这样的大党，这样的大国，这样的大业，要求我们坚定不移地用中国特色社会主义理论体系武装全党、教育人民，巩固全党全国人民团结奋斗的理论基础和精神支柱。早在 1977 年 7 月，邓小平就针对割裂、歪曲、篡改毛泽东思想的现象，明确提出："我们不能够只从个别词句来理解毛泽东思想，而必须从毛泽东思想的整个体系去获得正确的理解。"③"要善于学习、掌握和运用毛泽东思想的体系来指导我们各项工作"④。1979 年 3 月，邓小平在党的理论工作务虚会上再次强调："我们坚持的和要当作行动指南的是马列主义、毛泽东思想的基本原理，或者说是由这些基本原理构成的科学体系。"⑤这就给理论界提出了一条必须从科学体系的高度正确认识和研究马克思主义的思想方法和重要原则。改革开放 30 年来，我们之所以能够排除"左"的和右的错误倾向的干扰，抵制教条主义和经验主义等错误思潮的干扰，与我们坚持马克思主义的立场、观点、方法，注重从中国特色社会主义基本原理所构成的理论体系的高度，不断开拓马克思主义中国化的新境界是密切相关的。在新世纪新阶段，我国的改革发展进入了一个整体推进、深化攻坚的关键时期。我国的经济建设和社会发展在取得巨大成就的同时，存在着越来越多的不确定因素和风险。在这种新形势下，加强对中国特色社会主义理论体系的学习和研究，对于正确认识和解决改革开放和社会主义现代化建设中出现的错综复杂的矛盾和问题，坚持改革的正确方向，提高改革决策的科学性，增强改革措施的协调性，增强走中国特色社会主义道路的自觉性和坚定性，无疑具有重要的理论意义和现实意义。

---

① 《邓小平文选》第三卷，人民出版社 1993 年版，第 135 页。
② 同上书，第 225 页。
③ 《邓小平文选》第二卷，人民出版社 1994 年版，第 43 页。
④ 同上书，第 42 页。
⑤ 同上书，第 17 页。

第一章
中国特色社会主义理论
产生的时代背景

胡锦涛在党的十七大报告中指出:"中国特色社会主义伟大旗帜,是当代中国发展进步的旗帜,是全党全国各族人民团结奋斗的旗帜"①,要求"全党必须坚定不移地高举中国特色社会主义伟大旗帜,带领人民从新的历史起点出发,抓住和用好重要战略机遇期,求真务实,锐意进取,继续全面建设小康社会、加快推进社会主义现代化,完成时代赋予的崇高使命。"②这就明确回答了当代中国举什么旗、走什么路的根本问题,鲜明表达了我们党领导人民继续沿着中国特色社会主义道路不断前进的坚定信念。中国特色社会主义理论体系作为马克思主义中国化的最新成果,是与我们党对当今时代的性质、特征和主题进行科学判断和准确把握分不开的。

第一节 马克思主义经典作家的时代观

马克思主义时代观是科学社会主义的重要原理。马克思主义经典作家关于从人类社会历史发展进程考察时代、关于划分时代的依据和标准、关于分析世界矛盾及其变化的立场、观点和方法,对于无产阶级政党制定正确的战略方针和政策,具有重大的指导意义。

一、时代的内涵及时代划分的标准

对时代的看法,仁者见仁,智者见智,东西方学者提出了各种各样的解说。

---

① 《中国共产党第十七次全国代表大会文件汇编》,人民出版社 2007 年版,第 1 页。
② 同上书,第 2 页。

有的通过世界的格局、态势来划分时代,提出了两极时代、多极时代、全球化时代、冷战时代、后冷战时代、缓和时代等;有的主张用当今科技发展的广度、深度来确定时代,提出了电子时代、信息时代、生物工程时代、全球时代、太空时代等;有的以经济形式来划分时代,如农业经济时代、工业经济时代、知识经济时代等;有的用某国元首的任期来划分时代,如杜鲁门时代、肯尼迪时代、里根时代等;有的以某学派影响的期限来划分时代,如凯恩斯时代、后凯恩斯时代等。由于标准的不同、角度和方法的差异,使人们对当今时代性质和特征的概括众说不一。上述划分,在某种程度上具有一定合理性,但都忽略了时代的社会性质。

"时代"一词的最一般含义是反映社会发展某一特定阶段及其基本特征的概念,是具有全局性和战略性的问题。马克思主义分析的时代首先是历史唯物主义的一个重要范畴,它在世界历史的范围内,把社会形态发展的统一性和多样性历史地、具体地结合起来;同时,时代也是一个政治概念,是马克思主义政党科学地分析形势、确定任务、划分营垒、制定战略、拟定政策的客观依据和必要前提。从时间上讲,它是指世界历史发展中一个较长的阶段;从空间上看,它以全世界范围内大多数国家和地区的社会发展特征为依据;从内容上讲,它是对世界各种矛盾和问题的最本质概括;从发展方向上看,它是对世界历史进程基本态势的总体把握。人类社会是丰富多彩的,世界上的事务纷繁复杂,不仅存在经济、政治、军事、文化等各种领域,而且存在国家、地区、民族、阶级、阶层等不同的力量和利益主体,各种力量的矛盾、各种利益的冲突交织在一起。要把握时代脉搏,揭示时代主题,必须透过错综复杂的社会现象,抓住时代的根本特征;必须从世界错综复杂的矛盾中找到主要矛盾。

马克思、恩格斯对于人类历史发展中的各种时代的划分标准和根本区别作了明确的界定和阐述。马克思在《资本论》中指出:"各种经济时代的区别不在于生产什么,而在于怎样生产,用什么劳动资料生产。劳动资料不仅是人类劳动力发展的测量器,而且是劳动借以进行的社会关系的指示器。"[①]恩格斯说:"每一历史时代主要的经济生产方式和交换方式以及必然由此产生的社会结构,是该时代政治的和精神的历史所赖以确立的基础。"[②]由此可见,马克思主义把生产方式和社会经济制度的变化作为划分时代的基本标准和依据,它与种种单纯反映生产力发展或只反映世界政治经济某种局部变化的时代观念具有原则区

① 《马克思恩格斯全集》第23卷,人民出版社1972年版,第204页。
② 《马克思恩格斯选集》第1卷,人民出版社1995年版,第257页。

别。具体来说，划分时代的根据主要有以下几个方面：

首先，在一定时期里，哪种社会形态走在世界历史的前面，居于世界历史的主导地位，代表历史的发展方向，是区分时代的主要标志。在世界历史的发展中，各个国家和民族具有不平衡性，一些国家和民族发展快些，另一些国家和民族发展慢些；一些国家和民族走在历史发展的前面，另一些国家和民族则落在历史发展的后面。在同一历史时期里，世界范围内往往有几种社会形态同时并存，但其中必有一种社会形态居于主导地位，代表历史的发展方向。这种社会形态就是区分时代的主要标志。

其次，在一定时期里，世界历史的总趋势、总潮流，是区分时代的一个重要标志。列宁曾经指出：时代的"分界线也同自然界和社会中所有的界线一样，是有条件的、可变的、相对的，而不是绝对的。我们只是大致地以那些特别突出和引人注目的历史事件作为重大的历史运动的里程碑"①。列宁当时就选择美西战争（1893 年）、英布战争（1899—1902 年）、日俄战争（1904—1905 年）以及欧洲1900 年的经济危机，作为自由资本主义进入帝国主义阶段这一历史时期的主要标志。列宁认为："我们是生活在两个时代的交界点，因此，只有首先分析从一个时代转变到另一个时代的客观条件，才能理解我们面前发生的各种重大历史事件。"②正因为这样，列宁把十月社会主义革命的胜利作为新时代的开端，认为俄国十月革命揭开了人类历史从资本主义向社会主义过渡的序幕。

最后，在阶级社会里，哪个阶级、哪类国家处于主导地位，代表历史发展的方向，也是划分时代的一个标志。在马克思主义者看来，当世界上还普遍存在着与社会生产力的性质和发展水平有着复杂联系的，归根结底受其制约和由其决定的不同的社会阶级、不同性质的国家制度时，要识别时代就得坚持阶级分析的方法。当世界还存在着不同的社会阶级以及不同性质的国家制度的时候，搞清楚哪一个社会阶级哪一类国家制度决定和影响着时代的主要内容、时代发展的主要方向、时代背景的主要特点等等，是划分时代的基本依据。

二、马克思主义经典作家关于时代问题的主要观点

马克思主义时代观的基础是对不同历史时期生产方式和由此产生的阶级关系的分析。通过对人类社会发展进程的研究，马克思和恩格斯考察了时代及其

---

① 《列宁全集》第 26 卷，人民出版社 1988 年版，第 144 页。
② 同上书，第 142—143 页。

变迁,以生产方式的变更为依据,将人类社会发展进程中的不同生产方式看做不同的社会时代,对自由资本主义生产方式及其基本特点作了精辟分析。列宁根据时代的变化,提出了生产方式与世界革命形势相结合的时代划分方法,阐述了帝国主义和帝国主义时代的特征,并提出了"战争与革命"的时代主题。马克思主义经典作家从两个方向展开并阐述了时代问题的主要观点:一是从纵向上研究生产方式的内在矛盾及其发展趋势,揭示生产方式依次更替的历史过程;二是从横向上研究近代以来不同国家、民族之间的相互关系,揭示历史向世界历史的转变及其发展规律和趋势。

1. 社会发展理论视野中的马克思主义时代观

从纵向上看,社会发展道路是唯物史观的一个根本问题,马克思不仅探索了人类社会发展的规律,指出人类历史是一个由低级形态向高级形态依次更替的过程,同时还对人类社会发展进程的形态和阶段,从多个角度进行考察,作出多种概括和划分,对人类社会发展规律与各民族具体发展道路即社会发展道路的普遍性与特殊性的辩证关系做了深刻揭示。

第一,马克思探索社会发展道路着手解决的一个基础性问题是人类历史划分问题。虽然他在不同时期对人类社会历史做了不同类型的划分,但大致可归为两大序列,即"三形态"说与"五形态"说。列宁曾就马克思研究历史规律的根本方法指出:"只有把社会关系归结于生产关系,把生产关系归结于生产力的水平,才能有可靠的根据把社会形态的发展看作自然历史过程。"①马克思在《资本论》手稿中依据分工协作和劳动交换的发展程度及由此形成的人与人、人与社会的关系,将人类历史分期表述为:"人的依赖关系(起初完全是自然发生的),是最初的社会形态,在这种形态下,人的生产能力只是在狭窄的范围内和孤立的地点上发展着。以物的依赖性为基础的人的独立性,是第二大形态,在这种形态下,才形成普遍的社会物质变换,全面的关系,多方面的需求以及全面的能力的体系。建立在个人全面发展和他们共同的社会生产能力成为他们的社会财富这一基础上的自由个性,是第三个阶段。"②简言之,即以人的发展和人与社会的关系为尺度,人类社会划分为"人的依赖性"阶段(自然经济阶段)、"以物的依赖性为基础的人的独立性"阶段(商品经济阶段)和"自由个性"阶段(产品经济阶段)三大阶段。马克思在《资本论》第一卷中又把这三个阶段表述为直接的生产

---

① 《列宁选集》第1卷,人民出版社1995年版,第8页。
② 《马克思恩格斯全集》第46卷(上),人民出版社1979年版,第104页。

关系,物化的社会关系,自由人联合体。苏联和我国理论界把马克思以上这些表述称为"三形态"理论。

"五形态"说是人们最为熟悉的历史分期理论。马克思最早在《德意志意识形态》中以生产关系(主要是所有制关系)为尺度,将人类社会划分为部落所有制、古代公社所有制和国家所有制、封建的或等级的所有制、资本主义所有制及共产主义所有制。他在《〈政治经济学批判〉序言》中对社会形态演进规律作出了进一步阐述:"大体说来,亚细亚的、古代的、封建的和现代资产阶级的生产方式可以看作是经济的社会形态演进的几个时代。"①斯大林又将历史进程概括为原始社会、奴隶社会、封建社会、资本主义社会和社会主义(共产主义)社会。在《哥达纲领批判》问世之前,马克思、恩格斯一直将"社会主义"和"共产主义"作为同义词使用,并没有把社会主义社会看成是一个独立的社会形态,而是包括在同资本主义社会形态相对立的共产主义社会形态之中的。

"三形态"说与"五形态"说是马克思对人类历史从不同角度进行考察分析得出的不同分期理论,二者有一定区别,但并不是相互排斥的,相反,它们之间具有内在一致性,是相辅相成、并行不悖的。"三形态"说反映了人类社会历史进程的基本线索,是判别人类社会历史进程的基本序列和尺度。然而,仅有"三形态"尚不足以把握表现为多样性统一的具体生产方式,不足以把握人类社会的复杂演进过程。因此,在用"三形态"说作为基本尺度说明人类历史进程的同时,还需"五形态"说的尺度。只有将两者结合起来,才能全面地衡量社会发展进程,才能准确把握现实社会主义在人类社会发展进程中的历史方位。

第二,马克思主义社会发展总规律与各民族具体发展道路辩证关系的问题。马克思主义既要求从人类社会发展的大趋势确认人类发展的方向和道路,又没有将社会形态依次更迭的一般规律限定为一切国家、民族、社会发展的共同道路和唯一模式。相反,在马克思的视域中,人类社会形态的演进从来不是机械的单线条,而是一般与特殊的辩证统一,主张社会发展一般规律总是通过各个民族发展的多种多样的具体方式表现出来的。因此,他不仅无意以社会发展序列的总趋势代替或囊括各个国家、民族发展道路的丰富多样性,而且明确指出每一国家、民族的发展都可以采取不同的形式,走不同的道路。如他早期研究社会发展一般规律时,就肯定了社会发展的多样性,并探讨了日耳曼民族跨越奴隶制,在原始社会基础上建立封建社会的问题。他在晚年探寻东方社会发展道路时,针

---

① 《马克思恩格斯选集》第 2 卷,人民出版社 1995 年版,第 33 页。

对俄国农村公社的命运,还提出了俄国可以不通过资本主义制度的卡夫丁峡谷进入社会主义的设想。可见,马克思始终认为某一民族在特定的历史条件下能够跨越历史发展的某个阶段,而直接走向更高级的社会形态。

2. 世界历史理论视野中的马克思主义时代观

资本主义大工业开创了世界历史,资本主义生产方式强行在世界范围内为自己开辟道路,并最终占据优势地位。"资产阶级,由于一切生产工具的迅速改进,由于交通工具极其便利,把一切民族甚至最野蛮的都卷到文明中来了。它的商品的低廉价格,是它用来摧毁一切万里长城、征服野蛮人最顽强的仇外心理的重炮。它迫使一切民族——如果它们不想灭亡的话——采用资产阶级的生产方式;它迫使它们在自己那里推行所谓的文明,即变成资产者。一句话,它按照自己的面貌为自己创造出一个世界。"①因此,世界历史首先进入的第一阶段是资本主义在全球拓展的时代,即资本主义世界历史时代。

在这一时代里,一方面"造成了大量的生产力",使生产力具有了世界性;另一方面,资本主义生产方式中生产关系同样具有了世界性:"资产阶级使农村屈服于城市的统治。……使未开化和半开化的国家从属于文明的国家,使农民的民族从属于资产阶级的民族,使东方从属于西方。"②马克思、恩格斯揭示了资本主义世界历史时代中生产力的世界性与生产资料日益被少数发达国家垄断的矛盾,实质上指出了这一时代中的"依附"结构。既然每一个民族、国家的生产力水平是不等的,因此在资本主义世界历史时代中各民族、国家之间的相互关系也不会是平等的。资本主义世界历史时代具有两面性,它既使世界的面貌发生了根本变化,同时自身又包含着不断发展着的否定性因素,这些因素构成新的世界历史形态的源头。因此,资本主义世界历史时代只是世界历史的第一阶段,而绝非终极形态。

世界历史的第二阶段将是人类普遍地向社会主义社会转变,社会主义将是世界历史发展的必然结果,世界历史也必将因为社会主义的发展而更加完善,即转化为"完全的世界历史"。但作为世界历史性事业的社会主义必须以生产力的世界历史性的普遍发展以及由之决定的世界交往的普遍发展为前提,也就必然以世界历史的第一阶段——资本主义世界历史时代的产生和发展为前提。

从社会发展理论角度和世界历史理论角度考察马克思主义经典作家的时代

---

① 《马克思恩格斯选集》第1卷,人民出版社1995年版,第276页。
② 同上书,第276—277页。

观,可以看出,当代全球化仍处于资本主义世界历史时代之中,但并不意味着全球已经"资本主义化"。对于现实的社会主义国家而言,如何在资本主义世界历史时代中谋求发展,是至关重要的问题。

当今世界历史仍处于第一阶段,第二阶段即社会主义世界历史时代远未到来。所有社会主义国家都要对时代背景的阶段性有充分认识,一切不从实际出发的、超越阶段的政策、措施都是不可取的。现实的社会主义是在资本主义世界历史时代与资本主义并存的社会主义,社会主义国家既要看到资本主义世界历史时代的历史进步性,也要看到其历史局限性。一方面,要勇于、善于向资本主义国家尤其是发达资本主义国家,学习市场经济建设、科学技术研究的丰富经验;另一方面,社会主义国家在向资本主义国家学习,与资本主义国家全面交往的同时,要坚定社会主义的信念,防止不良因素、糟粕的侵入,努力寻找适合自身发展的道路。

三、马克思主义经典作家时代观的基本特点和重要意义

马克思主义的时代观具有鲜明的社会阶级内涵。马克思主义奠基人在把生产方式和社会制度的变迁作为划分时代基本标志的同时,还强调:社会制度的变迁本身就包含着社会阶级关系的变化,因为自阶级社会形成以来,阶级关系一直是一定生产关系和社会关系的集中体现。由于在阶级社会里,生产关系的核心内涵是阶级关系,因而时代的变化首先表现为阶级关系的变化。"那些使一定的生产力能够得到利用的条件,是社会的一定阶级实行统治的条件","因此一切革命斗争都是针对在此以前实行统治的阶级。"①列宁也阐述了大体相同的观点,他说:"哪一个阶级是这个或那个时代的中心,决定着时代的主要内容、时代发展的主要方向、时代的历史背景的主要特点等等"②。可见,阶级分析的观点,是马克思主义时代观区别于其他时代观的第一大特征。研究当今时代的性质只研究阶级关系和阶级斗争确实是不够的,需要全面认识和回答当今世界面临的方方面面的复杂问题。但是,阶级关系和阶级斗争毕竟是阶级社会产生以来推动时代发展的基本原因。完全不谈阶级矛盾、阶级斗争,只谈生产力,终究不能认识时代的本质特点。

马克思主义时代观具有突出的实践性特点。历史唯物主义是马克思主义奠

---

① 《马克思恩格斯选集》第 1 卷,人民出版社 1995 年版,第 90 页。
② 《列宁全集》第 26 卷,人民出版社 1988 年版,第 143 页。

基人认识和界定时代性质的基本方法,他们对人类历史发展中每个时代的界定,都是在具体、深入地研究了该历史阶段生产力、生产关系发展变化的基础上得出的结论,从来不把主观愿望当做现实。马克思指出:"我们判断一个人不能以他对自己的看法为根据,同样,我们判断这样一个变革时代也不能以它的意识为根据;相反,这个意识必须从物质生活的矛盾中,从社会生产力和生产关系之间的现存冲突中去解释。"①恩格斯也说:"一切社会变迁和政治变革的终极原因,不应当到人们的头脑中,到人们对永恒的真理和正义的日益增进的认识中去寻找,而应当到生产方式和交换方式的变更中去寻找;不应当到有关时代的哲学中去寻找,而应当在有关时代的经济中去寻找。"②从马克思主义经典作家这些论述中我们可以看到,时代既是一个理论概念,更是一个实践概念,理论与实践紧密结合,理论来源于实践,并由实践来验证,也是马克思主义时代观的一个重要特点。我们研究当今时代的性质,既要以马克思主义时代观为指导,又要在它的指导下研究时代发展中的新现象、新问题。

马克思主义时代观体现了强烈的革命进取精神。马克思主义时代观的一个基本观点是,落后的生产方式和社会制度终归会被先进的生产方式和社会制度所取代,时代的每一次转换都是人类社会的一大进步。马克思、恩格斯在《共产党宣言》中指出:"资产阶级除非对生产工具,从而对生产关系,从而对全部社会关系不断地进行革命,否则就不能生存下去。""生产的不断变革,一切社会状况不停的动荡,永远的不安定和变动,这就是资产阶级时代不同于过去一切时代的地方。"③马克思主义时代观的革命进取精神,除了与时俱进、改革与发展、保持思想上和制度上的先进性之外,更为重要的是揭示人类社会的发展趋向和社会主义的发展前景,鼓舞无产阶级和其他劳动人民的斗争意志和胜利信心。

马克思主义的时代观体现了无产阶级革命的策略性。马克思、恩格斯和列宁都认为,时代是一个大的历史时期,在其发展中,作为时代基本内涵的各种社会关系和阶级关系以及无产阶级革命的条件和形势都是不断变化的。一个大的时代可能出现不同的运动,无产阶级需要根据具体条件制定和调整革命的战略和策略。列宁曾指出,在分析任何一个社会问题时,马克思主义理论的绝对要求,就是要把问题提到一定的历史范围之内,此外,如果谈到某一国家,那就要估

①　《马克思恩格斯全集》第 13 卷,人民出版社 1962 年版,第 9 页。
②　《马克思恩格斯选集》第 3 卷,人民出版社 1995 年版,第 617—618 页。
③　《马克思恩格斯选集》第 1 卷,人民出版社 1995 年版,第 275 页。

计到在同一历史时代这个国家不同于其他各国的具体特点。马克思主义的这一观点和方法,对于我们认识和把握苏联东欧国家剧变后世界无产阶级革命和社会主义运动的形势,无疑具有突出的现实意义。

综上所述,研究人类社会的发展趋向和规律,特别是资本主义社会的发展趋向和规律,揭示社会主义取代资本主义的历史必然性,是马克思主义时代观的核心思想和基本内涵,也是它区别于其他时代理论的基本特征。马克思主义时代观,有助于我们把对中国特色社会主义发展规律的认识与世界历史发展规律的认识统一起来,有助于我们认清当今世界发展的基本潮流和基本趋势,有助于正确认识当代资本主义世界发生的新变化和新特点,坚持和发展马克思主义,坚持和发展中国特色社会主义。

第二节　当今时代的性质和主题

时代所涉及的都是世界性的重大问题。每个国家只有顺应历史潮流,制定合乎世情、国情的内外政策,才能争取有利的国际环境,推进社会发展。列宁认为:只有"首先考虑到各个'时代'的不同的基本特征(而不是个别国家的个别历史事件),我们才能够正确地制定自己的策略;只有了解了某一时代的基本特征,才能在这一基础上去考虑这个国家或那个国家的更具体的特点"①。正确认识世界形势和准确把握时代特征,是无产阶级政党制定路线、方针和政策的重要出发点和基本依据。

一、关于当今时代性质的认识和判断

自俄国十月革命以来,世界共产党人对于现时代的性质进行了不断的探索。列宁指出,十月革命开创了"全世界历史的新时代,由一个新阶级实行统治的时代"。这个时代的基本内涵是,首先在一国继之在世界其他国家摧毁资本主义制度,同时为社会主义和共产主义这个新社会奠定基础。这将是一个漫长的历史过程,也就是从资本主义向社会主义过渡的历史过程。第二次世界大战后,斯大林提出了"世界资本主义体系总危机"以及"帝国主义和无产阶级革命时代"等观点,在国际共产主义运动中还出现过"革命与战争时代"等提法。传播最

---

① 《列宁全集》第26卷,人民出版社1988年版,第143页。

广、影响最大的是 1957 年召开的世界共产党和工人党代表大会宣言提出的"世界从资本主义向社会主义过渡时代"的论断。

第二次世界大战后,社会主义突破了一国的范围,形成了一个包括欧、亚、拉美三大洲的世界社会主义体系;民族解放运动蓬勃发展,殖民主义体系瓦解,发展中国家体系开始形成,并成为世界社会主义运动的同盟军;社会主义国家经济蓬勃发展,平均增长速度比资本主义国家高一倍多;许多新独立的发展中国家选择了"非资本主义道路",力图摆脱资本主义世界体系;发达资本主义国家的共产党和工人党成长壮大,工人运动风起云涌。这表明世界不仅开始由资本主义向社会主义过渡,而且这种过渡的速度相当快,势头相当猛。但是,世界形势是不断变化的。大体自 20 世纪 60 年代以来,世界社会主义运动的形势逐渐改变,特别是 80 年代末 90 年代初,苏联东欧国家剧变,第一个社会主义国家苏联解体,世界社会主义运动遭到重大挫折,陷入低潮。在这种条件下,如何认识当今时代的性质和世界社会主义的发展前景,又成为世界共产党人面临的新课题。

20 世纪 80 年代中期,邓小平敏锐地把握时代变化的脉搏,提出了和平与发展是当今世界两大问题的著名论断。他指出:"现在世界上真正大的问题,带全球性的战略问题,一个是和平问题,一个是经济问题或者说发展问题。和平问题是东西问题,发展问题是南北问题。概括起来,就是东西南北四个字。南北问题是核心问题。"①党的十三大把和平与发展是当今世界主题写进政治报告。从此,坚持和平与发展时代主题的认识,就成为我们党和国家工作重点转移和推进中国特色社会主义事业的基本依据之一。

从列宁到邓小平的探索可以看出,历史发展到今天,尽管资本主义和社会主义都发生了巨大的变革,但我们仍然处在一个全世界从资本主义向社会主义过渡的大时代。首先,我们谈的时代是"历史的大时代",从时间上说,不是几年、十几年、几十年,而是一个相当长的历史时期,按照列宁的说法是"整个一个历史时代"。从范围说,不仅涉及局部地区,而且是影响整个世界。其次,从发展方向来看,尽管时代的现象纷繁复杂,甚至会出现不平衡、种种曲折甚至倒退,但其发展趋势总是朝着社会主义取代资本主义的方向前进。从资本主义向社会主义过渡的长期性和曲折性,是由资本主义和社会主义这两种不同社会制度的力量对比所决定的。两者的并存和较量仍然构成我们所处时代的基本内容和主要特征。

①　《邓小平文选》第三卷,人民出版社 1993 年版,第 105 页。

当今世界又从战争与革命的时代进入了一个和平与发展的时代。这个时代与过去的"帝国主义与无产阶级革命"的时代并不是脱节的,它们同属于世界历史进程由资本主义向社会主义过渡的大时代中互相衔接的一个阶段。在我们所处的大时代中,在时代性质和发展方向不变的情况下,时代的特征和主题会随着各种条件的变化而变化。历史上的战争与革命,推动了资本主义的部分死亡和社会主义的胜利,而现今的和平与发展,是有利于全人类的共同进步的,也是有利于社会主义发展的。时代主题的变化绝不能改变时代的性质和发展方向。相反,这恰恰反映了时代的发展和进步,反映了时代的新特点。

二、和平与发展成为当今时代的主题

建设中国特色社会主义,是与世界形势的新发展和时代主题的转换密切联系在一起的。正确认识和把握时代的特征和主题,是深刻认识中国特色社会主义理论体系的一个重要前提。

1. 和平成为世界人民共同的愿望

国际形势由剧烈冲突向相对和平的转变,给每个国家和民族集中精力进行建设提供了必要的条件。19 世纪末 20 世纪初,资本主义发展到了帝国主义阶段,整个资本主义世界充满了激烈的对抗、斗争和危机,并导致了帝国主义国家为重新瓜分世界而发动战争。20 世纪先后爆发的两次世界大战,都是由资本主义国家经济政治发展不平衡引起的。这些战争使人类蒙受了巨大的灾难和惨烈的牺牲。战争也引起了革命。由于帝国主义国家之间的矛盾和冲突,推动了世界各类矛盾的激化,无产阶级充分利用这种战争造成的形势,突破帝国主义体系中的薄弱环节,实现了社会主义革命从一国的首先胜利到多国的成功实践,形成了与资本主义相抗衡的社会主义阵营,并促进了世界民族解放运动的蓬勃发展。战争与革命成为了当时世界历史的主题。

但是,在 20 世纪 60 年代之后,国际形势和世界格局发生了一系列重大变化。东西方矛盾开始缓和,争取和维护世界和平,成为越来越多国家的共同要求,国际间出现了相对缓和的局势。世界形势出现相对和平的发展趋势,这不是偶然的,而是世界各种矛盾发展变化和抑制战争的力量不断增长等因素交互作用的结果。

首先,随着战后世界各国人民的空前觉醒,维护世界和平成为了一股不可阻挡的历史潮流。20 世纪上半叶所经历的两次世界大战,给各国人民带来了深重的灾难和沉痛的教训。这血与火、灾难与牺牲的历史,人们记忆犹新。战后维护世界和平、制止战争的力量一直在发展,不同民族、不同国家的人们都以不同的方式对战争威胁表示了强烈的不满和抗议。旷日持久的反战运动和维护和平的正义呼声,对防止新的世界大战和限制地区冲突起了积极的作用,使维护世界和平具有了更为现实的可能性。

其次,随着战后世界经济联系的加强和全球化进程的加快,各国经济间的相互依存、相互渗透的程度有了提高,这在一定意义上成为制约战争的重要因素,有利于促进和平局面的到来。以信息技术为标志的新科技革命和当代世界经济发展所导致的全球化趋势,使整个世界越来越联结成一个整体。不论是相同社会制度的国家之间还是不同社会制度的国家之间,不论是发达国家之间还是发达国家与发展中国家之间,其经济的相互依赖程度从来没有像今天这样密切,已开始形成了你中有我、我中有你的联动局面,在一定程度上制约了大规模战争的爆发。因为,一旦发生世界规模的战争,各国的经济都将陷于崩溃。这种状况使任何一个大国都不能不考虑更多地寻求和平解决争端的可能。

第三,随着世界向多极化方向逐步发展,制止战争的因素在日益增强。冷战时期,具有打世界大战资格的美苏两个超级大国在军事力量,特别是核力量上处于均势,谁都没有夺取全胜的把握。又由于世界人民的反对,两国的扩张势头和全球战略部署受阻。从 20 世纪 60 年代末开始,世界政治力量开始出现多极化的发展趋势。进入 70 年代后,这一趋势逐渐明显。虽然社会主义国家与资本主义国家的矛盾依然存在,但其表现形式已不是两大阵营的联盟对抗,实际上进入了一个和平共处的相持阶段。这样的变化对于争取和维护世界和平,产生了积极的影响。针对国际格局的新变动,邓小平在 20 世纪 80 年代初就指出:"我们有信心,如果反霸权主义斗争搞得好,可以延缓战争的爆发,争取更长一点时间的和平。这是可能的,我们也正是这样努力的。不仅世界人民,我们自己也确确实实需要一个和平的环境。"①

由于中国的经济文化发展水平还不高,在国际政治、经济格局中还是比较弱的一方,就制约战争、维护和平而言,力量还是有限的。所以,邓小平指出:"如果说中国是一个和平力量、制约战争的力量的话,现在这个力量还小。等到中国发展起来了,制约战争的和平力量将会大大增强。"②正因为如此,邓小平强调:"中国对外政策的目标是争取世界和平。在争取和平的前提下,一心一意搞现

---

① 《邓小平文选》第二卷,人民出版社 1994 年版,第 241 页。
② 《邓小平文选》第三卷,人民出版社 1993 年版,第 105 页。

代化建设,发展自己的国家,建设具有中国特色的社会主义。"①这就是邓小平提出建设中国特色社会主义的一个重要国际背景。

2. 发展已成为不可遏制的世界潮流

在世界保持相对和平的条件下,发展越来越成为一个全球性的问题,不仅发展中国家需要发展,发达国家也存在着发展的问题。发展的内容是多方面的,包括经济、社会、科技、文化等各个领域,但主要是经济的发展。不同社会制度和不同发展程度的国家,都日益关注自身的发展问题,把发展置于内外战略的中心地位。争取发展之所以成为当代世界各国的共同要求,有其历史的必然性。

首先,广大发展中国家要巩固政治独立和维护国家主权,改变贫穷落后面貌,当务之急和根本出路就在于抓住机遇,加快发展。第二次世界大战后,广大亚非拉地区的被压迫民族和人民在风起云涌的民族解放运动中,挣脱了殖民主义的枷锁,获得了政治上的独立。这些国家拥有丰富的劳动力和矿产资源,有巨大的发展潜力。经过长期努力,在经济发展方面取得了可喜的成绩。但是,由于长期遭受殖民统治和帝国主义的疯狂掠夺,特别是由于在世界经济中所处的不利地位,加之某些国家战略和政策的失误,使它们在经济发展中遇到了许多困难和问题,总体发展水平仍比较低下,经济基础薄弱,科技文化落后,人民生活总体水平不高,没有从根本上摆脱贫穷落后的状态。因此,谋求发展,是这些国家的当务之急和首要任务。

其次,西方发达国家也面临着再发展的问题。第二次世界大战后,发达国家以其雄厚的实力,在国际经济舞台上一直居于支配地位。但是,这些国家在发展的过程中,也出现了原料短缺、劳动力价格昂贵、发展不平衡、人口老化和生产增长率缓慢等问题。发达国家间的激烈竞争,使世界经济逐渐形成了美国、日本、欧盟三足鼎立的格局。美国不甘心其霸主地位的失落,日本做经济甚至政治大国的气势逼人,欧盟国家联合行动不甘落后。以经济为基础、科技为先导的综合国力的竞争愈演愈烈。可以说,发达国家在已发展基础上的再发展,无疑是其面临的一个现实问题。

第三,南北差距扩大,发达国家越来越富,而发展中国家却越来越穷,这个问题最终只能依靠发展来解决。南北之间在经济发展程度、人民生活水平等方面的差距在不断扩大。据世界银行统计,1950 年发达国家人均 GNP 是发展中国家的 24. 3 倍,而 1995 年扩大到 60. 6 倍。北方国家的人均寿命超过了 70 岁,绝

---

① 《邓小平文选》第三卷,人民出版社 1993 年版,第 57 页。

大多数生活状况较好,受教育的程度也比较高,而南方国家的人均寿命只有 50 多岁,1/5 的人受到饥饿和营养不良的煎熬,一半以上的人丧失了受教育的机会。南北差距的扩大,加深了南北矛盾,南方国家趋于更严重的贫困,政局动荡不安。对此,邓小平指出:"资本主义发达国家遇到的最大问题是发展速度问题,再发展问题。"①"如果发达国家不拿出钱来帮助发展中国家发展,发达国家在第三世界的市场也就没有了。"②"发达国家应该清楚地看到,第三世界国家经济不发展,发达国家的经济也不可能得到较大的发展。"③"应当把发展问题提到全人类的高度来认识,要从这个高度去观察问题和解决问题。只有这样,才会明了发展问题既是发展中国家自己的责任,也是发达国家的责任。"④

对于世界各国来说,社会经济发展的问题变得越来越突出,任何一个国家和民族,都在努力寻求符合本国和本民族发展的道路。对于中国来说,如果不搞现代化,科学技术水平不提高,社会生产力不发达,国家的实力得不到加强,人民的物质文化生活得不到改善,那么,我们的社会主义政治制度和经济制度就不能充分巩固,我们国家的安全就没有可靠的保障。可以说,这是邓小平提出建设中国特色社会主义的又一个重要国际背景。

第三节　新科技革命的迅猛发展

科学技术是人们认识世界和改造世界的强大武器,是推动历史发展的革命力量。人类社会二百多年的时间里,经历了三次科技革命:第一次是从 18 世纪 30 年代到 19 世纪 40 年代以蒸汽机的发明和运用为主要标志的产业革命;第二次是从 19 世纪 20 年代到 20 世纪初以电力的广泛应用为标志的科学技术革命;第三次是 20 世纪四五十年代以来以原子能、空间技术和电子计算机、网络技术的发明和应用为标志的新科技革命。新科技革命的蓬勃发展,不仅极大影响着人类社会生活的各个方面,而且也深刻影响着不同社会制度、不同国家的发展。把当代社会主义的发展置于新科技革命的大背景下予以审视,对于进一步明确

---

① 《邓小平文选》第三卷,人民出版社 1993 年版,第 96 页。
② 同上书,第 20 页。
③ 同上书,第 56 页。
④ 同上书,第 282 页。

科学技术在社会主义发展过程中的地位和作用,更好地利用新科技革命带来的历史机遇,发展中国特色社会主义,具有非常重要的意义。

一、新科技革命的基本特征与实质

新科技革命是前两次科技革命的继续与发展。与前两次科技革命相比,新科技革命影响更广泛、更深刻,它不仅影响经济社会生活的发展,也推动着思想文化和意识形态的变革。

1. 新科技革命是全方位的大发展

新科技革命在数学、物理、化学、生物、天文、地理等学科都有所突破,如数学领域的计算机,物理领域的核能、激光以及纳米技术,化学领域的合成材料,生物学领域的基因工程,天文学领域的人造卫星,地理学领域的海洋技术等。这些领域的科学发展相互联系和促进,不断推动众多新兴学科的诞生。在最近几十年,交叉学科和新兴学科的发展非常迅速,学科的分支已经从20世纪初的六百多门发展到现在的六千多门。新科技革命规模大、范围广、门类全、影响深,几乎各门科学技术领域都发生了深刻的变化,出现了新的飞跃,产生并将继续产生一系列新兴科学技术。

2. 主导技术产生革命性突破并以技术群落的形式出现

在新的科技革命中,虽然多种科学技术都有较大发展,但是有两种技术成为其中的领头羊:一是以半导体和计算机为基础的信息技术;二是以遗传工程、细胞培养和细胞融合为主要内容的生物技术。它们在社会生产和生活的各个领域开辟了一个新的时代。以这两大技术为带头学科,由信息技术、生物技术、新材料技术、新能源技术、海洋开发技术、空间开发技术等组成的技术群落推动了人类社会的整体进步。

3. 科技的发明和发现呈加速趋势,科技成果呈爆炸性增长

全世界重大科学发现、技术发明在16世纪只有26项,17世纪106项,18世纪156项,19世纪为546项。但到20世纪前半叶就拥有961项,到60年代后,则超过了前两千年的总和,到20世纪末,人类所取得的科技成果又增加了一倍。与此相应,知识更新周期大大缩短:1750年到1900年的150年间,知识积累翻了一番;1900年到1950年的50年间又翻了一番;从1950年到1960年,仅用了10年又翻了一番;从1960年到2000年,每3—5年翻一番。专家预测,到2020年,每73天就会翻一番。

4. 科学、技术、生产之间的关系空前紧密

　　新科技革命改变了以往科学和技术平行发展、自成系统的特点,而实现了科学、技术和生产的综合发展和有机结合。自然科学革命引起了技术和生产的革命性变革,而技术和生产变革的成果反过来又成为现代科学革命的深厚基础,促进并加速着科学革命的进程。科学的技术化和技术的科学化使科学和技术日益成为一个统一体,形成巨大的生产力,推动着生产的迅猛发展。新科学成果一旦产生,就会立即开辟出全新的技术领域,并迅速形成新的产业部门,科学通过技术即可变成直接的现实的生产力,科学、技术与生产之间已难以用时间加以区分。如在 19 世纪以前,电从发明到应用时隔 282 年,电磁波通信时隔 26 年;而到了 20 世纪,电话走进 50% 的美国家庭用了 60 年的时间,互联网进入 50% 的美国家庭只用了 5 年。如今,像生物、纳米等新兴的科学领域,科学和技术之间的界限已经非常模糊。许多科学发现很快就转化成为专利和产品。

　　5. 新科技革命是一场智能革命

　　20 世纪 70 年代以来蓬勃兴起的新科技革命,既是 20 世纪上半叶自然科学革命发展的产物,同时又是生产的技术方式在机械化、电气化基础上进一步的信息化并向智能化的迈近。如果说前两次科技革命形成的巨大生产力主要是解放人的体力,使人们实现了对自然界中"力和能"的控制作用,是人类体力的延伸和扩展,那么新科技革命的实质则是人类智力的解放,是一场智力革命。由于计算机的广泛应用和人工智能的改进,以及人—机智能复合系统在社会实践中的广泛应用和不断提高,使人们有更多的时间、精力去从事创造性的思维活动,尤其是在高新技术的工业部门,智力已取代体力占据主导地位,使生产出现非物质化趋势。

　　二、新科技革命对人类生产生活的重大影响

　　新科技革命作为一种世界性的潮流,以迅猛发展的速度和力量,冲击着世界的每一个角落,影响着人类生活的每一个领域,推动着社会的进步。新科技革命首先作用于生产力,引起产业革命,产业革命导致生产关系的变革,最终引起整个社会的变革。由于新科技革命首先出现在西方发达国家并对其产生巨大影响,为资本主义开辟出新的发展空间。社会主义国家对此也积极应对,以更好地利用新科技革命带来的有利条件,加快自身的发展。

　　1. 新科技革命推动生产力的大发展

　　新科技革命首先通过作用于生产力的诸要素,并改善生产的组织管理形式,促使生产方式的变革,从而推动经济的发展。现代社会生产力是由诸要素按一定比例和方式组合而成的复杂的、多层次的系统。在新科技革命迅猛发展的过程中,科学技术作为第一生产力越来越体现出它对经济社会发展的重要推动作用,是通过它对生产力系统中其他要素的渗透和驱动得以实现的。科学化的劳动者所具有的能力,远远超过普通人的能力,会创造出更多的使用价值;先进的劳动工具对生产力的发展起巨大的推动作用;随着科技的进步,新材料已成为重要的劳动对象;管理也是生产力,现代管理极大地依赖于先进的科学技术。可以说,科学技术放大了生产力各要素:生产力 = 科学技术 ×（劳动者 + 劳动工具 + 劳动对象 + 生产管理）。新科技革命通过对生产力诸要素的品质及其结构的优化极大地改善了人类劳动的整体状况。

2. 新科技革命促进产业结构的变革

产业结构是生产力的组织形式,是一个经济体所拥有的资源在各产业间的分配以及由此而形成的各产业在国民收入中所占的比重。产业结构随着生产力的发展总处于不断变化之中。新科技革命不仅在微观经济层面使现代科技融入生产,还在宏观经济层面上引发了产业革命,使产业结构不断升级。

第三产业异军突起,信息产业迅猛发展。20 世纪 70 年代以来,发达工业国家的产业结构发生了很大变化,这就是以农业为主,包括林、牧、渔业的第一产业和以制造业为主,包括矿业、建筑业的第二产业的产值和就业人数,在整个国民经济中所占的比重相对下降,而金融、商业、运输、电信、科研、教育、文化等第三产业的产值和就业人数急剧上升。各类产业由劳动密集型和资本密集型向技术密集型转化,科学技术在生产中的含量空前增加。据统计,1997 年美国第三产业的比重占国民生产总值的 74.5%,法国第三产业的比重占国民生产总值的 71.5%,英国第三产业的比重占国民生产总值的 70.8%,德国、日本、加拿大等国大体也是这样。产业结构的变化必然引起就业结构的变化,第一、第二产业部门的劳动力人数逐渐下降而第三产业部门的就业人数急剧上升。据统计,2000 年美国第三产业的就业人数在就业总人数中占 76.6%,法国第三产业的就业人数在就业总人数中占 74%,英国第三产业的就业人数在就业总人数中占 72.8%。在第三产业内部,随着信息产业的发展,信息技术产业和与信息技术相关的人员的发展引人注目。信息产业的异军突起是战后科学技术与生产密切结合的产物,使整个经济发生连锁式的变革,从而对社会发展产生深远的影响。

边缘产业崭露头角,贸易结构相应转换。微电子和计算机、信息技术向各产业渗透,催生了一批新的"边缘产业",如光学电子产业、医疗电子器械产业、航空电子产业、汽车电子产业等。产业间相互结合为新产业成为一种趋势。边缘产业的出现,表明了知识和信息对经济增长的重要作用。20世纪90年代初问世的"知识经济"一词,反映了新科技革命促使社会经济所发生的巨大变化。非实物形态的贸易在国际贸易中的比重相对提高,而实物形态的贸易所占比重则相对下调,其中技术贸易和专利买卖的贸易额上升得更快,已成为相对独立的贸易形式。以技术为主导的国际分工取代了以资源优势为主导的国际分工。

3. 新科技引起社会结构的变迁

众所周知,工人阶级和资产阶级是现代资本主义社会的两大基本阶级。在新科技革命的影响下,这两个阶级都发生了新的变化,呈现多元化、复杂化的趋势。

首先,由于资本剥削形式的变化,工人阶级的构成以及雇佣劳动的形式日趋复杂。资本家为笼络人心或筹集资金,采取配发或奖励的方式,使部分工人拥有一定数量的股票等有价证券,参加资本循环,从而参与了资本利润的分红,被称为"食利雇佣劳动者"。此外,还出现职业经理雇佣劳动者。他们在收入、教育水平方面大大提高,工作性质、生活条件等得到很大改善,日益取代传统产业工人成为工人阶级的主体。

其次,由于新科技革命所造成的生产社会化程度的大大提高与经营管理的自动化、信息化、电子化,推动并造成资产阶级的阶级结构发生了职能分化。除传统的家族资本家、传统的食利者阶层外,还产生了经营管理者阶层、科技企业家阶层等各个不同部分,组成了当代资产阶级的总体面貌。

再次,随着产业结构的变化,传统中间阶层(城乡小资产阶级、自由职业者等)逐步向两极(资产阶级和工人阶级)分化,其数量日益减少,作用与地位日益下降。然而在新科技革命的推动下,西方的高等教育事业得到了较大发展,社会上出现了一个由大批知识分子形成的庞大社会群体,这就是"新中间阶层"。"新中间阶层"的兴起,使社会各阶层的人数比例由过去的金字塔式结构转变为橄榄形结构,呈现出两头小中间大的趋势。从本质上讲,他们还是属于工人阶级的范畴,他们是未来实现社会主义的主力军。

4. 新科技革命导致政治结构变革和社会变革

工人阶级和"新中间阶层"的价值观念和政治取向发生重大变化,参政意识增强。新科技革命的发展,使得工人阶级和"新中间阶层"不再仅仅关注物质生产和公平分配,同时更加关注环境、和平、社会和谐和民主权利,并且他们的阶级观念逐渐淡化。在政治取向上,他们一般不反对资本主义制度,但要求对其中损害自身利益的方面进行改良。为维护现有利益,他们有着强烈的参政意识,参政能力也大大提高,逐渐影响到当代资本主义社会的政治体系。与此相应,各国执政党逐步完善了资本主义国家的民主政治制度。各国执政党普遍扩大资产阶级民主范围,尤其是公民的民主权利,出现了民主化趋势,在建立健全法律制度保障方面也取得了一定的成果,资本主义国家政治制度向多元化发展,各利益集团和其他政治集团发展迅速。这些社会政治生活的新变化,推动着资本主义社会不断变革,向前发展,并对社会主义国家形成巨大的冲击与挑战。

5. 新科技革命推动了经济全球化的进程和国际格局多极化的实现

在新科技革命浪潮推动下,世界经济区域化、一体化、全球化进程加快。在国内市场日趋饱和的情况下,发达资本主义国家开始实施一种打破民族、国家疆界,在全球范围内进行资本积累和剩余价值积累的全球化发展战略。新科技革命,特别是信息技术的发展,为经济全球化提供了技术上的可行条件,从而成为全球化的根本力量。从 20 世纪 80 年代中后期开始,世界经济进入全球化发展的新阶段。经济全球化的出现,使世界范围内各国和各地区以市场为纽带,在经济上不断交织和融合,逐渐形成相互联系的整体,并按照市场经济的要求运行,促进了全球产业结构的调整,促进了人类社会生产力水平的提高。由于经济全球化的加速发展以现代高新技术作为重要物质基础和基本手段,因此,西方发达国家把垄断高新技术作为控制发展中国家、掌握全球分配主导权的重要手段。就现状看,经济全球化主要是由少数西方发达国家主导推行的,伴有资本的扩张性和利己性。对于社会主义国家而言,出于自身发展的需要,不得不实行对外开放,以主动迎接和融入全球化浪潮。这一方面有利于社会主义国家学习和借鉴西方发达国家的先进经验;但另一方面,也要求社会主义国家必须增强自己的战斗力和竞争力,不断扩大社会主义的影响,使经济全球化进程向着有利于社会主义发展的方向前进。

20 世纪 90 年代以来,人类社会进入信息时代。信息技术的发展对各国经济增长、社会发展和综合国力的增长产生了巨大影响,进而引起整个世界格局的变化,以美国、俄罗斯、日本、欧盟和中国五大力量为基本框架的世界多极化格局初步形成。多极化的趋势反映了国际关系的深刻变化和历史发展的新要求,总体上符合各国人民的利益,有利于世界的和平与发展。

新科技革命对当今世界的发展产生了前所未有的巨大影响,两种社会制度在新科技革命的推动下都发生了嬗变。随着新科技革命的继续发展,人们越来越关注人类社会未来的走向。由于新科技革命首先发起于西方发达资本主义国家,西方的未来学家们在 20 世纪 70 年代之后纷纷提出对未来社会形态变化的各种预测,托夫勒的"第三次浪潮"、贝尔的"后工业社会"、奈斯比特的"大趋势",都对此作了描述。这些理论的共同点是都从科技的进步、产业的变化来看人类社会的发展,但是,也都回避所有制和生产关系的变革问题。在他们看来,这场全方位、加速度的新科技革命的到来,使得资本主义制度可以永远存在下去。当我们用唯物史观预测未来的世界图景时,我们看到,新科技革命的出现和发展,并没有改变资本主义必然灭亡的历史命运,相反,却加速了当代资本主义向社会主义的演变。

三、新科技革命对社会主义造成的机遇和挑战

马克思、恩格斯认为:"科学首先看成是历史的有力的杠杆,看成是最高意义上的革命力量。"①邓小平认为:科学技术是第一生产力。在科技进步日新月异的时代,重新审视新科技革命给社会主义造成的机遇和挑战,对于利用科学技术来发展中国特色社会主义具有非常重大的意义。

1. 社会主义面临的困难和挑战

首先,短期内难以摆脱在经济、科技方面的弱势地位。社会主义国家大都是发展中国家,基础薄弱,资金缺乏,教育落后,经济结构层次低,传统农业和传统工业仍占较大比重,新兴产业比重较小,使得社会主义国家在激烈的国际竞争中处于被动和不利的地位。特别是随着知识、技术在经济发展中的地位和作用越来越重要,这些国家原有的优势条件,如劳动力和资源等的作用在减弱,原有的劣势条件相对却更加突出。而西方发达资本主义国家,经济实力雄厚,可以凭借其经济优势,大力促进新科技革命,并通过吸收和利用科技发展成果大大推动经济的发展。这就使社会主义国家不得不面临发达资本主义国家在经济和科技上占优势的压力,短时间难以摆脱弱势地位。以 2006 年中美两国的国内生产总值(GDP)为例进行比较:美国的 GDP 为 132216.85 亿美元,人均 GDP 为 43995 美元;中国 GDP 为 26847.05 亿美元,人均 GDP 为 2042 美元,差距很大。在科技方面,虽然中国在科技进步与创新上取得突破性进展,但总体水平仍远远落后于美国等发达资本主义国家。

其次,需承受发达资本主义国家在政治上的压力和文化上的渗透。新科技革命的挑战,虽然直接表现的是科技、经济方面的挑战,而实质上是社会主义和资本主义两种社会制度的竞赛和斗争。在这场竞赛和斗争中,经济相对落后的

---

① 《马克思恩格斯全集》第 19 卷,人民出版社 1963 年版,第 372 页。

社会主义国家明显处于不利地位,不得不承受发达资本主义国家在国际关系和政治上的压力。今后,西方国家在一段时间内仍会凭借其科技和经济实力的优势,继续对社会主义国家施加压力。特别是在新科技革命影响和推动下,以美国为首的西方国家将会利用经济全球化的大趋势及其在全球化中的主导作用,通过经济活动,利用信息技术和国际互联网等方式,多手段地加大西方文化输出力度,极力向社会主义国家输出其生活方式、价值观念、政治体制,传播其意识形态,扩大其对社会主义国家政治、社会生活的影响。作为社会主义国家,必须保持清醒头脑和高度警惕,做好长期斗争的准备。

2. 新科技革命有助于推动社会主义的振兴

首先,新科技革命有助于推动社会主义国家利用后发优势。发达资本主义国家在发展过程中积累了许多经验,创造了很多高科技成果,可供社会主义国家学习借鉴。社会主义国家通过学习借鉴这些宝贵的经验、技术,可以缩短与发达国家的距离,为自身的发展创造后发优势。在生产力发展方面,发达资本主义国家无疑可以给我们提供许多有益的经验教训和文明成果。在社会制度和体制建设方面,我们固然在许多方面优于资本主义国家,但由于生产力发展水平所决定,建立在农业社会基础上的社会制度肯定也在不少方面落后于以工业社会、信息社会为基础的社会制度。从中国实践上看,改革开放以来,我们不仅从资本主义发达国家吸收了先进科技、管理、人才、资本等宝贵资源,而且从中借鉴了市场经济体制、公务员制度、法制观念、民主体制以及国际贸易规则等文明成果。这些学习和借鉴,已经并将继续促进中国特色社会主义的发展。

其次,新科技革命有助于推动社会主义国家参与经济全球化进程。20世纪80年代以来,由于新科技革命的推动和国际交往的扩大,经济全球化呈加速发展趋势。这既给社会主义国家发展带来了严峻挑战,同时也提供了发展机遇。因为经济全球化把不同社会制度的国家都纳入全球国际分工体系和市场体系中去,经济利益相互交织,彼此依存关系进一步加深,发展中的社会主义国家需要学习借鉴发达资本主义国家的技术和管理,发达资本主义国家也需要社会主义国家提供广阔的市场,只有在全球经济的密切交往中才能实现双方互补。中国改革开放30年来之所以取得了令人瞩目的成就,原因之一就在于我们顺应历史发展潮流,积极主动地参与到经济全球化进程中,不仅增强了中国在全球化大市场中的竞争力,提高了中国的国际地位,更增强了世界社会主义运动回应资本主义挑战的能力。

再次,新科技革命有助于推动社会主义模式的多样化。20世纪社会主义发展的事实证明,社会主义模式要随着不同时期的历史和现实条件的变化而发生变化,没有唯一的和固定的社会主义模式。21世纪新科技革命和经济全球化的发展,将会使世界各国之间的经济文化联系与交往日益密切,这就会促使各社会主义国家不断调适自身发展的新模式。我们看到,中国、古巴、越南、朝鲜、老挝等社会主义国家在苏东剧变后顶着前所未有的压力,积极探索着适合本国国情的社会主义道路,取得了不同程度的新成就和新进展。特别是占世界人口1/5的中国,坚持社会主义方向,坚持改革开放,积极参与和推动新科技革命的发展,取得了巨大成就,中国特色社会主义模式已经取得初步成功。21世纪社会主义将在自觉开放的环境中,在吸收全人类文明发展的共同成果中生长。

最后,新科技革命条件下现代科技与社会主义的结合有助于"全球问题"的解决。新科技革命促进了人类生产力的发展,造就了发达的物质文明和精神文明,但也随之带来了许多消极因素,诸如能源短缺、环境污染、战争威胁、贫富分化等问题。20世纪60年代,由欧美学术界、企业界、政界人士组成的"罗马俱乐部",最先将这些问题称为"全球问题",即"那些可能导致现在和未来人类困境的若干重大问题",自此之后,"全球问题"引起了世界的注意。有些西方学者把"全球问题"的出现归咎于科技革命的发展,认为科技的本质就是要追求最大限度地利用自然资源。事实上,科技革命所追求的是利用资源的效率最高化,而并非是利用资源的总量最大化。

从根本上讲,导致"全球问题"出现的最主要原因,是发达资本主义国家的垄断资产阶级无止境地追求高额利润,长期掠夺本国和发展中国家的资源和财富。"全球问题"本质上是资本主义思想体系所造成的后果。据统计,西方发达国家的人口仅占世界人口的20%,消耗的物质材料和能源却占全球的80%,美国人口仅占世界人口的5%,每年却消耗全世界开发资源的34%,人均消耗能源及产生的废物分别相当于发展中国家的500倍和1500倍。几个主要发达国家二氧化碳和氟氯化碳排放量分别占世界排放量的75%和90%。"全球问题"的出现,预示着新科技革命所导致的生产力的发展已经使社会生产达到这样的地步,即资本的贪婪已经越来越明显地损害着全人类的利益。只要资本主义还主宰世界,"全球问题"就根本不可能解决。要解决这一问题,一方面需要依靠科学技术的进步;另一方面,需要以先进的方法、合理的思想体系、制度来代替资本主义的思想体系和制度,这就是社会主义的思想体系和社会主义制度。在优越的社会制度下,科学技术的发展完全可以达到使人类利用较少的资源就可以满足同样的生活需求的目的。从这个意义上讲,我们可以得出这样的结论——新科技革命最终必将为社会主义带来一个新的发展时代。

　　由此可见,中国特色社会主义理论是对马克思主义时代观在新形势下的发展,它适应了新科技革命迅猛发展的新形势,体现了当今时代的主题。

第二章
中国特色社会主义理论的实践基础

伟大的实践产生科学的理论。中国特色社会主义理论不是个别天才人物凭空想象出来的,而是从世界社会主义运动的实践中总结出来的,是以新中国成立以来,特别是改革开放以来的社会主义建设作为最直接的实践基础的。正如党的十四大报告所说:"建设有中国特色社会主义的理论,是在和平与发展成为时代主题的历史条件下,在我国改革开放和社会主义现代化建设的实践过程中,在总结我国社会主义胜利和挫折的历史经验并借鉴其他国家社会主义兴衰成败历史经验的基础上,逐步形成和发展起来的。"①从马克思主义认识论的高度,深入分析中国特色社会主义理论的实践基础,有利于人们正确把握中国特色社会主义理论体系的科学内涵、历史地位和指导意义。

第一节　对苏东国家社会主义兴衰
成败的历史经验的借鉴

一、关于苏东国家社会主义建设的成就与失误的全面分析

俄国十月革命的胜利,使世界上破天荒地出现了第一个社会主义国家。第二次世界大战后,东欧又有一批国家建立起了社会主义制度。在社会主义建设中,苏东国家取得了举世瞩目的辉煌成就。

大家知道,十月革命前的俄国在经济上是十分落后的,它的工业居世界第五位,欧洲第四位。十月革命胜利后,苏联仅用了10年时间就完成了第一次世界大战后经济恢复工作,接着开始了快速工业化的历史进程。从1928年到1940年,苏联的工业以年均增长21%的速度发展,建成了完整的工业体系,初步实现

---

① 《江泽民文选》第一卷,人民出版社2006年版,第221页。

了工业化。第二次世界大战中,苏联正是依靠迅速发展起来的经济,以及苏联人民保卫苏维埃政权的决心,打败了法西斯德国的疯狂进攻,取得了卫国战争的伟大胜利。二战后的苏联又以较快的速度修复了战争的创伤,苏联工业再次得到高速发展。到 20 世纪 70 年代初,苏联经济已显示出明显的优势,社会稳定,军事力量与美国平起平坐,人民物质文化生活水平比历史上任何时期都高。此后,虽然苏联的经济增长速度有所下降,但仍然高于大多数资本主义国家。从 1950 年到 1984 年,苏联的国民收入增长 8 倍,而美国只增长了 2 倍。这时的苏联工业总产值已经达到美国的 80%,远远超过欧洲资本主义国家,是当时仅有的两个超级大国之一。

苏联在文化教育和科学技术等方面也取得了辉煌的成就。沙皇时代的俄国,文盲占全国人口的 3/4,大多数劳动者不识字。十月革命时,苏俄的文盲人口仍占全国总人口的 50%—60%,而到 1970 年,全国识字居民已达到 99.7%,基本消灭了文盲现象。苏联在科学技术方面也取得了长足的发展。1913 年沙俄时代仅有 1.16 万名科技工作者,到 1940 年,苏联已达到 9.83 万人,到 1975 年更是达到 122.34 万人,占世界科技工作者总数的 1/4。在原子弹、氢弹研制等方面苏联紧随美国之后,成为世界上第二个拥有这一技术的国家。人造卫星、航天技术等世界领先。这些成就的取得极大地鼓舞了其他社会主义国家和世界劳动人民,也震撼了整个资本主义世界。

第二次世界大战后新兴的东欧社会主义国家以苏联为榜样,借鉴苏联社会主义建设的经验,努力发展社会经济。到 20 世纪 70 年代,东欧社会主义国家的工业生产增长率大都高于主要资本主义国家,大都进入中等发达国家的行列。

虽然苏东社会主义建设取得了巨大成就,但苏东国家在二战后长期坚持斯大林社会主义体制模式,不可避免地出现了许多问题,甚至失误。这主要表现在以下几个方面:

(1)高度集中的计划经济体制虽然在一定历史时期推动了国民经济的快速发展,但在第二次世界大战后,没有根据形势的变化及时进行全面的改革,致使经济发展缺乏应有活力,粗放式经营缺少经济效益,这就影响了经济的发展和社会主义优越性的发挥。

(2)与僵化的经济体制相对应,苏东国家大都形成了高度集中的政治体制,这一体制存在着很多弊端,如放松了党的建设,破坏了民主集中制和集体领导原则,没有处理好党政关系、中央与地方的关系以及党群关系,致使党严重脱离群众,最终丧失了对整个社会的领导。

（3）不能正确处理社会主义意识形态领域的问题，先是采取过激的办法来解决和处理思想和学术争论问题，把阶级斗争扩大化引入到思想领域和学术；后来又放弃意识形态领域的斗争，任由各种社会思潮特别是反共反社会主义思潮冲击社会主义的思想文化，最终放弃了马克思主义在意识形态领域的指导地位。

（4）在处理东西方关系问题上存在偏差。苏东国家最初片面排斥资本主义的东西，没有很好地利用资本主义先进成果发展社会主义；后又全盘接受资本主义的思想观念和制度模式，在国际关系和国际战略问题上没有制定出正确的方针政策，不能有效地抵制西方的"和平演变"，最终走上了"西化"的道路。

二、关于苏东剧变的原因与教训的正确认识

1. 苏东剧变的原因分析

苏东剧变是20世纪震动世界的重大事件之一。回首这一历程，我们不难发现，这些国家的共产党不是在对外战争中被打败而丧失政权的，也不是经过你死我活的国内武装斗争被政治反对派直接打倒的，而大多是经过自我"蜕变"，在所谓"民主选举"中和平"交权"下台的。特别是苏联这个具有70多年历史的世界上第一个社会主义国家，在经历了外国武装干涉、经济封锁和德国法西斯的侵略，不仅屹立不倒，而且由一个欧洲经济文化都很落后的国家，发展壮大成为一个能与世界头号资本主义强国相抗衡的社会主义大国。然而，却在经历所谓的改革后，迅速解体。受苏联影响，东欧国家共产党也纷纷丧失政权，国家也随之变色。这一场任何一个马克思主义者都不愿意看到的历史悲剧，为坚持中国特色社会主义道路和中国特色社会主义理论体系提供了深刻启示，坚定了我们建设中国特色社会主义的理想信念。

（1）苏东剧变的主要原因是苏东国家执政的共产党在建设和改革中出现了失误，甚至偏离了马克思主义原则和社会主义方向，削弱乃至取消共产党的领导，从而诱发了政治、经济、社会、民族和国家的全面危机。

社会主义在苏联和东欧都取得过辉煌的成就，但也积累了大量的问题和矛盾。这些问题和矛盾有的是由于领导方式和政策失误造成的，有的是由于高度集中的体制造成的。由于苏东国家的共产党在长期的建设和改革中，没有及时有效地处理这些矛盾和问题，从而为后来的剧变埋下了祸根。虽然苏东国家也曾试图通过改革来解决这些问题和矛盾，也取得了一定的效果，但由于不能克服苏联模式的弊端，这些国家的改革不是浅尝辄止，就是在改革的战略和策略上出现严重失误，造成了物价上涨、外债高筑、政局不稳、思想混乱，激起了人民群众

对现实的不满。这就为国内外敌对势力大肆开展反共反社会主义的活动,推翻共产党的领导和颠覆社会主义制度提供了借口和条件。

在经济上,苏东各国长期实行高度集中的经济体制和畸形的、粗放型的经济发展战略。这种经济体制虽然在集中人财物,兴办重大工程,促进国民经济跨越式发展方面发挥了一定的积极作用,但在调动地方、企业和个人的积极性方面,满足和改善人民生活方面一直存在着严重的不足;这种经济发展战略虽然在重工业和军事工业方面取得了显著成效,但长期忽视农业和轻工业的发展,使农轻重之间、积累和消费之间比例严重失调,经济结构极不合理。因此,人民群众对发展社会主义经济的信心产生了动摇,在后期的改革中,群众幻想通过"改制"迅速富裕起来,这也就是剧变的经济原因。

在政治上,苏东国家长期实行高度集权的政治体制。这种体制虽然在一定程度上维护了党和国家的统一和稳定,但也产生了诸如党政不分、官僚主义、个人专权、个人崇拜等不正常的现象,广大基层干部和群众的民主自由权利得不到切实保障。虽然苏东国家都实行民主集中制和集体领导,但在实际执行上都缺乏具体可行的规定而使制度流于形式。在这种情况下苏东领导人违背民主、科学的决策原则,独断专行,搞家长制和一言堂,不正之风难以避免。更为严重的是,苏东国家在社会主义建设的过程中犯过阶级斗争扩大化和"大清洗"的错误,制造了许多冤假错案。这些问题不仅伤害了许多忠诚的领导人及至普通群众,而且败坏了共产党的领导和社会主义的声誉,为国内外敌对势力攻击社会主义搞"极权"、"专制"提供了口实。

苏东社会主义国家大多是多民族国家,历史上就存在着比较复杂的民族关系和民族矛盾。同时,这些国家还有深厚的宗教传统。民族与宗教问题在这些国家的政治生活有巨大影响。然而,苏东国家的共产党在长期执政的过程中,不但没有很好地处理和解决民族宗教问题,反而使民族宗教问题日益积累并逐步激化起来。这也是导致苏东国家动荡、分裂和剧变的重要因素。

在党的领导方面,苏东国家执政的共产党内部长期滋生蔓延的官僚主义、形式主义和腐化堕落等消极因素,损害了党同人民群众的联系,使共产党逐渐失去人民群众的信任、支持和拥护,最终被敌对势力赶下了台。从二战后到20世纪80年代,苏东国家的共产党人数成倍增长,但党员的思想政治素质并没有相应提高。许多人把党员身份看做是晋升高官、拿到特权的通行证,而党和国家的上层人物的特权又使相当一部分干部发生了蜕变。这部分蜕变者与投机者成为苏东国家中少数的既得利益者,成为新的特权阶层或权贵阶层。他们不仅是生产资料的管理者,而且希望成为生产资料的所有者。这样,他们就可以尽快地增加自己的个人财富,又能合法地让自己的子女继承权力和财富。他们当然也就不能很好地支持社会主义的体制改革。因此,从某种意义上说,苏东国家某些领导人腐化变质,导致党的威信下降,从而失去广大人民群众的支持,这是苏东国家共产党垮台和社会主义失败的一个重要原因。

在意识形态方面,苏东国家领导集团长期存在着"左"和右的错误倾向,给人民造成了思想混乱,影响了社会主义事业的健康发展。一方面,在改革之前和改革之初,受"左"倾教条主义的影响,这些国家大搞思想控制,尤其是将在20世纪30年代形成的社会主义模式加以绝对化、神圣化,束缚了人们的认识和实践,使社会主义缺乏应有的生机和活力;另一方面,从赫鲁晓夫开始,苏共某些领导人全盘否定斯大林,推行与帝国主义妥协的错误路线。特别是戈尔巴乔夫所谓"民主的、人道的社会主义"的理论延续了赫鲁晓夫的错误,并促使东欧国家的领导人搞"公开化"、"意识形态多元化"。这样,反对社会主义、反对马克思主义、反对共产党领导的错误思想在苏东国家滋长蔓延。而且,苏东各国党的领导集团也被西方资产阶级意识形态侵蚀,自觉不自觉地接受和崇拜西方资本主义的生产方式、生活方式和社会制度。这就不能不影响到人民群众对共产党的信任和对社会主义的信念,为各种反共反社会主义势力的进攻提供了便利。

(2)民主社会主义思潮泛滥及其代表人物占据党和国家的领导地位,是苏东剧变的直接原因。

虽然苏东国家在历史发展过程中,出现和积累了一些问题和矛盾,但这些问题和矛盾如果在正确理论的指导下是能够解决的,绝不会导致亡党亡国。问题是苏东国家的领导人对出现的问题的性质和原因发生了错误的判断,认为这些问题是社会主义制度本身造成的,必须从根本上改造社会主义制度。改变党和国家的性质,使共产党变成社会民主党,放弃社会主义公有制、无产阶级专政和马克思主义的指导地位,而去搞西方式的市场经济、多党制、三权分立和指导思想的多元化,等等。这种错误的改革理论当然不能解决原本存在的问题,不仅如此,最后还使共产党蜕变,国家政权易手。这种情况的发生,是与戈尔巴乔夫推行的"改革新思维",与"人道的、民主的社会主义"思想理论紧密联系在一起的。

首先,苏东剧变的过程从某种意义上说,就是所谓"人道的、民主的社会主义"理论纲领产生、泛滥和破产的过程。戈尔巴乔夫上台后不久,就把所谓民主化、公开化、多元化、人道主义等作为改革的目标和方法。这些违背马克思主义阶级观点,否定无产阶级专政的理论纲领,纵容了敌对势力的兴起、积聚,并公开地、合法地进行反共反社会主义。1988 年，戈尔巴乔夫在苏共第十九次代表会议上，明确提出要建立一个与现实社会主义制度根本不同的"人道的、民主的社会主义"社会。这标志着"人道的、民主的社会主义路线"已经形成并在苏共中央占据了主导地位。1990 年苏共二十八大通过《走向人道的、民主的社会主义》的纲领性声明和新党章，规定改革的实质是"从极权官僚制向人道的、民主的社会主义过渡"，取消以马克思列宁主义为指导，放弃苏共的领导地位和无产阶级专政，接受多党竞争原则和"三权分立"，允许党内存在不同政治派别，发展"多种的和平等的所有制形式"，向私有化过渡。这种所谓"人道的、民主的社会主义"路线和纲领，为搞垮苏共和苏联打开了大门。

其次，戈尔巴乔夫的改革"新思维"和"人道的、民主的社会主义"推行到东欧，促进了东欧国家的剧变。众所周知，历史上东欧国家社会民主党的力量和思想影响本来就很深，民主社会主义思潮在东欧国家的共产党中很有市场。20 世纪 80 年代末，戈尔巴乔夫推行改革的"新思维"和"人道的、民主的社会主义"，更助长了东欧党内社会民主主义思潮的泛滥，促使东欧国家快速向资本主义演变。东欧国家接受民主社会主义，实行政治多元化，多党制，向反对派妥协退让，在"民主"的旗号下拱手把政权交了出来，戈尔巴乔夫对此都表示支持。而对不赞成"新思维"进行改革的，戈尔巴乔夫就直接插手，采取各种办法把他们搞下台。由于"人道的、民主的社会主义"瓦解了东欧各国共产党的精神支柱和思想武装，助长了这些国家党内外的反动势力，为东欧剧变提供了有利条件。

（3）西方敌对势力推行"和平演变"战略，对苏东剧变起了催化、促进作用。

社会主义国家的出现和发展，打破了资本主义一统天下的局面，推动了世界范围的民族解放运动，从而成为帝国主义统治的最大障碍。因此，颠覆社会主义制度，实现资本主义一统天下，就成为帝国主义的最大战略目标。当军事干涉、武装入侵等战争手段不能颠覆社会主义国家后，不得不采取"和平演变"战略。从 20 世纪 50 年代开始，西方国家就企图用"和平的方法"，与社会主义国家"打一场没有硝烟的战争"，用西方的价值观和社会制度去影响社会主义。为此，西方国家不惜把大量的钱财花费在针对社会主义国家的传播媒体上。"美国之音"、"自由欧洲电台"、"自由电台"、"BBC 电台"等长期不遗余力地对社会主义国家进行"思想战争"。60 年代以后，西方国家普遍认识到外交接触和文化交流在"和平演变"中的作用。到 70 年代，西方国家又利用东欧国家经济困难，大量贷款，使其背上沉重的债务，对西方国家的依赖程度提高。"人权外交"政策在这一时期被赋予更为重要的战略意义。到 80 年代中期以后，西方国家利用苏东加快改革的时机,加强对这些国家的"和平演变"攻势,直接插手这些国家的内政,与这些国家内部的反共、反社会主义势力相互勾结,公开支持这些反动势力篡党夺权。如果没有国际敌对势力的大力支持,东欧剧变和苏联解体不会发生得如此迅速,如此顺利。

回首苏东剧变,我们不难发现苏东剧变是多种因素综合作用的结果,其中既有主观原因,也有客观原因;既有内部原因,又有外部原因;既有现实原因,也有历史原因。这些纷繁复杂的因素之间存在着内在的、必然的联系,在苏东剧变中起着不同的作用。其中起决定性作用的是内因,即苏东国家领导集团推行了一条错误的改革路线,西方国家实施的"和平演变"战略等外因也要通过这个内因而起作用。

2. 苏东剧变的教训

前事不忘,后事之师。认真总结和吸取苏东剧变的历史教训,对于我们进一步把握社会主义社会的本质属性和发展规律,学习和研究中国特色社会主义理论体系,无疑具有重要的意义。

(1)注重发展经济,努力改善和提高人民生活

苏东国家虽然在经济建设方面曾经取得过巨大成就,但是和西方发达国家相比仍有很大差距。如 1988 年民主德国的人均国民生产总值是 7080 美元,而联邦德国是 18480 美元;1989 年苏联的人均国民生产总值是 5078 美元,美国则是 20910 美元。苏东国家追求高速度、高积累,并向西方国家大举借债,造成了通货膨胀和外债危机。到 20 世纪 70 年代中期以后,苏东国家的经济发展缓慢,经济效益较差,人民群众的生活水平提高缓慢甚至有所下降,引起人民群众的不满。社会主义优越性体现不出来,人民也就不会拥护社会主义。这是苏东剧变的一个深刻教训。生产力是社会发展中最活跃最革命的因素,也是社会发展的最终决定力量。邓小平指出:"社会主义阶段的最根本任务就是发展生产力,社会主义的优越性归根到底要体现在它的生产力比资本主义发展得更快一些、更高一些,并且在发展生产力的基础上不断改善人民的物质文化生活。"[①]在经济文化都比较落后的国家搞社会主义,集中力量解放和发展社会生产力,以经济建设为中心,抓好经济建设,赢得与资本主义相比较的速度优势,就显得更为迫切、更为重要。历史经验证明,贫穷、落后不是社会主义。社会主义国家必须集中精力发展生产力,把经济建设搞上去,这是社会主义制度巩固和发展的根本前提。

---

① 《邓小平文选》第三卷,人民出版社 1993 年版,第 63 页。

敏锐地把握社会生产力的发展趋势和要求,制定和实施正确的路线方针政策,不断促进先进生产力的发展,这是无产阶级政党和社会主义国家始终站在时代前列、发挥社会主义制度优越性的根本要求。

(2)搞好党的建设,巩固社会主义事业的领导核心

共产党是社会主义事业的领导核心,是决定社会主义革命和建设成败的关键因素。然而,苏东国家执政的共产党在相当长的时期里,思想混乱,组织涣散,民主监督机制不健全,官僚主义十分盛行,特权腐败现象不断滋生,严重脱离群众,损害了党的威信,致使共产党在敌对势力的进攻面前丧失了抵抗力和战斗力。历史经验证明,党群关系、人心向背是决定一个政党、一个政权兴衰的根本因素,工人阶级和其他劳动人民是共产党的力量源泉和胜利之本。马克思主义政党的最大危险,就是背叛工人阶级,脱离人民群众。只有始终保持党的工人阶级先锋队性质,始终保持同人民群众的血肉联系,才能保证党永不蜕变,永远立于不败之地。

(3)在改革中坚持正确的路线方针政策

路线方针政策正确与否,是关系到共产党生死存亡和社会主义事业兴衰成败的重大问题。苏东剧变是从党的路线方针政策的逆转开始的,直接受戈尔巴乔夫的改革"新思维"和"人道的、民主的社会主义"理论纲领和路线的支配。而戈尔巴乔夫的改革"新思维"其实不过是西方的思想观念、政策措施的翻版;"人道的、民主的社会主义"本质上是对科学社会主义的背叛,是带有改良主义色彩的资本主义,其内容许多都是来自西方资本主义的政治、经济、文化、外交理论,主张在政治上实行多党制、三权分立和议会民主,在经济上实行非国有化和私有化,在思想上实行意识形态多元化,取消马克思主义的指导地位。这种改革的路线方针政策必然会引起苏东国家向资本主义的"和平演变",改革也就不可避免地变成了"改向"和"改制"。因此,我们必须制定正确的改革开放的路线方针政策,坚持四项基本原则,推动社会主义制度的自我完善和发展。

(4)始终重视意识形态领域的斗争

在阶级社会里,统治阶级的意识形态是该社会思想文化的理论基础和核心内容,规定着国家的性质和发展方向。在苏东剧变中,意识形态的动摇起到了重要作用。戈尔巴乔夫推行"公开性"和"意识形态多元化",新闻政策抛弃了马克思主义的党性原则和科学社会主义的理论基础,原有的新闻媒体包括党报、党刊的性质、内容和作用都发生了根本改变,反共反社会主义的刊物极力进行反共宣传,国际帝国主义也乘虚而入,拉拢收买,加上西方的卫星电视、电台广播等大肆

煽动蛊惑,在短短的几年时间里,就搞乱了人们的思想,使敌对势力能够轻易夺权。苏东意识形态演变的教训说明,社会主义国家必须重视思想政治工作,积极有效地开展意识形态领域的斗争。社会主义、无产阶级思想不去占领思想文化阵地,资本主义的、资产阶级的思想就会去占领。苏东意识形态演变的教训也说明,必须以科学的态度对待马克思主义。丢了马克思主义就会丧失根本,走到邪路上去,但是,必须把马克思主义与时代特征和本国实际相结合,创造性地解决本国革命、建设和改革过程中遇到的各种问题和矛盾,与时俱进,不断推动马克思主义的理论创新。

(5)坚决抵制西方的"和平演变"

"和平演变"与反"和平演变"是当今世界两种制度、两种思想体系斗争的重要形式和战场。在苏东剧变中,西方的"和平演变"战略起了重要作用。因此对于社会主义来说,反"和平演变"必然是一项重大的战略任务。对此,邓小平告诫我们:"帝国主义搞和平演变,把希望寄托在我们以后的几代人身上。……要把我们的军队教育好,把我们的专政机构教育好,把共产党员教育好,把人民和青年教育好。"①只要我们在深化改革和扩大开放的过程中,在吸收和借鉴当今世界各国特别是资本主义发达国家的积极成果的同时,坚决抵制西方的"和平演变",自觉抵制西方资本主义剥削制度和腐朽思想的侵蚀,就一定能够赢得与资本主义发展的比较优势,实现社会主义跨越式发展。

第二节　对我国社会主义胜利和挫折的历史经验的总结

一、新中国社会主义建设取得的伟大成就

新中国的诞生开辟了中国历史的新纪元,是继俄国十月革命以后世界最有影响的历史事件之一。它在帝国主义的东方战线上打开了一个缺口,沉重打击了世界殖民体系,大大增强了社会主义阵营的力量。这对于改变世界力量格局,维护世界和平和正义事业,具有深远的影响。

新中国成立后,经过3年恢复时期,其间虽然经历了抗美援朝、土地改革、镇压反革命运动、"三反""五反"运动,把国民经济迅速恢复到建国前的最好水平。

---

① 《邓小平文选》第三卷,人民出版社1993年版,第380页。

在此基础上,我们党制定了过渡时期总路线,进行社会主义改造运动,并成功进行了第一个五年计划的建设,到1956年年底,基本建立起了社会主义制度。从1957年到1966年,我国又进行了社会主义全面建设,在社会主义道路的探索和社会主义建设方面都取得了巨大的成就。

首先,开始摆脱苏联模式,独立自主地探索适合中国国情的社会主义建设道路。我国社会主义是脱胎于半殖民地半封建社会的、人口众多、经济文化都十分落后的东方大国。在怎样建设社会主义这个重大问题上,以毛泽东为代表的中国共产党人从苏联模式的弊端中认识到这一模式不适合中国国情,提出以苏联为鉴戒、总结自己的经验,开始探索中国自己的建设道路。在这一探索中形成了一些正确的和比较正确的理论观点和方针政策,为后来形成中国特色社会主义理论体系提供了重要的思想材料。尽管在这一探索历程中我们出现一些失误,有过曲折,但毕竟是探索中国自己的社会主义建设道路的伟大开端。

其次,建成了比较完整的国民经济体系,工农业生产有了较大幅度的发展。旧有的工业部门如能源、冶金机械工业等得到加强,同时电子工业、石油化工和原子能工业等一批新兴工业部门建立起来。工业布局也初步得到改善,除沿海工业基地得到加强外,在内地和边疆省份都兴建了不同规模的现代工业,形成了一批新的工业中心。主要的农产品产量都有较大幅度的增长,农业机械化程度有所提高,农田水利设施得到改善,良种培育、土壤改良等农业科技取得了很大进步。

第三,教育和科学技术事业取得很大进步。到1965年,全国在校学生达1.31亿人,其中高校在校生67.4万人,1956—1965年合计高校毕业生139万余人。在科学技术方面也有所突破。到1965年年底,专门的科研机构达1714个,专业人员达12万人。在化学、核物理、高能物理、电子计算机等方面都有可喜的成绩。

第四,国防建设取得巨大进展。中国人民解放军在现代化、正规化的目标下加强了海军、空军和陆军各兵种的建设,并掀起了群众性的大比武、大练兵运动。国防尖端科技成果显著。1961年,中共中央作出以研制"两弹"(原子弹和导弹)为中心,加速国防科研和工业发展的重大决策。1964年6月,中远程导弹试验成功,10月16日,第一颗原子弹爆炸成功。这些成就的取得,有力地打破了超级大国的核垄断和核讹诈,提高了中国的国际地位。

二、我国社会主义建设出现的严重失误

在探索适合中国国情的社会主义道路的过程中,由于缺乏社会主义建设经

验,对马克思主义关于社会主义的理论产生了误解和急于求成等因素,我国的社会主义建设出现过许多失误。如 1957 年反右斗争的扩大化,1958 年的"大跃进"和人民公社化运动,1966—1976 年长达 10 年之久的"文化大革命"是主要的表现。

在 1957 年开展的全党整风运动中,我们党欢迎广大党外人士提出批评和建议。在这一过程中,少数资产阶级右派分子利用这样的机会,鼓吹所谓"大鸣"、"大放"、"大民主",向党和新生的社会主义制度发动进攻。为了反击右派的进攻,我们党开展反右派斗争是必要的。但是,反右派斗争犯了扩大化的错误。当时全国共划出右派分子 55.28 万人,很多是错划的。同时,对右派的性质,开始认为是人民内部的左、中、右,后来判断为敌我矛盾。这就从数量和性质两方面导致了反右派斗争的扩大化,造成了严重的后果。一方面,它严重地损害了广大人民建设社会主义的积极性,损害了社会主义民主,造成了国内政治生活的不正常。特别是错划的右派,大都是参加革命多年的党员干部,同党有长期合作的爱国人士,学有专长的知识分子和富有管理经验的工商业者,以及政治上热情但不成熟的青年,他们在社会主义建设中的积极作用不能得到很好发挥,是我们党和国家建设事业的重大损失。另一方面,由于把矛盾的性质定性为两个阶级、两条道路的矛盾,使我们党后来很快就对中共八大关于我国社会主义主要矛盾的判断发生动摇,使党和国家长期陷入阶级斗争扩大化的误区,干扰了社会主义建设。

1958 年开始的"大跃进"运动,其主观愿望是希望通过大规模的群众运动方式,在最短的时间内,改变我国贫穷落后的面貌,使国家迅速富强起来,使中华民族自立于世界民族之林。但是,由于违反客观经济规律,急于求成,夸大主观能动作用,忽视综合平衡,造成了国民经济比例的严重失调。农业上的浮夸风、工业上的高指标,再加上急于实现共产主义的急性病,又导致了人民公社化运动的失误,片面强调"一大二公",强调生产关系的革命。这一失误产生的根源在于党对什么是社会主义,怎样建设社会主义这个根本问题上认识不足,导致盲目的行动。

1966 年开始的长达 10 年之久的"文化大革命"是我国社会主义建设过程中最严重的一次失误。党的八届三中全会修改了关于我国主要矛盾的论断。1959年庐山会议错误地发动对彭德怀的批判,把党内不同意见的分歧上升为无产阶级与资产阶级两大阶级生死斗争的继续,使阶级斗争扩大到党内。而在"无产阶级专政下继续革命"的理论指导下发动的"文化大革命",就是上述阶级斗争思想在全局上的错误展开。该理论认为一大批资产阶级的代表人物,反革命的修正主义分子,已经混进党内、政府、军队和其他各个领域,相当多单位的领导权已经不在马克思主义者手里。党内走资本主义道路的当权派已经在中央形成了一个资产阶级司令部,它有一条修正主义路线,在省、市、区和中央各部门都有代理人。只有实行"文化大革命",公开地、全面地、自上而下地发动广大人民群众,才能把走资派篡夺的权力重新夺回来。这些论点对我国当时阶级斗争形势以及党和国家政治生活状况作了完全错误的估计。在社会主义条件下进行一场所谓的一个阶级推翻另一个阶级的政治大革命,既没有经济基础,也没有政治基础。这一理论完全偏离了中国社会主义建设道路的正确轨道,给我国造成了严重的混乱、破坏和倒退。正如《关于建国以来党的若干历史问题的决议》指出的那样,"文化大革命"是一场由领导者错误发动,被反革命集团利用,给党、国家和各族人民带来严重灾难的内乱。

三、关于我国社会主义建设经验教训的科学总结

以毛泽东为代表的中国共产党人对中国社会主义建设的探索,为我国新时期的改革开放和社会主义现代化建设提供了正反两方面的经验教训,为中国特色社会主义理论体系的形成准备了宝贵的实践基础。这些经验教训主要有以下几个方面:

首先,提出了以苏为鉴,走自己的社会主义建设道路的基本思想。对于苏联高度集中的经济政治体制,毛泽东等人早有觉察,在《论十大关系》等文章中毛泽东对苏联体制的弊端就进行了揭露,并在此基础上提出我国社会主义建设应该注意的重大问题,不要重犯苏联的错误。然而,受各种因素的制约,我国的社会主义体制长期没有从根本上摆脱苏联模式的影响。

其次,创立了关于社会主义社会的矛盾学说。在科学社会主义发展史上,毛泽东第一个系统地提出并阐述了关于社会主义社会矛盾的学说。他提出在社会主义社会,生产力和生产关系、经济基础与上层建筑的矛盾仍然是社会主义社会基本矛盾,但是非对抗性的矛盾。社会主义社会还存在着敌我矛盾和人民内部矛盾这两类性质不同的矛盾,而主要的矛盾是人民内部矛盾,正确处理人民内部矛盾应该是我国社会政治生活的主题。可惜的是,毛泽东后来在实践中把敌我矛盾过分夸大或把人民内部矛盾当做了敌我矛盾来解决,导致了阶级斗争扩大化的重大错误。在1979年党的理论工作务虚会上,邓小平明确指出:关于社会主义社会的基本矛盾,"我想现在还是按照毛泽东同志在《关于正确处理人民内部矛盾的问题》一文中的提法比较好。……从二十多年的实践看来,这个提法

比其他的一些提法妥当"①。

第三,提出社会主义现代化建设的宏伟目标和发展经济的一系列改革思想。1964年12月,周恩来在第三届全国代表大会上正式提出了我国实现社会主义现代化的两步走战略。在我国经济发展问题上,毛泽东提出了"两条腿走路"的方针,包括工业和农业并举,重工业和轻工业并举,中央工业和地方工业并举,沿海工业和内地工业并举等。在总结"大跃进"和人民公社化运动的经验教训时,毛泽东提出发展商品生产和商品经济的思想,要求按经济规律办事,不能搞"一平二调三收款"。在经济体制方面,陈云在党的八大上提出了"三个主体,三个补充"的思想,毛泽东肯定了鞍钢"两参一改三结合"的新企业管理制度。这些重要思想和探索,对于以后的经济体制改革都具有重要的指导意义。

第四,确立了独立自主的和平外交政策。新中国成立之初,毛泽东就阐明了中国奉行的独立自主外交政策的基本立场。20世纪50年代,毛泽东、周恩来结合新中国外交的实践,提出了和平共处五项原则。70年代初,毛泽东提出了划分"三个世界"的战略思想,这一思想为加强我国同第三世界国家的友好合作,为改善中美关系,开展同第二世界国家的友好交往确立了理论依据,最大限度地扩大了国际统一战线,为后来我国对外开放奠定了良好的基础。

总之,在改革开放新时期,我们党正是在总结成功的经验,吸取失误教训的基础上,形成和发展中国特色社会主义理论体系的。正如邓小平所说:"三中全会以后,我们就是恢复毛泽东同志的那些正确的东西嘛,就是准确地、完整地学习和运用毛泽东思想嘛。基本点还是那些。从许多方面来说,现在我们还是把毛泽东同志已经提出、但是没有做的事情做起来,把他反对错了的改正过来,把他没有做好的事情做好。今后相当长的时期,还是做这件事。当然,我们也有发展,而且还要继续发展。"②

第三节　对我国改革开放和现代化建设实践经验的概括

一、改革开放和现代化建设的历史进程

我国新时期的改革开放和现代化建设是一个循序渐进,涉及经济、政治、文

① 《邓小平文选》第二卷,人民出版社1994年版,第181—182页。
② 同上书,第300页。

化、社会等诸多领域根本变革的波澜壮阔的历史进程。迄今为止大致经历了三个阶段。

第一阶段大致从十一届三中全会到十三届四中全会以前。在这段时间里，以邓小平为核心的党的第二代中央领导集体，坚持解放思想、实事求是，科学评价毛泽东同志和毛泽东思想，否定"以阶级斗争为纲"的错误理论和实践，作出了把党和国家工作的重心转移到经济建设上来，实行改革开放的历史性决策，在开创社会主义现代化建设新局面的伟大实践中，创立了邓小平理论。

1978年12月召开的十一届三中全会是我国改革开放起步的标志。这次全会毅然抛弃"以阶级斗争为纲"这个不适用于社会主义社会的"左"的错误方针，把党和国家的工作重心转移到经济建设上来。党中央在确定工作重心转移的同时，作出了实行改革开放的伟大决策，并针对拨乱反正过程中出现的错误思潮，旗帜鲜明地强调坚持四项基本原则。"一个中心、两个基本点"的思想开始形成，奠定了新时期党的基本路线的基础。

1981年召开的中共十一届六中全会，通过了《关于建国以来党的若干历史问题的决议》，否定了"文化大革命"和"无产阶级专政下继续革命"的理论，肯定了毛泽东思想的指导作用，并对中国社会主义所处的历史阶段、改革发展的重点以及改革的主要内容等都作了阐述。随着国内外局势的变化，越来越显示出党作出这个重要决议的勇气和远见。

1982年党的十二大提出："把马克思主义的普遍真理同我国的具体实际结合起来，走自己的路，建设有中国特色的社会主义"的思想，确定分两步走，在20世纪末实现国民生产总值翻两番的目标。随后，我们党又提出第三步到21世纪中叶基本实现社会主义现代化的战略。1984年召开的十二届三中全会通过的《中共中央关于经济体制改革的决定》明确提出，改革的目的是建立充满生机的社会主义经济体制，社会主义经济是在公有制基础上的有计划的商品经济，商品经济的发展是社会经济发展不可逾越的历史阶段。要充分认识经济杠杆的作用，自觉运用价值规律，积极发展多种经济形式，建立多种形式的经济责任制。1986年十二届六中全会通过的《中共中央关于社会主义精神文明建设指导方针的决议》阐明了社会主义精神文明建设的战略地位、根本任务和指导方针，是新时期精神文明建设的纲领性文件。1987年的十二届七中全会通过了《政治体制改革总体设想》，确定了政治体制改革的方向、任务和原则。

1987年党的十三大在总结我国改革开放九年的成就和经验的基础上，比较系统地阐述了我国社会主义初级阶段的理论，明确概括了党在社会主义初级阶段"一个中心,两个基本点"的基本路线。大会高度评价十一届三中全会以来开始找到建设中国特色社会主义道路的伟大意义,强调这是马克思主义与中国实践相结合的过程中,继找到中国新民主主义革命道路、实现第一次历史性飞跃之后的第二次历史性飞跃。

第二阶段大致从十三届四中全会到党的十六大。在这段时间里,以江泽民为核心的党的第三代中央领导集体坚持改革开放、与时俱进,捍卫中国特色社会主义,在创建社会主义市场经济新体制,开创全面开放新局面,推进党的建设新的伟大工程的伟大实践中,创立了"三个代表"重要思想。

1989年6月召开的党的十三届四中全会是一次具有重要历史意义的会议。针对当时国内外形势,全会强调,要继续坚决执行十三大确定的基本路线,经济建设是我们的中心任务,四项基本原则是立国之本,改革开放是强国之路,要抓好党的建设和社会主义精神文明建设,尤其是抓好思想政治工作。全会作出的一系列重大决策对稳定全国的局势、保证改革开放和现代化建设的顺利推进,产生了深远的影响。

1990年党的十三届七中全会《关于制定国民经济和社会发展十年规划和"八五"计划的建议》,对十一届三中全会以来建设中国特色社会主义的基本理论和基本实践进行了全面的总结,从政治、经济、文化、外交、党建等方面概括了十二条"基本指导方针",形成了"建设有中国特色社会主义道路的基本轮廓"。1991年江泽民在庆祝中国共产党成立70周年大会上的讲话中,进一步论述了中国特色社会主义经济、政治和文化的基本要求,指明了社会主义初级阶段党在经济、政治和文化诸方面的基本目标和基本政策。

1992年初,邓小平在视察南方的重要谈话中,科学总结了十一届三中全会以来党的基本实践和基本经验,明确回答了多年来困扰和束缚人们思想的许多重大问题。关于计划与市场的关系问题,谈话指出,计划多一点还是市场多一点,不是社会主义与资本主义的本质区别,计划和市场都是经济手段。这一精辟的论断从根本上解除了把计划经济与市场经济看做社会基本制度范畴的思想束缚,表明在计划与市场关系问题上认识有了重大突破。谈话强调基本路线要管一百年,动摇不得,思想更解放一点,改革开放的胆子更大一点,建设的步子更快一点,千万不可丧失时机。这对于推进改革开放和现代化建设具有重大而深远的意义。

1992年10月党的十四大明确提出我国社会主义经济体制改革的目标是建立社会主义市场经济体制,表明我们党在经济体制改革上理论的深化和政策的完善。十四大报告还系统总结了改革开放十四年来的基本经验,从社会主义发展道路、发展阶段、根本任务、发展动力、外部条件、政治保证、战略步骤、领导力量和依靠力量以及祖国统一等九个方面全面阐述了建设中国特色社会主义理论的主要内容。

1993 年 11 月党的十四届三中全会通过《关于建立社会主义市场经济体制若干问题的决定》,对建立和发展社会主义市场经济体制的目标进一步具体化,从转换国有企业经营机制、转变政府职能、培育和发展市场体系、健全个人收入分配和社会保障制度等诸多方面,勾画了社会主义市场经济体制的基本框架。

1997 年 9 月召开的党的十五大,是中国特色社会主义发展史上具有重大历史意义的一次大会。大会确立邓小平理论为党的指导思想,提出党在社会主义初级阶段的基本纲领,确定了我国跨世纪发展的奋斗目标和任务。经济上,就是在社会主义条件下发展市场经济,不断解放和发展生产力。政治上,就是在中国共产党的领导下,在人民当家作主的基础上依法治国,发展社会主义民主政治。文化上,就是坚持以马克思主义和邓小平理论为指导,培育"四有"公民,发展"三个面向"的民族的科学的大众的社会主义文化。建设中国特色社会主义的经济、政治和文化的基本纲领是党的基本路线在经济、政治和文化上的展开,是推进我国改革开放和现代化建设的行动指南。

2001 年 7 月 1 日,江泽民《在庆祝中国共产党成立八十周年大会上的讲话》中在总结我们党 80 年的历史经验的基础上,阐述了"三个代表"重要思想,进一步回答了什么是社会主义,怎样建设社会主义这个重大问题,创造性地回答了建设一个什么样的党和怎样建设党的重大问题。

2002 年 11 月召开的党的十六大,成为中国特色社会主义发展史上的又一个重要里程碑。大会的主题是:高举邓小平理论伟大旗帜,全面贯彻"三个代表"重要思想,继往开来,与时俱进,全面建设小康社会,加快推进社会主义现代化,为开创中国特色社会主义事业新局面而奋斗。十六大确立了"三个代表"重要思想的指导地位,作出了全面建设小康社会的战略决策。大会强调,"三个代表"重要思想是对马克思列宁主义、毛泽东思想和邓小平理论的继承和发展,反映了当代世界和中国的发展变化对党和国家工作的新要求,是加强和改进党的建设、推进我国社会主义自我完善和发展的强大思想武器,是全党集体智慧的结晶,是党必须长期坚持的指导思想。在 21 世纪头 20 年,要集中力量,全面建设惠及十几亿人口的更高水平的小康社会,使经济更加发展、民主更加健全、科教更加进步、文化更加繁荣、社会更加和谐、人民生活更加殷实。这一阶段是实现社会主义现代化的一个承上启下的发展阶段,是完善社会主义市场经济体制和扩大开放的关键阶段。经过这个阶段的建设,再继续奋斗几十年,到21世纪中叶基本实现现代化,把我国建设成为富强、民主、文明的社会主义国家。

第三阶段是从党的十六大以来至今。在这段时间里,以胡锦涛为总书记的党中央,发扬求真务实、开拓进取精神,着力推动科学发展,促进社会和谐,完善社会主义市场经济体制,在全面建设小康社会的伟大实践中,创立了科学发展观等重大战略思想。

为贯彻十六大精神,中央召开七次全会,分别就深化机构改革、完善社会主义市场经济体制、加强党的执政能力建设、制定"十一五"规划、构建社会主义和谐社会等关系全局的重大问题作出决定和部署,提出并贯彻科学发展观等重大战略思想,把改革开放和社会主义现代化建设继续推向前进。

2003年2月,党的十六届二中全会审议通过《关于深化行政管理体制和机构改革的意见》,建议国务院根据这个意见形成《国务院机构改革方案》。全会指出:要进一步转变政府职能,改进管理方式,改进工作作风,提高行政效率,努力形成行为规范、运转协调、公正透明、廉洁高效的行政管理体制。

2003年10月,党的十六届三中全会审议通过《中共中央关于完善社会主义市场经济体制若干问题的决定》和《中共中央关于修改宪法部分内容的建议》。全会强调:要按照统筹城乡发展、统筹区域发展、统筹经济社会发展、统筹人与自然和谐发展、统筹国内发展和对外开放的要求,更大程度地发挥市场在资源配置中的基础性作用,为全面建设小康社会提供强有力的体制保障。胡锦涛在会上报告中央工作并发表讲话,强调各级党委和政府一定要树立和落实科学发展观,不断探索促进全面发展、协调发展和可持续发展的新思路新途径。

2004年9月党的十六届四中全会审议通过《中共中央关于加强党的执政能力建设的决定》,确定当前和今后一个时期加强党的执政能力建设的主要任务和各项部署,提出:要坚持把发展作为党执政兴国的第一要务,不断提高驾驭社会主义市场经济的能力;要坚持党的领导、人民当家作主和依法治国的有机统一,不断提高发展社会主义民主政治的能力;要坚持马克思主义在意识形态领域的指导地位,不断提高建设社会主义先进文化的能力;要坚持最广泛最充分地调动一切积极因素,不断提高构建社会主义和谐社会的能力;要坚持独立自主的和平外交政策,不断提高应对国际局势和处理国际事务的能力。

2006年10月党的十六届六中全会审议通过《中共中央关于构建社会主义和谐社会若干重大问题的决定》,以邓小平理论和"三个代表"重要思想为指导,全面贯彻落实科学发展观,从中国特色社会主义事业总体布局和全面建设小康社会全局出发,提出了到2020年构建社会主义和谐社会的指导思想、目标任务、工作原则和重大部署,是指导当前和今后一个时期构建社会主义和谐社会的纲领性文件。

2007年10月党的十七大是在我国改革发展关键阶段召开的一次十分重要的会议。大会科学回答了党在改革发展关键阶段举什么旗、走什么路、以什么样的精神状态、朝着什么样的发展目标继续前进等重大问题,对继续推进改革开放和社会主义现代化建设、实现全面建设小康社会的宏伟目标作出了全面部署。十七大报告对我国改革开放的历史进程和宝贵经验进行了科学总结,强调改革开放是决定当代中国命运的关键抉择,是发展中国特色社会主义、实现中华民族伟大复兴的必由之路。改革开放以来我们取得一切成绩和进步的根本原因,归结起来就是:开辟了中国特色社会主义发展道路,形成了中国特色社会主义理论体系。大会为继续推动改革开放和现代化建设指明了前进方向,是我们党团结带领全国人民坚定不移走中国特色社会主义道路,在新的历史起点上继续发展中国特色社会主义的政治宣言和行动纲领。

二、改革开放和现代化建设实践经验的理论升华

"建设有中国特色社会主义"这一科学命题,是邓小平在党的十二大开幕词中明确提出来的,它的丰富内容和理论体系,则有一个不断充实和发展的过程。改革开放和社会主义现代化建设的伟大实践,以及对实践经验的科学总结,使中国特色社会主义理论的内容越来越丰富,理论体系越来越完善。在党的十六大报告中,江泽民对1989年至2002年间改革开放和现代化建设的实践经验进行了全面总结,提出了建设中国特色社会主义的十条基本经验。2003年2月,胡锦涛在新进中央委员会的委员、候补委员学习"三个代表"重要思想和贯彻十六大精神研讨班结业时的讲话中指出:改革开放以来,我们党在总结历史经验和新的实践的基础上,逐步形成了党的基本理论、基本路线、基本纲领和基本经验,形成了一整套方针政策,这些都是我们做好工作的法宝。在党的十七大政治报告中,胡锦涛进一步对改革开放的伟大历史进程和宝贵经验进行全面总结,提出了十个"结合"的宝贵经验,深化了改革开放和社会主义现代化建设的本质规律的认识。概括起来讲,我国30年改革开放和现代化建设至少有以下几个方面的基本经验:

——必须依据时代条件和本国国情选择社会主义发展道路。在和平与发展

成为时代主题的新形势下,中国共产党人必须把工作重心转移到经济建设上来,集中精力发展社会主义物质文明、政治文明、精神文明和生态文明,全面推进社会主义事业。中国是一个从半殖民地半封建社会经过新民主主义革命走向社会主义的经济文化都十分落后的国家,因此,中国建设社会主义必须从这一实际国情出发考虑问题,盲目超前和消极倒退的思想都是错误的。

——必须不断推进理论创新,解放思想,实事求是,与时俱进。邓小平理论、"三个代表"重要思想与科学发展观都是我国改革开放以来在实践中不断推进理论创新的成果,它们共同构成了中国特色社会主义理论体系。这个理论体系,坚持和发展了马克思列宁主义、毛泽东思想,凝结了几代中国共产党人带领人民不懈探索实践的智慧和心血,是马克思主义中国化的最新成果,是我们党最可宝贵的政治和精神财富,是全国各族人民团结奋斗的共同思想基础。

——坚持以经济建设为中心,用发展的办法解决前进中的问题。中国问题的解决,归根到底就是发展。不发展经济、不改善人民的生活,就是死路一条。因此,社会主义中国必须在科学发展观的指导下,坚持以人为本,统筹兼顾,全面协调可持续地促进我国经济和社会的整体发展。

——坚持社会主义市场经济的改革方向,使市场在国家宏观调控下对资源配置起基础性作用。将社会主义与市场经济相结合,是中国特色社会主义的一大创造,是对科学社会主义理论的一大贡献。实践表明,中国现阶段生产力发展水平并不适宜实行完全的计划经济体制,而市场机制虽然也存在着种种缺陷,它却在充分调动生产主体积极性和实现资源合理配置方面发挥无可替代的作用,而中国现阶段已形成的社会化大生产和资源与生产要素配置逐步成熟的市场化,为实行市场经济准备了必要的社会条件。因此,社会主义市场经济必然成为我们发展社会主义经济的必然选择。

——必须积极稳妥地进行社会主义政治体制改革,依法治国,发展社会主义民主政治。政治体制改革是我国全面改革的重要组成部分,必须随着经济社会发展而不断深化,与人民政治参与积极性不断提高相适应。必须坚持党的领导、人民当家作主、依法治国有机统一起来,必须坚持和完善人民代表大会制度、中国共产党领导的多党合作和政治协商制度、民族区域自治制度以及基层群众自治制度,不断推进社会主义政治制度的自我发展和不断完善。

——必须大力发展社会主义先进文化,构建社会主义核心价值体系,增强社会主义意识形态的吸引力和凝聚力。繁荣社会主义新文化,就是必须坚持社会主义先进文化的发展方向,激发全民族文化创造活力,提高国家文化软实力,使人民精神风貌更加昂扬向上。必须坚持不懈地用马克思主义中国化最新成果武装全党、教育人民,用中国特色社会主义共同理想凝聚力量,用以爱国主义为核心的民族精神和改革创新为核心的时代精神鼓舞斗志,用社会主义荣辱观引领风尚,巩固全党全国人民团结奋斗的共同思想基础。

——坚持稳定压倒一切的方针,正确处理改革发展和稳定的关系,加快推进以改善民生为重点的社会建设。要把改革的力度、发展的速度和社会可承受的程度统一起来,把不断改善人民生活作为处理改革发展稳定的关系的重要结合点。要在经济发展的基础上,更加注重社会建设,着力保障和改善民生,推进社会体制改革,扩大公共服务,完善社会管理,促进社会公平正义,努力使全体人民学有所教、劳有所得、病有所医、老有所养、住有所居。优先发展教育,扩大就业途径,深化分配制度改革,建立覆盖全社会的社会保障体系和卫生医疗体系,最终达到维护社会安定团结的目的。

——必须加强和改善党的领导,以改革创新的精神全面推进党的建设新的伟大工程。中国共产党是中国特色社会主义事业的领导核心。世情、国情、党情的发展变化,使我们党面临着前所未有的新课题新考验,加强和改善党的领导的任务十分紧迫。这就决定了我们必须把党的执政能力建设和先进性建设作为主线,坚持党要管党,从严治党,贯彻为民、务实、清廉的要求,造就高素质的党员干部队伍,保持党同人民群众的血肉联系,健全民主集中制,完善惩治和预防腐败体系,加强反腐倡廉建设,使党始终成为立党为公,执政为民,求真务实,改革创新,清正廉洁,富有活力,团结和谐的马克思主义政党。

这些宝贵经验既有对改革和发展的成功实践的概括,也有对改革和发展中一些失误的反思,既构成了中国特色社会主义理论体系的实践基础,又构成了中国特色社会主义理论体系的重要内容。正如江泽民所说:"世界在变化,我国改革开放和现代化建设在前进,人民群众的伟大实践在发展,迫切要求我们党以马克思主义的理论勇气,总结实践的新经验,借鉴当代人类文明的有益成果,在理论上不断扩展新视野,作出新概括。"①包括邓小平理论、"三个代表"重要思想、科学发展观等重大战略思想在内的中国特色社会主义理论体系,都可以说是直接总结我国改革开放和现代化建设的实践经验所形成的理论创新成果。

---

① 《江泽民文选》第三卷,人民出版社 2006 年版,第 537 页。

第三章
中国特色社会主义理论的思想渊源

马克思、恩格斯创立的科学社会主义理论,向人类展示了社会主义的美好前景。列宁和斯大林论证了落后国家夺取无产阶级革命胜利的思想,探索了苏联社会主义建设的重大问题。毛泽东提出通过新民主主义革命理论,并就中国社会主义建设提出了许多正确的和比较正确的思想观点,是马克思主义中国化的重要成果。马克思列宁主义、毛泽东思想在不同历史时期,对什么是社会主义、怎样建设社会主义进行探索所取得的重要成果,是中国特色社会主义理论产生的思想渊源。

第一节 马克思主义创始人关于未来社会的科学设想

一、马克思和恩格斯创立科学社会主义的历史条件

1. 资本主义生产方式的发展以及资本主义经济危机的出现,是科学社会主义产生的社会经济条件

从 18 世纪 60 年代到 19 世纪中叶,欧美国家先后发生了产业革命,资本主义生产方式最终取得胜利。"资产阶级在它的不到一百年的阶级统治中所创造的生产力,比过去一切世代创造的全部生产力还要多,还要大。"①但资本主义社会生产力的迅速发展导致了经济危机的频繁爆发,导致了财富的高度集中和无产阶级的日益贫困。如何揭示资本主义社会的本质和发展趋势,如何实现无产阶级的解放,就成为了科学社会主义必须解答的历史性课题。

2. 无产阶级政治斗争的开展是科学社会主义产生的政治条件

从 19 世纪三四十年代开始,欧洲无产阶级和资产阶级的矛盾日益加深。无

---

① 《马克思恩格斯选集》第 1 卷,人民出版社 1995 年版,第 277 页。

产阶级采取罢工、游行、示威,直至武装起义,促使无产阶级反对资产阶级的斗争发展到了政治斗争阶段,标志着无产阶级登上了历史舞台。1831 年和 1834 年法国里昂的纺织工人起义,1836—1848 年英国的宪章运动和 1844 年德国西里西亚纺织工人起义,把斗争矛头指向了资产阶级统治和资本主义制度。蓬勃兴起的工人运动,特别是无产阶级反对资产阶级的政治斗争,为科学社会主义的诞生创造了政治条件。

3. 欧洲科学文化领域里的成果是科学社会主义产生的理论前提

19 世纪上半期,欧洲自然科学领域产生了能量守恒和转化定律、细胞学说及进化论,深化了对自然规律的认识。在社会科学领域,产生了代表当时人类思想发展最高成就的德国古典哲学、英国古典政治经济学和英法空想社会主义学说。马克思、恩格斯通过对当时自然科学和社会科学优秀成果,尤其是德国古典哲学的批判吸收,创立并运用辩证唯物主义和历史唯物主义的世界观和方法论,揭示了人类社会的历史发展规律,特别是资本主义社会的矛盾运动;通过对英国古典政治经济学的批判吸收,创立了剩余价值理论,揭示了资本主义剥削的秘密;通过对英法空想社会主义学说的批判吸收,创立了科学社会主义理论,揭示了无产阶级解放的性质和条件,实现了社会主义从空想到科学的发展。

二、科学社会主义与 19 世纪其他社会主义流派的交锋

科学社会主义同各种社会主义流派存在着原则分歧,马克思、恩格斯通过讨论和批判,揭示了各种社会主义流派的实质,扩大了科学社会主义的影响。

19 世纪 40 年代至 70 年代,非科学社会主义流派主要有封建的、小资产阶级和资产阶级的社会主义,空想社会主义、无政府主义、国家社会主义、民粹派社会主义等。蒲鲁东主张以个人主义为基础,以契约代替法律,自愿协商代替国家仲裁,建立自愿合作、没有任何权威和统治的无政府主义社会。巴枯宁也反对权威,主张消灭国家,取消继承权,废除常备军,自下而上地组织社会,实行联邦制;拉萨尔的国家社会主义则否认国家的阶级性质,强调国家的自由,认为可以依靠君主制国家干预经济,通过普选权就能实现社会主义;俄国民粹派则把实现社会主义的希望寄托于农民起义推翻沙皇专制政府,指望通过俄国村社建立村社联合自治,超越资本主义而直接过渡到社会主义。马克思、恩格斯把各种社会主义流派分为"反动的"、"资产阶级的"和"空想的"等类型,划清了反映工人阶级和资产阶级斗争初期的空想社会主义和共产主义思想体系同以后出现的诸如封建的、小资产阶级的、资产阶级的社会主义体系的界限。他们认为,空想社会主义

没有找到改造资本主义社会的力量和正确途径,没有看到无产阶级革命的必要性,把无产阶级的解放的希望寄托于理性的力量;封建的、小资产阶级和资产阶级的社会主义流派,反对无产阶级进行政治斗争,改造资本主义制度。马克思、恩格斯指出:"蒲鲁东的全部学说,都是建立在从经济现实向法学空话的这种救命的跳跃上的。……他就逃到法的领域中去求助于永恒公平。"①他的无政府主义理论是一种本末倒置的国家观,颠倒了经济基础与上层建筑的关系。马克思和恩格斯在领导第一国际和第二国际的过程中,部分使用各种流派可以接受的概念与用语,巧妙地把科学社会主义的基本原理渗透到这些组织的纲领中,使科学社会主义逐渐传播开来,共同进行反对资产阶级的斗争。

19 世纪七八十年代至 20 世纪初,资产阶级出于发展资本主义和巩固自己统治的需要,在经济上和政治上作了某些改良和让步,导致工人运动内部的分化和机会主义思潮的兴起,出现了伯恩施坦修正主义、费边社会主义等派别。伯恩施坦认为马克思主义关于资本主义的分析已经"过时",鼓吹阶级合作,提倡改良,反对无产阶级以暴力方式建立社会主义,主张通过和平的议会道路实现社会主义。费边社会主义认为,依靠舆论的力量,通过向政治机关提意见的方式,让国家采纳意见、雇主承认集体议价并接受国家和工会组织的干涉,就有长入社会主义的希望。恩格斯揭露这些主张的实质是反对无产阶级专政,强调"问题不在于改变私有制,而只在于消灭私有制,不在于掩盖阶级对立,而在于消灭阶级,不在于改良现存社会,而在于建立新社会"②。恩格斯坚定捍卫科学社会主义的基本原则,进一步丰富和发展了科学社会主义。

三、社会主义社会的本质特征和实现条件的科学论证

马克思、恩格斯虽然没有明确使用社会主义本质的概念,但在分析未来社会的基本特征时,研究了社会主义与资本主义及其他社会形态的根本区别,从不同侧面论述了社会主义的本质问题。他们阐明了共产主义社会低级阶段——社会主义社会的基本特征:(1)社会生产力的发展水平高于资本主义社会;(2)消灭了私有制,生产资料归整个社会所有;(3)消灭了剥削制度,实行"各尽所能,按劳分配"的原则;(4)消灭了一切阶级和阶级差别;(5)国家不再是阶级压迫的工具,只承担社会管理职能;(6)消灭了商品货币关系,实行计划经济,"社会生产

---

① 《马克思恩格斯选集》第 3 卷,人民出版社 1995 年版,第 147 页。
② 《马克思恩格斯选集》第 1 卷,人民出版社 1995 年版,第 368 页。

内部的无政府状态将为有计划的自觉的组织所代替"①。他们还展望了共产主义社会高级阶段的基本特点:(1)社会生产力高度发展,物质财富极大丰富;(2)劳动成为人类生活的第一需要,实行"各尽所能,按需分配"原则;(3)消灭了工农、城乡、体力劳动和脑力劳动的差别,代之以更加合理的自觉分工;(4)人们的体力和智力获得了充分自由的发展,共产主义觉悟和道德品质大大提高,成为自由全面发展的新人;(5)国家完全消亡,建立"自由人联合体",实现了每个人的全面而自由的发展。归纳马克思、恩格斯对未来社会的重要论述,社会主义本质特征至少包含以下几方面:

1. 社会主义就是要消灭私有制,建立生产资料公有制,消灭剥削

由于生产资料所有制决定社会制度的性质,是区别社会制度的根本标志,因而马克思、恩格斯一贯主张公有制是社会主义最重要的本质规定性。未来的新社会"把资本变为公共的、属于社会全体成员的财产"②,在社会化大生产条件下,只有通过生产资料的联合占有,才能把用于奴役和剥削劳动的工具的生产资料变成集体劳动的工具。社会主义公有制实现了劳动者在生产资料所有权上的平等,否定了任何人凭借对生产资料的占有对他人剥削的特权。

2. 社会主义的根本任务是解放生产力,发展生产力

马克思、恩格斯认为生产力是社会发展的最终决定因素,只有生产力发展到能够使"私有制和分工变成它的桎梏的时候,分工才会消灭",才能提供消灭阶级差别的可能性。社会主义社会代替资本主义社会是生产力高度发展的必然结果,社会主义革命的实质就是解放生产力。无产阶级夺取政权后,社会主义的根本任务就是"尽可能快地增加生产力的总量"③,未来的共产主义社会只能在"随着个人的全面发展,他们的生产力也增长起来,而集体财富的一切源泉都充分涌流之后"④才能最终实现。

3. 人的全面发展是社会主义的根本目标和本质要求

马克思、恩格斯指出,无产阶级取得政权后,"使生产资料摆脱了它们迄今具有的资本属性,使它们的社会性有充分的自由得以实现。从此按照预定计划进行的社会生产就成为可能的了。生产的发展使不同社会阶级的继续存在成为

---

① 《马克思恩格斯选集》第 3 卷,人民出版社 1995 年版,第 633 页。
② 《马克思恩格斯选集》第 1 卷,人民出版社 1995 年版,第 287 页。
③ 同上书,第 293 页。
④ 《马克思恩格斯选集》第 3 卷,人民出版社 1995 年版,第 305 页。

时代的错误。随着社会生产的无政府状态的消失，国家的政治权威也将消失。人终于成为与自己的社会相结合的主人，从而也就成为自然界的主人，成为自身的主人——自由的人"①。

马克思、恩格斯在总结工人运动实践经验的基础上，全面论述了实现社会主义社会的必然性、长期性以及经济文化落后国家走向社会主义的现实道路，对社会主义的实现条件进行了科学论证。

第一，生产力的高度发达和生产社会化是建立社会主义的物质前提。马克思认为，社会变迁和政治变革的终极原因应在生产方式和交换方式的变更中去寻找。随着资本主义生产力的发展，"生产资料的集中和劳动的社会化，达到了同它们的资本主义外壳不能相容的地步"②。恩格斯也强调，资本主义"生产资料和产品的社会性反过来反对生产者本身，周期性地突破生产方式和交换方式，并且只是作为盲目起作用的自然规律强制性地和破坏性地为自己开辟道路"，"社会的生产无政府状态就让位于按照社会总体和每个成员的需要对生产进行的社会的有计划的调节"③。社会主义是资本主义社会历史发展的必然产物。"无论哪一个社会形态，在它所能容纳的全部生产力发挥出来以前，是绝不会灭亡的"④，实现社会主义是不以人的意志为转移的。

第二，无产阶级取得国家政权是实现社会主义的政治条件。马克思、恩格斯分析了无产阶级的历史地位和历史使命，指出："资产阶级不仅锻造了置自身于死地的武器；它还产生了将要运用这种武器的人——现代的工人，即无产者。"⑤马克思的唯物史观揭示了人民群众是历史的创造者，剩余价值学说阐明了无产阶级受剥削的奥秘，指出了无产阶级是受压迫最深、剥削最重的阶级，具有革命彻底性，是一个能够解放自己、实现社会变革的最先进的力量，无产阶级的历史使命就是推翻资本主义生产方式和最后消灭阶级。马克思、恩格斯还指出，由于资本主义高度发展，工人阶级的数量不断扩大和质量得到提高，他们有能力夺取生产经营的管理权，建立以工人阶级为主体的新社会。

第三，社会主义代替资本主义是一个长期而艰巨的历史过程。马克思指出，无产阶级革命"只能逐步改造现社会，只有创造了所必需的大量生产资料之后，

① 《马克思恩格斯选集》第 3 卷，人民出版社 1995 年版，第 759—760 页。
② 《马克思恩格斯选集》第 2 卷，人民出版社 1995 年版，第 269 页。
③ 《马克思恩格斯全集》第 3 卷，人民出版社 1995 年版，第 753—754 页。
④ 《马克思恩格斯选集》第 2 卷，人民出版社 1995 年版，第 33 页。
⑤ 《马克思恩格斯选集》第 1 卷，人民出版社 1995 年版，第 278 页。

才能废除私有制"①。恩格斯面对资本主义由自由竞争向垄断过渡的新变化,对社会主义代替资本主义的重大问题进行了反思,提出1848年"欧洲大陆经济发展的状况还远没有成熟到可以铲除资本主义生产的程度",资本主义"具有很大的扩展能力"②,无产阶级革命并不是一朝一夕可以完成的。

第四,建立社会主义社会的两种方式。马克思、恩格斯提出无产阶级要用暴力革命的方式夺取政权,指出共产党人的目的"只有用暴力推翻全部现存的社会制度才能达到"③,强调无产阶级必须打碎旧的国家机器,"暴力是每一个孕育着新社会的旧社会的助产婆"④。为了对付各国反动政府的联合镇压,社会主义革命至少要在西欧发达国家同时发生才能取得胜利。巴黎公社失败后,马克思、恩格斯没有放弃暴力革命的方式,提出了在可能的条件下把争取普选权等和平方式视为夺取政权的策略,强调"如果旧的东西足够理智,不加抵抗即行死亡,那就和平地代替"⑤。当资产阶级民主制度有利于开展革命斗争的时候,对普选权就不应当一概拒绝,工人阶级政党开展议会合法斗争是一件新武器。无产阶级应根据不同时期的情况,正确选择社会主义革命的方式和手段。

第五,落后国家可能跨越资本主义阶段直接走向社会主义。马克思、恩格斯根据19世纪中叶资本主义发展的具体条件,承认"由广泛的国际交往所引起的同工业比较发达的国家的竞争,就足以使工业比较不发达的国家内产生类似的矛盾"⑥,无产阶级革命有可能先在资产阶级影响薄弱的工业比较不发达的国家发生。他们通过对俄国社会发展现状和趋势的研究,提出了一个著名的设想——俄国在西方无产阶级革命的引发、推动和支持下,可以利用俄国村社的公有制作为向社会主义过渡的起点,"把资本主义制度所创造的一切积极的成果用到公社中来"⑦,跨越资本主义制度的"卡夫丁峡谷"。

马克思、恩格斯关于社会主义社会的本质特征和基本规定性的科学预测,揭示了社会主义新社会的本质要求。科学社会主义理论创立后,马克思、恩格斯一再强调:"我们对未来非资本主义社会区别于现代社会的特征的看法,是从历史

---

① 《马克思恩格斯选集》第1卷,人民出版社1995年版,第239页。
② 《马克思恩格斯选集》第4卷,人民出版社1995年版,第512页。
③ 《马克思恩格斯选集》第1卷,人民出版社1995年版,第307页。
④ 《马克思恩格斯选集》第2卷,人民出版社1995年版,第266页。
⑤ 《马克思恩格斯选集》第4卷,人民出版社1995年版,第216页。
⑥ 《马克思恩格斯选集》第1卷,人民出版社1995年版,第115—116页。
⑦ 《马克思恩格斯选集》第3卷,人民出版社1995年版,第765页。

事实和发展过程中得出的确切结论。"①对社会主义本质特征的理解不能脱离具体的历史条件,更不能把它当做绝对原则和单一模式。不同国家和民族实现社会主义的具体道路和形式应该是多种多样的。

四、科学社会主义的重大理论和现实意义

马克思主义创始人创立的科学社会主义理论,通过经济、政治、文化、军事、党的建设等诸多领域,揭示了什么是社会主义、怎样建设社会主义的重大理论课题。科学社会主义的创立解决了资本主义时代无产阶级同资产阶级斗争的时代课题,实现了社会主义从空想到科学的飞跃,为人类改造旧社会和建设新的美好的未来社会提供了强大的理论武器。160 多年来,科学社会主义通过各种途径传向世界,成为了无产阶级和劳动人民认识世界、改造世界的科学指南,工人运动推进到了新的历史阶段,国际工人运动迅猛发展,推翻了资产阶级政权,建立了无产阶级专政的国家政权,实现了科学性与革命性的统一,有力地改变了世界历史的发展方向,推动了人类社会的发展进程。

人类在探索走向社会主义的新道路的过程中,推动了科学社会主义在体系、结构和内容上不断发展。社会主义的实践已经证明,社会主义代替资本主义是当代世界历史发展的大趋势。科学社会主义对近现代中国的发展也产生了重大影响,给予中国共产党人强大的精神武器。中国共产党人以坚定的社会主义信念,在领导中国革命和建设的实践中,把握着马克思主义的精神实质,根据时代和客观条件的变化,创造性地运用马克思主义基本原理去解决中国的新问题,形成了中国特色社会主义理论体系,推动中国革命和建设事业不断取得胜利。

第二节 列宁和斯大林对社会主义的理论探索

一、列宁对俄国社会主义革命和建设的理论思考

19 世纪末 20 世纪初俄国资本主义有所发展,但仍然是一个经济落后的农业国。地主、富农与贫农和中农,资产阶级与工人阶级的矛盾十分尖锐。列宁在领导工人阶级的斗争中,提出了俄国社会民主党的纲领是进行社会主义革命,推翻资本家政权,建立无产阶级专政。策略是工人阶级同农民等受剥削的劳动群

---

① 《马克思恩格斯选集》第 4 卷,人民出版社 1995 年版,第 676 页。

众结成联盟,推翻沙皇专制制度,夺取社会主义革命的胜利。列宁还强调,马克思主义政党是工人阶级的最高组织形式,要按民主集中制原则建党,要有统一的党章和纪律,要有党的最高领导机关,要保持党的团结一致。1905 年,列宁提出了无产阶级实现社会主义革命的"两步走"战略,首先是无产阶级领导资产阶级民主革命,第二步是采取最有力的措施来武装无产阶级和直接领导起义,建立工农民主政权。1916 年,列宁论证了帝国主义是无产阶级社会主义革命的前夜。由于帝国主义国家内部无产阶级同资产阶级的矛盾、各殖民地国家与宗主国之间的矛盾、帝国主义国家之间为争夺殖民地、原料产地、商品销售与资本输出市场的矛盾日益尖锐,无产阶级有可能在帝国主义最薄弱的环节突破帝国主义阵地,取得社会主义革命的胜利。

列宁关于社会主义革命"一国胜利论",改变了马克思、恩格斯关于经济文化落后国家走向社会主义要有发达资本主义国家首先或同时取得胜利的论断,丰富和发展了马克思主义的革命学说,为十月革命的胜利奠定了理论基础,具有巨大的理论意义与深远的历史意义。

十月革命前后,列宁对如何在俄国建设社会主义进行了开创性的探索与尝试。当时他认为,实行生产资料公有制和按劳分配是社会主义最根本的特征,社会主义要消灭商品经济,实行计划经济,"把全部国家经济机构变成一架大机器,变成一个使亿万人都遵照一个计划工作的经济机体"①;苏维埃应成为调节俄国全部生产的机关,"用一系列逐步而坚定的措施彻底消灭私人贸易,组织起统一的经济整体(苏维埃共和国应当成为这样一个整体)中各生产公社和消费公社之间的正确的和有计划的产品交换。"②"俄共将力求尽量迅速地实行最激进的措施,为消灭货币作好准备。"③战时共产主义时期,苏维埃政府实行男女平等、民族平等、土地国有化、银行国有化、工业国有化,推进农民集体化,实行余粮收集制,禁止私人买卖和取消货币流通。苏维埃建立了最高国民经济委员会作为制定调节全国经济生活计划的机构,实行住房、水、电、粮食由国家计划供应,实行工人对工厂的监督和管理,开展义务劳动等措施,体现了列宁试图在生产力水平较低的条件下实现向社会主义直接过渡的构想。

国内战争基本结束后,为了克服苏维埃政权面临的经济、政治危机,列宁决

---

① 《列宁选集》第 3 卷,人民出版社 1995 年版,第 437 页。
② 《列宁全集》第 36 卷,人民出版社 1985 年版,第 82 页。
③ 同上书,第 91 页。

定摒弃战时共产主义政策，实行"新经济政策"，在总结实践经验教训的基础上，对如何建设社会主义的经济、政治、文化进行了新的探索，第一次实现了社会主义从理论到实践的飞跃。

首先，列宁提出了社会主义最根本的任务是大力提高社会生产力。他多次号召把工作重心转到经济文化建设上来，强调"苏维埃共和国的首要任务是恢复生产力，发展农业、工业和运输业"①，把俄国建设成为现代化国家。他认为经济文化较为落后的俄国应把最新的科技成果——电力用于工农业生产，作为推动经济文化发展的龙头，断言"共产主义就是苏维埃政权加全国电气化"②。列宁的这一观点，为经济文化落后的国家如何发展社会主义提供了基本思路。

其次，列宁在对从农村到城市经济政策的重大调整中，提出了新的建设社会主义经济的理论和政策。他深刻认识到俄国社会占大多数的是农民，"小农只要还是小农，他们就必须有同他们的经济基础即个体小农经济相适应的刺激、动力和动因"。工人阶级如何正确对待农民决定着俄国社会主义革命的胜利，因而要把工农联盟提到关系社会主义成败的政治高度来对待，工农联盟必须从反对帝国主义和沙皇制度的政治军事联盟转移到经济联盟上来。以粮食税代替余粮收集制，能调动农民的生产积极性，满足城市、工厂和工业的需要，为恢复工业打下基础，"国家政权就能够仍旧保持在无产阶级手中并且得到巩固"③。列宁还认为，无产阶级夺取政权以后，合作社就是社会主义制度。实行农业合作化必须坚持自愿原则，需要国家财政的支持与帮助，"需要整整一个历史时代。在最好的情况下，我们度过这个时代也要一二十年"④。没有整个的文化革命，要完全合作化是不可能的。列宁以商品经济为纽带，以农民自觉自愿为前提、合作互助为基础，从建立供销合作社与消费合作社入手，逐步建立生产合作社，最终把千百万个体小农引上社会主义道路的主张，为建设社会主义农业提供了较好的思路和政策。在企业经营管理方面，列宁认为要改变工业企业普遍国有化的做法，对私营和合作社经营的、基本上不需要国家拨给原料、燃料和粮食的中小企业给予支持，允许把国营企业租给私人、合作社、劳动组合和协作社甚至私人经营，允许并支持小农经济发展。国家要修改大工业的生产计划，加强日用品生

---

① 《列宁全集》第41卷，人民出版社1986年版，第259页。
② 《列宁全集》第40卷，人民出版社1986年版，第30页。
③ 《列宁全集》第41卷，人民出版社1986年版，第55页。
④ 《列宁选集》第4卷，人民出版社1995年版，第770页。

产,"扩大每个大企业在支配资金和物资方面的独立程度和首创精神"①,普遍推行经济核算制和经济责任制,要求国家"成为一个谨慎、勤勉、能干的'业主',成为一个精明的批发商"②。列宁还认为,由于无产阶级掌握了国家政权,掌握着运输业和大工业,"应该利用资本主义(特别是要把它纳入国家资本主义的轨道)作为小生产和社会主义之间的中间环节,作为提高生产力的手段、途径、方法和方式"③,以实现对资本主义的社会主义改造。社会主义可以在一定范围内和一定程度上允许资本主义的存在和发展,应该学习和利用资本主义,并通过与资本主义的经济竞争来赶上、超过并最终战胜资本主义。

第三,列宁提出了加强社会主义文化建设的任务。列宁从实现国家工业化、改善国家机关管理的角度,指出"要使整个苏维埃建设获得成功,就必须使文化和技术教育进一步上升到更高的阶段"④,无产阶级及其政党在完成政治变革任务后,应着手完成文化建设的任务。因此,要大力发展教育事业,"使我们的整个国家预算首先去满足初级国民教育的需要"⑤,"如果不能做到象爱护眼珠那样爱护一切勤恳工作、精通和热爱本行业务的专家,那么社会主义建设事业就不可能取得任何重大的成就"⑥。必须尊重知识和人才,培养和造就社会主义建设急需的工人阶级的专业人才队伍,提高人民的文化水平与劳动技能。

第四,列宁主张社会主义国家应该利用资本主义国家之间的对立和矛盾,在维护国家主权与根本利益的基础上,奉行独立自主的和平外交政策,同所有资本主义国家建立贸易关系,开展正常的经贸往来,"这正是俄罗斯苏维埃共和国在物质上和精神上战胜了全世界资本家的最好不过的证明"⑦。列宁强调,社会主义必须批判地继承全人类的优秀文明成果,提出要"乐于吸取外国的好东西:苏维埃政权+普鲁士的铁路秩序+美国的技术和托拉斯组织+美国的国民教育等等等等+ + =总和=社会主义"⑧。为了充分利用资本主义国家的资本、技术设备和管理经验,列宁提出把国内的森林、矿山、土地和企业租让给外国资本家,实

---

① 《列宁全集》第41卷,人民出版社1986年版,第328页。
② 《列宁全集》第42卷,人民出版社1987年版,第176页。
③ 《列宁全集》第41卷,人民出版社1986年版,第217页。
④ 《列宁全集》第38卷,人民出版社1986年版,第176页。
⑤ 《列宁全集》第43卷,人民出版社1987年版,第357页。
⑥ 《列宁全集》第42卷,人民出版社1987年版,第374页。
⑦ 《列宁全集》第40卷,人民出版社1986年版,第25页。
⑧ 《列宁全集》第34卷,人民出版社1985年版,第520页。

行"租让制","学习他们如何经营模范的企业"①,以促进国内社会主义经济的发展。

第五,列宁提出了加强社会主义政治建设的新观点。列宁认为必须坚持共产党的领导,加强党的团结和统一,加强党的建设,保持党与人民群众最密切的联系,要建立广泛的社会主义民主制度,加强社会主义的法制建设。他要求无产阶级政党必须讲团结,守纪律,在思想上组织上高度统一,消除派别活动,"保持党的队伍的统一和团结,保证党员相互之间的完全信任,保证在工作中真正齐心协力,真正体现无产阶级先锋队的意志的统一"②,要围绕党的中心任务向对群众作宣传工作和思想教育工作。列宁指出,"我们内部最可恶的敌人就是官僚主义者"③,社会主义政治体制改革不可能按照某种理想模式一步到位,今后"在发展生产力和文化方面,我们每前进一步和每提高一步都必定要同时改善和改造我们的苏维埃制度"④。针对当时党中央主要领导人的工作作风和性格特点,他主张扩大加强党的中央委员会和中央监察委员会,将工农检察院与党的监察委员会合并,选拔普通工农党员担任中央委员,使党的中央委员会同中央监察委员会"一起最终走上变成党的最高代表会议的道路"⑤,把对党的最高决策机关的监督与对国家权力机关的监督结合起来,加强广大党员和人民群众对党和政府各级机构的监督,加强非党群众对党员的监督,不断扩大和发展党内民主与人民民主。列宁还提出了党政分开,划清职权、权力下放,地方分权、精简机构,提高效率、加强法制、选拔人才等改革党和国家领导机构的设想和措施。

二、斯大林时期苏联社会主义建设的理论探索

斯大林在领导苏联建设社会主义的实践中,对如何建设社会主义、建成什么样的社会主义等问题进行了积极探索,创建了第一个社会主义制度和体制模式,史称"斯大林模式"。20世纪30年代,斯大林概括了社会主义的六个基本特征:第一,生产资料公有制是社会主义生产关系的经济基础,公有制分为全民所有制(即国家所有制)和集体所有制两种基本形式。第二,社会主义经济是计划经济,"各领导机关必须执行,这种计划能决定我国经济在全国范围内将来发展的

---

① 《列宁全集》第40卷,人民出版社1986年版,第77页。
② 《列宁全集》第41卷,人民出版社1986年版,第78页。
③ 《列宁全集》第43卷,人民出版社1987年版,第14页。
④ 《列宁全集》第42卷,人民出版社1987年版,第247页。
⑤ 《列宁全集》第43卷,人民出版社1987年版,第374页。

方向"①。第三,按劳分配是社会主义个人消费品的分配原则,必须取消平均主义,打破工资等级制。第四,共产党是社会主义国家的唯一领导力量,是无产阶级专政的工具。第五,无产阶级专政是社会主义国家的职能,可以用暴力手段镇压国内被推翻了的阶级,保卫国家安全,可以用非暴力手段去进行经济组织工作和文化教育工作。第六,马克思列宁主义在意识形态领域占据主导地位,是进行社会主义建设的指南。

在斯大林看来,在工业落后的苏联,建立社会主义的经济基础是实现社会主义工业化。他主张"重工业是工业化的中心和基础",发展重工业,才能为工业、交通运输业和农业提供先进的机器设备,增强经济独立性,增强国防力量。把农业和工业合为整体,"把农业和社会主义工业结合为一个整体经济,使农业服从社会主义工业的领导,在农产品和工业品交换的基础上调整城乡关系,堵死和消灭阶级借以产生首先是资本借以产生的一切孔道,最后造成直接导致阶级消灭的生产条件和分配条件"②。他还把工业化和农业集体化看成是苏联建立社会主义的条件。在推进苏联工业化的过程中,他主张实行高速度、高积累和高投入的方法,基本建设投资主要用于工业,优先发展重工业。在整个工业化时期,苏联用于重工业的投资、用于积累的比重均占整个国民经济投资的30%左右,把工农业产品价格"剪刀差"作为积累工业资金的重要手段,这种"超额税"使农民的一半收入交给国家。从1930年起,苏联国民经济年度计划变成了指令性计划,形成了以部门管理、垂直单一领导的,以指令性计划占有生产资料,决定生产、分配和交换,排斥和限制市场经济,所有权与经营权高度统一的经济管理体制,国家成为了工业管理的主体与中心。苏联通过这种工业化战略,只用了两个五年计划的时间,就基本建立起了社会主义的工业体系。与工业化政策并进的是公有化,在农村把农民个体经济纳入到社会主义建设的总体系,以强制手段消灭了富农阶级,实现了农业全盘集体化;在城市采取各种措施消灭私营工商业中的资本主义成分。到1934年,苏联社会主义经济成分的比重,在国民收入中占99.1%,在工业总产值中占99.8%,在农业总产值中占98.5%,在零售商品流转额中占100%。1936年,斯大林宣布苏联消灭了剥削阶级,建成了社会主义经济基础,基本上实现了社会主义。

在社会主义政治建设方面,20世纪30年代中后期,斯大林把由上而下的行

---

① 《斯大林全集》第10卷,人民出版社1954年版,第280页。
② 《斯大林选集》上卷,人民出版社1979年版,第511页。

政命令,把阶级斗争作为了加快实现工业化的主要推动手段,建立了从最高领袖到地方基层政权严密控制垂直领导的高度集权的政治体制。在这种体制下,从政党组织、国家机关、经济实体到一切社会团体统统执行党的最高指示,国家安全机关享有特殊的地位和权力,产生了党政不分、以党代政、个人崇拜等弊端。斯大林认为苏联工人、农民、知识分子的阶级差别、经济和政治矛盾都在消失,建立了兄弟般的民族合作关系,但"被击溃了的剥削阶级残余也会愈加凶恶,他们愈要采用更尖锐的斗争形式,他们愈要危害苏维埃国家,他们愈要抓紧最绝望的斗争手段来作最后的挣扎"①,因而社会主义时期的阶级斗争随着社会主义的胜利而日趋尖锐,必须以阶级斗争手段来推动社会主义建设。斯大林的这一认识,混淆了人民内部矛盾和敌我矛盾,在20世纪30年代的"大清洗"运动中,利用高居于党政机关之上的不受法律限制的保安制度和机构,伤害了大批领导干部和有作为的知识分子。在民族关系问题上,苏联名为联邦制国家,但民族矛盾和民族问题因强行压制而被忽视。

在社会主义思想文化建设方面,苏联采取严格的集中控制和过多的行政干预。通过对哲学界、教育人民委员部和学术文化团体的全面改组,使苏联教育机构进一步专业化、学术文化团体行政化,自然科学和文学艺术中的不同流派不能正常发展;夸大了意识形态的斗争,思想观点的分歧和学术上的争论常常上升为政治斗争,削弱了人们独立思考的能力,导致意识形态的僵化和学术气氛的沉闷。

斯大林坚持和发展了马克思主义的基本原则,创建了第一个社会主义模式,打败了德日法西斯侵略,推动社会主义由一国胜利到多国实践的发展,为世界社会主义运动作出了巨大贡献。另一方面,斯大林也存在对科学社会主义理论的教条理解和搬用,甚至在某些方面曲解了科学社会主义的观点和方法。如,过早消灭城乡资本主义,急于向共产主义过渡,忽视了建成社会主义的长期性和复杂性;把单一的、高度集中的、强制性的指令性计划经济理解为社会主义经济体制的根本特征;他在晚年虽然认识到商品价值规律可以在消费资料和流通领域发挥作用,但在生产资料和生产领域不存在商品价值规律;忽视社会主义民主建设,提出社会主义时期阶级斗争尖锐化的观点,在实践中导致了肃反扩大化的严重错误;提出世界社会主义与资本主义体系根本对立的观点,影响了社会主义国家对外开放的进程,等等。由于斯大林对苏联国情的某些错误判断,对科学社会

---

① 《斯大林文选》上卷,人民出版社1962年版,第129页。

主义理论的教条式的理解,造成了苏联社会主义体制的严重弊病,成为了社会主义改革的历史原因。

第三节　毛泽东对社会主义的艰辛探索

一、毛泽东社会主义理论形成的历史条件

近现代中国的基本国情是毛泽东社会主义理论形成发展的客观背景和历史前提。1840年以后,由于帝国主义和封建主义的压迫,中国逐步沦落为外无独立内无民主的半殖民地半封建社会,"中国人民的贫困和不自由的程度,是世界所少见的"①。中国人追求的实现国家强盛和人民富裕的目标长期没有实现。因此,中国必须通过一切政治、军事、思想意识和文化的斗争,改变半殖民地半封建的社会性质,以新型的社会制度来解放社会生产力,在工人阶级和共产党的领导之下稳步地由农业国进到工业国,由新民主主义社会进到社会主义社会和共产主义社会,消灭阶级和实现大同,把中国建成现代化强国,使广大人民群众过上幸福和美好的生活。实现民族振兴的伟大目标深刻地体现在毛泽东关于社会主义理论的全部思考和实践活动中。在我国开始社会主义建设之际,毛泽东将社会生产力发展水平十分低下的基本国情概括为"一穷二白",认为中国共产党的领导和社会主义制度的基本确立,为中国社会主义事业的发展提供了政治前提和制度保障。在新民主主义革命和社会主义革命中凝聚而成的团结奋斗精神,人民公而忘私,将民族利益、国家利益摆在个人利益之上,迫切希望在中国共产党的领导下,把中国早日建成一个伟大的社会主义强国。毛泽东把这些社会主义建设的主客观条件,视为压力和动力,要变不利条件为有利条件。加快社会主义建设的强烈愿望对毛泽东社会主义思想的形成和发展产生了极为深刻的影响。

社会主义与资本主义两大阵营尖锐对立是毛泽东社会主义理论形成发展的国际条件。从二战后到20世纪70年代末,以美国为首的资本主义阵营长期对中国采取军事颠覆、经济封锁,帝国主义和霸权主义对我国安全构成了重大威胁。在社会主义阵营内部,尽管苏联曾经给新中国以帮助和支持,但它要求中国服从它的国际战略及其国内需要,中苏关系由两党的分歧逐渐发展为国家间的

---

① 《毛泽东选集》第二卷,人民出版社1991年版,第631页。

对立;同期,社会主义和资本主义阵营为了生存与发展,各自采取了一些改革措施。社会主义国家先后认识到苏联模式的弊端,开始探索适合自己国情的社会主义道路。南斯拉夫率先改革苏联模式,苏联也在 20 世纪 50 年代中后期通过对斯大林个人崇拜及其后果的揭露,开始改革传统体制的弊端。资本主义国家则普遍建立了宏观经济调节机制,建立了一定数量的国有企业和国家参股的合营企业,以税收和福利的形式对国民收入进行再分配,在企业中推行职工持股和民主管理,建立国际经济协调机制。毛泽东在社会主义与资本主义两大阵营尖锐对立的时代背景下,面对复杂多变的国际环境,不守陈规,勇于创新,于 1955 年年底就提出了以苏联为鉴戒,探索适合中国情况的社会主义建设道路的重大问题。他迫切要求要在一个不太长的历史时期内,把我国建设成为一个社会主义的现代化强国,以防止敌人的颠覆与破坏,巩固社会主义制度。这成为了毛泽东社会主义建设思想关注的中心问题。

二、毛泽东探索中国社会主义道路的历史过程

青年时代毛泽东的思想"是自由主义、民主改良主义、空想社会主义等思想的大杂烩"①。十月革命后,他开始把争取人民民主和国家独立的强烈愿望与社会主义结合起来,认识到俄国这个经济落后、资本主义很不发达的国家能够进行社会主义革命,中国也可以走"十月革命"的道路。1920 年,毛泽东实现了由激进的民主主义者向马克思主义者的转变。中国共产党成立后,以毛泽东为代表的中国共产党人在全面考察和研究中国社会的基础上,逐步创立了无产阶级领导的人民大众反对帝国主义、封建主义和官僚资本主义的新民主主义革命理论。毛泽东提出:"对于中国共产党来说,就是要学会把马克思列宁主义的理论应用于中国的具体的环境。"②中国革命必须分两步走,第一步是把半殖民地半封建社会变为独立的新民主主义社会,第二步是建立社会主义社会,"民主主义革命是社会主义革命的必要准备,社会主义革命是民主主义革命的必然趋势"③。这样,就找到了一条把中国从半殖民地半封建社会引向社会主义的现实道路。

新中国成立初期,随着土地革命的顺利开展,国民党残余力量的消灭,没收官僚垄断资本、抗美援朝战争和各项社会改革的顺利进行,国民经济恢复任务的

---

① ［美］埃德加·斯诺:《斯诺文集》第 2 卷,新华出版社 1984 年版,第 129 页。
② 《毛泽东选集》第二卷,人民出版社 1991 年版,第 534 页。
③ 同上书,第 651 页。

快速完成以及人民民主政权的巩固,毛泽东于 1952 年下半年提出:从中华人民共和国成立,到社会主义改造基本完成,这是一个过渡时期。党在这个过渡时期的总路线和总任务,是要在一个相当长的时期内,基本上实现国家工业化和对农业、手工业、资本主义工商业的社会主义改造,计划用 10 到 15 年或更多一点时间完成从新民主主义到社会主义的过渡。在实现国家工业化方面,毛泽东强调中国要在社会主义条件下,以社会主义为前提实现工业化,必须首先发展国营工业,优先发展重工业和国防工业,进行有计划的建设,把中国由落后的贫穷的农业国变为富强的社会主义的工业国,发展社会主义商业,加强工农联盟,提高国家财政收入,提高全体人民的物质和文化生活水平。在社会主义改造方面,毛泽东把生产资料公有制作为社会主义的主要特征,指出"总路线也可以说就是解决所有制的问题"①,三大改造"必然使生产力大大地获得解放。这样就为大大地发展工业和农业的生产创造了社会条件"②。毛泽东遵循了无产阶级夺取政权后,消灭剥削、消灭私有制,建立公有制、解放和发展生产力、实现人民的富裕的科学社会主义原则,创造性提出了社会主义改造的道路、方针、原则和方式,成功地开辟了一条中国特色的社会主义改造道路。

在社会主义建设时期,毛泽东积极探索中国自己的社会主义建设道路。他明确提出"以苏为鉴",研究社会主义经济体制问题。针对农民占绝大多数的国情,制定了以农轻重为序的国民经济发展方针,走工农业并举的"中国工业化的道路"。他全面阐述了社会主义社会的矛盾学说,提出社会主义社会依然存在着矛盾,要注意区分和正确处理敌我矛盾和人民内部矛盾两类不同性质的矛盾,他还提出"鼓足干劲,力争上游,多快好省地建设社会主义"的总路线,希望为中国社会主义建设打开新局面。但欲速则不达,由于忽视了中国国情和客观经济规律,夸大了主观意志和主观能动性,错误地发动了"大跃进"和"文化大革命",导致了长达十年的内乱。

三、毛泽东社会主义理论的成就与失误

毛泽东成功地开辟了一条符合中国国情的社会主义革命道路,在社会主义建设方面,对什么是社会主义和怎样建设社会主义进行了有益探索,提出了许多正确的思想观点。

---

① 《毛泽东文集》第六卷,人民出版社 1999 年版,第 301 页。
② 《毛泽东著作选读》下册,人民出版社 1986 年版,第 717 页。

　　毛泽东的新民主主义革命理论是对马克思主义关于落后国家实现社会主义理论的独特贡献。他根据中国社会的历史特点和中国革命的发展规律,描绘了新民主主义社会的蓝图,指出新民主主义的政治形态是建立一个无产阶级领导的反帝反封建的革命阶级联合专政的民主共和国,是共产党领导的统一战线性质的政权,实行民主集中制的人民代表大会制,目标是使中国由新民主主义社会进到社会主义和共产主义社会。新民主主义的经济形态有社会主义性质的国营经济、半社会主义性质的合作社经济、私人资本主义、个体经济和国家资本主义经济。新民主主义文化形态是发展无产阶级领导下的,以共产主义思想为指导的反对帝国主义、反对封建主义的新文化。

　　在我国社会主义革命和建设时期,毛泽东对中国建设什么样的社会主义和怎样建设社会主义进行的探索中,要求全党破除对苏联模式的迷信,在探索中国特色的社会主义发展道路上取得了极其重要的思想成果。

　　第一,社会主义经济建设方面,提出了社会主义必须发展生产力的思想。早在 1945 年,他就提出了生产力标准的问题,指出:判断中国一切政党的政策及其实践的作用,"看它对于中国人民的生产力的发展是否有帮助及其帮助之大小,看它是束缚生产力的,还是解放生产力的"①。新中国成立后,他提出当时的中心任务是争取国家财政经济状况的基本好转,社会主义改造与社会主义建设要同时并举。他强调,只有生产力的比较充分的发展,我们的社会主义的经济制度和政治制度,才算获得了自己的比较充分的物质基础,我们的国家(上层建筑)才算充分巩固,社会主义才算从根本上建成了。党的中心任务是"要使生产力很大地发展起来,要赶上和超过世界上最先进的资本主义国家"②。面对中国一穷二白的状况,毛泽东把科学技术作为发展生产力的重要途径和手段,制定生产力超常规发展的战略,要求"科学技术这一仗,一定要打,而且必须打好。……不搞科学技术,生产力无法提高"③。关于中国工业化道路问题,毛泽东强调优先发展重工业,逐步建立独立的比较完整的基础工业体系和国防工业体系,以农、轻、重为序安排国民经济计划。关于经济建设的指导方针,毛泽东提出一是"努力把党内党外、国内国外的一切积极的因素,直接的、间接的积极因素,全部

---

①　《毛泽东选集》第三卷,人民出版社 1991 年版,第 1079 页。

②　《毛泽东文集》第八卷,人民出版社 1999 年版,第 302 页。

③　同上书,第 351 页。

调动起来,把我国建设成为一个强大的社会主义国家"①;二是自力更生,艰苦奋斗,努力生产,厉行节约,勤俭建国,要积极争取外援,开展与外国的经济交流,引进外国的先进技术、设备和资金,学习外国的长处和好的经验。关于社会主义经济体制问题,毛泽东坚持公有制是社会主义制度的主要特征,并针对社会主义改造完成后形成的单一的公有制经济的弊端,提出"只要社会需要,地下工厂还可以增加。可以开私营大厂,订个协议,十年、二十年不没收。华侨投资的,二十年、一百年不要没收。可以开投资公司,还本付息,可以搞国营,也可以搞私营。可以消灭了资本主义,又搞资本主义"②。针对计划经济体制的弊端,毛泽东率先提出了发展商品生产、利用价值规律的思想,说价值法则"是一个伟大的学校,只有利用它,才有可能教会我们的几千万干部和几万万人民,才有可能建设我们的社会主义和共产主义"③。要求在巩固中央统一领导的前提下,扩大一点地方的权力,给工厂留一点机动的余地。

第二,社会主义政治建设方面,首先提出了人民民主专政理论。毛泽东认为,人民民主专政"是一个护身的法宝,是一个传家的法宝,……这个法宝是万万不可以弃置不用的"④,是中国由新民主主义转变到社会主义,进而走向共产主义的可靠保证和客观要求。人民民主专政既是民主与专政的统一,又是民主与集中的统一,它一方面保证了占人口绝大多数的劳动人民当家作主;另一方面保证了对极少数破坏社会主义的敌对分子实行专政,人民代表大会制度是最适合我国人民民主专政的组织形式。社会主义社会存在着敌我矛盾和人民内部矛盾,分别用专政和民主的方法、说服教育的方法去解决,正确处理人民内部矛盾是国家政治生活的主题。在民族关系问题上,既要反对大汉族主义,又要反对地方民族主义。在共产党与民主党派的关系问题上,坚持"长期共存,互相监督"的方针。必须在坚持人民代表大会制度、共产党领导的多党合作和政治协商制度、民族区域自治制度的前提下,扩大人民群众的自由民主权利。社会主义民主政治建设的目标是造成一个又有集中又有民主,又有纪律又有自由,又有统一意志,又有个人心情舒畅、生动活泼,那样一种政治局面。

第三,社会主义文化建设方面,首先提出了发展社会主义思想道德的理论和

① 《毛泽东著作选读》下册,人民出版社1986年版,第744页。
② 《毛泽东文集》第七卷,人民出版社1999年版,第170页。
③ 《建国以来毛泽东文稿》第8册,中央文献出版社1993年版,第172页。
④ 《毛泽东选集》第四卷,人民出版社1991年版,第1503页。

方针政策。毛泽东认为"没有正确的政治观点,就等于没有灵魂";加强马克思主义理论和共产主义思想的宣传教育,使广大人民树立共产主义的远大理想,是社会主义文化建设的重要内容和根本任务。在科学文化工作中,实行"百花齐放,百家争鸣"的方针;区别"香花"与"毒草"的政治标准在于,是否有利于团结全国各族人民,是否有利于社会主义改造和社会主义建设,是否有利于巩固人民民主专政,是否有利于巩固党的领导,是否有利于巩固民主集中制,是否有利于社会主义的国际团结和全世界爱好和平人民的国际团结。他强调工人阶级必须有自己的技术干部的队伍,必须有自己的教授、教员、科学家、新闻记者、文学家、艺术家和马克思主义理论家的队伍,知识分子要坚持走"又红又专"的道路。对外国和中国古代的思想文化,要实行"古为今用、洋为中用"的方针,汲取其精华,剔除其糟粕;"社会主义的内容,民族的形式,在政治方面是如此,在艺术方面也是如此"①。

当然,毛泽东在探索中国自己的社会主义建设道路的过程中,未能摆脱传统社会主义理论的窠臼,存在着一些失误。在什么是社会主义的问题上,他忽视我国现实的社会主义与马克思主义经典作家关于社会主义理想之间的巨大差别,把单一公有制形式、计划经济视为社会主义经济的基本特征,把允许个体经济、私营经济、商品和市场的存在作为发展社会主义经济的权宜之计。主张不断提高生产资料公有化程度,限制资产阶级法权,把人民公社作为向共产主义社会过渡的桥梁。在如何建设社会主义的问题上,毛泽东对我国落后的经济条件,对生产力发展的制约因素认识不足,试图依靠群众运动、人的主观能动性、政治挂帅和实行供给制的分配形式,加快社会主义建设,违背了社会主义经济建设的客观规律,出现了急躁冒进、阶级斗争扩大化乃至"文化大革命"的严重错误。总之,毛泽东关于中国社会主义建设的艰辛探索,既积累了宝贵的经验,又有惨痛的教训,从正反两方面为中国特色社会主义理论体系提供了直接的思想源泉。

---

① 《毛泽东文集》第七卷,人民出版社1999年版,第78页。

第四章
中国特色社会主义理论的形成和发展的历史进程

中国特色社会主义理论体系,就是包括邓小平理论、"三个代表"重要思想以及科学发展观等重大战略思想在内的科学理论体系。这个理论体系,围绕什么是社会主义、怎样建设社会主义,建设什么样的党、怎样建设党,实现什么样的发展、怎样发展等重大理论和实践问题展开,贯穿着我们党解放思想、实事求是、与时俱进的思想路线。一部改革开放的历史,就是党在新时期理论和实践创新的历史,就是用马克思主义中国化最新成果推动我国改革开放和现代化建设的历史,就是中国特色社会主义理论体系形成和发展的历史。

第一节　邓小平理论与中国特色社会主义理论体系的创立

一、邓小平理论的形成和发展

研究邓小平理论的形成和发展,必须遵循马克思主义关于历史和逻辑相统一的原则。"历史从哪里开始,思想进程也应当从哪里开始,而思想进程的进一步发展不过是历史过程在抽象的、理论上前后一贯的形式上的反映。"①理论的发展反映着实践的历史过程,而实践的历史往往又是跳跃式地和曲折地发展的,我们必须摆脱历史过程中的一些偶然性的因素,根据邓小平理论形成和发展的内在逻辑,来叙述邓小平理论的形成和发展过程。据此,我们可以把邓小平理论的形成和发展分成三个阶段。

第一阶段,从1978年党的十一届三中全会到1982年党的十二大,是邓小平

---

① 《马克思恩格斯选集》第2卷,人民出版社1995年版,第43页。

理论的孕育阶段。

1978 年 12 月召开的十一届三中全会,是建国以来我们党历史上具有深远意义的伟大转折。这次全会批评了"两个凡是"的错误方针,果断地作出了把党和国家工作重点转移到社会主义现代化建设上来的战略决策,提出了一系列有利于增强党的团结和调动一切积极因素的方针政策,标志着党重新确立了马克思主义的思想路线、政治路线和组织路线。邓小平在为这次全会作准备的中央工作会议上所作的《解放思想,实事求是,团结一致向前看》的重要报告,成为开创我国社会主义现代化建设新局面的宣言书。

党的十一届三中全会以后,在改革和建设的实践中,我们党又提出了一系列重要的理论观点和方针政策。

——坚持四项基本原则。在 1979 年 3 月党的理论工作务虚会上,邓小平针对社会上出现的一股反对社会主义道路、攻击人民民主专政、反对党的领导、否定毛泽东思想的错误思潮,明确提出必须坚持社会主义道路、坚持人民民主专政、坚持共产党的领导、坚持马列主义和毛泽东思想的"四个坚持",并把它看做是团结全国各族人民的"政治基础",实现"四个现代化"的"根本前提"和我们的"立国之本"。

——走中国式现代化道路。邓小平认为,在中国建设社会主义这样的事,马克思、列宁的本本上找不出来,每个国家的基础不同,所处的环境不同,别国的经验可以参考,但是不能照搬。过去搞民主革命,要适合中国的情况,走毛泽东开辟的农村包围城市的道路。现在搞建设,也要适合中国的情况,走出一条中国式的现代化道路。"我们要实现的四个现代化,是中国式的四个现代化。"①

——建设高度的社会主义精神文明。社会主义精神文明是社会主义的重要特征。早在 1979 年,邓小平就指出:"我们的国家已经进入社会主义现代化建设的新时期。我们要在大幅度提高社会生产力的同时,改革和完善社会主义的经济制度和政治制度,发展高度的社会主义民主和完备的社会主义法制。我们要在建设高度物质文明的同时,提高全民族的科学文化水平,发展高尚的丰富多彩的文化生活,建设高度的社会主义精神文明。"②

——实行对外开放。根据邓小平的指示,1979 年 7 月,党中央决定对广东、福建两省的经济活动实行特殊的政策和灵活的措施,在广东的深圳、珠海、汕头

---

① 《邓小平文选》第二卷,人民出版社 1994 年版,第 237 页。
② 同上书,第 208 页。

和福建的厦门创办经济特区。1980年8月26日,五届人大常委会第十五次会议正式批准建立经济特区。

——以"一国两制"的方针实现祖国的统一。1982年1月,邓小平在谈到祖国统一问题时明确地说:"九条方针是以叶副主席的名义提出来的,实际上就是一个国家两种制度。两种制度是可以允许的。他们不要破坏大陆的制度,我们也不破坏他们那个制度。"①这是第一次正式提出"一国两制"的概念。

——走自己的道路,建设有中国特色的社会主义。在1982年党的十二大开幕词中,邓小平正式提出了"建设有中国特色的社会主义"的科学命题。他指出:"把马克思主义的普遍真理同我国的具体实际结合起来,走自己的道路,建设有中国特色的社会主义,这就是我们总结长期历史经验得出的基本结论。"②根据邓小平的思想,党的十二大报告中系统地阐述了关于社会主义特征的理论,指出,消灭剥削制度,生产资料公有,按劳分配,国民经济有计划按比例发展,工人阶级和劳动人民的政权,以共产主义思想为核心的社会主义精神文明,高度发达的生产力和比资本主义更高的劳动生产率,这些都是社会主义的重要特征。十二大还提出了党在新时期的总任务,提出了我国社会主义现代化建设的战略目标、战略重点、战略步骤等一系列重要方针。这些都说明,建设中国特色社会主义理论已经初步孕育。

第二阶段,从1982年党的十二大到1987年党的十三大,是邓小平理论的形成阶段。

党的十二大以后,针对改革和建设中出现的新情况和新问题,在邓小平的许多谈话和中央文件中,又提出了一些新的理论观点。

——提出了社会主义的根本任务是发展生产力的科学论断。1984年6月,邓小平在会见第二次中日民间人士会议日方委员会代表团时指出:"贫穷不是社会主义,更不是共产主义"③,"什么叫社会主义,什么叫马克思主义?我们过去对这个问题的认识不是完全清醒的。……社会主义阶段的最根本任务就是发展生产力"④。

——提出了有计划商品经济的理论。党的十二届三中全会通过的《中共中

---

① 《邓小平年谱》(下),中央文献出版社2004年版,第797页。
② 《邓小平文选》第三卷,人民出版社1993年版,第3页。
③ 同上书,第64页。
④ 同上书,第63页。

央关于经济体制改革的决定》指出,社会主义经济是"在公有制基础上的有计划的商品经济",这是对传统经济理论的一大突破,向社会主义市场经济理论的提出迈出了一大步。

——和平与发展是当今世界的两大主题。1985年3月,邓小平在会见日本客人时指出:"现在世界上真正大的问题,带全球性的战略问题,一个是和平问题,一个是经济问题或者说发展问题。和平问题是东西问题,发展问题是南北问题。概括起来,就是东西南北四个字。"①

——社会主义现代化建设的总体布局。党的十二届六中全会根据邓小平关于加强精神文明建设的思想,提出了我国社会主义现代化建设的总体布局,即以经济建设为中心,坚定不移地进行经济体制改革,坚定不移地进行政治体制改革,坚定不移地加强精神文明建设,并且使这几个方面互相配合,互相促进。

1987年10月召开的党的十三大,比较系统地论述了社会主义初级阶段的理论,明确阐述了党在社会主义初级阶段的基本路线,即"领导和团结全国各族人民,以经济建设为中心,坚持四项基本原则,坚持改革开放,自力更生,艰苦奋斗,为把我国建设成为富强、民主、文明的社会主义现代化国家而奋斗"。党的十三大还阐发了我们党在对社会主义再认识的过程中提出的十二个科学的理论观点,这些理论观点构成了中国特色社会主义理论的基本框架,初步回答了我国社会主义现代化建设的发展阶段、任务、动力、条件、布局和国际环境等基本问题。党的十三大的召开,标志着中国特色社会主义理论和路线的正式形成。

第三阶段,从1987年党的十三大到1992年党的十四大,是邓小平理论的发展阶段。

党的十三大以后,随着社会主义现代化建设实践的推进,中国特色社会主义理论得到了进一步的丰富和发展。1988年9月,邓小平提出了"科学技术是第一生产力"的论断②,这为我们确立经济发展依靠教育和科技的方针奠定了理论基础。1990年12月30日,党的十三届七中全会通过了《关于制定国民经济和社会发展十年规划和"八五"计划的建议》,把全党对建设中国特色社会主义的基本理论和基本实践分为十二个方面进行了概括。1991年7月1日,江泽民在庆祝中国共产党成立七十周年大会上的讲话中,从经济、政治、文化三个方面阐述了建设中国特色社会主义的九条基本要求。1992年1月18日至2月21日,

① 《邓小平文选》第三卷,人民出版社1993年版,第105页。
② 同上书,第274页。

邓小平先后视察了武昌、深圳、珠海、上海等地,发表了著名的南方谈话,精辟地分析了国际国内形势,科学地总结了十一届三中全会以来党的基本实践经验,鲜明地回答了长期以来困扰我们的一系列重大的理论和实践问题。著名的"三个有利于"标准、社会主义市场经济理论、社会主义本质理论,都在这次谈话中得到了精辟的阐述。这次谈话进一步解放了人们的思想,振奋了全国各族人民现代化建设的热情和信心,极大地丰富了中国特色社会主义理论。

1992 年 10 月,江泽民在党的十四大报告中,总结了十一届三中全会以来 14 年的改革开放的基本经验,确立了邓小平建设有中国特色社会主义理论在全党的指导地位,并从社会主义的发展道路、发展阶段、根本任务、发展动力、外部条件、政治保证、战略部署、领导力量以及统一祖国的构想等九个方面对中国特色社会主义理论的主要内容,作出系统的阐述。这不仅标志着我们党对中国特色社会主义建设和发展的规律的认识达到了一个新的高度,而且也标志着中国特色社会主义理论的发展进入了一个新的阶段。

二、邓小平理论的主要内容和精神实质

邓小平理论是马克思主义的基本原理与当代中国实际与时代特征相结合的产物,是毛泽东思想的继承和发展。它第一次比较系统地回答了中国这样的经济文化落后的国家如何建设社会主义、如何巩固和发展社会主义的一系列基本问题,初步揭示了落后国家建设社会主义的本质规律,用新的思想、观点丰富和发展了马克思主义,是马克思主义在中国发展的新阶段。

1. 关于社会主义本质的思想观点

我们过去一般从马克思主义经典作家对未来社会的描述预测中去概括社会主义的本质。实践证明,仅仅从社会主义的形式上或者从社会主义的一般特征上去认识,不能抓住社会主义的本质。如果抽象地谈论社会主义,就会把许多束缚生产力发展的、并不具有社会主义本质属性的东西当做社会主义原则加以固守,把许多在社会主义条件下有利于生产力发展的东西当作资本主义加以反对。邓小平根据马克思主义的基本原理和社会主义的实践经验,对这个问题进行了长期的探索和深入的思考,全面深刻地揭示了社会主义的本质。他明确提出:"社会主义的本质,是解放生产力,发展生产力,消灭剥削,消除两极分化,最终达到共同富裕。"[1]邓小平关于社会主义本质的理论概括,是探索中国特色社会

---

① 《邓小平文选》第三卷,人民出版社 1993 年版,第 373 页。

主义道路所取得的重要成果,是对科学社会主义的坚持和发展,对于我们在坚持社会主义基本制度的基础上推进改革开放,具有重大的理论意义和实践意义。

2. 关于社会主义初级阶段的思想观点

建设中国特色社会主义,实际上就是从中国的具体实际出发来建设社会主义。邓小平说:"社会主义本身是共产主义的初级阶段,而我们中国又处在社会主义的初级阶段,就是不发达的阶段。"①社会主义初级阶段的论断包括两层含义:一是我国已经进入社会主义社会,我们不能否定这一客观的历史事实;二是我国的社会主义还处于不发达的阶段,我们不能超越和跳过这个不发达的阶段。中国走上社会主义道路是历史的必然,但是我国的现实国情,又决定了我们进入社会主义社会以后,必须经历一个漫长的初级阶段,去实现别的国家在资本主义条件下完成的工业化、市场化、社会化和现代化的任务。因此,社会主义的根本任务是发展生产力。处于社会主义初级阶段的当代中国,发展生产力的任务显得尤为突出、尤为重要。邓小平关于社会主义初级阶段的论断,使我们对社会主义建设的长期性、紧迫性、复杂性、艰巨性有了更加清醒的认识,它既可以使我们排除否定"四项基本原则"的右的倾向的干扰,又可以使我们排除不顾客观的历史条件,急于求成和盲目求纯的"左"的倾向的干扰。

3. 关于社会主义市场经济的思想观点

在马克思恩格斯对未来社会的设想中,是不存在商品和货币的,因而也就不存在市场经济了。新中国成立以后的很长时期内,我们把商品经济和市场经济看做是资本主义的东西,试图限制它、消灭它。党的十一届三中全会以后,邓小平一再强调社会主义也可以搞市场经济。经过14年的伟大实践,党的十四大正式确定了我国经济体制改革的目标模式是建立社会主义市场经济体制。这个崭新的观点是对马克思主义的重大创新和发展。社会主义市场经济的建立和发展,不但使我们对社会主义的认识达到了一个新的境界,而且使我们国家的经济、政治、文化、社会发生了翻天覆地的变化,极大地改变了十三亿人民的生产方式、生活方式、思维方式和交往方式。

4. 关于坚持四项基本原则和改革开放的思想观点

马克思主义经典作家在原则上提出了社会主义社会是不断变化和改革的社会,但是并没有赋予这一论断具体的内容。斯大林长期不承认社会主义社会还存在着矛盾,从而找不到使社会主义走向成熟完善的道路。毛泽东提出社会主

---

① 《邓小平文选》第三卷,人民出版社1993年版,第252页。

义社会矛盾的学说,但是后来由于对矛盾的性质和情形的判断错误,用急风暴雨式的群众运动的办法来解决社会主义社会的矛盾,产生了严重的后果。邓小平提出的改革也是解放生产力的观点,把社会主义矛盾运动的性质、方式揭示出来,使人们在认识上产生了新的飞跃。他的对外开放理论使社会主义赶上世界潮流,丰富和发展了马克思主义关于世界历史和世界市场的理论观点。改革开放是社会主义的自我完善和发展,是在坚持四项基本原则基础上的改革开放;同时,改革开放的生动实践,也赋予了四项基本原则以新的时代内容。十一届三中全会以来,面对变幻多端的国内外形势,我们之所以能够始终沿着中国特色社会主义道路胜利前进,就是因为我们坚持改革开放搞活了社会主义;坚持四项基本原则保证了改革开放的正确方向。四项基本原则是立国之本,改革开放是强国之路。

5. 关于社会主义物质文明和精神文明"两手抓、两手都要硬"的思想观点

随着社会主义现代化事业的推进,邓小平提出要在建设物质文明的同时建设高度的社会主义精神文明,强调物质文明和精神文明都搞好,才是中国特色社会主义。一手抓物质文明、一手抓精神文明,是我国社会主义现代化建设的一个根本方针。党的十二届六中全会根据邓小平关于精神文明建设的思想,提出以经济建设为中心,坚定不移地进行经济体制改革,坚定不移地进行政治体制改革,坚定不移地加强精神文明建设,并且使这几个方面互相配合、互相促进,是我国社会主义现代化建设的总体布局。

此外,邓小平关于政治体制改革的思想观点、关于外交战略的思想观点、关于以"一国两制"统一祖国的思想观点、关于国防建设的思想观点和关于党的建设的思想观点,等等,都是邓小平理论的重要内容,都是马克思主义在当代中国的发展和创新。

解放思想、实事求是,不仅是马列主义、毛泽东思想的精髓,而且是邓小平理论的精髓。正是坚持和运用这个精髓,以邓小平为主要代表的中国共产党人,既继承前人又突破陈规、既排除各种错误倾向的干扰又吸取历史的经验,不断解决新课题、开拓新境界、实现新飞跃。根据这一精髓,邓小平依据马克思主义的基本原理,针对中国国情,结合时代特征,围绕"什么是社会主义、怎样建设社会主义"这个首要问题,揭示了中国特色社会主义一系列重大理论和实践问题,初步形成了中国特色社会主义的理论体系。因此,在解放思想,实事求是的基础上,搞清楚什么是社会主义,怎样在中国这样特殊的国情下建设社会主义,实现中华民族的伟大复兴,是邓小平理论的精神实质。

三、邓小平理论初步形成了中国特色社会主义理论的科学体系

党的十五大报告提出:邓小平理论是"贯通哲学、政治经济学、科学社会主义等领域,涵盖经济、政治、科技、教育、文化、民族、军事、外交、统一战线、党的建设等方面比较完备的科学体系,又是需要从各方面进一步丰富发展的科学体系"①。这主要体现在以下几个方面:

首先,这一理论提出了建设有中国特色社会主义这个科学命题。在中国这样经济文化落后的国家如何建设社会主义,是从以毛泽东为核心的第一代领导集体就开始探索和思考的问题。但是由于社会主义制度在我国建立的时间不长,我们对社会主义发展和建设的规律的认识还不足,所以,在这一过程中,既有成功的经验,又有失误的教训。如何在理论上和实践上对这种探索的成果和经验教训加以总结和概括,是摆在全党和全国人民面前的一个历史性课题。邓小平以马克思主义的远见卓识和求实创新精神,科学地提出了建设有中国特色社会主义这一新的概念,从而使我国社会主义现代化建设有了新的主题,使中国特色社会主义理论体系有了一个新的起点。

这一理论构建了中国特色社会主义理论体系的基本框架。邓小平理论贯穿解放思想、实事求是的思想路线,围绕"什么是社会主义、怎样建设社会主义"这个首要问题,在社会主义的本质和发展道路、发展阶段、根本任务、发展动力、外部条件、政治保证、战略部署、领导力量和依靠力量、国防建设和祖国统一等一系列重大问题上,形成了比较完整和系统的理论观点,初步构成了中国特色社会主义的基本理论框架。

这一理论排除了来自"左"与右两个方面的干扰。科学社会主义是在同形形色色的"社会主义"流派的斗争中形成和发展起来的。中国特色社会主义理论的发展过程,也表现为一个不断地排除"左"与右的错误思潮的干扰的过程。邓小平高屋建瓴,从发展的全局高度,坚决防止各种错误思想的干扰,既反"左",又反右,有"左"反"左",有右反右。强调"左"和右都具有严重的危害,"右可以葬送社会主义,'左'也可以葬送社会主义。中国要警惕右,但主要是防止'左'"②。由此,保证中国特色社会主义理论在形成和发展的过程中始终坚持马克思主义的科学轨道。

---

① 《十五大以来重要文献选编》(上),人民出版社2000年版,第12页。
② 《邓小平文选》第三卷,人民出版社1993年版,第375页。

在实践中不断总结经验,邓小平理论不断得到丰富和发展。邓小平没有把中国特色社会主义理论的创立作为一个一劳永逸的课题,而是在实践中不断地加以创新和发展。这一点,从他关于实现工作重心的转移、富民思想,建立经济特区、改革开放以及"一国两制"等思想的发展中都得到充分的证明。更为重要的是,在我国改革开放的关键时期,以及出现曲折、经受考验的紧要关头,他又总是进行理论创新,推动中国特色社会主义理论不断向前发展。总之,邓小平理论不仅初步形成了中国特色社会主义理论体系,而且为这一理论体系的发展打下了坚实的基础。

第二节　"三个代表"重要思想与中国特色社会主义理论体系的丰富和发展

一、"三个代表"重要思想的形成和发展

"三个代表"重要思想是继毛泽东思想、邓小平理论之后马克思主义中国化的又一理论成果,是中国特色社会主义理论体系承前启后的重要组成部分。"三个代表"重要思想是以江泽民为主要代表的中国共产党人集体智慧的结晶,它创造性地回答了"建设一个什么样的党,怎样建设党"的重大问题,进一步回答了"什么是社会主义,怎样建设社会主义"的重大问题,反映了当代世界和中国的发展变化对党和国家工作的新要求,是加强和改进党的建设、推进我国社会主义自我完善和发展的强大理论武器。

1. "三个代表"重要思想提出的时代背景

从20世纪80年代末以来,尽管我们所面临的时代主题、主要矛盾和主要任务没有根本性的改变,但我们所面临的国际背景、国内和党内的情况都发生了重大的变化,"三个代表"重要思想正是在这些新情况、新背景下形成的。

我们党历经革命、建设和改革,已经从领导人民为夺取全国政权而奋斗的党,成为领导人民掌握全国政权并长期执政的党;已经从受到外部封锁和实行计划经济条件下领导国家建设的党,成为对外开放和发展社会主义市场经济条件下领导国家建设的党。党内新情况决定了党在建设中国特色社会主义的过程中必须走出一条新路。"三个代表"重要思想就是在科学判断党的历史方位的基础上提出来的。

"三个代表"重要思想还是在科学判断当今国际局势的基础上形成的。世

界形势的变化给我们现代化建设和党的建设带来巨大的机遇与挑战。在和平与发展成为时代主题的当今世界,科技进步日新月异,经济全球化加快发展,文化交流和融合日益紧密,综合国力的竞争日趋激烈,世界格局呈多极化趋势。另一方面,随着东欧剧变、苏联解体,世界社会主义出现严重曲折,资本主义意识形态不断向社会主义国家渗透;霸权主义和强权政治又有新的表现,恐怖主义危害上升,一些地区的冲突和争端时起时伏,世界还很不安宁。面对当今世界各个领域的重大变化,我们能否抓住机遇、经受住挑战,归根到底取决于党的执政能力和领导水平。

"三个代表"重要思想是在对当代中国发展变化科学认识的基础上形成的。我国在胜利实现现代化建设"三步走"战略前两步目标以后,进入了全面建设小康社会、加快推进社会主义现代化的新阶段。一方面,我国生产力水平大幅度跃升,综合国力显著增强,国际地位进一步提高,社会主义市场经济体制初步建立,政治稳定、民族团结、社会进步,人民生活总体上达到小康水平;另一方面,改革进入攻坚阶段,发展处于关键时期,我国社会主义事业的发展面临新的巨大困难和压力。推进现代化建设、完成祖国统一、维护世界和平与促进共同发展,仍然是党在 21 世纪伟大而艰巨的历史任务。①

"三个代表"重要思想是在科学分析党的现状的基础上形成的。随着党和国家事业的发展,党的队伍发生了重大的变化。从执政党建设看,党的干部队伍正处在整体性的新老交替的重要时期,有些党员在思想、组织、作风等方面存在着一定问题,不适应时代要求;一些干部身上存在的思想僵化、信念动摇、纪律松弛、作风漂浮、腐败堕落等问题,引起群众的严重不满。因此,进一步提高党的领导水平和执政水平、提高拒腐防变和抵御风险的能力,是党必须解决好的两大历史性课题。这就要求从新的实际出发,以改革创新的精神加强和改进党的建设。

2. "三个代表"重要思想形成和发展的过程

1989 年,邓小平对新的中央领导集体作出了"要聚精会神地抓党的建设"②的"政治交代"。党的十三届四中全会以来,面对在实行改革开放和发展社会主义市场经济的条件下,"建设什么样的党、怎样建设党"这个关系到党和国家的前途命运的重大问题,以江泽民为主要代表的中国共产党人经过长期的思考和实践的探索,在科学判断党的历史方位的基础上,在建设中国特色社会主义的伟

---

① 江泽民:《论"三个代表"》,中央文献出版社 2001 年版,第 153 页。
② 《邓小平文选》第三卷,人民出版社 1993 年版,第 314 页。

大实践中,逐步将治党治国治军的新的经验加以概括和总结,创立了"三个代表"重要思想。

2000年2月,江泽民在广东省考察工作时指出:"我们党所以赢得人民的拥护,是因为我们党在革命、建设、改革的各个时期,总是代表着中国先进生产力的发展要求,代表着中国先进文化的前进方向,代表着中国最广大人民的根本利益,并通过制定正确的路线方针政策,为实现国家和人民的根本利益而不懈奋斗。"①这是江泽民首次提出"三个代表"的重要思想。同年5月,他在江苏、浙江、上海召开的党建工作座谈会上,对"三个代表"的重要意义作了精辟的阐述,强调"始终做到'三个代表',是我们党的立党之本、执政之基、力量之源"②。

2001年7月1日,在庆祝中国共产党成立80周年大会上,江泽民全面阐述了"三个代表"重要思想的科学内涵,提出按照"三个代表"要求加强和改进党的建设、始终保持党的先进性的历史任务。2002年11月,江泽民在党的十六大报告中进一步阐述了"三个代表"重要思想的时代背景、历史地位、精神实质和指导意义,阐明了贯彻"三个代表"重要思想的根本要求,提出要把"三个代表"重要思想贯彻到社会主义现代化建设的各个领域,体现在党的建设的各个方面。他强调,贯彻"三个代表"重要思想,关键在坚持与时俱进,核心在坚持党的先进性,本质在坚持执政为民。党的十六大高度评价了"三个代表"重要思想的历史地位和重要意义,把"三个代表"重要思想同马克思列宁主义、毛泽东思想、邓小平理论一道确立为党必须长期坚持的指导思想,并写进了党章,2004年又写进了宪法。

2003年7月,胡锦涛在"三个代表"重要思想理论研讨会上,对"三个代表"重要思想作为系统的科学理论的内涵进行了全面的阐述,号召全党不断增强学习贯彻"三个代表"重要思想的自觉性和坚定性,牢固树立"三个代表"重要思想在全党工作中的指导地位,自觉用"三个代表"重要思想指导思想和行动,在建设中国特色社会主义这一前无古人的伟大实践中继续创造新的辉煌。

二、"三个代表"重要思想的主要内容和精神实质

"三个代表"重要思想,在邓小平理论的基础上,进一步回答了什么是社会主义、怎样建设社会主义的重要问题,创造性地回答了建设什么样的党、怎样建

---

① 《江泽民文选》第三卷,人民出版社2006年版,第2页。
② 同上书,第15页。

设党的重要问题,深化了对中国特色社会主义的认识。"三个代表"重要思想的集中概括就是"中国共产党必须始终代表中国先进生产力的发展要求,代表中国先进文化的前进方向,代表中国最广大人民的根本利益"。

始终代表中国先进生产力的发展要求,就是党的理论、路线、纲领、方针、政策和各项工作,必须符合生产力发展的规律,体现不断推动社会生产力的解放和发展的要求,尤其要体现推动先进生产力发展的要求,通过发展生产力不断提高人民群众的生活水平。

始终代表中国先进文化的前进方向,就是党的理论、路线、纲领、方针、政策和各项工作,必须体现面向现代化、面向世界、面向未来的,民族的科学的大众的社会主义文化的发展要求,促进全民族思想道德素质和科学文化素质的不断提高,为我国经济发展和社会进步提供精神动力和智力支持。

始终代表中国最广大人民的根本利益,就是党的理论、路线、纲领、方针、政策和各项工作,必须坚持把人民的根本利益作为出发点和归宿,充分发挥人民群众的积极性、主动性、创造性,在社会不断发展进步的基础上,使人民群众不断获得切实的经济、政治、文化利益。

"三个代表",相互联系,相互促进,是统一的整体。发展先进生产力,是发展先进文化的基础,是实现最广大人民根本利益的前提;发展先进文化,是发展先进生产力和实现最广大人民根本利益的重要思想保证;发展先进生产力和先进文化,归根到底都是为了实现最广大人民的根本利益,而人民群众则是创造先进生产力和先进文化的主体,也是实现自身利益的根本力量。

"三个代表"重要思想内涵丰富、博大精深,它的主要内容体现在改革发展稳定、内政外交国防、治党治国治军等各个方面,是由一系列紧密联系、相互贯通的新思想、新观点构成的,包括关于建立社会主义市场经济体制的思想观点;关于公有制为主体、多种所有制经济共同发展是我国社会主义初级阶段的基本经济制度的思想观点;关于按劳分配为主体、多种分配方式并存的思想观点;关于实行全方位对外开放战略的思想观点;关于社会主义物质文明、政治文明和精神文明协调发展的思想观点;关于发展是党执政兴国的第一要务的思想;关于正确处理改革发展稳定关系的思想观点;关于建设社会主义法治国家的思想观点;关于依法治国和以德治国相结合的思想观点;关于走中国特色的精兵之路的思想观点;关于巩固党的阶级基础和扩大党的群众基础的思想观点,等等。这些思想观点构成了"三个代表"重要思想的主要内容和科学体系。

党的十六大报告对全面贯彻"三个代表"重要思想提出了"三句话"的根本

要求,这就是:贯彻"三个代表"重要思想,关键在坚持与时俱进,核心在坚持党的先进性,本质在坚持执政为民。始终做到"三个代表",是我们党的立党之本、执政之基、力量之源。

与时俱进是马克思主义所具有的理论品质。"三个代表"重要思想既坚持了马克思主义的世界观和方法论,又赋予它们鲜明的时代精神和实践要求。"三个代表"重要思想把发展先进生产力和先进文化、实现最广大人民的根本利益同坚持党的先进性联系在一起,上升到党的性质和宗旨的高度,上升到党的指导思想的高度,这是当代中国共产党人对辩证唯物主义和历史唯物主义的创造性运用和发展。坚持与时俱进,就要不断根据实践要求进行创新。创新是一个民族进步的灵魂,是一个国家兴旺发达的不竭动力,也是一个政党永葆生机的源泉。创新,包括理论创新、制度创新、科技创新及其他创新,其中理论创新是前提,科技创新是关键,制度创新是保证。

认识和坚持党的先进性,必须放在推动当代中国先进生产力和先进文化的发展中去考察,放在维护和实现最广大人民根本利益的奋斗中去考察,归根到底要看党在推动历史前进中的作用。在新世纪新阶段,坚持党的先进性,必须不断加强和改善党的领导;必须推进马克思主义中国化,坚持以发展着的马克思主义指导新的实践;必须既坚持共产主义的远大理想和坚定信念,又脚踏实地为实现党在现阶段的基本纲领而奋斗,把发展作为党执政兴国的第一要务;必须依据社会结构的变化,不断增强党的阶级基础和扩大党的群众基础,不断提高党的社会影响力。为此,就要用时代发展的要求审视自己,以改革的精神加强和完善自己,既善于总结成功的经验,又善于吸取失败的教训;既善于通过提出和贯彻正确的理论路线带领群众前进,又勇于从群众的实践创造和发展要求中获得前进动力;既善于认识和改造客观世界,又善于组织引导干部和党员在实践中加强主观世界的改造。

贯彻"三个代表"的本质在于坚持立党为公、执政为民。对于马克思主义执政党来说,坚持立党为公、执政为民,体现了我们党的根本性质、根本宗旨和根本目标。人民群众是推动历史发展的根本动力,是决定国家前途和命运的根本力量。广大人民群众的积极性、创造性的充分发挥是我们事业成功的根本保证,不断实现人民的根本利益是我们党全部奋斗的最高目的。党始终坚持人民的利益高于一切,党的全部工作和全部任务都是为了实现好、维护好、发展好人民的根本利益。只有坚持立党为公、执政为民,使党的理论、路线、方针、政策和全部工作都顺民意、谋民利、得民心,党才能得到人民群众的支持和拥护,才能充分发挥人民群众的积极性和创造性,才能永远立于不败之地。

三、"三个代表"重要思想对中国特色社会主义理论体系的新贡献

"中国特色社会主义理论体系"是胡锦涛在党的十七大报告中首次提出,并且是被反复提到的新概念、新命题。报告认为,"中国特色社会主义理论体系,就是包括邓小平理论、'三个代表'重要思想以及科学发展观等重大战略思想在内的科学理论体系。"①"三个代表"重要思想是中国特色社会主义理论体系的第二个形态,是发展中国特色社会主义的重要指导思想。党的十三届四中全会以来,以江泽民同志为主要代表的中国共产党人,高举邓小平理论伟大旗帜,准确把握时代特征,科学判断我们党所处的历史方位,围绕建设中国特色社会主义这个主题,集中全党智慧,以马克思主义的巨大勇气进行理论创新,逐步形成了"三个代表"重要思想这一系统的科学理论。

"三个代表"重要思想是与时俱进的马克思主义中国化的理论成果。在即将进入 21 世纪的时候,中国特色社会主义实践的发展提出了推进理论创新的新要求。"三个代表"重要思想继承和发展了马克思主义关于人类社会前进最终是由生产力发展决定的,同时是由先进文化引导的,由人民群众推动的等基本原理,揭示了建设中国特色社会主义是社会主义市场经济、社会主义民主政治和社会主义先进文化的有机统一,社会主义物质文明、政治文明和精神文明全面发展,党领导的伟大事业同党的建设新的伟大工程相互促进的历史进程。"三个代表"重要思想作为马克思主义在中国发展的最新成果主要表现在新的理论概括、新的理论基础、新的理论要求、新的理论视野等方面。"三个代表"重要思想的形成,表明党对共产党的执政规律、社会主义建设规律和人类社会发展规律的认识,达到了新的理论高度,开辟了马克思主义发展的新境界。

"三个代表"重要思想是建设中国特色社会主义特别是全面建设小康社会的行动指南。建设中国特色社会主义是一个长期和艰辛的历程。党在现阶段最重要的任务,就是全面建设小康社会。"三个代表"重要思想作为面向 21 世纪的中国化的马克思主义,是指引全党全国人民为实现全面建设小康社会的宏伟目标而奋斗的行动指南。我们在实现这个宏伟目标的征程中,将长期面对如何科学判断和全面把握国际形势的发展变化、如何科学判断和全面把握长期处于社会主义初级阶段的基本国情、如何科学判断和全面把握党所处的历史方位和

---

① 《中国共产党第十七次全国代表大会文件汇编》,人民出版社 2007 年版,第 11 页。

肩负的历史使命等重大课题。"三个代表"重要思想为我们正确认识和解决这些重大课题提供了科学理论和科学方法。

"三个代表"重要思想是加强和改进党的建设、推进我国社会主义自我完善和发展的强大理论武器。"三个代表"重要思想创造性地回答了建设什么样的党、怎样建设党的问题，把党的建设新的伟大工程同中国特色社会主义伟大事业紧密联系起来，赋予党的性质、宗旨、指导思想和根本任务以丰富的时代内容，确定了党的建设新的总体部署。一方面，紧紧围绕新时期党的建设所面临的两大历史性课题，加强党的执政能力建设，不断提高党的创造力、凝聚力和战斗力，不断巩固党的阶级基础和扩大党的群众基础，永远保持党的先进性；另一方面，"三个代表"重要思想提出的一系列关于中国特色社会主义的发展道路、发展阶段、发展战略、根本目的、根本任务、发展动力、依靠力量、国际战略等重要思想，对我们正在进行的改革开放和社会主义现代化建设事业具有重要的指导意义。"三个代表"重要思想是以江泽民为核心的党的第三代中央领导集体对中国特色社会主义理论的继承和发展，丰富和发展了中国特色社会主义理论体系。它是党宝贵的政治和精神财富，是全国各族人民团结奋斗的共同思想基础，是建设中国特色社会主义行动指南。

第三节　科学发展观与中国特色社会主义理论体系的丰富和发展

一、科学发展观的形成和发展

无论是在烽火连天的民主革命时期，还是在和平发展的社会主义建设年代，中国共产党都是一个高度重视理论指导又善于进行理论创新的马克思主义政党。党的十六大以来，以胡锦涛同志为总书记的党中央，立足于新世纪新阶段国际国内形势的发展变化，着眼于党和国家事业发展的全局，坚持以邓小平理论和"三个代表"重要思想为指导，不断推进实践基础上的理论创新，不断把马克思主义中国化推向前进，先后提出了一系列重大战略思想。主要包括：坚持以人为本，树立全面、协调、可持续的科学发展观，构建社会主义和谐社会，加强党的执政能力建设和党的先进性建设，建设社会主义新农村，建设创新型国家，树立社会主义荣辱观，坚持走和平发展道路、建设和谐世界等等。这些思想归结起来就形成了马克思主义中国化的最新理论成果——科学发展观。

科学发展观是我们党立足社会主义初级阶段基本国情,从新世纪新阶段党和人民事业发展全局出发,总结我国发展实践,借鉴国外发展经验,适应新的发展要求提出的重大战略思想。新世纪新阶段,我国发展处在一个新的历史起点上。党的十七大报告科学分析了我国发展在新世纪新阶段呈现的一系列新的阶段性特征。正是在科学分析和把握当前我国发展的阶段性特征的基础上,面对我国全面参与经济全球化的新机遇新挑战,面对工业化、信息化、城镇化、市场化、国际化深入发展的新形势新任务,面对社会活力不断迸发、各项事业不断进步情况下发展不平衡有所扩大的新课题新矛盾,以胡锦涛同志为总书记的党中央,着眼于把握发展规律、创新发展理念、转变发展方式、破解发展难题,提出了科学发展观。

科学发展观从提出到丰富、完善成为一个科学理论体系,有一个历史过程。

2003年8月28日至9月1日,胡锦涛在江西考察工作时,第一次明确提出了"科学发展观"的概念。他说,"要牢固树立协调发展、全面发展、可持续发展的科学发展观","努力走出一条生产发展、生活富裕、生态良好的文明发展道路"。2003年10月,党的十六届三中全会通过的《中共中央关于完善社会主义市场经济体制若干问题的决定》正式提出了科学发展观:"坚持以人为本,树立全面、协调、可持续的发展观,促进经济社会和人的全面发展。"这是党的中央文件中第一次对科学发展观的完整表述。

在2004年3月召开的全国人口、资源、环境座谈会上,胡锦涛对"以人为本"、"全面发展"、"协调发展"、"可持续发展"作出了详细阐述。2005年10月党的十六届五中全会通过的《中共中央关于制定国民经济和社会发展第十一个五年规划的建议》,明确提出:"全面贯彻落实科学发展观","坚持以科学发展观统领经济社会发展全局"。在2006年12月中央召开的全国经济工作会议上,胡锦涛对科学发展观提出"六个必须"的新观点:"必须深刻认识又好又快发展是全面落实科学发展观的本质要求,必须坚持把'三农'问题放在经济社会发展全局的突出位置,必须在结构优化中促进总量平衡,必须把促进国际收支平衡作为保持宏观经济稳定的重要任务,必须不断增强企业激励机制和约束机制,必须坚持促进经济社会协调发展。"

2007年6月,胡锦涛在中央党校发表的重要讲话中,进一步对科学发展观的丰富内涵作了精辟概括:"科学发展观,第一要义是发展,核心是以人为本,基本要求是全面协调可持续,根本方法是统筹兼顾。"2007年10月,胡锦涛在党的十七大报告中,对科学发展观的时代背景、科学内涵和精神实质进行了深刻阐述,对深入贯彻落实科学发展观提出了明确要求。党的十七大通过的党章规定:"科学发展观,是同马克思列宁主义、毛泽东思想、邓小平理论和'三个代表'重要思想既一脉相承又与时俱进的科学理论,是我国经济社会发展的重要指导方针,是发展中国特色社会主义必须坚持和贯彻的重大战略思想。"①

二、科学发展观的主要内容和精神实质

党的十七大报告指出:"科学发展观,第一要义是发展,核心是以人为本,基本要求是全面协调可持续,根本方法是统筹兼顾。"②这一精辟论述,深刻揭示了科学发展观的科学内涵和精神实质。深入贯彻落实科学发展观,必须深刻理解、准确把握科学发展观的精神实质。

第一,深入贯彻落实科学发展观,必须紧紧把握科学发展观的第一要义,坚持把发展作为党执政兴国的第一要务。抓住了发展,就抓住了社会主义现代化建设的根本任务和主要内容,就抓住了中国特色社会主义事业的关键。紧紧把握发展这个"第一要义",就要时刻牢记发展是硬道理的战略思想,牢牢扭住经济建设这个中心,坚持聚精会神搞建设、一心一意谋发展,不断解放和发展社会生产力。当然,在新的历史起点上所追求的发展,不应是孤立、片面的,不计代价、竭泽而渔、不能持续的发展。必须更好地实施科教兴国战略、人才强国战略、可持续发展战略,着力把握发展规律、创新发展理念、转变发展方式,实现又好又快发展。

第二,深入贯彻落实科学发展观,必须紧紧把握科学发展观的核心,坚持以人为本。人的解放和自由而全面地发展是社会进步的最高目标,以人为本是我们党全心全意为人民服务根本宗旨的集中体现。坚持以人为本,就要尊重劳动、尊重知识、尊重人才、尊重创造;就要按照立党为公、执政为民的要求,坚持权为民所用、情为民所系、利为民谋,始终把实现好、维护好、发展好最广大人民的根本利益作为党和国家一切工作的出发点和落脚点。紧紧把握科学发展观的核心,就是要真正做到发展为了人民、发展依靠人民、发展成果由人民共享。

第三,深入贯彻落实科学发展观,必须紧紧把握科学发展观的基本要求,坚持全面协调可持续发展。"全面"是指按照中国特色社会主义事业总体布局,全面推进经济建设、政治建设、文化建设、社会建设。"协调"是指坚持"五个统

---

① 《中国共产党第十七次全国代表大会文件汇编》,人民出版社 2007 年版,第59页。
② 同上书,第14页。

筹"，促进现代化建设各个环节、各个方面相协调，促进生产关系与生产力、上层建筑与经济基础相协调。"可持续"是指坚持生产发展、生活富裕、生态良好的文明发展道路，建设资源节约型、环境友好型社会，促进人与自然和谐相处。

第四，深入贯彻落实科学发展观，必须紧紧把握科学发展观的根本方法，坚持统筹兼顾。统筹兼顾是我们党长期执政中一条重要经验，也是在新的历史条件下保证全面协调可持续发展的根本方针。统筹兼顾，就是要从中国发展全局和最广大人民的根本利益出发，正确认识和妥善处理中国特色社会主义事业中的重大关系，统筹城乡发展、区域发展、经济社会发展、人与自然和谐发展、国内发展和对外开放，统筹中央和地方关系，统筹个人利益和集体利益、局部利益和整体利益、当前利益和长远利益，统筹国内国际两个大局。

科学发展观提出后，在实践中发挥了重要指导作用，取得了明显成效。但同时也要看到，一些干部的思想和工作还没有真正转到科学发展上来，一些影响科学发展的矛盾和问题还没有得到根本解决，科学发展观的保障机制和体制还没有建立和完善。要夺取全面建设小康社会新胜利，必须进一步深入贯彻落实科学发展观。我们要全面把握科学发展观的科学内涵和精神实质，增强贯彻落实科学发展观的自觉性和坚定性，着力转变不适合不符合科学发展观的思想观念，着力解决影响和制约科学发展的突出问题，把全社会的发展积极性引导到科学发展上来，把科学发展观贯彻落实到经济社会发展的各个方面。

三、科学发展观对中国特色社会主义理论体系的新贡献

科学发展观是对党的三代中央领导集体关于发展的重要思想的继承和发展，是马克思主义关于发展的世界观和方法论的集中体现，是同马克思列宁主义、毛泽东思想、邓小平理论和"三个代表"重要思想既一脉相承又与时俱进的科学理论。它贯穿中国特色社会主义伟大事业和党的建设新的伟大工程的各个方面，科学回答了在新世纪新阶段，中国特色社会主义要实现什么样的发展、怎样发展等重大理论和现实问题，以新的思想、新的观点为中国特色社会主义理论体系增添了新的内容，为丰富和发展中国特色社会主义理论体系作出了重大贡献。

第一，科学发展观丰富和发展了中国特色社会主义的思想路线。在新世纪新阶段，以胡锦涛为总书记的党中央，提出大力弘扬求真务实精神、大兴求真务实之风，鲜明地体现了解放思想、实事求是、与时俱进这个马克思主义的精髓。历史经验告诉我们，党的理论的重大创新发展总是同党的思想路线的形成发展

联系在一起的,解放思想、实事求是、与时俱进思想路线的形成过程,也就是毛泽东思想、邓小平理论和"三个代表"重要思想形成的过程。在新世纪新阶段,我们面临的新形势、新任务,要求党的思想路线要有新的发展。科学发展观就是我们党在新的历史条件下,坚持求真务实精神取得的重大理论成果。求真务实是科学发展观的哲学基础,求真务实精神渗透在科学发展观的各个方面。2004 年1 月,胡锦涛在中央纪委第三次全会上的讲话中指出:"求真务实,是辩证唯物主义和历史唯物主义一以贯之的科学精神,是我们党的思想路线的核心内容"①。"求真务实"进一步丰富和发展了党的思想路线的内涵。

第二,科学发展观丰富和发展了中国特色社会主义发展道路的思想。改革开放以来,我们党带领全国人民开创了一条中国特色社会主义的发展道路。以胡锦涛为总书记的党中央在马克思列宁主义、毛泽东思想、邓小平理论和"三个代表"重要思想关于发展的思想基础上,从当今时代发展新趋势和中国当前发展阶段的实际出发,适应新的发展的要求,对我们党长期以来关于发展问题的理论思考和实践经验进行了全面总结,提出了科学发展观,使我们党对发展问题的认识提高到了一个新水平。科学发展观站在时代高度,既坚持了党的三代中央领导集体关于发展的思想,又深刻总结国内外在发展问题上的经验教训,科学分析我国发展进程中面临的各种新情况新问题,密切结合新的发展实践,创造性地回答了实现什么样的发展、怎样发展等重大问题,是对共产党执政规律、社会主义建设规律、人类社会发展规律作出的新探索和新概括,丰富和发展了中国特色社会主义发展道路的理论,开拓了中国特色社会主义理论体系发展的新境界。

第三,科学发展观丰富和发展了中国特色社会主义战略布局的思想。我们党历来高度重视中国特色社会主义战略布局问题,并提出了一系列重要思想。新中国成立前后,毛泽东在《论人民民主专政》、《关于正确处理人民内部矛盾》等著作中,系统地论述了社会主义经济、政治、文化建设问题。改革开放后,邓小平提出要坚持两手抓、两手都要硬的方针,强调在搞好社会主义物质文明建设的同时,要搞好社会主义精神文明建设。江泽民强调社会主义社会是以经济建设为中心的全面发展、全面进步的社会,要促进社会主义物质文明、政治文明、精神文明协调发展,促进人的全面发展。在这些重要思想的基础上,以胡锦涛为总书记的党中央提出了构建社会主义和谐社会的战略任务,强调通过发展社会生产力来不断增强和谐社会建设的物质基础,通过发展社会主义民主政治来不断加

① 《十六大以来重要文献选编》(上),中央文献出版社 2005 年版,第 724 页。

强和谐社会建设的政治保障,通过发展社会主义先进文化来不断巩固和谐社会建设的精神支撑,同时又要通过和谐社会建设来为社会主义物质文明、政治文明、精神文明建设创造有利的社会条件。提出构建社会主义和谐社会具有重大理论创新意义,丰富和发展了马克思主义关于社会主义社会建设的理论,使得中国特色社会主义事业的总体布局,由社会主义经济建设、政治建设、文化建设"三位一体"扩展为社会主义经济建设、政治建设、文化建设、社会建设"四位一体"。中国特色社会主义事业"四位一体"的总体布局,反映了我们党对中国特色社会主义发展战略的谋划更加全面、协调、均衡,从而进一步丰富和发展了中国特色社会主义理论体系。

第五章
中国特色社会主义理论体系的精髓

中国特色社会主义理论体系的精髓贯穿于中国特色社会主义理论体系形成和发展的始终,体现在中国特色社会主义理论体系内容的各个组成部分,是中国特色社会主义理论体系的灵魂。中国特色社会主义理论精髓与中国共产党的思想路线的核心是一致的,都是实事求是。实事求是思想路线是党领导革命、建设、改革胜利的思想保证。实事求是内在地包含了解放思想、与时俱进、求真务实,在新的历史时期,坚持与时俱进、求真务实,就是坚持实事求是,而我们的思想和工作切实符合与时俱进、求真务实,关键在于解放思想。

第一节 理论精髓与理论体系的相互关系

一、理论精髓的含义

精髓是具有文学意味的概念,《现代汉语词典》将精髓释义为"精华",意指事物最精彩、最重要、最关键的部分。其实,这只是对"精"的喻义的展开解释。"髓"就其本义来看,是指生物体的骨髓,人无骨不立,骨无髓不存——不能作为鲜活的、有生命力的东西存在,"髓"在这里的喻义是最根本、最重要的东西。从这个角度看,精髓是比实质、本质更进一步的范畴。人们往往把实质(本质)等同于精髓,事实上精髓则是在质的基础上进一步强调其精其髓,它是事物的更进一步的范畴,具有规定事物本质的意义。《辞海》中把"精"和"髓"分开解释,"精"指物质的纯质;"髓"是骨中的凝脂。"精髓"就是事物的中心、灵魂。事物有了精髓,才有其存在的价值和意义。

理论是从实践中概括出来的关于自然、社会和思维知识的有系统的结论,是反映研究对象而形成的概念、范畴、判断、推理的体系。对于理论而言,精髓是能使理论得以形成和发展并贯穿其始终,是体现理论基本观点和具体内容中的最根本的部分。理论精髓之于理论体系,它内在地赋予理论以生命力,是理论存在和发展的灵魂,也是从实质上理解和贯彻理论的钥匙。理论中的一些观点及内容可能因时代、实践、实际的发展变化,不符合现实及未来的时代、实践、实际,而精髓则是永恒的。

精髓是理论产生的源头和发展的基础,赋予理论不断丰富、发展的动力。为此,我们称理论精髓为理论体系"活的灵魂"。马克思主义的精髓也就是指马克思主义的灵魂,是马克思主义的生命力和根本所在。有了这个根本,才会有马克思主义的全部理论,才会有马克思主义的丰富、发展和完善。

理论精髓之于理论体系,但它却是为主体所认识的。马克思主义经典作家在创立和发展马克思主义理论的同时,也随着实践的发展不断深化对其理论精髓的认识,从而形成了马克思主义精髓观。马克思主义精髓观是一个怎样从根本上看待马克思主义的问题,是马克思主义观的一个重要方面。在对待和把握理论精髓的问题上,马克思主义经典作家将精髓视为思想理论中最根本、最精辟的部分。

马克思主义经典作家在评定思想理论中的"精髓"(精华)时,大致有两种情况:一种情况是指某一思想理论中的正确方面。比如毛泽东把中国的传统思想文化区分为"精华"和"糟粕"两部分,提出对传统思想文化要采取分析的态度,主张"排泄其糟粕,吸收其精华"[1]。马克思、恩格斯对待德国古典哲学采取同样的分析态度。他们把黑格尔哲学分解为"革命的方面"和"保守的方面"两部分。前者指的是黑格尔哲学中作为合理部分的辩证法。后者则是黑格尔哲学中不合理部分即唯心主义。马克思、恩格斯把黑格尔的辩证法看做是黑格尔哲学的精华。正如恩格斯所指出的:"黑格尔第一次——这是他的伟大功绩——把整个自然的、历史的和精神的世界描写为一个过程,即把它描写为处在不断的运动、变化、转变和发展中,并企图揭示这种运动和发展的内在联系。"[2]对于费尔巴哈的唯物主义也是这样,马克思、恩格斯一方面肯定费尔巴哈出色地揭示了黑格尔唯心主义的荒谬,树立了唯物论的权威,承认费尔巴哈唯物主义的"基本内核";另一方面又指出费尔巴哈唯物论具有直观性、形而上学性的缺陷,并有力地批判了费尔巴哈哲学中所带有的历史唯心主义和宗教伦理的杂质,这是马克思主义经典作家对理论"精髓"(精华)的一种理解和运用。

---

① 《毛泽东选集》第二卷,人民出版社1991年版,第707页。
② 《马克思恩格斯选集》第3卷,人民出版社1995年版,第362页。

马克思主义经典作家对理论"精髓"(精华)的另一种理解和运用主要在于：理论精髓是理论体系中最重要即具有根本意义的部分。在马克思主义发展史上，第一个使用"精髓"概念的是列宁，他指出，"马克思主义的精髓，马克思主义的活的灵魂：对具体情况作具体分析"①。毛泽东是第一个使用"精髓"这一概念的中国共产党人，他在《矛盾论》中分析了矛盾的普遍性和特殊性之后，深刻地指出："这一共性个性、绝对相对的道理，是关于事物矛盾的问题的精髓，不懂得它，就等于抛弃了辩证法。"②邓小平正是在此认识基础上，像列宁、毛泽东一样善于把握理论的科学实质，把"实事求是"看做是毛泽东思想的精髓。他说："毛泽东同志在延安为中央党校题了'实事求是'四个大字，毛泽东思想的精髓就是这四个字。毛泽东同志所以伟大，能把中国革命引导到胜利，归根到底，就是靠这个。"③显然，与马克思主义经典作家对理论精髓的第一种理解和运用不同，在这里，理论"精髓"不是理论的正确部分，而是理论中的最重要、最根本的部分，即是指理论中最核心最精彩的部分。对于马克思主义理论精髓而言，理论精髓指的是后者，马克思主义理论精髓是马克思主义理论中最重要、最根本的部分，实事求是是马克思主义的精髓。

二、理论精髓在理论体系中的地位和作用

理论精髓即理论体系中最根本的部分，是理论体系的核心和基础，它贯穿于理论体系的各个组成部分，之所以这样定位理论精髓主要在于：理论体系主要是由三个层面构成的，一是理论形成发展的科学的世界观和方法论即理论精髓；二是理论反映和解决的中心问题即主题；三是在科学的世界观和方法论指导下围绕主题所形成的一系列相互联系的基本观点和具体内容。在这三个层面上，理论精髓是最重要、最根本的。精髓即事物中最精粹的部分，理论没有了精髓，就变得支离破碎、难于把握，或者根本就不成其为理论。所以，要全面领会理论的观点和内容，首要的就是要深刻理解、准确把握理论的精髓。

理论精髓是理论体系的哲学基础。哲学主要关心的是人与世界的本质、结构和运动规律，并将其抽象化，最后上升到世界观和方法论的高度。理论精髓之于理论体系，精髓相对于理论的其他部分是一般与个别、本质与现象、绝对与相

---

① 《列宁选集》第4卷，人民出版社1995年版，第213页。
② 《毛泽东选集》第一卷，人民出版社1991年版，第320页。
③ 《邓小平文选》第二卷，人民出版社1994年版，第126页。

对的哲学关系,理论精髓不是现成的教条,而是供理论研究的出发点和进一步研究的方法,是理论体系赖以形成的科学世界观和方法论。科学世界观和方法论使人按事物的本来面目认识和反映世界,揭示事物发展的内在规律。人们直接而感性地面对现实世界,现实世界的本质则不是直接呈现给我们的,而是通过纷繁复杂的现象呈现出来的。人们只有在社会实践中,经过由浅入深、由表及里、由伪到真,才能达到对事物本质的把握,从而在社会实践基础上形成并经过社会实践的检验和证明的科学的理论体系,形成对客观事物的本质、规律性的正确反映。正确把握了理论精髓,就不会把理论当成教条,就能够精通并运用理论,并用新的历史实际予以继续检验,保证理论发展的方向,对理论作出符合时代条件的解释。

理论精髓是理论体系的历史起点和逻辑起点。任何科学理论体系总有一个基础性范畴作为其赖以生成和发展的基点,用辩证逻辑的语言来说,就是理论的逻辑起点——精髓,精髓作为理论最根本的部分,内含在理论整个形成发展过程中,精髓是理论形成和发展的历史起点。理论精髓作为理论体系的历史起点和逻辑起点,它至少应符合以下要求:一是理论精髓的实质内容应表现为理论体系中最抽象、最一般、最简单的思维规定;二是理论精髓是理论体系中的直接存在物,即它是不以理论体系中任何其他范畴为中介前提的范畴,而其他理论体系中的范畴反倒必须以它为基础和依据;三是理论精髓应该揭示理论体系诸要素的内在矛盾以及理论体系整体的一切矛盾萌芽,理论精髓本身所包含的矛盾是整个理论体系运动、发展的内在动力和源泉;四是理论精髓作为理论体系中最根本的部分,同整个理论体系发生着多方面的联系,这种联系不仅规定着理论体系整体的本质,而且也规定着理论精髓在理论体系中所处的地位和所起的作用。

恩格斯曾经说过:"历史从哪里开始,思想进程也应当从哪里开始,而思想进程的进一步发展不过是历史过程在抽象的、理论上前后一贯形式上的反映。"①从纵向看,理论精髓贯穿于理论体系形成发展的整个过程。理论所反映的对象即客观世界一切事物都是运动的。事物的运动、变化和发展规律是客观的,不以人的意志为转移,这就要求人们在认识和把握客观事物及其规律时,必须使自己的思想、观念及时适应变化了的实际情况,根据变化了的情况及时修正和完善理论。尽管随着实际情况的变化,理论体系的具体观点和具体内容发生了变化,但是对于这一理论体系的形成发展过程而言,理论精髓起着主导、贯通

---

① 《马克思恩格斯选集》第 2 卷,人民出版社 1995 年版,第 43 页。

和统揽的作用,理论精髓是永恒贯穿于这一过程的,保证了理论科学发展的外在逻辑性。从横向看,理论精髓体现在理论体系的各个组成部分以及理论的基本观点和具体内容之中。理论精髓渗透贯穿于理论的各个部分,从而使理论的各部分有机地联系在一起,使理论各个组成部分以及理论的基本观点、具体内容相互联系、相互作用、相互依存,保证了理论的系统性和内在逻辑性。正确把握了理论精髓,我们就能够从各个基本观点的真实联系中去把握理论体系,从普遍联系的整体上把握问题的本质,防止和克服孤立、片面地理解理论,从而正确地认识问题和解决问题。

第二节　中国特色社会主义理论精髓的形成

一、实事求是是马克思主义的根本观点和根本方法

实事求是一词最早见于中国典籍,本义是治学严谨。精通中国传统文化并为马克思主义中国化作出历史性贡献的毛泽东,对实事求是一语作了马克思主义的解释,使实事求是富有马克思主义内涵。为中国特色社会主义理论的形成和发展作出历史性贡献的邓小平在 1992 年南方谈话中指出,"实事求是是马克思主义的精髓。"这是对马克思主义本质所作的深刻揭示,是对马克思主义根本观点和根本方法所做的精湛注解。实事求是凝聚了马克思主义精华,高度概括了马克思主义要义。可以说,实事求是使马克思主义得以创立和发展;实事求是体现和宣示着马克思主义唯物论、认识论和辩证法的基本精神,是将马克思主义唯物论、认识论和辩证法有机地统一起来的一条主线;实事求是是中国共产党思想路线的核心。一言以蔽之,实事求是是马克思主义的根本观点和根本方法。

第一,实事求是使马克思主义得以创立和发展。马克思主义的创立和发展有其特定的社会历史原因和特定的思想基础,但是归根结底,马克思主义的创立和发展是以实事求是为前提的,是实事求是的结晶。马克思主义的历史唯物主义来源于实事求是地认识人所从事的生产劳动在人类社会发展中的作用,从而得出社会存在决定社会意识的结论;马克思主义政治经济学的创立也在于坚持实事求是,从研究资本主义最常见、最基本的细胞——商品开始,从而发现了剩余价值产生的秘密,找到了资本主义所固有的矛盾,揭示了人类社会发展的一般规律。

马克思主义更是在实践中遵循实事求是,才不断地获得发展。无论是列宁

还是毛泽东,正是他们在领导本国的社会主义革命和建设过程中,从本国的实际出发,实事求是,才有了列宁主义和毛泽东思想。事实也已经证明,马克思主义不是僵死的教条,只有坚持实事求是,一切从实际出发,马克思主义才能得到丰富、发展与完善,才能具有强大的生命力。

第二,实事求是体现马克思主义唯物论、认识论和辩证法的基本精神。1941年毛泽东在《改造我们的学习》中对实事求是的内涵作了科学界定:"'实事'就是客观存在着的一切事物,'是'就是客观事物的内部联系,即规律性,'求'就是我们去研究。我们要从国内外、省内外、县内外、区内外的实际情况出发,从其中引出其固有的而不是臆造的规律性,即找出周围事物的内部联系,作为我们行动的向导。"①从毛泽东阐释的实事求是内涵中可以清晰地看到:客观存在着的一切事物以及客观事物自身发展规律是不依赖于人的意识而独立存在的,存在决定意识,这就初步回答了世界本原是物质的唯物主义基本原理。同时,"客观存在着的一切事物"是实践中所遇到的既定情况,即"国内外、省内外、县内外、区内外的实际情况"。从国内外、省内外、县内外、区内外的实际情况出发,既承认事物的客观性,又承认人创造历史的能动的主观性。实事求是所凝聚的是彻底的唯物主义,与旧唯物主义和唯心论划清了界限。实事求是包含了马克思主义唯物论的基本观点。

实事求是体现了马克思主义认识论的基本观点。马克思主义认为,认识是主体在实践过程中对客体的能动反映。这一反映过程随着实践的发展由感性认识上升到理性认识。一个正确的认识往往需要经过由实践到认识、再由认识回到实践的多次反复才能够完成。实践、认识、再实践、再认识,这种形式循环往复以至无穷,而实践和认识之每一循环的内容,都进到了高一级的程度。这回答了主体怎样认识世界的问题,说明了认识的本质及其规律。实事求是强调一切从实际出发,实践是检验真理的唯一标准,体现了辩证唯物主义的认识论——能动的革命的反映论,与唯心论的先验论划清了界限。

实事求是涵盖了唯物辩证法的基本观点。客观世界是充满着矛盾而相互联系的,是不断运动、变化、发展的。人们改造世界的实践活动,也是由低级向高级发展的。实事求是强调调查研究,详细地占有资料,这就间接回答了世界是怎样的问题,说明了物质世界是普遍联系的,是永恒运动、发展、变化的观点。实事求是涵盖了唯物辩证法的基本观点,与形而上学的思维方法划清了界限。

---

① 《毛泽东选集》第三卷,人民出版社1991年版,第801页。

第三,实事求是是党的思想路线的核心。实事求是思想路线是中国共产党把马克思主义基本原理与中国具体实际相结合,在实践中不断总结经验的基础上形成和确立起来的。实事求是的思想路线是党在民主革命时期确立起来的。1930 年毛泽东在《反对本本主义》中批判本本主义,第一次提出了"思想路线"的概念,并且强调"时时了解社会情况,时时进行实际调查"。1937 年在《实践论》和《矛盾论》等著作中,毛泽东深刻阐释了实践对认识的决定作用,矛盾的普遍性和特殊性关系等理论问题,对党的思想路线作了系统的哲学论证。从 1941年至 1942 年,在延安整风运动中毛泽东批判主观主义特别是教条主义,强调实事求是是马克思主义的根本观点和根本方法,并对实事求是作了马克思主义的阐释。经过延安整风和党的七大,实事求是的思想路线在全党确立起来。

党的思想路线是"实事求是,一切从实际出发,理论联系实际,坚持实践是检验真理的标准"①。一切从实际出发是人在社会实践中充分发挥自身的能动性,尊重和承认客观事实,全面地、发展地、联系地看问题,揭示事物的本质。今天,从实际出发,发展中国特色社会主义,最重要的就是从中国社会主义初级阶段的基本国情出发。理论联系实际即"有的放矢",做到理论联系实际既要领会理论,又要认清实际;既要重视理论对实践的指导作用,又要重视实践对理论的基础作用。实事求是是从实际情况出发,找出事物的内部联系即规律性,作为实践的向导。在实践中检验和发展真理即认识是否正确,根本的标准是实践。实事求是强调揭示事物发展的规律,按客观规律办事,实事求是内在地包含了一切从实际出发,理论联系实际的基本原则。由此,在党的思想路线的基本内容中,实事求是是党的思想路线的核心。

二、实事求是思想路线的重新确立

实事求是思想路线的重新确立意味着中国共产党曾在确立这一马克思主义思想路线后,在实践中背离和放弃了这一马克思主义思想路线,又在曲折和困境中恢复和重新确立了这一保证事业顺利前进的马克思主义思想路线。

新中国成立初期,中国共产党坚持民主革命时期形成和确立起来的实事求是思想路线,有力地推动了我国各项事业的发展。可是自 20 世纪 50 年代中后期以后的 20 余年里,中国共产党曾背离实事求是的思想路线,并导致"文化大革命"的发生,给我国人民和社会主义事业带来巨大损失。在怎样对待和坚持

---

① 《邓小平文选》第二卷,人民出版社 1994 年版,第 278 页。

实事求是思想路线的问题上，我们党曾经走过一段曲折的道路。

实事求是思想路线的重新确立源于我们党背离这条正确的思想路线后所遭遇的种种挫折和困难。背离实事求是思想路线所致的社会主义历史积淀是：经济政治体制困局、民主政治遇阻、经济发展迟缓以及人们思想上的混乱等。1976年10月"文化大革命"虽然结束了，但是"文化大革命"遗留下来的混乱局面仍然存在，特别是"两个凡是"，严重束缚着各项事业的开展。在我国社会主义事业面临向何处去的抉择时，邓小平以一个革命家的非凡胆识、政治勇气和理论勇气，在同错误思想路线和错误倾向的斗争中，反思中国社会主义发展历程，总结新中国成立以来中国社会主义发展的经验教训，把马克思主义的基本原理与中国实际相结合，重新确立了党的实事求是思想路线。

第一，邓小平为思想路线的重新确立作出了巨大贡献。首先，邓小平坚决批评"两个凡是"，正确地评价实事求是在马列主义毛泽东思想中的地位。"文化大革命"结束后，受"两个凡是"的影响，党内"左"的情绪浓重。针对"两个凡是"，1977年4月邓小平提出："我们必须世世代代地用准确的完整的毛泽东思想来指导我们全党、全军和全国人民，把党和社会主义的事业，把国际共产主义运动的事业，胜利地推向前进。"①邓小平还指出："毛泽东同志倡导的作风，群众路线和实事求是这两条是最根本的东西。"②这就从根本上指出"两个凡是"的错误，动摇了"两个凡是"的根基。邓小平还特别强调实事求是在马列主义、毛泽东思想体系中的核心地位以及它在毛泽东思想形成和发展中所起的基础作用。他多次提出，实事求是是"马克思主义的思想基础"，"是马克思主义的精髓"，是"毛泽东哲学思想的精髓"，"毛泽东思想的精髓"，等等。

其次，邓小平支持真理标准问题大讨论，为恢复党的思想路线作了必要的舆论准备。在"文化大革命"中，实践是检验真理的唯一标准这个马克思主义的能动反映论被抛弃了。1978年5月11日《光明日报》发表特约评论员文章《实践是检验真理的唯一标准》，从而引发了关于真理标准问题的大讨论。在真理标准问题大讨论中，邓小平旗帜鲜明地支持这场大讨论，使"实践是检验真理的唯一标准"这一马克思主义观点成为全党、全国人民的共识。1978年6月，他在全军政治工作会议上指出："我们党有很多同志坚持学习马列主义、毛泽东思想，坚持把马列主义的普遍真理同革命实践相结合的原则，这是很好的，我们一定要

---

① 《邓小平思想年谱》(1975—1997)，中央文献出版社1998年版，第26页。
② 《邓小平文选》第二卷，人民出版社1994年版，第45页。

继续发扬。"①在邓小平和其他老一辈无产阶级革命家的支持下,真理标准问题大讨论迅速地扩展为继延安整风运动后全国范围内的又一次马克思主义思想解放运动,这为进一步拨乱反正、彻底否定"文化大革命"、正确评价一系列重大历史事件、重新确立党的实事求是思想路线奠定坚实的思想基础。

再次,邓小平发表《解放思想,实事求是,团结一致向前看》的重要讲话。1978 年 12 月,邓小平在中央工作会议上发表《解放思想,实事求是,团结一致向前看》的重要讲话,这个讲话是随后召开的党的十一届三中全会的主题。1978 年 12 月召开的党的十一届三中全会批判了"两个凡是"的错误方针,充分强调必须完整地、准确地掌握毛泽东思想的科学体系,高度评价了关于真理标准问题的讨论。正如邓小平所说:"就全国范围来说,就大的方面来说,通过实践是检验真理唯一标准和'两个凡是'的争论,已经比较明确地解决了我们的思想路线问题,重新恢复和发展了毛泽东同志倡导的实事求是、理论联系实际、一切从实际出发的思想路线。"②党的十一届三中全会成为建国以来我党历史上具有深远意义的伟大转折,标志着党在思想上、政治上和组织上全面恢复和确立了马克思主义的正确路线。

第二,重新确立实事求是思想路线具有重要的现实意义。邓小平晚年作出的最突出的贡献是,在中华民族的危急关头,恢复并重新确立了党的实事求是思想路线,并有针对性地将解放思想与实事求是联系起来阐释党的思想路线。解放思想、实事求是思想路线的重新确立,打破了长期以来人们思想僵化的局面,释放了被僵化思想束缚的人的个性和创造力,为探索中国特色社会主义道路,为建设和发展中国社会主义事业奠定了思想基础。

解放思想、实事求是思想路线的重新确立为党的政治路线和组织路线的确立奠定了基础。邓小平曾经说过:"思想路线不是小问题,这是确定政治路线的基础。"③邓小平还明确表示,不解决思想路线问题,不解放思想,我们的政治路线就制定不出来。可见,思想路线的正确与否直接决定政治路线和组织路线的正确与否,没有正确的思想路线,正确的政治路线和组织路线是不可能制定出来的。

此外,实事求是思想路线的重新确立,为马克思主义尤其是中国马克思主义

①　《邓小平文选》第二卷,人民出版社 1994 年版,第 114 页。

②　同上书,第 190 页。

③　同上书,第 191 页。

的发展提供了广阔的空间,形成了指引我们事业前进的中国特色社会主义理论体系。

三、解放思想和实事求是是统一的

邓小平将"解放思想"和"实事求是"联系起来阐述党的思想路线,提出解放思想的范畴,有其深刻的历史背景:解放思想这个范畴是30年前中国改革开放实践需要而提出的,是为了把人们从"文化大革命"及其以前的"左"倾思想束缚中尤其是把人们从"两个凡是"的思想束缚中解放出来而提出的。在历经30年的改革开放的今天,站在中国特色社会主义发展新的历史起点,不断开创事业的新局面,需要继续解放思想,实事求是,提升思想解放的层次和水平。为此,胡锦涛于2007年6月25日,在中共中央发表重要讲话时提出,解放思想是我们党不断开创事业新局面的一大法宝。2007年10月,党的十七大报告指出:"解放思想是发展中国特色社会主义的一大法宝。"将解放思想提到我们党不断开创新事业新局面的法宝地位,这是中国共产党八十余年实践经验的总结。

解放思想是"在马克思主义指导下打破习惯势力和主观偏见的束缚,研究新情况,解决新问题"①。毛泽东在延安整风运动中强调实事求是的时候指出:我们要在党内发动一个启蒙运动,使我们同志的精神从主观主义、教条主义的蒙蔽中间解放出来。延安整风运动在一定意义上是一次思想解放运动。邓小平在党的十一届三中全会上指出:"目前进行的关于实践是检验真理的唯一标准问题的讨论,实际上也是要不要解放思想的争论。"②"只有解放思想,坚持实事求是,一切从实际出发,理论联系实际,我们的社会主义现代化建设才能顺利进行。"③如上所述,解放思想与实事求是有着内在的、本质的联系,但解放思想与实事求是仍是两个不同的范畴(同一个主体、客体、过程中的不同侧面)。解放思想强调的是主体破除思想束缚问题,实事求是强调的是主体从实际出发,按客观规律办事问题;解放思想强调"破",注重革除旧的习惯势力和旧的思想对主体的束缚,实事求是强调"立",注重主体在求"是"的过程中达到主观与客观相符合。而就本质而言,解放思想就是实事求是,解放思想与实事求是是统一的,它们在本质上是一致的。

---

① 《邓小平文选》第二卷,人民出版社1994年版,第279页。
② 同上书,第143页。
③ 同上书,第143页。

　　解放思想与实事求是统一的,它们在理论上互为内在的要求。首先,解放思想内在地要求实事求是。解放思想不等于大胆闯、大胆干,实事求是是解放思想的出发点,解放思想必须坚持实事求是。思想上的主观主义,实践中不能从实际出发,也就没有实践主体的人的思想解放。其次,实事求是的内在地要求解放思想。只有解放思想,才能达到实事求是,解放思想是实事求是的前提。邓小平曾经指出:"解放思想,开动脑筋,实事求是,团结一致向前看,首先是解放思想。"①在现实中,解放思想,就是要一切从实际出发,而不是从本本和教条出发,使我们的理论、路线、方针和政策以及思想观念同社会主义初级阶段的基本国情、同社会主义市场经济、同全面建设小康社会新的实际相适应,自觉地把思想认识从那些不合时宜的观念、做法和体制的束缚中解放出来,从对马克思主义的错误的和教条式的理解中解放出来,从主观主义和形而上学的桎梏中解放出来。再次,解放思想是党的思想路线的本质要求,实事求是是党的思想路线的核心。解放思想是实现马克思主义与中国具体实际相结合,达到实事求是的根本要求。

　　解放思想与实事求是统一的,它们在基本目标上是一致的。解放思想与实事求是都是为了达到主观与客观相符合、思想和实际相符合、理论与实践相统一;都是为了认识和解决实践中产生的问题。邓小平指出:"解放思想,就是使思想和实际相符合,使主观和客观相符合,就是实事求是。今后,在一切工作中要真正坚持实事求是,就必须继续解放思想。认为解放思想已经到头了,甚至过头了,显然是不对的。"②解放思想与实事求是统一的,它们都统一于认识与实践的矛盾运动中,统一于中国特色社会主义伟大实践中。是否在坚持实事求是的基础上解放思想,是否在解放思想中达到实事求是,都将在实践标准面前得到印证。

第三节　中国特色社会主义理论精髓的深化和发展

一、坚持与时俱进,不断推进理论和实践创新

　　与时俱进是马克思主义的理论品质。从理论体系看,马克思主义是以实践为基础的科学性和革命性高度统一的理论,实践的观点是马克思主义区别于其

①　《邓小平文选》第二卷,人民出版社1994年版,第141页。
②　同上书,第364页。

他理论的一个重要标志。从实践轨迹看,马克思主义本身就是一个与时俱进的发展过程。

"与时俱进"作为一个成语是由中国古代相关成语逐步演化而来的。《周易·乾卦》中提出:君子"终日乾乾,与时偕行",《魏书》中提及"与时俱化",《云笈七签》中提到"与日俱新"等等。与时偕行、与时俱化和与日俱新的内涵都基本一致,都是指人的所思所为应随着时间的推移和万物的变化而有所取舍、有所创新,而不能墨守成规、停滞不前、无所作为。

最早将与时俱进与党的思想路线联系起来加以阐释的是江泽民。江泽民在建党80周年讲话中首次提出"马克思主义具有与时俱进的理论品质"。"必须使全党始终保持与时俱进的精神状态,不断开拓马克思主义理论发展的新境界"。"坚持党的思想路线,解放思想、实事求是、与时俱进,是我们党坚持先进性和增强创造力的决定性因素。"①江泽民把"与时俱进"提升到我党认识世界和改造世界的一种科学态度和方法高度进行阐释,使富有中国传统文化思想寓意的"与时俱进"赋予马克思主义内涵,并与党的思想路线的核心实事求是相一致。

弘扬与时俱进的精神和坚持党的解放思想、实事求是的思想路线是完全一致的。与时俱进是马克思主义的理论品质,也是马克思主义发展的历史经验。与时俱进中的"时"不是纯粹的自然时间,而是一种"文化时间"或"历史时间"。它的内容是指一定的自然时间内作为客观存在的现实形势和这一条件下的人们的实际生活过程,它的实质和核心内容是人们改造物质世界的实践。"与时俱进"就是我们的各项事业要随着实践的发展和历史的进步而不断发展,特别是作为我们实践的指导思想的马克思主义以及在马克思主义指导下发展起来的科学、技术和文化,都要随着发展中国特色社会主义实践的发展而不断发展。与时俱进作为思想路线的新内涵,具有重要的认识论意义。

"与时俱进"体现了马克思主义的实践观。马克思主义哲学认为,实践是人类活动的基本特征,是辩证唯物主义认识论的基础,是理论产生的源泉。理论也不是完全被动的,它不仅可以真实地概括实践经验的一般规律,而且能够在一定程度上指导实践。"与时俱进"从哲学层面上概括了理论与实践的辩证统一关系。马克思主义产生于工人阶级及其政党的革命实践活动,并在工人运动和无

---

①　江泽民:《全面建设小康社会开创中国特色社会主义事业新局面——在中国共产党第十六次全国代表大会上的报告》,人民出版社2002年版,第12页。

产阶级政党的实践中不断发展和完善，这正是马克思主义的科学性所在。正像马克思、恩格斯一再强调的那样："我们的理论是发展着的理论，而不是必须背得烂熟并机械地加以重复的教条。"① 我们应该从对马克思主义的错误认知和教条理解中解放出来，坚持科学的态度，使我们的思想和行动更符合客观实际。

"与时俱进"体现了马克思主义的唯物辩证法思想。马克思主义唯物辩证法认为，世界上的万事万物都处于普遍联系和永恒发展之中，事物只有在一定的联系中才能存在，总是在相互联系和影响中才能发展。马克思主义的科学性不仅体现在它是在一定历史阶段中反映实践本质和规律的理论体系，更重要的是体现在它能够超越不同的历史阶段，客观地反映实践自身发展要求。马克思、恩格斯广泛研究前人的思想成果，形成了超越前人的伟大学说，为无产阶级和全人类的解放运动创建了科学的思想体系。列宁揭示了世界资本主义政治经济发展不平衡规律，提出社会主义革命可以在一个国家或几个国家首先获得成功，并且领导十月革命取得了胜利。毛泽东把马克思列宁主义同中国革命的具体实际相结合，创立了新民主主义革命理论，指导中国革命取得了胜利，并领导中国人民走上社会主义道路。邓小平总结国内外社会主义发展的经验和教训，提出中国特色社会主义理论，指引社会主义进入蓬勃发展的新时期。江泽民总结中国特色社会主义的发展实践，提出"三个代表"重要思想，使社会主义建设成果惠及广大人民群众。胡锦涛站在新世纪的高度，提出科学发展观，引领中国特色社会主义的伟大实践向更高阶段发展。马克思列宁主义、毛泽东思想、邓小平理论、"三个代表"重要思想和科学发展观都是因为体现了时代精神，才产生了无穷的影响力。

"与时俱进"体现了马克思主义的唯物史观。马克思主义的唯物史观认为，随着特定社会生产方式、经济基础的变化，思想、文化、理论等属于上层建筑的意识形态也要发生相应的变化。马克思把唯物论引入人类社会历史领域，形成了唯物史观，揭示了生产力和生产关系、经济基础和上层建筑之间的矛盾是社会基本矛盾。这种矛盾推动着人类社会形态不断由低级向高级发展。科学发展观同马克思列宁主义、毛泽东思想、邓小平理论和"三个代表"重要思想是一脉相承的科学理论体系，深刻地蕴涵着随着时代的发展和经济基础的变化而不断发展的本质，是马克思主义与时俱进的最新成果。"与时俱进，就是党的全部理论和

---

① 《马克思恩格斯选集》第4卷，人民出版社1995年版，第681页。

工作要体现时代性,把握规律性,富于创造性。"①体现时代性,就要用宽广的眼界观察当代中国和世界,把握和平与发展的时代主题与国际局势新变化的关系,把握经济全球化的利弊和科技革命日新月异的趋势,为坚定地走和平发展道路提供依据,为社会主义的长治久安提供借鉴。把握规律性,就要把尊重社会发展的规律与尊重人民的历史主体地位统一起来,把坚持为崇高理想奋斗与为最广大人民谋利益统一起来,把坚持完成党的各项工作与实现人民利益统一起来,深化对共产党执政规律、社会主义建设规律以及人类社会发展规律的认识。富于创造性,就要直面现实的矛盾,依据对时代、形势的科学分析和对客观规律的正确把握,适时地进行实践创新和理论创新。这三者之间是一种辩证统一的关系,体现时代性是前提,把握规律性是核心,富于创造性是目的。

在新形势下坚持实事求是,做到与时俱进,关键在于创新。"创新是一个民族进步的灵魂,是一个国家兴旺发达的不竭动力。"②没有创新,就没有发展;没有发展,就没有进步。一个民族,一个国家,如果没有与时俱进的创新精神,这个民族,这个国家就会衰亡。党的全部理论和工作的与时俱进,要特别重视理论创新。理论创新是社会发展和变革的先导。

实现理论创新,必须自觉地把思想认识从那些不合时宜的观念、做法和体制中解放出来,从对马克思主义的错误和教条式的理解中解放出来,从主观主义和形而上学的桎梏中解放出来,使我们的思想和行动更加符合社会主义初级阶段的国情和时代发展的要求。同时,在理论创新问题上要坚持正确的方向和思想方法。否定马克思主义的科学性,丢掉老祖宗,是错误的、有害的;教条式地对待马克思主义,也是错误的、有害的。我们需要批判地继承和吸收中国传统文化和外国文化的积极因素,赋予中国传统文化以时代内涵,借鉴国外文化以适合中国的国情,而不应该不顾自身的需要和条件一味地生吞活剥。

理论创新不是最终目的,理论创新要成为引导社会进步的强大力量,必须转化为改造社会的实践活动,即实践创新。离开对实践过程中出现的新情况、新问题的研究,理论创新就无从谈起。脱离了人民群众的实践,理论创新就会成为无源之水,就不能对人民群众产生感召力、对实践发挥指导作用。理论创新不是为新而新,而完全是为了研究新情况,解决新问题。理论创新的成果要通过制度创

---

① 江泽民:《全面建设小康社会开创中国特色社会主义事业新局面——在中国共产党第十六次全国代表大会上的报告》,人民出版社 2002 年版,第 12 页。

② 同上。

新、科技创新、文化创新以及其他各方面的创新去贯彻落实，并且在贯彻落实的实践中进一步使理论创新得到检验、丰富和发展。

二、弘扬求真务实精神

求真务实是辩证唯物主义和历史唯物主义一以贯之的科学精神，是实事求是的核心内容和根本要求，是新时期坚持和发展实事求是思想路线的重要体现。2004年1月12日，胡锦涛在中央纪律检查委员会第三次全体会议上向全党郑重发出"大力弘扬求真务实精神，大兴求真务实之风"的号召。求真务实就是认真负责的态度，实事求是的精神，科学严谨的方法，使认识与实际相一致，一切从实际出发。求真务实就是不断求我国社会主义初级阶段基本国情之真，务坚持长期艰苦奋斗之实；求社会主义建设规律和人类社会发展规律之真，务抓好发展这个党执政兴国的第一要务之实；求人民群众的历史地位之真，务发展最广大人民根本利益之实；求共产党执政规律之真，务全面加强和改进党的建设之实。

第一，求真务实是根据新形势下我们党所面临的新任务以及党的建设存在的突出问题，对全党提出的要求，对于不断开创中国特色社会主义事业新局面，实现全面建设小康社会的宏伟目标，具有重大的现实意义。

首先，"求真务实"是着眼于世界多极化和经济全球化的趋势而提出的。在经济领域，伴随着经济全球化的迅速发展，我国在积极参与经济全球化过程中，面临着经济安全受到严重威胁的挑战；在科技领域，科技进步的速度明显加快，对经济发展和社会进步的贡献率在明显增大，越来越成为世界范围内综合国力竞争的焦点。作为一个在世界舞台上发挥重大作用的社会主义国家，中国需要继续探求人类社会发展规律之真，务中国特色社会主义巩固之实；求世界经济全球化发展规律之真，务强化中国经济安全之实；求科技发展规律之真，务提升中国综合国力竞争力之实。只有这样，中国才能在激烈的竞争格局中，赢得比较有利的外部环境，从而确保中国特色社会主义沿着正确的道路前进。

其次，"求真务实"是基于全面建设小康社会的宏伟目标而提出的。经过30年的改革开放，我国已经达到小康社会的发展水平，人民群众生活温饱问题得以解决。但是，我国目前的小康水平是较低的。全党同志都必须从实现全面建设小康社会宏伟目标的战略高度，充分认识大力弘扬求真务实精神、大兴求真务实之风的极端重要性，一步一个脚印地做好工作，扎扎实实地把改革开放和现代化建设推向前进。

再次，"求真务实"是针对当前党的工作作风中存在的问题而提出的。当前,我们党的作风总体上是好的,但也存在一些不适应改革和建设的新形势,让人民群众不满意的地方。这主要表现在:在思想作风上表现为思想僵化,因循守旧;在学风上表现为教条主义、经验主义;在工作作风上表现为形式主义、官僚主义;在领导作风上表现为独断专行、实用主义;在生活作风上表现为个人主义、享乐主义。而最为突出的是形式主义和官僚主义。不以求真务实的精神来要求和整顿党的作风,党就会脱离实际和群众,结果只会是党变质、国变色,中国特色社会主义事业必将遭到失败。

第二,弘扬求真务实精神、大兴求真务实之风,关键在于落实到实践中。弘扬和贯彻求真务实的精神必须从以下几个方面着手:

首先,要切实加强思想教育,不断提高党员干部求真务实的自觉性。通过国情教育,使广大党员干部认识到我国正处在并将长期处在社会主义初级阶段,建设中国特色社会主义任重而道远,通过开展马克思主义思想教育,使广大党员干部牢固树立群众观点,坚持群众路线,提高他们坚持立党为公、执政为民以及权为民所用、情为民所系、利为民所谋的自觉性。我们只要切实加强党员干部思想教育,提高他们坚持求真务实的自觉性,他们就有了弘扬这一精神的内在动力和精神支持。

其次,要切实抓好工作落实,把求真务实体现到各项工作中去。求真务实,要紧紧围绕落实党和国家的各项工作来进行,最重要的是付诸实践、见诸行动,取得成效。要引导广大党员干部特别是各级领导干部,紧密联系全面建设小康社会的实践,坚持讲实话、出实招、办实事、务实效,把工作的着力点真正放到研究解决改革发展稳定中的重大问题上,放到研究解决群众生产生活中的紧迫问题上,放到研究解决党的建设中的突出问题上,坚持以求真务实精神去抓落实,并在抓落实的实践中不断提高坚持求真务实的自觉性和坚定性。

再次,要切实健全制度,为坚持求真务实提供体制保证。弘扬求真务实,真正做到"四求"、"四务",根本的还是要靠制度。制度更带有根本性、全局性、稳定性和长期性。要坚持和完善各项学习制度、调查研究制度、联系群众的制度、民主集中制的各项制度、民主决策制度、各项公开办事制度,以制度建设和创新来保证在全党大力弘扬求真务实精神、大兴求真务实之风。

最后,坚持求真务实,就要敢于解放思想、实事求是、与时俱进。真正做到求真务实要有一种批评与自我批评的精神。同时,坚持求真务实要讲究方法。要善于学习,特别是虚心地向人民群众学习、向实践学习。要善于做调查研究,把身子真正沉到社会生活、人民群众之中。在正确的调查研究基础上去制定、贯彻党的方针政策。

　　此外,要大力培养具有求真务实作风的干部,健全干部选拔和任用、考察制度,落实群众对干部选用的知情权、参与权、选拔权和监督权,充分保障人民群众拥有评判干部是否坚持求真务实的影响力,真正把具备求真务实精神和作风的人选拔到领导岗位上来。

第六章
中国特色社会主义理论体系的基石

中国特色社会主义理论体系作为科学社会主义基本原理与当今时代特征和中国的具体国情特别是中国社会主义建设的具体实践相结合而形成的理论成果,除了和以往的科学社会主义理论具有唯物史观和剩余价值学说两个共同的理论根据之外,还有自己更直接的理论根据,即它自身特有的理论基石,包括社会主义本质论、社会主义初级阶段论、社会主义市场经济论。对这些带有全局性和根本性的理论基石应该着重加以分析和阐发,以便为人们掌握中国特色社会主义理论体系的科学内涵和精神实质提供坚实的理论基础。

第一节 理论基石与理论体系的相互关系

一、理论基石的含义与实质

"基石"原为建筑学上的词语,指称在建筑物的底部为其提供支撑的坚硬的石块。所谓理论基石,是比喻某个理论学说赖以建立的、对该理论学说的形成和发展起决定性作用的理论根据,是该理论学说最重要的、基础性的组成部分。恩格斯在阐发科学社会主义理论体系时,明确指出:马克思有两个伟大发现:一是"新的历史观"即历史唯物主义,揭示了"人类历史的发展规律","对于社会主义的观念有极其重要的意义";二是"剩余价值理论",它"彻底弄清了资本和劳动的关系",揭示了"现代资本主义生产方式和它所产生的资产阶级社会的特殊的运动规律",得出资产阶级必然灭亡、无产阶级必然胜利的科学结论。"现代科学社会主义就是以这两个重要事实为依据的"①。列宁进一步指出,历史唯物主义和剩余价值理论是科学社会主义的基础,强调:"我们完全以马克思的理论为

---

① 参见《马克思恩格斯选集》第 3 卷,人民出版社 1995 年版,第 328—338、776—778 页。

依据,因为它第一次把社会主义从空想变成科学,给这个科学奠定了巩固的基础,指出了继续发展和详细研究这个科学所应遵循的道路。"①换言之,科学社会主义是以唯物史观和剩余价值学说为理论基石的。

作为科学社会主义在当代中国的创造性运用和发展,中国特色社会主义理论体系与马列主义经典作家的社会主义学说是一脉相承而又与时俱进的科学理论,都属于科学社会主义理论体系的范畴,唯物史观和剩余价值理论当然是它们共同的理论基石。否认这一点,中国特色社会主义理论体系就成了无源之水、无本之木。另一方面,对中国社会主义建设的本质特征和发展规律的认识,是马克思、恩格斯和列宁不可能做到的,以毛泽东为主要代表的第一代中央领导集体也不可能做到,只有以邓小平、江泽民、胡锦涛为主要代表的几代中国共产党人,在总结前人的实践经验和理论成果的基础上才能初步做到,并继续推进和深化。包括邓小平理论、"三个代表"重要思想、科学发展观等重大战略思想在内的中国特色社会主义理论体系,是根据当今时代的主题和特点和中国社会主义建设的具体实际而创立的。因此,它除了和以往的科学社会主义有相同的理论基石之外,还有其更具体、更直接的理论根据,即自身特有的理论基石。

从实质上看,理论基石是对事物最深层本质和最基本规律的认识。列宁在《黑格尔〈逻辑学〉一书摘要》中深刻指出:"规律是现象中持久的(保存着的)东西";"规律是宇宙运动中本质的东西的反映"。规律和本质是表示人们对现象、对世界等等的认识深化的同一类的(同一序列的)概念,或者说得更确切些,是同等程度的概念。② 唯物史观作为马克思主义关于人类社会及其历史发展的最深层本质和最基本规律的认识,剩余价值理论作为马克思主义关于资本主义社会及其历史发展的内在奥秘和一般规律的认识,深刻揭示了资本主义必然灭亡、社会主义必然胜利的内在根据和主体力量,从而为科学社会主义奠定了两块非常坚固的理论基石。同样,我们党关于社会主义本质的理论、关于社会主义初级阶段的理论、关于社会主义市场经济的理论,分别作为对社会主义社会的最深层本质、对社会主义社会的发展进程特别是当代中国社会主义所处的历史阶段,对社会主义经济的本质特征和发展规律的认识,第一次比较全面地初步揭示了中国社会主义建设的内在本质、特殊规律和现实途径,从而为中国特色社会主义理论体系奠定了三块牢固的理论基石。

---

① 《列宁选集》第1卷,人民出版社1995年版,第273页。
② 《列宁全集》第55卷,人民出版社1990年版,第126、127页。

　　由于理论基石是对事物的本质性和规律性的集中反映,它必然承担着诠释理论体系的主要问题、体现理论体系的精神实质的作用,贯穿于理论体系的各方面及其形成和发展的全过程,具有普遍的适用性和持续的稳定性。科学社会主义的理论基石与社会主义的生存和发展息息相关,其内涵会不断得到丰富和扩展,但不能被取消和更换。160 年来,科学社会主义虽然不断受到形形色色的资产阶级学者和政客的攻击,不断受到各式各样的机会主义者的歪曲,但由于这座理论大厦建立在唯物史观和剩余价值理论的牢固基石之上,所以被全世界的工人阶级和进步人类信奉为颠扑不破的科学真理,具有强大的生命力、感召力和影响力。同样,社会主义本质理论、社会主义初级阶段理论和社会主义市场经济理论,作为中国特色社会主义理论体系的基石,贯穿于中国特色社会主义理论的各个领域及其产生和发展的整个过程,可以说是中国特色社会主义理论体系中的"元理论"。其中,社会主义本质理论以高度概括的理论形式回答了"什么是社会主义"的问题,而社会主义初级阶段理论和社会主义市场经济理论则回答了在经济文化落后的中国"怎样建设社会主义"的问题。在改革开放的历史过程中,我们之所以能够排除"左"的和右的错误倾向,始终坚持"一个中心、两个基本点"的基本路线,一个重要原因就是我们党关于社会主义本质的理论、关于社会主义初级阶段的理论、关于社会主义市场经济的理论为建设中国特色社会主义的理论与实践奠定了坚实的基础,从而保证我们始终高举中国特色社会主义伟大旗帜,不为任何风险所惧,不被任何干扰所惑,坚定不移地沿着中国特色社会主义道路奋勇前进。

二、理论基石在理论体系中的地位和作用

　　马克思主义曾经指出:马克思主义哲学是由一块整钢铸成的,抽掉其中任何一个重要部分,都会离开客观真理。理论基石对于理论体系来说,更具有这样的特性和作用。对中国特色社会主义理论体系的基石认定,不应带有主观随意性,而要看它能否充分反映社会主义基本矛盾和中国社会主义各个历史阶段的主要矛盾的本质特点和发展规律,能否集中体现中国特色社会主义理论的精神实质和整体风貌,是否对中国特色社会主义事业起到普遍的、深远的指导作用。作为中国特色社会主义理论体系中的"基础子系统"和"优势子系统",社会主义本质理论、社会主义初级阶段理论和社会主义市场经济理论从根本上阐明了中国社会主义的本质要求、所处的历史阶段、所要完成的根本任务以及完成这一任务的主要途径,因而对中国特色社会主义理论体系起着奠基的作用。

理论基石在理论体系中的地位和作用体现在两个方面：一是它与其他理论部分之间的涵盖和统摄的关系；二是它与整个理论体系之间的基础与决定的关系。也就是说，理论基石是其他理论部分赖以成立的重要依据，其他理论部分是理论基石合乎逻辑的展开和具体化；理论基石不仅是理论体系的不可或缺的组成部分，而且是其中基础性、根本性的组成部分，决定着理论体系的总体面貌和内在品格。社会主义本质理论、社会主义初级阶段理论和社会主义市场经济理论作为中国特色社会主义理论体系赖以产生和发展的根本依据和最重要的组成部分，集中体现了中国特色社会主义理论的科学内涵、精神实质和价值目标，犹如中国特色社会主义理论的总纲，纲举目张。对理论基石把握的深度和水平，在某种程度上决定着对中国特色社会主义理论体系认识的深度和水平。

1. 社会主义本质论的提出及其在中国特色社会主义理论体系中的地位和作用

什么是社会主义？怎样建设社会主义？是世界社会主义运动提出的重大理论课题，也是当代社会主义理论必须解决的首要问题。我国在改革开放前所经历的曲折和失误，改革开放以来在前进中遇到的一些困惑，归根到底都在于对这个问题没有完全搞清楚。新时期的思想解放，关键就是在"什么是社会主义、怎样建设社会主义"这个问题上的思想解放。

早在 1980 年 5 月，邓小平在会见几内亚总统杜尔时就明确提出要正确认识"社会主义本质"的问题。他说："社会主义是一个很好的名词，但是如果搞不好，不能正确理解，不能采取正确的政策，那就体现不出社会主义的本质。"①"根据我们自己的经验，讲社会主义，首先就要使生产力发展，这是主要的。只有这样，才能表明社会主义的优越性。社会主义经济政策对不对，归根到底要看生产力是否发展，人民收入是否增加。这是压倒一切的标准。空讲社会主义不行，人民不相信。"②从这段话和它的前后文来看，我们应该注意以下几点：一是提出理解社会主义本质问题，是以肯定社会主义是很好的理想和制度，要把坚持社会主义道路，作为根本前提；是以搞社会主义取得了很大成绩，但又出现了"大跃进"和"文化大革命"等严重失误，社会主义本质没有充分体现出来，作为事实依据的。二是全面揭示了以往社会主义弊端的实质和成因，指出以往没有充分体现社会主义本质的原因是三个"不"，其中"搞不好"是从实践结果上讲的，"不能正

① 参见《邓小平文选》第二卷，人民出版社 1994 年版，第 313 页。
② 同上书，第 314 页。

确理解"是从思想认识方面讲的，"不能采取正确的政策"是从理论向实践转变的中间环节方面讲的。三是强调发展生产力在正确理解社会主义本质中的首要地位，并把生产力是否发展，人民收入是否增加，看做是压倒一切的标准。四是蕴涵着科学认识社会主义的本质，制定和实施正确的政策，把社会主义搞好的改革思想。这一系列重要观点可以说贯穿于邓小平所有讲到要搞清楚什么是社会主义、怎样建设社会主义的历次谈话中。

1985 年邓小平在会见坦桑尼亚客人时明确地说："我们建立的社会主义制度是个好制度，必须坚持。我们马克思主义者过去闹革命，就是为社会主义、共产主义崇高理想而奋斗。现在我们搞经济改革，仍然要坚持社会主义道路，坚持共产主义的远大理想，年轻一代尤其要懂得这一点。但问题是什么是社会主义，如何建设社会主义。我们的经验教训有许多条，最重要的一条，就是要搞清楚这个问题。"①

在 1992 年初视察南方的谈话中，邓小平深刻指出："计划多一点还是市场多一点，不是社会主义与资本主义的本质区别。""社会主义的本质，是解放生产力，发展生产力，消灭剥削，消除两极分化，最终达到共同富裕。就是要对大家讲这个道理。"②这段话对社会主义的本质作了精辟的分析和概括，是对改革开放以来我们在搞清楚什么是社会主义这个问题上所取得的认识和实践成果的总结，丰富和发展了马克思主义关于社会主义本质特征的基本原理。

综上所述，社会主义本质论是对社会主义诸属性的最深层次的理论分析，是对社会主义诸特征的最高层次的理论概括，是社会主义价值目标的集中体现，涵盖着其他理论部分的主要内容，决定着中国特色社会主义理论体系的根本性质和发展方向。社会主义本质论之所以成为中国特色社会主义理论体系的基石，不仅因为社会主义本质问题是首要的、根本的问题，而且因为社会主义本质理论在中国特色社会主义理论体系中起着决定性的作用。

2. 社会主义初级阶段论的提出及其在中国特色社会主义理论体系中的地位和作用

正确认识当代中国的基本国情，是正确解决中国社会主义建设问题的关键。党的十一届三中全会以来，党中央正确把握我们的基本国情，创立了社会主义初级阶段的理论，为我们脚踏实地地建设中国特色社会主义提供了客观依据和理

---

① 《邓小平文选》第三卷，人民出版社 1993 年版，第 116 页。
② 同上书，第 373 页。

论前提。这一理论是对社会主义的发展阶段、发展进程和中国社会主义所处的历史方位的科学认识，是对人类社会的发展趋势和中国基本国情的科学判断。我们讲一切从实际出发，最大的实际就是中国现在处于并将长时期处于社会主义初级阶段。我们要搞清楚"什么是社会主义、怎样建设社会主义"，就必须搞清楚什么是初级阶段的社会主义，在初级阶段怎样建设社会主义。

　　早在 1979 年党的理论工作务虚会上，邓小平就提出：过去搞民主革命，要适合中国情况，走毛泽东同志开辟的农村包围城市的道路。现在搞建设，也要适合中国情况，走出一条中国式的现代化道路。要使中国实现四个现代化，至少有两个重要特点是必须看到的：一个是底子薄。第二条是人口多，耕地少。因为帝国主义、封建主义、官僚资本主义长时期的破坏，使中国成了贫穷落后的国家。新中国成立后我们的经济建设取得了伟大的成绩，建立了比较完整的工业体系，但由于底子太薄，现在中国仍然是世界上很贫穷的国家之一。现在全国人口有九亿多，其中百分之八十是农民。耕地少，人口多特别是农民多，这种情况不是很容易改变的。这就成为中国现代化建设必须考虑的特点。[1] 1980 年他在会见阿尔及利亚代表团时更明确地说："要充分研究如何搞社会主义建设的问题。现在我们正在总结建国三十年的经验。总起来说，第一，不要离开现实和超越阶段采取一些'左'的办法，这样是搞不成社会主义的。我们过去就是吃'左'的亏。第二，不管你搞什么，一定要有利于发展生产力。"[2]经过较长时间的酝酿，党的十一届六中全会作出了我国还处在社会主义初级阶段的论断。全会通过的《关于建国以来党的若干历史问题的决议》指出：尽管我们的社会主义制度还是处于初级的阶段，但是毫无疑问，我国已经建立了社会主义制度，进入了社会主义社会，任何否认这个基本事实的观点都是错误的。

　　从党的理论、路线论述社会主义初级阶段问题，是从党的十三大开始的。党的十三大报告把我国还处在社会主义初级阶段作为立论基础，从这个基本国情出发，确定我国经济建设、经济体制改革、政治体制改革、党的建设等各项任务。1987 年 8 月，邓小平在向外宾介绍即将召开的十三大时说："我们党的十三大要阐述中国社会主义是处在一个什么阶段，就是处在初级阶段，是初级阶段的社会主义。社会主义本身是共产主义的初级阶段，而我们中国又处在社会主义的初

---

① 参见《邓小平文选》第二卷，人民出版社 1994 年版，第 163—164 页。
② 同上书，第 312—313 页。

级阶段,就是不发达的阶段。一切都要从这个实际出发,根据这个实际来制订规划。"①党的十三大召开以后,邓小平又向外宾介绍说:十三大的特点之一,是"阐述了中国社会主义初级阶段的理论,在这个理论指导下,坚定地贯彻党的十一届三中全会以来的路线、方针和政策"②。

党的十五大对社会主义初级阶段理论的科学内涵和重要意义作出了更加全面深入的分析,在此基础上阐明了邓小平理论的历史地位和指导意义,指出:邓小平理论第一次比较系统地初步回答了中国社会主义的发展道路、发展阶段、根本任务、发展动力、外部条件、政治保证、战略步骤、党的领导和依靠力量以及祖国统一等一系列基本问题,形成了新的建设有中国特色社会主义理论的科学体系。十五大还围绕建设富强民主文明的社会主义现代化国家的目标,进一步阐明什么是社会主义初级阶段有中国特色社会主义的经济、政治和文化,怎样建设这样的经济、政治和文化,制定了党在社会主义初级阶段的基本纲领。

当人民生活总体上达到小康水平之后,党的十六大提出,我国正处于并将长期处于社会主义初级阶段,现在达到的小康还是低水平的、不全面的、发展很不平衡的,巩固和提高目前达到的小康水平,全面建设惠及十几亿人口的更高水平的小康社会,还需要全国人民进行长期的艰苦奋斗。党的十七大进一步指出:建国以来特别是改革开放以来经济社会发生了重大变化,取得了举世瞩目的发展成绩,但我国仍处于并将长期处于社会主义初级阶段的基本国情没有变,人民日益增长的物质文化需要同落后的社会生产之间这一社会主要矛盾没有变。"强调认清社会主义初级阶段基本国情,不是要妄自菲薄、自甘落后,也不是要脱离实际、急于求成,而是要坚持把它作为推进改革、谋划发展的根本依据。"③

总之,从社会主义初级阶段的基本理论,到社会主义初级阶段的基本路线和基本纲领,中国特色社会主义形成了一个比较完整的理论体系。其中,社会主义初级阶段论起了决定性的、奠基性的作用,它不仅是中国特色社会主义理论体系赖以建立的现实根据,而且是党的基本理论、路线、方针、政策的理论基础。面对改革攻坚和现代化建设的艰巨任务,我们解决种种矛盾,澄清种种疑虑,认识为什么必须坚持走现在这样的发展道路,实行现在这样的路线和政策,而不能走别样的发展道路,实行别样的路线和政策,关键还在于对所处社会主义初级阶段的

---

① 《邓小平文选》第三卷,人民出版社 1993 年版,第 252 页。
② 同上书,第 258 页。
③ 《中国共产党第十七次全国代表大会文件汇编》,人民出版社 2007 年版,第 14 页。

基本国情和最大实际,要有统一认识和准确把握。

3. 社会主义市场经济论的提出及其在中国特色社会主义理论体系中的地位和作用

社会主义市场经济理论,是中国特色社会主义理论体系中最具时代活力和创新意义的组成部分,是一百多年来人类经济学说史上最重大的思想成果。它揭示了社会主义生产力和生产关系矛盾运动的规律和中国现阶段社会主义经济形态的本质特征,为我们正确处理计划和市场的关系,确立我国经济建设和改革的目标模式——发展社会主义市场经济,奠定了科学的理论基础。

早在 1979 年,邓小平在接见美国《大不列颠百科全书》副总编吉布尼时,就提出了社会主义市场经济的思想。他明确地讲:"说市场经济只限于资本主义社会,只有资本主义的市场经济,这肯定是不正确的。社会主义为什么不可以搞市场经济,这个不能说是资本主义。我们是计划经济为主,也结合市场经济,但这是社会主义的市场经济。""市场经济不能说只是资本主义的。市场经济,在封建社会时期就有了萌芽。社会主义也可以搞市场经济。"①当然,社会主义市场经济的新观念当时未能引起人们的足够重视。这说明一个全新的观念要使全党全国人民作为一种共识来接受,需要一个较长时期的过程,邓小平为此作出了巨大的努力。

1982 年邓小平在同国家计委负责同志谈话时说:"社会主义同资本主义比较,它的优越性就在于能做到全国一盘棋,集中力量,保证重点。缺点在于市场运用得不好,经济搞得不活。计划与市场的关系问题如何解决? 解决得好,对经济的发展就很有利,解决不好,就会糟。"②

1985 年 10 月,邓小平会见以格隆瓦尔德为首的美国高级企业家代表团。格隆瓦尔德问:现在经济改革,你们教育人民要致富,出现了少数贪污腐化和滥用权力的现象,是否反映了一个潜在的、很难解决的矛盾,即市场经济和社会主义制度之间的矛盾? 邓小平明确地说:"社会主义和市场经济之间不存在根本矛盾。问题是用什么方法才能更有力地发展社会生产力。我们过去一直搞计划经济,但多年来的实践证明,在某种意义上说,只搞计划经济会束缚生产力的发展。把计划经济和市场经济结合起来,就更能解放生产力,加速经济发展。"③

①　《邓小平文选》第二卷,人民出版社 1994 年版,第 236 页。
②　《邓小平文选》第三卷,人民出版社 1993 年版,第 16—17 页。
③　同上书,第 148—149 页。

在党的十三大召开前夕,邓小平提出了计划和市场都是发展社会生产力的"方法"的观点。他说:"为什么一谈市场就说是资本主义,只有计划才是社会主义呢? 计划和市场都是方法嘛。只要对发展生产力有好处,就可以利用。它为社会主义服务,就是社会主义的;为资本主义服务,就是资本主义的。好像一谈计划就是社会主义,这也是不对的,日本就有一个企划厅嘛,美国也有计划嘛。我们以前是学苏联的,搞计划经济。后来又讲计划经济为主,现在不要再讲这个了。"①

1990年年底,邓小平再次阐述了社会主义和资本主义的区分不在于计划还是市场的观点。他说:"我们必须从理论上搞懂,资本主义与社会主义的区分不在于是计划还是市场这样的问题。社会主义也有市场经济,资本主义也有计划控制。资本主义就没有控制,就那么自由? 最惠国待遇也是控制嘛! 不要以为搞点市场经济就是资本主义道路,没有那么回事。计划和市场都得要。不搞市场,连世界上的信息都不知道,是自甘落后。"②

1991年年初,邓小平在上海视察时更明确地提出了市场和计划都是手段的观点。他说:"不要以为,一说计划经济就是社会主义,一说市场经济就是资本主义,不是那么回事,两者都是手段,市场也可以为社会主义服务。"③

在1992年视察南方的谈话中,邓小平系统地阐述了他的市场经济观:"计划多一点还是市场多一点,不是社会主义与资本主义的本质区别。计划经济不等于社会主义,资本主义也有计划;市场经济不等于资本主义,社会主义也有市场。计划和市场都是经济手段。"④

上述一系列重要观点,是基于对社会主义经济建设的经验教训和改革开放的实践经验的总结,突破了长期形成的市场经济等于资本主义,社会主义等于计划经济的传统观念,科学地阐明了社会主义市场经济理论。这一理论比较成功地解决了社会主义改革和发展过程中遇到的一个最大的难题,即如何正确认识和解决社会主义制度和市场经济形式之间的关系,更进一步讲就是计划与市场的关系问题。在马克思所创立的科学社会主义理论中,社会主义经济是社会直接占有全部生产资料,商品生产将被消除,社会生产的无政府状态将为有计划的

---

① 《邓小平文选》第三卷,人民出版社1993年版,第203页。
② 同上书,第364页。
③ 同上书,第367页。
④ 同上书,第373页。

自觉的组织所替代,这是人类社会从必然王国向自由王国的飞跃。但是,在现实的社会主义国家里,商品生产不仅没有完全消除,而且市场经济还要充分发展。对这个问题应如何认识呢？是我国发展市场经济的实践违背了马克思创立的科学社会主义理论所揭示的客观规律,还是马克思的科学社会主义理论本身有缺陷？能否从理论与实践的结合点上真正搞清楚计划与市场的关系问题,找到社会主义基本制度与市场经济体制之间有机结合的途径和形式,直接关系到社会主义的盛衰兴亡。社会主义市场经济理论将社会主义基本制度与市场经济体制结合起来,把计划和市场两种手段的优势结合起来,使长期争论不休的关于计划与市场的关系问题,在认识和实践上取得了突破性的进展。党的十六大把"坚持改革开放,不断完善社会主义市场经济体制",概括为党领导人民建设中国特色社会主义必须坚持的一条基本经验,重申要"坚持社会主义市场经济的改革方向,使市场在国家宏观调控下对资源配置起基础性作用"①,足见社会主义市场经济理论的重要地位和作用。

第二节　中国特色社会主义理论体系的主要基石

一、社会主义本质论

邓小平从社会主义生产力和生产关系、社会主义生产的目的和手段辩证统一的角度,对社会主义本质作出了新的概括。其中,解放生产力,发展生产力,揭示了实现社会主义的物质基础;消灭剥削,消除两极分化,揭示了实现社会主义的必经途径;最终达到共同富裕,揭示了社会主义所要达到的根本目的。这短短的五句话,具有非常丰富的内容,共同构成了社会主义本质理论的完整框架。

1. 把解放生产力,发展生产力摆在首要位置,突出生产力对于社会主义的极端重要性

邓小平强调:"马克思主义的基本原则就是要发展生产力。马克思主义的最高目的就是要实现共产主义,而共产主义是建立在生产力高度发展的基础上的。社会主义是共产主义的第一阶段,是一个很长的历史阶段。社会主义的首要任务是发展生产力,逐步提高人民的物质和文化生活水平。"②在他看来,推翻

---

① 《中国共产党第十六大全国代表大会文件汇编》,人民出版社 2002 年版,第 8 页。
② 《邓小平文选》第三卷,人民出版社 1993 年版,第 116 页。

帝国主义、封建主义、官僚资本主义的反动统治,使中国人民的生产力获得解放,这是革命,所以革命是解放生产力。社会主义基本制度确立以后,还要从根本上改变束缚生产力发展的经济体制,建立起充满生机和活力的社会主义经济体制,促进生产力的发展,这是改革,所以改革也是解放生产力。"应该把解放生产力和发展生产力两个讲全了。"①这样,邓小平就不仅从马克思主义基本原则的高度,确立了解放和发展生产力是社会主义的物质基础和根本任务,而且从中国现代历史演进的角度,阐明了解放和发展生产力是中国革命、建设和改革的根本目的。

2. 突出社会主义在生产关系方面的本质属性是消灭剥削、消除两极分化

消灭剥削制度,是社会主义革命的直接要求;所谓"两极分化",又是同剥削制度相联系的一种社会现象,其根源就在于私有制和剥削制度。邓小平一贯主张:"社会主义的经济是以公有制为基础的,生产是为了最大限度地满足人民的物质、文化需要,而不是为了剥削。"②改革开放不会产生剥削阶级,不会导致两极分化。"如果我们的政策导致两极分化,我们就失败了;如果产生了什么新的资产阶级,那我们就真是走了邪路了。"③

3. 突出最终实现共同富裕的根本目标

共同富裕是科学社会主义的一个基本观点和重要原则。邓小平反复强调:"社会主义与资本主义不同的特点就是共同富裕,不搞两极分化。"④"社会主义最大的优越性就是共同富裕,这是体现社会主义本质的一个东西。"⑤他还提出:一部分地区和一部分人有条件先发展起来,先富带动后富,最终达到共同富裕。在20世纪末"达到小康水平的时候,就要突出地提出和解决这个问题"⑥。这样,邓小平就全面地论述了先富与共富的辩证关系,将实现共同富裕的历史条件、现实途径和理想目标有机结合起来,有利于防止和纠正平均主义和两极分化两种错误倾向。

社会主义本质论澄清了以往对社会主义的片面的,甚至是错误的认识,为我们解放思想,实行改革开放,建立充满生机与活力的社会主义体制,促进社会主

---

① 《邓小平文选》第三卷,人民出版社1993年版,第370页。
② 《邓小平文选》第二卷,人民出版社1994年版,第167页。
③ 《邓小平文选》第三卷,人民出版社1993年版,第111页。
④ 同上书,第123页。
⑤ 同上书,第364页。
⑥ 同上书,第374页。

义制度的完善和发展,提供了科学的指南。在相当长的时期里,人们往往从特征的角度和层次上理解社会主义,认为社会主义就是公有制、按劳分配和计划经济,等等。这虽然是认识社会主义必要的、必经的阶段,但又是不够的,还没有达到对社会主义完整的、深刻的认识程度。更为严重的是,人们往往脱离社会生产力的发展,脱离共同富裕,去盲目追求社会主义生产关系的变革和思想道德境界的提高,把社会主义看做是"一大二公"、宁要"穷的社会主义",不要富的资本主义,限制集市贸易,等等。由于我们没有完全搞清楚社会主义的本质,没有找到社会主义制度的有效实现形式,没有及时全面地进行体制改革,也就不能充分发挥社会主义的优越性。社会主义本质论廓清了拘泥于社会主义某个模式和某些特征,而忽略社会主义本质要求的思想疑虑和实践障碍,为开创改革开放和社会主义现代化建设的新局面,奠定了坚实的理论基础。实践证明:社会主义本质论是解放思想、拨乱反正的理论,是论证从以阶级斗争为纲转移到以经济建设为中心的理论,是开辟中国社会主义建设新道路,促进社会主义制度自我完善的理论,因而具有非常重大的理论意义和现实意义。

还要看到,建立和巩固社会主义要经历一个相当长的历史时期,对社会主义本质的认识也有一个逐渐深化的历史过程。江泽民在庆祝中国共产党成立80周年大会上的讲话中深刻指出:努力促进人的全面发展,"是马克思主义关于建设社会主义新社会的本质要求。我们要在发展社会主义社会物质文明和精神文明的基础上,不断推进人的全面发展"[1]。十六大以来,以胡锦涛为总书记的党中央又提出"社会和谐是中国特色社会主义的本质属性"的重要论断,作出了构建社会主义和谐社会的战略任务。这是我们党在总结社会主义实践新鲜经验的基础上,取得的理论创新成果,丰富和发展了马克思主义关于社会主义本质的理论,表明我们党对社会主义本质的认识达到了新的水平和新的境界。社会主义实践是不断发展的,人们对社会主义本质的认识也应不断创新,使思想和行动更加符合时代进步和人民解放的客观要求。

二、社会主义初级阶段论

根据党的十三大直到十七报告对我国社会主义初级阶段的论述,可以把社会主义初级阶段理论的主要内容概括为以下几方面:

1. 我国社会主义初级阶段的基本含义

---

[1] 《江泽民文选》第三卷,人民出版社2006年版,第294页。

"我国正处在社会主义的初级阶段"这一论断,包括两层含义:第一,我国社会已经是社会主义社会,必须坚持而不能离开社会主义。第二,我国的社会主义还处在初级阶段,必须从这个实际出发,而不能超越这个初级阶段。必须把社会主义和初级阶段这八个字统一起来认识和把握。

第一层含义是对我国社会制度的基本性质的总规定。生产资料私有制的社会主义改造基本完成以后,我国已经建立起社会主义制度。在经济上,原来的剥削制度和剥削阶级已基本被消灭,社会主义公有制在城市和乡村普遍确立起来,国家经济实力有了巨大增强。在政治上,国家的一切权力已经属于人民,人民民主专政的国家政权已经建立起来并得到巩固,社会主义法律体系基本建立。在文化上,马克思主义在意识形态领域已占统治地位,集体主义、爱国主义和社会主义的思想道德被大多数人所认同,教育科学文化事业有了迅速发展。社会主义制度的建立,是党和人民经过长期的艰苦奋斗所取得的成果,是我国国情的一个基本方面。

第二层含义是对我国社会主义社会的发展程度、发展水平的总判断。我国是从一个半殖民地半封建的贫穷落后国家,经过新民主主义走上社会主义道路的,因而我国社会主义赖以建立的物质技术基础大大落后于发达资本主义国家。这主要表现在:我国人口多、底子薄,经济发展又受到"左"的错误的干扰,人均国民生产总值和主要工农业产品人均产量仍居世界后列;由于历史和地理方面的原因,我国生产力的地区发展很不平衡,一部分经济较发达地区同广大经济不发达地区和贫困地区同时存在;我国的产业结构还比较落后,高新技术产业的比例较小,技术含量较低的传统产业比例很大,一部分现代化工业同大量落后于现代水平的工业同时存在,科学技术对经济增长的贡献率远远低于发达国家;我国还没有完成工业化和城市化的任务,70%的人口还在农村,相当多的农民基本上还靠手工劳动搞饭吃,物质文化生活条件还很差。生产力的这种比较落后的状况,决定了在生产关系方面,生产社会化程度还很低,国内市场很不发达,国际市场的竞争力还不强,自然经济和半自然经济还占相当比重,社会主义经济制度还不成熟、不完善。在上层建筑方面,社会主义民主法制还不健全,封建主义、资本主义腐朽思想和小生产习惯势力在现实生活中还有广泛影响。这种状况说明,我国现在还远没有超出社会主义初级阶段。

2. 我国社会主义初级阶段的基本特点

关于社会主义初级阶段理论,十三大报告作过一次概括。经过 10 年的认识和实践的发展,党的十五大对社会主义初级阶段的理论,尤其是对它的基本特点从九个方面作了更为具体、深入的论述。十五大报告指出：社会主义初级阶段，一是逐步摆脱不发达状态，基本实现社会主义现代化的历史阶段；二是由农业人口占很大比重、主要依靠手工劳动的农业国，逐步转变为非农业人口占多数、包含现代农业和现代服务业的工业化国家的历史阶段；三是由自然经济半自然经济占很大比重，逐步转变为经济市场化程度较高的历史阶段；四是由文盲半文盲人口占很大比重、科技教育文化落后，逐步转变为科技教育文化比较发达的历史阶段；五是由贫困人口占很大比重、人民生活水平比较低，逐步转变为全体人民比较富裕的历史阶段；六是由地区经济文化很不平衡，通过有先有后的发展，逐步缩小差距的历史阶段；七是通过改革和探索，建立和完善比较成熟的充满活力的社会主义市场经济体制、社会主义民主政治体制和其他方面体制的历史阶段；八是广大人民牢固树立建设中国特色社会主义共同理想，自强不息，锐意进取，艰苦奋斗，勤俭建国，在建设物质文明的同时努力建设精神文明的历史阶段；九是逐步缩小同世界先进水平的差距，在社会主义基础上实现中华民族伟大复兴的历史阶段。其中，第一条和第九条是对社会主义初级阶段的总的特点和任务的高度概括，其他七条是对这一总的特点和任务在经济、政治、文化等各个方面的具体说明。这九条体现了社会主义初级阶段是一个长期的发展过程，是一个从不发达的社会主义国家到中等发达的社会主义现代化国家的转变过程。

在社会主义初级阶段，我国经济、政治、文化和社会生活各方面存在种种矛盾，阶级斗争由于国际国内的原因还将在一定范围内长期存在，但社会的主要矛盾是人民日益增长的物质文化需要同落后的社会生产之间的矛盾。这个主要矛盾贯穿于我国社会主义初级阶段的整个发展过程之中。为了解决现阶段的主要矛盾，就必须大力发展市场经济，提高劳动生产率，逐步实现四个现代化，并为此而改革生产关系和上层建筑中不适应生产力发展的部分。这也决定了我们必须把经济建设作为全党全国工作的中心，各项工作都要服从和服务于这个中心。只有牢牢抓住这个主要矛盾和工作中心，才能清醒地观察和把握社会矛盾的全局，有效促进各种社会矛盾的解决。

3. 我国社会主义初级阶段在不同时期的具体特征

在社会主义初级阶段上百年的历史过程中，必然要经历若干前后相继的、动态推进的发展时期，出现不同的阶段性特征。这是一个不断由量变的积累引起部分质变，并在新的量变基础上引起新的部分质变的过程。党的十七大从经济实力、经济体制、生活水平、发展方式、政治建设、文化建设、社会建设、对外开放八个方面，阐明了新世纪新阶段我国新的阶段性特征，并强调这些阶段性特征是

"社会主义初级阶段基本国情在新世纪新阶段的具体表现"①。对我国发展新的阶段性特征的概括,是对社会主义初级阶段的本质规律认识的深化,丰富和发展了社会主义初级阶段理论。只有既牢牢把握社会主义初级阶段这个大的历史阶段,又客观分析不同时期具体的阶段性特征,才能准确判断我国社会发展的方向和方位,并据此制定正确的发展战略和方针政策。

4. 我国社会主义初级阶段的历史方位

我国社会主义初级阶段,不是泛指任何国家进入社会主义都会经历的起始阶段,而是特指我国在生产力落后、商品经济不发达条件下建立社会主义必然要经历的历史阶段。我国从 20 世纪 50 年代生产资料私有制的社会主义改造基本完成,到 21 世纪中叶社会主义现代化的基本实现,都属于社会主义初级阶段。这个阶段既不同于社会主义经济基础尚未奠定的过渡时期,也不同于已经实现社会主义现代化的时期。这样的历史阶段,至少需要上百年时间。至于巩固和发展社会主义制度,还需要更长的时间,需要几代人、十几代人甚至几十代人坚持不懈地努力奋斗。

从人类历史的长河来看,社会主义是共产主义的初级阶段,而中国又处在社会主义的初级阶段,就是不发达的阶段。党的十五大报告指出:"在我们这样的东方大国,经过新民主主义走上社会主义道路,这是伟大的胜利。但是,我国进入社会主义的时候,就生产力发展水平来说,还远远落后于发达国家。这就决定了必须在社会主义条件下经历一个相当长的初级阶段,去实现工业化和经济的社会化、市场化、现代化。这是不可逾越的历史阶段。"②这样,社会主义初级阶段理论就把中国社会主义的初级阶段与社会主义的发展进程以及共产主义的远大理想有机联系起来了,指明了我国社会主义初级阶段在整个社会主义时期以及人类从资本主义向共产主义过渡进程中的历史方位。

社会主义初级阶段理论指导人们正确地把握社会主义发展的历史进程,清醒地认识落后国家建设社会主义的长期性和艰巨性、复杂性和曲折性。从 20 世纪世界社会主义的经验教训来看,几乎所有的社会主义国家,对社会主义发展阶段的认识,都不同程度地出现过失误,实行过一些超越社会主义发展阶段的政策和做法。例如,苏联在 1936 年宣布已经"建成"了社会主义,不久又宣布开始向共产主义过渡;后来苏联领导人提出到 20 世纪 80 年代实现共产主义以及建设

---

① 《中国共产党第十七次全国代表大会文件汇编》,人民出版社 2007 年版,第 14 页。

② 《十五大以来重要文献选编》(上),人民出版社 2000 年版,第 15 页。

"发达"的社会主义等观点,都明显地超越了社会主义客观的发展阶段和实际的发展水平。新中国成立以后,我国也提出过"赶英超美",跑步进入共产主义等不切实际的口号,发生过"大跃进"和"文化大革命"等错误。邓小平认为,从1957年下半年开始,我们犯了"左"的错误。"总的来说,就是对外封闭,对内以阶级斗争为纲,忽视发展生产力,制定的政策超越了社会主义的初级阶段。"①他告诫人们:我们穷,底子薄,教育、科学、文化都落后,这就决定了我们要有一个艰苦奋斗的过程。对于艰苦创业,要有清醒的认识。②"我们搞社会主义才几十年,还处在初级阶段。巩固和发展社会主义制度,还需要一个很长的历史阶段,需要我们几代人、十几代人,甚至几十代人坚持不懈地努力奋斗,决不能掉以轻心。"③我们不仅要认清社会主义初级阶段的长期性和艰巨性,而且要认清整个社会主义历史阶段的曲折性和复杂性,既牢固树立共产主义的远大理想,又努力为社会主义初级阶段的基本纲领而奋斗。

社会主义初级阶段理论指导人们准确把握当今中国社会的性质和发展状况,在工作中避免"左"的和右的错误。我们党曾多次出现过"左"的和右的错误,主要原因就在于没有正确把握中国的具体国情,对当时中国的社会性质和发展阶段作出了错误的判断,致使党的路线、方针、政策出现偏差。正如党的十三大报告所说:"在近代中国的具体历史条件下,不承认中国人民可以不经过资本主义充分发展阶段而走上社会主义道路,是革命发展问题上的机械论,是右倾错误的重要认识根源;以为不经过生产力的巨大发展就可以越过社会主义初级阶段,是革命发展问题上的空想论,是'左'倾错误的重要认识根源。"④改革开放30年取得成功的根本原因之一,就是克服了那些超越社会主义初级阶段的盲目冒进、急于求成的"左"的错误理论和政策,又抵制了抛弃社会主义基本制度的右的错误倾向。由此可见,社会主义初级阶段理论为克服"左"的和右的错误,提供了锐利的思想武器。

社会主义初级阶段理论指导我们党制定和实行正确的路线、方针和政策,推进改革开放和社会主义现代化建设的顺利发展。列宁曾经说过:"马克思是严格根据他的辩证唯物主义世界观的一切前提确定无产阶级策略的基本任务的。

---

① 《邓小平文选》第三卷,人民出版社1993年版,第269页。
② 参见《邓小平文选》第二卷,人民出版社1994年版,第257、259页。
③ 参见《邓小平文选》第三卷,人民出版社1993年版,第379、380页。
④ 《十三大以来重要文献选编》(上),人民出版社1991年版,第9—10页。

先进阶级只有客观地考虑到某个社会中一切阶级相互关系的全部总和,因而也考虑到该社会发展的客观阶段,考虑到该社会和其他社会之间的相互关系,才能据以制定正确的策略。"①同样,正确认识社会主义初级阶段的基本国情,进而准确把握我国的主要矛盾,是制定和实行正确的路线、方针、政策的根本依据和先决条件。我们党制定和实行改革开放的路线、方针、政策,是为了更好地建设社会主义,促进社会主义的自我完善和发展。如果把这样的改革开放看做是搞资本主义,是错误的;如果因为这样的改革开放就以为可以搞资本主义,也是错误的。任何忽视、偏离社会主义初级阶段实际的认识和做法,都会给社会主义事业带来损害。

三、社会主义市场经济论

社会主义市场经济理论对马克思主义政治经济学的丰富和发展,对社会主义经济建设和改革开放的顺利推进,都产生了广泛而深远的影响。美国前国务卿基辛格对邓小平说:像中国这样大规模的改革是任何人都没有尝试过的,世界上还没有别的国家尝试过把计划经济和市场经济结合起来。这是一个有历史意义的事件,因为你们的尝试是一个全新的试验。如果你们成功了,就将从哲学上同时向计划经济国家和市场经济国家提出问题。② 社会主义市场经济理论可以从以下几方面予以概括:

1. 社会主义搞市场经济的目的——促进社会生产力的发展

邓小平是从更有利于社会生产力发展的角度来论证社会主义也可以搞市场经济的。在他看来,"社会主义基本制度确立以后,还要从根本上改变束缚生产力发展的经济体制,建立起充满生机和活力的社会主义经济体制,促进生产力的发展"③。中国选择市场经济的根本出发点就在于它比计划经济更有利于社会主义社会生产力的发展,有利于社会主义国家综合国力的提高,有利于人民生活的改善。

世界经济的发展证明,社会主义制度虽然是人类历史上比资本主义制度更适应社会化大生产发展的全新的社会制度,但这一基本制度确立之后,尤其是中国这样一个经济文化落后的国家建立社会主义制度之后,要发挥社会主义制度

---

① 《列宁选集》第 2 卷,人民出版社 1995 年版,第 443 页。
② 参见《邓小平思想年谱》(1975—1997),中央文献出版社 1998 年版,第 345 页。
③ 《邓小平文选》第三卷,人民出版社 1993 年版,第 370 页。

的优越性,就必须在经济体制上大胆吸取发达国家成功的做法和世界一切文明成果,其中市场经济及其运行机制有利于生产力发展的成功经验,尤其值得我们学习、借鉴。邓小平说得很明白:"社会主义也可以搞市场经济。同样地,学习资本主义国家的某些好东西,包括经营管理方法,也不等于实行资本主义。这是社会主义利用这种方法来发展社会生产力。把这当做方法,不会影响整个社会主义,不会重新回到资本主义。"①"只要对发展生产力有好处,就可以利用。"②

2. 市场和计划都是发展经济的手段和方法

市场和计划是配置经济资源,发展生产力的方法、手段,不是资本主义制度和社会主义制度的本质特征。市场与计划手段论的提出,以全新的观点突破了传统经济理论关于市场经济是资本主义的本质特征,计划经济是社会主义的本质特征的框框。这是对社会主义经济制度和经济体制理论的重大突破,也为社会主义能够利用市场机制提供了科学的理论依据。

3. 资本主义市场经济和社会主义市场经济的异同点

社会主义市场经济论还阐明了社会主义市场经济和资本主义市场经济的同一性与差异性。邓小平把市场经济体制同资本主义基本经济制度、计划经济体制与社会主义基本经济制度区分开来,提出了市场经济为什么社会服务就具有什么社会的属性的新见解;在经济运作方式上,二者基本相似,为此应大胆学习、借鉴发达国家的成功经验。在邓小平看来,市场经济为资本主义服务,就是资本主义的,为社会主义服务,就是社会主义的;社会主义市场经济"虽然方法上基本上和资本主义社会的相似,但也有不同,是全民所有制之间的关系,当然也有同集体所有制之间的关系,也有同外国资本主义的关系,但是归根到底是社会主义的,是社会主义社会的"③。由此可见,社会主义市场经济与资本主义市场经济的本质区别在于所有制基础不同,目的不同,前者以公有制为主体,用市场经济的办法增加的财富归社会所有,归全民所有;而后者以私有制为主体,用市场经济的办法增加的财富,主要被少数资本家所占有。

社会主义市场经济论既体现了对市场经济一般属性的科学概括,又体现了对社会主义市场经济特殊属性的准确把握。这说明社会主义市场经济理论与中国特色社会主义理论是紧密相关的,即社会主义市场经济是为社会主义建设服

---

① 《邓小平文选》第三卷,人民出版社 1993 年版,第 236 页
② 同上书,第 203 页。
③ 《邓小平文选》第二卷,人民出版社 1994 年版,第 236 页。

务的,是坚持公有制为主体,通过解放和发展生产力,最终消灭剥削、消除两极分化,达到共同富裕的根本目的服务的。

4. 发展社会主义市场经济是改革的核心和关键

在中国特色社会主义理论体系中,以社会主义市场经济为目标取向的经济体制改革具有关键的意义。在体制改革的目标模式上,我们党提出社会主义也可以搞市场经济,把市场机制作为配置资源的基础性方式和手段;在所有制结构上,提出坚持公有制为主体,多种所有制经济共同发展;在利益关系上,坚持按劳分配为主体,多种分配形式并存,允许一部分人一部分地区先富起来,最终实现共同富裕;在经济运行机制上,坚持在国家宏观调控下,发挥市场配置资源的作用。党的十七大报告强调:"实现未来经济发展目标,关键要在加快转变经济发展方式、完善社会主义市场经济体制方面取得重大进展。""要深化对社会主义市场经济规律的认识,从制度上更好发挥市场在资源配置中的基础性作用,形成有利于科学发展的宏观调控体系"。① 总之,经济改革的核心问题就是要建立和完善社会主义市场经济体制。

社会主义市场经济论冲破了长期禁锢人们思想的社会主义只能搞计划经济的传统观念,论证了社会主义与市场经济不存在根本矛盾,为发展社会主义市场经济奠定了理论基础。这一理论还阐明了社会主义制度和市场经济体制之间错综复杂的关系,提出了把计划经济和市场经济作为两种经济手段结合起来的改革思路,为建立和完善社会主义市场经济体制提供了科学的指南。我们应该从理论和实践的双重角度,来全面认识社会主义市场经济理论的重大意义。1984年10月,党的十二届三中全会通过了关于经济体制改革的决定。邓小平认为中央文件"写出了一个政治经济学初稿,是马克思主义基本原理和中国社会主义实践相结合的政治经济学"。② 他还对决议作了很高的评价,说:"这次经济体制改革的文件好,就是解释了什么是社会主义,有些是我们老祖宗没有说过的话,有些新话。"③我国发展社会主义市场经济的理论和实践以及所取得的辉煌成就,吸引着世界进步人士和国际舆论的广泛关注。日本学者国分良成在《邓小平时代的成果》一文中写道:邓小平关于"计划经济和市场经济不是区分资本主义和社会主义的标志,只不过是单纯的经济手段不同"的说法"具有划时代的意

---

① 《中国共产党第十七次全国代表大会文件汇编》,人民出版社 2007 年版,第 21 页。
② 《邓小平文选》第三卷,人民出版社 1993 年版,第 83 页。
③ 同上书,第 91 页。

义。"国外还有学者认为:邓小平的这一论断,不但打破了马克思主义阵营中的教条主义观念,也打破了资本主义国家思想中的教条主义观念,提出了一种新的社会主义内涵,大大改变了研究社会主义与研究资本主义的方法。① 这在一定程度上说明社会主义市场经济理论的创新意义和深远影响。

社会主义市场经济理论既是对客观实际的理论概括,又是指导实践的科学指针。它已经并将继续在我国的改革开放和社会主义现代化建设的进程中发挥重要的指导作用。30 年来,市场范围逐步扩大,大多数商品的价格已经放开,计划直接管理的领域逐渐缩小,市场对经济活动调节的作用显著增强,在某些方面还出现了供大于求的可喜的"买方市场"。实践表明,市场作用发挥比较充分的地方,经济活力就比较强,发展态势也比较好。社会主义市场经济理论以及在这一理论指导下确立的社会主义市场经济体制,不仅促进了我国社会主义市场经济体制的建立和经济的迅速发展,而且在深化改革、扩大开放中促进了我国经济外向度的提高和外向型经济的成长;在综合国力有了较大增长的基础上,促进了人民生活的改善和提高。中国改革开放和经济发展的伟大成就,证明了社会主义市场经济理论是正确的,切实有效的。

---

① 马启民著:《国外邓小平理论研究评析》,山东人民出版社 1999 年版,第 252 页。

第七章
中国特色社会主义的经济建设

建设中国特色的社会主义市场经济,必须清醒认识我国现阶段的生产力及生产关系状况,确立适合当前国情的基本经济制度和收入分配制度,加快转变经济发展方式,完善社会主义市场经济体制,大力推进经济结构战略性调整,更加注重提高自主创新能力、提高节能环保水平、提高经济整体素质和国际竞争力,充分发挥市场在资源配置中的基础性作用,形成有利于科学发展的宏观调控体系,推进国民经济又好又快发展。

第一节 我国社会主义初级阶段的生产力和生产关系

一、我国社会主义初级阶段生产力的发展状况

生产力是人们改造自然的能力,它反映人和自然界之间的关系。生产力包含三大要素:劳动者、劳动工具和劳动对象。人是生产力发展的决定性要素,但划分经济时代的标志是生产工具。马克思指出:"动物遗骸的结构对于认识已经绝种的动物的机体有重要的意义,劳动资料的遗骸对于判断已经消亡的经济的社会形态也有同样重要的意义。各个经济时代的区别,不在于生产什么,而在于怎样生产,用什么资料进行生产。劳动资料不仅是人类劳动力发展的测量器,而且是劳动借以进行的社会关系的指示器。"①生产力中也包括科学。科学技术既包含了劳动资料的现代科技含量,又包含了劳动者的现代科技含量。社会生产的组织或制度安排也会形成生产力,科学、合理的生产组织或新的制度安排是提高生产力的有效途径。

我国社会主义脱胎于半殖民地半封建社会,生产力水平远远落后于发达资

---

① 《资本论》第1卷,人民出版社2004年版,第210页。

本主义国家,人口多、底子薄、人均国民生产总值居于世界后列是我国生产力的总体状况。从1956年我国建立社会主义制度以来,我国社会主义初级阶段的生产力发展呈现出特殊的规律。可从改革开放前、后两个时期来分析。

改革开放前,我国生产力呈现出曲折发展、低增长、不平衡发展状况。首先,由于生产关系与生产力存在适应又不完全适应的状况,"一五"期间,生产力健康发展;"二五"时期实行人民公社化和"大跃进",生产力发展大起大落;"三五"后期又开始搞"文化大革命",生产力发展遭到阻碍和破坏。其次,由于我国的社会主义脱胎于半封建半殖民地,经济基础差,生产力水平低,加之在社会主义建设中实行高度集中的计划经济体制,采取高投入低产出的粗放型经济增长方式,没有大力发展商品经济,因而生产力虽有发展但呈现长期缓慢增长趋势,有人称为低增长秩序。最后,由于我国是一个大国,各地区生产力水平、条件不平衡,生产力发展呈现不平衡发展状况。

改革开放以来,我国生产力发展又呈现出特殊发展规律。生产力不平衡和多样性、多层次性的特点十分突出。由于改革开放,计划经济向市场经济转型,大力发展商品经济,外部条件变化了,生产力呈现出突变发展的特点;由于大力引进先进技术设备,增加科技研发投资,可以充分发挥后发优势,实现跨越式发展;由于逐步完善社会主义市场经济体制,参加国际经济大循环,着力提高开放型经济水平,生产效益、经营效益出现逐步提高的特点;由于存在多种经济成分,剩余价值规律和按生产要素分配与社会主义基本经济规律和按劳分配原则相互作用和相互制约,反映在生产力要素占用上即出现相互竞争的特点;由于我国社会主义市场经济与资本主义市场经济存在本质区别,它既要发挥商品经济和价值规律调动广大商品生产者增长社会财富的巨大功能,又要防止资本主义商品经济和价值规律的副作用,反映在生产力发展上必然呈现增产节约的特点;由于解放生产力和发展生产力是社会主义的内在要求,面临科学技术的不断发展,信息产业和新技术产业随之涌现,产业结构调整和优化必然推进生产力的发展,因而社会主义生产力发展也逐步呈现出产业优化的特点。

改革开放30年来,我国生产力水平有了很大提高,人民生活总体上达到小康水平。但我国仍然处于社会主义初级阶段,目前达到的小康还是低水平的、不全面的、发展很不平衡的小康,生产力不发达的状况没有根本改变。我国现阶段的生产力状况,大致可以概括为:生产力水平总体上不高,自主创新能力还不强,长期形成的结构性矛盾和粗放型增长方式尚未根本改变;生产力发展呈现出多层次性,一部分现代化工业同大量落后于现代化水平几年甚至几十年的工业同时存在,少量具有世界先进水平的科学技术同普通的水平不高的科学技术同时存在;生产力发展很不平衡,一部分比较发达的地区同广大不发达地区和贫困地区同时存在。

二、我国社会主义初级阶段生产关系和经济结构

生产关系是一个由多重关系组成的系统。就组成要素看,既包括生产、交换、分配和消费的相互关系,又包括人们在生产、交换、分配和消费各个环节中的关系。在四个环节中,生产起决定作用,而生产中主要的问题是生产资料归谁所有。这是因为任何生产总是生产资料和劳动力的结合,总是在一定社会发展阶段上的生产,生产资料所有制是社会生产的先决条件之一,并决定着生产的社会性质。

社会主义生产关系作为对生产资料社会主义公有制为基础的生产关系共性的概括,与社会主义社会的生产关系是有区别的两个概念。邓小平认为,社会主义社会不仅有公有制的生产关系,在它的一定阶段上可以保留非公有制的生产关系,可以有资本主义的生产关系,但公有制生产关系居于主体地位。社会主义社会终将消灭私有制关系,但其发展表现为一定的阶段性,一个国家进入社会主义社会后不可能立即完成公有制取代私有制。因而,不应把社会主义生产关系与社会主义社会的生产关系混同。

社会主义初级阶段的生产关系通过生产、交换、分配和消费各环节反映出来。

生产环节主要考察生产资料所有制关系。现阶段我国的生产资料所有制表现为公有制为主体,多种所有制并存。所有制关系体现为"四主四并存"的格局,即:社会主义公有制为主体,公有制与非公有制经济成分并存;公有制中国有制为主导,国有制与集体所有制关系并存;大陆公有制为基础的社会主义经济制度为主体,大陆基本经济制度与港、澳、台资本主义所有制并存;本国社会主义公有制关系为主体,国内公有制与在华投资的外商、外国资本主义所有制关系并存。这些并存关系相互联结,构成我国现阶段多样化的所有制结构。从我国现阶段所有制结构来看,表现出以下几个特征:一是各个并存关系内部及其相互之间具有非均衡性,公有制经济的主体地位、国有制的主导作用确保了我国经济制度的社会主义性质和整个经济、政治、文化发展的社会主义方向;二是主体优势不仅表现在量上,而且表现在质上;三是具有现实合理性,将长期存在。这种所有制结构是基于对生产关系要适合生产力的客观规律的科学把握以及对我国现

阶段社会基本矛盾具体特点的深刻了解,因而不是暂时的权宜之策,而具有长期的稳定性。

我国社会主义初级阶段建立的以公有制为主体,多种所有制经济共同发展的所有制关系,决定了现阶段的分配制度必然是按劳分配为主体、多种分配方式并存。坚持这种分配制度,实质上是把按劳分配和按生产要素分配结合起来。生产要素参与分配是与市场经济相适应的,在市场经济条件下,一切商品的交换都必须遵循等价交换的原则,商品生产者要取得对生产要素的使用,就必须给生产要素所有者相应的报酬,实行资本和技术等生产要素参与收益分配。

生产关系的交换环节也就是流通过程。我国进入社会主义初级阶段以来,商品交换的发展可分为四个阶段:第一阶段是党的十一届三中全会以前。由于实行高度集中的计划经济体制,商品流通执行高度的指令性计划,流通过程忽视商品等价交换的原则。商品中工业品的收购采取统购包销形式,农业品收购采取统购、派购、议购形式,生产资料在公有制单位之间可以无偿调拨。第二阶段是党的十一届三中全会到党的十二届三中全会之前,在公有制基础上实行计划经济,同时发挥市场调节的辅助作用,党的十二大报告概括为"计划经济为主,市场调节为辅"的流通体制。第三阶段是党的十二届三中全会至邓小平视察南方发表重要谈话之前,实行有计划的商品经济,及"国家调节市场,市场引导企业"的经济体制。这个阶段流通的特点是:减少指令性计划,扩大指导性计划,建立"三多一少"的流通体制,即多种经济形式,多种经营方式,多种流通渠道并存,少流通环节的流通体制,并逐步向市场经济体制靠近。第四阶段是邓小平视察南方发表重要谈话至今,其商品流通的特征是:在充分发挥市场机制作用,建立宏观调控体系前提下,使消费品市场、生产资料市场、生产要素市场有机结合,现货市场和期货市场相结合,形成多层次和多种类流通方式并存的流通网络。

消费环节是社会生产总过程的一个重要环节。马克思把消费分为生产消费和个人消费。从个人消费来看,改革开放以前,居民消费的数量和质量受到很大的限制,整体上处于以追求数量满足为主要特征的初级阶段。改革开放后,居民的消费结构基本改变了以吃、穿为主的单一格局,呈现出生存资料比重减少,发展和享受资料比重提高的趋势。其消费模式表现为从解决温饱到达到小康生活水平再到为中等消费水平的从低到高的递进过程。初级阶段生产关系的这些特征,都是由初级阶段的生产力发展水平决定的。

经济结构是指国民经济各个部门、各个地区、各个单位、各种经济成分和社会再生产各个环节的构成及其关系。其内容包括:生产力结构、生产关系结构以及生产力与生产关系相统一的运行结构;范围可分为整个国民经济结构,部门经济结构、地区经济结构和企业经济结构。经济结构的合理优化直接影响经济的健康发展。判断我国社会主义初级阶段的经济结构是否优化合理的标准应当是:是否与社会主义初级阶段相适应;能否比较充分有效地利用我国人力、物力、自然资源;可否使再生产的各个环节、国民经济各个部门协调发展;能否实现经济活动的良性循环。具体体现在四个方面:

一是所有制结构要适合现阶段的生产力状况。只有所有制结构适合生产力的状况,才有可能建立起合理的经济结构,促进生产力的迅速发展。

二是产业结构有利于社会扩大再生产顺利进行。产业结构在很大程度上决定着产品结构、就业结构、积累和消费结构、国内外贸易结构,并对技术结构、所有制结构有着重要影响。在社会主义初级阶段,合理的产业结构必须保证国民经济各产业、各部门的协调、均衡发展,使国民经济持续快速健康发展,使人民生活水平不断提高、社会需求得到最大满足。

三是经济结构能使生产力诸要素得到充分有效的利用。合理的经济结构要用尽可能少的劳动耗费获得尽可能多的经济效果,使整个社会取得最佳经济效益。这就要求充分有效地利用现有的人力、物力、财力和自然资源,使生产力诸要素实现最优组合,提高劳动生产率。

四是经济结构能使人民生活得到较快的改善。我国社会生产的目的就是为了最大限度地满足人民日益增长的物质文化需要。因此,人民生活状况的好坏,是社会主义初级阶段经济结构是否合理的一个综合性标志。

社会主义初级阶段的经济结构具备了上述四个特征,就能做到四个良性循环,即生产力和生产关系之间的良性循环;国民经济各部门之间的良性循环;生产力中人和物的要素之间的良性循环;生产和生活、积累和消费之间的良性循环。

社会主义初级阶段经济结构合理优化的标准与我国现实状况之间还存在一定差距。从所有制结构来看,虽然我国确立了公有制为主体、多种所有制经济共同发展的基本经济制度,但实践中,如何坚持公有制经济的主体地位,如何促进非公有制经济发展还需要进一步探索;从产业结构的现状来看,传统产业大多存在总量过剩、规模较小、竞争过度等问题。新兴产业总体水平不高,投资力度小,缺乏发展后劲。第三产业总体水平偏低,而且其产值在国内生产总值中所占的比重不高,特别是金融保险、科技开发、信息咨询服务等不发达,制约着经济的发展。从区域结构来看,人均 GDP 最高的上海与最低的贵州之间相差十多倍。东中西部以至各省区之间生产同类产品的企业数量过多,造成全国总体生产能力过大,各省区之间没有形成有竞争力的特色经济。从就业结构来看,劳动适龄人口的就业率还不能与现代化大生产对劳动力再生产的需求规模相适应,就业人口的职业结构尚不能与就业率和经济效益之间的最优结合相适应。从技术结构来看,半自动化、自动化先进技术和尖端技术所占比重较小,相对落后的行业、地区的生产技术水平亟待提高。从城乡结构来看,由于我国农村人口数目庞大,加之经济不发达和体制等方面的原因,导致我国城市化水平很低,远远低于发达国家,也低于一些发展中国家。城市化的滞后,不仅影响农村剩余劳动力的较快转移,影响工业化的水平和效率,而且也影响经济社会的协调发展。我国当前经济结构存在的问题既不利于生产力诸要素得到充分有效的利用,同时距实现共富目标也有相当差距。我们应当采取有针对性的政策措施逐步调整,实现经济结构的合理优化。

第二节 中国特色社会主义的基本经济制度

一、社会主义初级阶段基本经济制度的确立

经济制度是一定社会中占统治地位的生产关系的总和,它与一定的生产力发展水平相适应,并借助一定经济体制的特定形式表现出来。一个国家的经济制度主要包括该国的生产资料所有制结构、经济管理体制、产品分配结构与分配原则等内容。生产资料所有制是经济制度的基础,是一定社会形态的最本质的特征,因而也就是该社会形态的基本的经济制度。

生产资料所有制是指各种生产资料所有制形式在社会经济中所处的地位、所占的比重及其相互关系。生产资料所有制是生产关系的基础,实行何种所有制,归根到底是由生产力发展的状况决定的。适应生产力发展要求的所有制能够促进社会生产力的迅速发展,落后和超越生产力发展水平的所有制必然阻碍生产力的发展。

我国社会主义初级阶段基本经济制度的确立,经历了一个发展过程。1956年我国完成生产资料私有制社会主义改造后,进入了社会主义初级阶段,由于对社会主义基本经济制度的认识与实践一度陷入误区,认为社会主义经济制度只能由单一的公有制经济构成,即使允许非公有制经济存在和一定的发展,也只是

暂时的权宜之计。改革开放以后,在总结新中国成立以来我国经济建设正反两方面经验教训的基础上,开始了对适合我国国情的社会主义经济制度的探索。十一届三中全会首先肯定了农村社员的自留地、家庭副业和集市贸易是社会主义经济的必要补充。党的十二大提出要鼓励城乡劳动者个体经济在国家规定的范围内适当发展。1982年的《宪法》肯定了城乡劳动者个体经济是社会主义公有制经济的补充。党的十三大进而提出:社会主义初级阶段的所有制结构应以公有制为主体,同时发展包括私营经济在内的各种非公有制经济,将私营经济、中外合资合作经济、个体经济、外商独资经济都作为公有制经济的必要和有益的补充。1988年的《宪法修正案》规定:国家允许私营经济在法律规定的范围内存在和发展,私营经济是社会主义公有制经济的补充。国家保护私营经济的合法权利和利益,对私营经济实行引导、监督和管理。党的十四大进而指出,多种经济成分长期共同发展,不是权宜之计,而是一项长期的方针。党的十五大报告指出:"公有制为主体、多种所有制经济共同发展,是我国社会主义初级阶段的一项基本经济制度。这一制度的确立,是由社会主义性质和初级阶段国情决定的。"1999年的《宪法修正案》规定:"国家在社会主义初级阶段,坚持公有制为主体、多种所有制经济共同发展的基本经济制度","个体经济、私营经济等非公有制经济,是社会主义市场经济的重要组成部分"。

确立公有制为主体、多种所有制经济共同发展的基本经济制度,有其历史的必然性和现实的合理性。

首先,这是由我国的社会主义性质决定的。公有制是社会主义经济制度的基础,我国是社会主义国家,因而必须坚持公有制的主体地位,动摇不得,否则我们党的执政地位和社会主义的国家政权就很难巩固。

其次,社会主义初级阶段生产力的状况决定了发展多种所有制经济的必要性。我国现阶段的生产力总体水平比较低,发展不平衡,呈现多层次结构。这些社会化程度差别很大的、不同层次的生产力,客观上要求发展多种所有制经济与之相适应,才能推进生产力的进一步发展。

第三,一切符合"三个有利于"标准的所有制形式都可以而且应该用来为社会主义服务。社会主义初级阶段的基本经济制度既包括社会主义性质的公有制经济成分,又涵盖不属于社会主义性质的非公有制经济成分。各种非公有制经济作为社会主义初级阶段基本经济制度的组成部分不是因为它们具有社会主义性质,而是因为它们可以为建设社会主义服务,符合"三个有利于"标准,即"是否有利于发展社会主义社会的生产力,是否有利于增强社会主义国家的综合国力,是否有利于提高人民的生活水平"①。包括性质不同的经济成分正是当前中国特色社会主义经济的基本特点。

二、坚持公有制经济的主体地位

坚持公有制经济的主体地位,毫不动摇地巩固和发展公有制经济,这是坚持和完善社会主义初级阶段基本经济制度必须遵循的一条原则。

社会主义公有制作为一种生产关系的理论范畴,其实质和核心是全体社会成员或者部分社会成员共同占有生产资料,对生产资料的支配、使用,以及由此取得的收益都必须服从于和服务于他们共同的意志和需要,因而实现了人们在生产资料面前的平等。我国社会主义初级阶段的公有制经济既包括国有经济、集体经济,还包括混合所有制经济中的国有成分和集体成分。这表明我们在实践中发展了马克思主义所有制理论,打破了公有制经济只包括国有经济和集体经济的传统观念,拓展了社会主义公有制经济的内涵,体现了我国社会主义初级阶段公有制经济的特色。

在社会主义初级阶段,坚持公有制经济的主体地位是由公有制的性质和它在国民经济中的作用决定的:第一,公有制是与社会化大生产相适应的,同社会发展方向一致;第二,公有制是社会主义制度的基本经济特征,是社会主义经济制度的经济基础;第三,公有制经济是社会主义国家进行宏观调控的主要物质基础;第四,公有制是实行按劳分配原则的经济前提,也是实现劳动人民经济上政治上的主人翁地位和全体社会成员共同富裕不可缺少的物质保证。

坚持公有制的主体地位主要体现在两个方面:一是公有资产在社会总资产中占优势;二是国有经济控制国民经济命脉,对经济发展起主导作用。这是就全国而言的,有的地区、有的产业可以有所差别。

党的十五大报告明确指出:公有资产占优势,要有量的优势,更要注重质的提高。这就从过去单纯注重量转到既重质又重量上。国有经济发挥主导作用,主要体现在控制力上。在关系国民经济命脉的重要行业和关键领域,国有经济必须占支配地位,包括涉及国家安全的行业,提供重要公共产品和服务的行业,以及支柱产业和高新技术产业中的重要骨干企业;在其他领域,可以通过资产重组和结构调整,根据"有进有退,有所为有所不为"的原则,加强重点,提高国有资产的整体质量。在坚持公有制为主体、国家控制国民经济命脉、国有经济的控制力和竞争力得到增强的前提下,国有经济比重减少一些,不会影响我国的社会主义性质。

①《邓小平文选》第三卷,人民出版社1993年版,第372页。

要巩固和发展公有制经济,还应当积极探索公有制的多种实现形式。

公有制和公有制的实现形式是两个既有联系、又有区别的概念。生产资料所有制是指在社会生产过程中人与人在生产资料占有方面的关系,它包括人们对生产资料的所有、占有、支配和使用等方面的经济关系,因而坚持公有制的性质,关键在于坚持国家和集体对生产资料的所有权。所有制的实现形式是以上经济关系借以实现的具体形式,主要指资产或资本的组织形式和经营方式,不具有"公"与"私"、"社"与"资"的区别。同一所有制经济可以有不同的实现形式,一种具体实现形式中可以容纳不同所有制经济。因而,在社会主义市场经济条件下,公有制实现形式可以而且应当多样化。一切反映社会化大生产规律的经营方式和组织形式都可以大胆利用。

在社会主义市场经济条件下,必须突破计划经济时期采取的国家经营、集体经营的单一形式,积极探索公有制的多种实现形式,如股份制和股份合作制,等等。股份制是现代企业的一种资本组织形式,借助这种形式,可以在短时期内迅速集中大量资本,弥补个别资本积累和积聚的不足,缓解个别资本积累的有限性同发展社会化大生产要求巨额资本之间的矛盾。股份制作为一种资本组织形式,不能笼统地说是公有还是私有,关键看控股权掌握在谁的手里,由国家和集体控股,就具有明显的公有性质。实行股份制有利于扩大公有资本的支配范围,有利于推进政企分开,实现所有权与经营权的分离,有利于提高企业和资本的运作效率,增强公有制的主体地位。股份合作制是兼具股份制和合作制特点的一种新的公有制实现形式,它实现了劳动者的劳动联合和劳动者的资本联合的有机结合,是具有中国特色的企业组织制度。它一方面保持了联合劳动和互助合作的性质;另一方面职工持股,实现了劳动者的资本联合。劳动者除了按劳动取得报酬外,也按投入的资本额获取收益,职工既是劳动者,又是投资者,劳动者的利益和企业利益结为一体,这就充分调动了劳动者的积极性。在社会主义市场经济的发展进程中,我们还应当继续探索适合中国特点的公有制的多种实现形式,使国有资本能够吸引和利用更多的社会资本,增强国有经济的控制力、影响力和带动力,以坚持公有制经济的主体地位不动摇。

三、支持和引导非公有制经济发展

毫不动摇地鼓励、支持和引导非公有制经济发展,是坚持和完善社会主义初级阶段基本经济制度必须遵循的又一条基本原则。

社会主义初级阶段的非公有制经济包括个体经济、私营经济、外资经济、混合所有制经济中的非公有成分等。

毫不动摇地鼓励、支持和引导非公有制经济发展,是由我国社会主义初级阶段的低水平、多层次、不平衡的生产力发展状况决定的。当前,非公有制经济对社会主义市场经济的发展有着积极的促进作用。这些作用主要表现在:第一,市场经济发展要求市场主体的多元化、决策的分散化,非公有制经济的存在和发展,提供了多种市场经济主体,为建立和完善市场经济体制提供了有利条件。第二,非公有制经济的存在和发展,可以与公有制经济形成一种竞争态势,促进公有制经济发展,增强公有制经济的市场竞争力。第三,发展非公有制经济,有利于缓解资金短缺和就业压力。

毫不动摇地鼓励、支持和引导非公有制经济发展,既要对非公有制经济进行鼓励和支持,又要对非公有制经济进行积极引导。一方面,要促进非公有制经济发展。放宽市场准入,允许非公有资本进入法律法规未禁入的基础设施、公用事业及其他行业和领域;在投融资、税收、土地使用和对外贸易等方面,保证非公有制企业与其他企业享受同等待遇;支持非公有制中小企业发展,完善保护私人财产的法律制度,为非公有制经济的发展创造良好的环境。另一方面,要加强对非公有制经济的监督和管理,引导它们依法经营、照章纳税、诚实守信、保障职工合法权益。通过支持和引导,促进非公有制经济健康发展。

坚持和完善社会主义初级阶段基本经济制度必须做到两个"毫不动摇",即毫不动摇地巩固和发展公有制经济,毫不动摇地鼓励、支持和引导非公有制经济发展。在实践中要注意防止两种错误倾向:一是不能把非公有制经济的作用与它的性质混淆,不能因为非公有制经济有积极作用,就抹煞非公有制经济中的劳动雇佣关系,错误地认为它们是社会主义性质的经济;二是不能将公有制经济与非公有制经济在社会主义基本经济制度中的地位同等看待。必须牢固树立公有制占主体的观念,坚持公有制主体地位不动摇。

第三节 中国特色社会主义的分配制度

一、坚持按劳分配的主体地位

我国社会主义初级阶段的所有制结构是公有制为主体、多种所有制形式并存,这就决定了分配制度是按劳分配为主体、多种分配形式并存。

坚持按劳分配是社会主义社会的一项根本原则。社会主义初级阶段个人收入分配制度,必须坚持按劳分配的主体地位,这是由社会主义公有制和社会生产力的发展水平决定的。社会主义生产资料公有制为实行按劳分配提供了前提条件,生产资料公有制实现了人们在生产资料占有上的平等关系,排除了个人凭借对生产资料的所有权来无偿地占有他人劳动成果,每位劳动者在共同占有生产资料的基础上为社会提供劳动,社会则根据劳动者提供的劳动的数量和质量进行分配,既不搞平均主义,也不出现过大差距。社会主义生产力发展水平也要求实行按劳分配。在社会主义社会,由于生产力还没有达到高度发达状态,社会产品尚未达到极大丰富,劳动还是人们谋生的手段,并且劳动者提供的劳动数量和质量还存在差别,不可能实现按需分配。只有实行按劳分配,才能充分调动劳动者的积极性,为向社会主义乃至共产主义高级阶段过渡创造物质条件。

在社会主义初级阶段,按劳分配实现的程度和范围与马克思设想的在社会占有生产资料和不存在商品货币关系的条件下实行的按劳分配有很大的区别。这主要体现在两个方面:一是按劳分配不可能在全社会范围内实现,只能作为分配制度的主体,按劳分配也是公有制经济内部的分配原则。二是在社会主义初级阶段,由于按劳分配的实现与市场经济规律相结合,因而按劳分配作用的范围、实现形式和实现程度要受市场机制和市场规律的制约。

社会主义初级阶段,坚持按劳分配的主体地位对于坚持中国特色社会主义经济的性质具有重要意义。只有坚持按劳分配的主体地位,才能毫不动摇地坚持公有制的主体地位;只有坚持按劳分配的主体地位,才能保证人们在平等的经济关系基础上建立和谐的经济利益关系;只有坚持按劳分配的主体地位,才能防止出现两极分化,从而保证共同富裕目标的实现。

二、多种分配方式并存

在社会主义初级阶段,与按劳分配这种主体分配方式并存的是按生产要素分配的其他分配方式。按生产要素分配,是指劳动、资本、技术、管理等生产要素按贡献参与分配。

改革开放后,随着多种所有制经济的发展,多种分配方式并存的分配原则逐步确立。党的十四届三中全会提出:"允许属于个人的资本等生产要素参与收益分配。"[①]党的十五大报告提出:"把按劳分配和按生产要素分配结合起来……

---

① 《中共中央关于建立社会主义市场经济体制若干问题的决定》,人民出版社1993年版,第20页。

允许和鼓励资本、技术等生产要素参与收益分配。"①党的十六大报告进而把"劳动、资本、技术和管理等生产要素按贡献参与分配"②确立为一项原则。党的十七大报告强调:"健全劳动、资本、技术、管理等生产要素按贡献参与分配的制度"③。由此可见,按生产要素分配的多种分配方式已是我国社会主义初级阶段收入分配制度的重要组成部分。

多种分配方式并存是社会主义初级阶段经济发展的必然要求。马克思主义认为,生产条件的分配决定个人消费品的分配,社会主义初级阶段存在多种所有制经济成分,因而必然存在多种分配方式;社会主义初级阶段公有制实现形式的多样化也决定了分配形式的多样化。公有制可以采用各种形式的股份制、合作制、股份合作制,经营方式可以有公有公营、公有民营、承包经营等,这在客观上决定了与此相应的分配方式的多样性;多种分配方式并存还是社会主义市场经济体制的内在要求。市场经济规律决定了投入经济活动过程中的生产要素都要取得相应的收益,以在经济上实现其所有权。因此,社会主义初级阶段多种分配方式的存在,是多种所有制经济、多种经营方式、市场经济运行的内在机制等诸多因素综合作用的结果。

按生产要素分配的多种分配方式主要包括三大类:

一是劳动作为生产要素参与分配。劳动作为生产要素参与分配和公有制中的按劳分配具有完全不同的性质。劳动作为生产要素参与分配主要指个体劳动者的劳动和非公有制经济中的雇佣劳动。个体劳动者的收入是凭借自己的劳动和占有的生产资料从事个体劳动和经营所取得的收入,他们的收入数量,不仅取决于他们的劳动,而且取决于他们拥有的物质生产条件的数量和质量,以及他们的经营能力;被雇于非公有制经济的雇佣劳动者获得的劳动收入,实质上是劳动者出卖劳动力商品获得的价值和价格。

二是资产、资本收入。资产收益主要指公有制经济和个体经营者获得的资产收益,如通过直接或间接融资方式向资金需要者提供资金,获得红利、股息、利息、债息或分享收益收入。资本收入是按资本分配得到的利润收入,包括我国私营企业主和外资及港澳台投资者按资本获得的利润收入,国有企业的承包者和租赁者通过按经营成果分配获得的收入,以及通过租赁出租实物形态的资本或

① 《十五大以来重要文献选编》(上),人民出版社 2000 年版,第 24 页。
② 《中国共产党第十六次全国代表大会文件汇编》,人民出版社 2002 年版,第 27 页。
③ 《中国共产党第十七次全国代表大会文件汇编》,人民出版社 2007 年版,第 37 页。

者房地产等获得的租金收入,等等。

三是技术、管理等生产要素收入,包括凭借知识产权、科技发明、技术转让或入股、信息咨询等方式获得的收入。

社会主义市场经济条件下,多种分配方式并存,有利于调动各种生产要素所有者的积极性,从而充分利用社会经济资源,促进经济发展,因而必须肯定按生产要素分配的必要性和合理性。然而,不能因为按要素分配有积极作用而否定其非按劳分配的性质,更不能以按生产要素分配否定按劳分配,甚至取代它在现行分配制度中的主体地位。

三、深化分配制度改革

要遏制收入分配差距扩大趋势,避免出现两极分化,必须深化分配制度改革,建立覆盖城乡居民的社会保障体系,更加注重公平。

1. 正确认识"先富"与"共富"的关系

社会主义建设正反两方面的经验教训表明,实行平均主义只能打击先进、鼓励落后,挫伤劳动者的积极性,其结果是共同贫困。改革开放初期,邓小平就指出:"在经济政策上,我认为要允许一部分地区、一部分企业、一部分工人农民,由于辛勤努力成绩大而收入先多一些,生活先好起来。一部分人生活先好起来,就必然产生极大的示范力量,影响左邻右舍,带动其他地区、其他单位的人们向他们学习。这样,就会使整个国民经济不断地波浪式地向前发展,使全国各族人民都能比较快地富裕起来。"他还强调:"这是一个大政策,一个能够影响和带动整个国民经济的政策"①。1992 年年初,邓小平又指出:"一部分地区有条件先发展起来,一部分地区发展慢点,先发展起来的地区带动后发展的地区,最终达到共同富裕。"②邓小平提出的一部分人、一部分地区先富起来,逐步实现共同富裕的思想,是符合我国社会主义初级阶段的经济发展规律的。"共富"是目的和目标,"先富"是手段和途径,"共富"和"先富"是目标和途径、目的和手段的关系。

一部分人、一部分地区先富起来,既是事物发展的客观规律,也反映了社会主义市场经济的客观要求。任何事物的发展,总是从不平衡到平衡的一个发展过程,不平衡是绝对的,平衡是相对的。实现共同富裕,不可能让全国城乡、不同

① 《邓小平文选》第二卷,人民出版社 1994 年版,第 152 页。
② 《邓小平文选》第三卷,人民出版社 1993 年版,第 374 页。

地区、不同阶层的人同时同步实现同等程度的富裕,只能是不平衡地逐步达到共同富裕。先富也是社会主义初级阶段实行按劳分配为主体、多种分配方式并存的必然结果,反映了社会主义市场经济的客观要求。允许一部分人、一部分地区先富起来,是为了最终实现共同富裕。共同富裕是社会主义的本质要求,邓小平反复强调:"社会主义的目的就是要全国人民共同富裕,不是两极分化。"[1]在处理不同地区"先富"与"共富"关系问题上,邓小平提出了"两个大局"的思想。他指出:"沿海地区要加快对外开放,使这个拥有两亿人口的广大地带较快地先发展起来,从而带动内地更好地发展,这是一个事关大局的问题。内地要顾全这个大局。反过来,发展到一定的时候,又要求沿海拿出更多力量来帮助内地发展,这也是个大局。那时沿海也要服从这个大局。"[2]

2. 初次分配和再分配都要处理好效率与公平的关系

先富与共富的关系实质上反映的是效率与公平的关系。承认社会成员之间收入分配的差距是为了充分调动人们生产的主动性和积极性,而共富则是社会成员对财富的共享,体现社会公平。鼓励一部分人、一部分地区先富起来,并不意味着贫富差距越大越好。相反,收入差距过大会损害大多数社会成员的生产积极性,尤其通过不合法不合理手段实现先富的状况会严重损害劳动者的积极性,不利于效率的提高。邓小平强调:"如果我们的政策导致两极分化,我们就失败了;如果产生了什么新的资产阶级,那我们就真是走了邪路了。"[3]他还提出:中国发展到一定程度后,一定要考虑分配问题。也就是说,要考虑落后地区和发达地区的差距问题。不同地区总会有一定的差距。这种差距太小不行,太大也不行。如果仅仅是少数人富有,那就会落到资本主义去了。邓小平告诫我们,既要拉开收入分配差距,促进效率,又要防止收入分配差距不断扩大而导致两极分化。为此,必须不断深化分配制度改革,处理好效率与公平的关系。

改革开放以来,分配制度改革中关于效率与公平关系的处理随着形势的变化逐步调整。党的十三大报告提出:"我们的分配政策,既要有利于善于经营的企业和诚实劳动的个人先富起来,合理拉开收入差距,又要防止贫富悬殊,坚持共同富裕的方向,在促进效率提高的前提下体现社会公平。"党的十四大报告提出:在分配制度上"兼顾效率与公平";党的十四届三中全会通过的《中共中央关

---

[1]　《邓小平文选》第三卷,人民出版社1993年版,第111页。
[2]　同上书,第277—278页。
[3]　同上书,第110—111页。

于建立社会主义市场经济体制若干问题的决定》提出:个人收入分配要"体现效率优先,兼顾公平的原则"。十六大报告进一步说明:"初次分配注重效率,……再分配注重公平。"党的十六届四中全会强调:"注重社会公平,合理调整国民收入分配格局,切实采取有力措施解决地区之间和部分社会成员收入差距过大的问题,逐步实现全体人员的共同富裕。"党的十六届五中全会强调:"注重社会公平,特别要关注就业机会和分配过程的公平","努力缓解地区之间和部分社会成员收入分配差距扩大的趋势"。党的十六届六中全会提出:"更加注重社会公平,着力提高低收入者收入水平,逐步扩大中等收入者比重,有效调节过高收入,坚决取缔非法收入,促进共同富裕"。党的十七大报告则提出"合理的收入分配制度是社会公平的重要体现。要坚持和完善按劳分配为主体、多种分配方式并存的分配制度,健全劳动、资本、技术、管理等生产要素按贡献参与分配的制度,初次分配和再分配都要处理好效率与公平的关系,再分配更加注重公平。逐步提高居民收入在国民收入分配中的比重,提高劳动报酬在初次分配中的比重。"十七大报告还提出:"创造条件让更多群众拥有财产性收入。保护合法收入,调节过高收入,取缔非法收入。扩大转移支付,强化税收调节,打破经营垄断,创造机会公平,整顿分配秩序,逐步扭转收入分配差距扩大趋势。"

从我国收入分配政策改革发展的历程来看,最初是强调效率、鼓励先富、兼顾公平;随着收入差距的扩大,越来越关注公平。十七大报告明确提出,初次分配和再分配都要处理好效率与公平的关系,再分配更加注重公平。

第四节　建立和完善社会主义市场经济体制

一、我国社会主义经济体制的历史沿革

新中国成立后,经过对生产资料私有制的社会主义改造,我国建立了社会主义经济制度,全面展开了社会主义建设。在社会主义建设过程中,我国社会主义经济体制经历了一个探索发展过程。

20世纪50年代,我国仿效苏联社会主义建设的模式,建立了高度集中的计划经济体制。这种经济体制的特征主要表现为:实行国家统制经济,运用指令性计划,直接掌握、控制人财物资源;以行政手段管理经济,企业的生产、流通、分配等经济活动都在计划规定的范围内进行;实行单一的公有制,只承认国家所有制和集体所有制两种形式,并且认为国家所有制是公有制的高级形式,集体所有制

是公有制的低级形式，因而集体所有制也要不断向国家所有制过渡。这种高度集中的计划经济体制在我国社会主义工业化初期经济结构简单、科技水平不高、社会利益关系相对单纯的情况下能顺利运行，发挥过积极的作用。这种体制通过集中当时有限的人财物，保证了国家重点建设，实现了国民经济的协调发展，较为迅速地初步建立起了社会主义物质基础，并在此基础上建立了我国独立的比较完整的工业体系和国民经济体系。

随着经济规模的逐步扩大，经济联系日益复杂化，高度集中的计划经济体制日益显露出弊端，主要表现在：政企不分，条块分割，国家对企业统得过多过死；用行政手段管理经济，忽视商品生产、价值规律和市场机制的作用；经济形式、经营方式单一化，分配中平均主义色彩浓厚，不利于调动各方面的积极性、主动性和创造性，等等。经济体制的这些弊端使本来应当生机盎然的社会主义经济在一定程度上失去了活力。

针对我国经济体制运行中出现的问题，以毛泽东为主要代表的中国共产党人开始了对经济体制改革的探索并取得初步成果。毛泽东在《论十大关系》中就提出，要发挥中央和地方两个积极性，要兼顾国家、生产单位和生产者三方面利益。他在 1956 年年底同民建和工商联负责人的谈话中还提出："可以搞国营，也可以搞私营。可以消灭了资本主义，又搞资本主义。"① 陈云在党的"八大"上提出"三个主体、三个补充"的思想，即在工商业经营方面，国家经营和集体经营为主体，个体经营为补充；在生产计划方面，国家的工农业计划生产为主体，国家计划许可内的自由生产为补充；在流通方面，国家市场为主体，国家领导之下的自由市场为补充。② 随后，毛泽东进一步提出：我国是一个商品生产很不发达的国家，很需要有一个发展商品生产的阶段，必须有计划地大力发展商品生产，利用价值规律。商品生产和资本主义生产联系多就是资本主义，与社会主义联系，就不是资本主义，而是社会主义。这些探索表明我国试图调整高度集中的计划经济体制，发挥市场调节的作用，但由于当时将计划经济和市场经济视为社会主义和资本主义两种不同的社会制度的本质特征，因而不可能突破计划经济体制的总体框架。后来由于"左"倾思想的发展，这种可贵的探索没有得到坚持和深化。

十一届三中全会以后，我国经济体制改革开始了以社会主义市场经济为取

---

① 《毛泽东文集》第七卷，人民出版社 1999 年版，第 170 页。
② 《中国共产党第八次全国代表大会文献》，人民出版社 1957 年版，第 336 页。

向的改革进程。改革从农村向城市发展,首先是建立和发展家庭联产承包为主的多种形式的生产责任制。随后,20 世纪 80 年代中期全面推行的城市改革覆盖了经济体制的各个方面。1992 年党的十四大正式明确了把建立社会主义市场经济体制确定为我国经济体制改革的目标模式。经过改革开放 30 年的发展,我国社会主义市场经济体制已初步建立起来。

二、社会主义市场经济体制的形成和完善

社会主义市场经济体制的形成和完善经历了一个逐步发展的过程。

早在 1979 年,邓小平根据实践经验指出:"说市场经济只存在于资本主义社会,只有资本主义的市场经济,这肯定是不正确的。……我们是计划经济为主,也结合市场经济,但这是社会主义的市场经济。……市场经济不能说只是资本主义的。……社会主义也可以搞市场经济。"①这不仅肯定了党的"八大"前后对市场作用的探索,而且还打破了社会主义只能实行计划经济的传统观念,开始把市场经济与社会主义联系起来。1981 年党的十一届六中全会通过的《关于建国以来党的若干历史问题的决议》,提出了"以计划经济为主,市场调节为辅"的方针,随后得到党的十二大的肯定。由此,市场的调节作用得到认同,高度集中的计划经济体制开始有所改变。

1984 年党的十二届三中全会通过的《中共中央关于经济体制改革的决定》,首次提出社会主义经济是"在公有制基础上有计划的商品经济",商品经济的充分发展是社会主义经济发展不可逾越的阶段。这就为发展商品经济,发挥市场机制作用的改革扫除了思想障碍。1985 年邓小平指出:"我们过去一直搞计划经济,但多年的实践证明,在某种意义上说,只搞计划经济会束缚生产力的发展。把计划经济和市场经济结合起来,就更能解放生产力,加速经济发展。"②由于对有计划的商品经济有不同理解,有的强调商品经济,有的强调计划。鉴于此,邓小平指出:"计划和市场都是方法嘛。只要对发展生产力有好处,就可以利用。它为社会主义服务,就是社会主义的;为资本主义服务,就是资本主义的。……我们以前是学苏联的,搞计划经济。后来又讲计划经济为主,现在不要再讲这个了。"③党的十三大进一步提出社会主义有计划商品经济体制,应当是"计划与市场内在

---

① 《邓小平文选》第二卷,人民出版社 1994 年版,第 236 页。
② 《邓小平文选》第三卷,人民出版社 1993 年版,第 148—149 页。
③ 同上书,第 203 页。

统一的体制","计划和市场的作用范围都是覆盖全社会的。"新的运行机制总体上应当是国家调控市场,市场引导企业的机制。这就实现了计划与市场的统一。

1992 年邓小平视察南方发表重要谈话,指出:"计划多一点还是市场多一点,不是社会主义与资本主义的本质区别。计划经济不等于社会主义,资本主义也有计划;市场经济不等于资本主义,社会主义也有市场。计划和市场都是经济手段。"①这就从根本上破除了将计划经济视为社会主义本质特征的传统观念。党的十四大报告明确提出,我国经济体制改革的目标是建立社会主义市场经济体制,以利于进一步解放和发展生产力。我们要建立的社会主义市场经济体制,就是要使市场在社会主义国家宏观调控下对资源配置起基础性作用。至此,我国社会主义市场经济体制改革目标最终确立。

党的十四届三中全会通过《中共中央关于建立社会主义市场经济体制若干问题的决定》,进一步明确了建立社会主义市场经济体制的基本框架——三大制度两大体系,即坚持以公有制为主体,多种所有制经济共同发展的方针,建立产权清晰、责权明确、政企分开、管理科学的现代企业制度;建立以按劳分配为主体,多种分配方式并存的收入分配制度;建立多层次的社会保障制度;建立全国统一开放的市场体系,实现城乡市场紧密结合,国内市场与国际市场相互衔接,促进资源的优化配置;转变政府管理经济的职能,建立以间接手段为主的完善的宏观调控体系,保证国民经济的健康运行。这五个环节构成了社会主义市场经济体制的基本框架。党的十五大进而提出了社会主义初级阶段的基本经济制度,保证市场经济得到进一步的发展。到 20 世纪末,我国社会主义市场经济体制已初步形成。

为了完善社会主义市场经济体制,党的十六大又提出了一系列重大决策,包括坚持和完善社会主义初级阶段基本经济制度,构筑有利于社会主义市场经济发展的微观基础;健全统一、开放、竞争、有序的现代市场体系,在更大程度上发挥市场在资源配置中的基础性作用;加强和完善宏观调控;建立健全社会保障制度等。党的十六届三中全会通过的《中共中央关于完善社会主义市场经济体制若干问题的决定》,对进一步完善社会主义市场经济体制提出了明确的目标和任务。党的十七大针对社会主义市场经济体制建设存在的突出问题,强调指出:要完善基本经济制度,健全现代市场体系;深化财税、金融等体制改革,完善宏观调控体系,发挥国家发展规划、计划、产业政策在宏观调控中的导向作用,综合运

---

① 《邓小平文选》第三卷,人民出版社 1993 年版,第 373 页。

用财政、货币政策,提高宏观调控水平。这些改革措施,一定会促进我国社会主义市场经济体制进一步完善。

三、社会主义市场经济体制的本质特征

社会主义市场经济体制是社会主义基本制度与市场经济的结合,它既具有市场经济的一般属性,又具有社会主义所要求的本质特征。

社会主义市场经济体制与资本主义市场经济体制共同的一般属性有:以市场为基础性手段配置资源;企业是独立的市场主体和法人实体;市场经济规律起支配作用;政府的宏观调控主要通过经济手段实现;法制对经济运行起基本保障作用。

由于社会主义市场经济与资本主义市场经济是两种不同社会制度与市场经济的结合,因而这两种经济体制也有本质的区别:第一,在所有制结构上,以公有制为主体,多种所有制经济共同发展,一切符合"三个有利于"标准的所有制形式都可以而且应该用来为社会主义服务。要深化国有企业公司制股份制改革,健全现代企业制度,增强国有经济活力、控制力、影响力。推进集体企业改革,发展多种形式的集体经济、合作经济。促进个体、私营经济和中小企业发展。同时,必须坚持公有制的主体地位不动摇。第二,在分配制度上,坚持和完善按劳分配为主体、多种分配方式并存的分配制度。初次分配和再分配都要处理好效率与公平的关系,再分配更加注重公平,防止两极分化。通过鼓励一部分人、一部分地区先富起来的途径,最终达到共同富裕的目标。第三,在宏观调控上,增强宏观调控的能力,提高宏观调控水平,充分体现社会主义制度的优越性。社会主义宏观调控不仅是为了弥补市场机制自身的盲目性、滞后性等弱点,更是为了实现人民的根本利益,因而社会主义的宏观调控能够把人民的当前利益与长远利益、局部利益与整体利益结合起来,使市场在社会主义国家宏观调控下对资源配置起基础性作用,更好地发挥计划和市场两种手段的长处,使社会主义制度的优越性和市场机制优化资源配置的优势都得到充分发挥,进而推进社会主义市场经济健康发展。

第五节　推动国民经济又好又快发展

一、提高自主创新能力

当今世界,人类正经历从工业社会向信息社会演进。在这种背景下,综合国

力的竞争,越来越表现为科技的竞争,尤其是自主创新能力的竞争。为此,以胡锦涛为总书记的党中央把提高自主创新能力作为调整经济结构、转变经济发展方式、增强国家竞争力的中心环节,把建设创新型国家作为面向未来的重大战略。党的十七大报告指出:"提高自主创新能力,建设创新型国家。这是国家发展战略的核心,是提高综合国力的关键。要坚持走中国特色自主创新道路,把增强自主创新能力贯彻到现代化建设各个方面。"

自主创新包括三方面内容:一是原始性创新,指前所未有的重大科学发现、技术发明等创新成果。原始性创新意味着在研究开发方面,特别是在基础研究和高技术研究领域取得独有的发现或发明。二是集成创新,指通过各种相关技术成果融合汇聚,形成具有市场竞争力的产品和产业;三是引进技术的消化、吸收和再创新。自主创新的首要特性是创造性原则,因而自主创新绝不是以往成果的简单重复。

新中国成立后,我们党就十分重视科学技术对现代化建设的重要作用,20世纪50年代就曾提出"向科学进军"的号召。改革开放后,面对世界科学技术日新月异迅猛发展的新形势,邓小平提出了科学技术是第一生产力的思想。江泽民也强调,科技创新越来越成为当今社会生产力解放和发展的重要基础与标志,越来越决定着一个国家、一个民族的发展进程。2006年年初,国务院制定了国家中长期科学和技术发展规划纲要,提出用15年时间使我国进入创新型国家行列的重大战略目标,即到2020年,使我国的自主创新能力显著增强,科技促进经济社会发展和保障国家安全的能力显著增强,为全面建设小康社会提供强有力的支撑。基础科学和前沿技术研究综合实力显著增强,取得一批在世界具有重大影响的科学技术成果,进入创新型国家行列,为在本世纪中叶成为世界科技强国奠定基础。

要提高我国自主创新能力,实现创新型国家建设目标,必须将增强自主创新能力贯彻到现代化建设的各方面:

增强自主创新能力,关键是强化企业在技术创新中的主体地位,建立以企业为主体、市场为导向、产学研相结合的技术创新体系,引导和支持创新要素向企业集聚,促进科技成果向现实生产力转化。现代科技发展的历史表明,重大技术的创新突破和产业化几乎都是企业所为,因而应当采取相应措施,营造更加良好的环境,使企业真正成为研究开发投入的主体、技术创新活动的主体和创新成果应用的主体。鼓励国有大型企业加快研究开发机构建设和加大研究开发投入,努力形成一批集研究开发、设计、制造于一体,具有国际竞争力的大型骨干企业;

重视和发挥民营科技企业在自主创新、发展高新技术产业中的生力军作用;支持有条件的企业承担国家研究开发任务,主持或参与重大科技攻关;加强创新创业服务体系建设,为中小企业特别是科技型中小企业的技术创新提供良好条件。大力推进产学研相结合、鼓励和支持企业同科研院所、高等院校联合建立研究开发机构、产业技术联盟等技术创新组织,促进科技成果及时转化为现实生产力,要加强国际科技合作,充分利用国际国内两种资源两个市场,提高我国自主创新的起点、水平和效益。与此相联系,要深化科技体制改革和经济体制改革,进一步消除制约科技进步和创新的体制性、机制性障碍,推动经济与科技紧密结合,形成技术创新、知识创新、科技中介服务等相互促进、充满活力的国家创新体系。

提高自主创新能力,必须实施科教兴国战略和人才强国战略。科技竞争,核心是人才竞争。世界科技发展的实践告诉我们:一个国家只有拥有强大的自主创新能力,才能在激烈的国际竞争中把握先机、赢得主动。拥有强大自主创新能力的关键,是造就世界一流科学家和科技领军人才,注重培养一线的创新人才,使全社会创新智慧竞相迸发、各方面创新人才大量涌现。培养创新性人才的基础在教育。因此,我们要坚持教育优先发展的方针,深化教育体制改革,优化教育结构,为提高自主创新能力提供基础保证。

提高自主创新能力,还需要建立健全相应的政策法规。为此,必须深化科技管理体制改革,优化科技资源配置,完善鼓励技术创新和科技成果产业化的法制保障、政策体系、激励机制、市场环境,实施知识产权战略,等等。

自主创新还需要相应的资金保证,要多渠道保证对自主创新的投入,着力突破制约经济社会发展的关键技术,增强我国产业的国际竞争力,抢占国际竞争的战略制高点。同时,支持基础研究、前沿技术研究、社会公益性技术研究,加快建设国家创新体系。

二、加快转变经济发展方式

党的十七大报告提出:"加快转变经济发展方式,推动产业结构优化升级。这是关系国民经济全局紧迫而重大的战略任务。"用"转变经济发展方式"取代"转变经济增长方式",不仅突出经济领域中"数量"的变化,更强调经济运行中"质量"的提升和"结构"的优化。

经济增长方式和经济发展方式既有联系又有区别。经济增长指一个国家或地区生产的物质产品和服务的增加,常用 GDP 或 GNP 类系列指标来衡量。经济增长方式有两种:一是依靠增加要素投入、追求产品数量扩张的增长方式,即粗放型增长方式;二是通过生产要素质量和使用效率的提高来实现经济增长,即集约型增长方式。经济发展除了包含有经济增长的内容外,还包括由增长引起的一系列经济结构的变化,如生产结构、就业结构、收入分配结构以及环境质量的提高、人民生活质量的改善,等等。由此可见,经济增长是一个偏重于数量的概念,而经济发展则是一个既包括数量又包括质量的概念。经济发展方式,是实现经济发展的方法、手段和模式,其中不仅包含经济增长方式,而且包括结构(经济结构、产业结构、城乡结构、地区结构等)、运行质量、经济效益、收入分配、环境保护、城市化程度、工业化水平以及现代化进程等诸多方面的内容。转变经济发展方式,是经济的数量型扩张向质量型发展的升华。

从新中国成立到20世纪80年代中期,由于基础差,底子薄,许多经济门类处于从无到有的创始阶段。这个时期我国大多采用粗放型增长方式,突出经济总量的快速增长。80年代中后期,我国国民经济总量已具有了相当规模、工业体系也较为完整,但资源供给的约束性开始凸显,转变经济增长方式具有现实迫切性。1987年党的十三大提出"从粗放经营为主逐步转向集约经营为主的轨道"的新要求。1995年党的十四届五中全会通过的《中共中央关于制定国民经济和社会发展"九五"计划和2010年远景目标的建议》,进一步提出要实现"经济增长方式从粗放型向集约型转变",把它与"经济体制从传统的计划经济体制向社会主义市场经济体制转变"并列为两个具有全局意义的根本性转变。新世纪新阶段,我国经济整体上告别了短缺时代,并开始进入工业化的中期,一些发达地区甚至已处于工业化的后期,经济总量从占世界第12位跃升到第4位。在这种状况下,以"转变经济增长方式"作为经济建设主线的局限性越来越明显。原因在于:"转变经济增长方式"不能改变单纯追逐GDP的现状,"转变经济增长方式"的中心目标还是指向数量的增长,依然强调量的扩张;"转变经济增长方式"没能突出强调经济质量的整体提升,也不注重经济结构的优化。因此,用"转变经济发展方式"替代"转变经济增长方式"应运而生。党的十七大报告明确提出,"加快转变经济发展方式,推动产业结构优化升级",体现了我们党对经济发展规律的认识取得了新的重大进展。

转变经济发展方式,实现国民经济又好又快发展,必须坚持扩大国内需求特别是消费需求的方针,促进经济增长由主要依靠投资、出口拉动向依靠消费、投资、出口协调拉动转变,由主要依靠第二产业带动向依靠第一、第二、第三产业协同带动转变,由主要依靠增加物质资源消耗向主要依靠科技进步、劳动者素质提高、管理创新转变。这就要求把经济建设放在经济发展和社会全面进步的总体要求之中,不能单纯地片面地追求经济增长。增长本身不是目的,增长的目的是发展,是社会的全面进步,必须追求有发展的增长。这就不仅要重视经济规模和效率,而且更要重视经济发展的协调性、可持续性以及成果共享性。

转变经济发展方式,要根本改变依靠高投入、高消耗、高污染来支持经济增长的方式,坚持走科技含量高、经济效益好、资源消耗低、环境污染少、人力资源优势得到充分发挥的中国特色新型工业化道路。目前,我国已成为世界上煤炭、钢铁、铁矿石、氧化铝、铜、水泥消耗最大的国家,是世界上能源消耗的第二大国。由于资源环境的承载过重,一些地区已经到了难以为继的地步。同时,生态环境的恶化也在加剧。因此,无论是从可利用的能源资源有限性来看,还是从保护生态环境来看,都必须加快转变经济发展方式,注重依靠科技进步和提高劳动者素质、提高经济效益和国民经济整体素质来促进经济社会发展。

转变经济发展方式,还要紧紧抓住加快经济结构战略性调整这条主线,着力推进产业结构优化升级。大力推进信息化与工业化融合,促进工业由大变强,振兴装备制造业,淘汰落后生产能力;提升高新技术产业,发展信息、生物、新材料、航空航天、海洋等产业;发展现代服务业,提高服务业比重和水平;加强基础产业基础设施建设,加快发展现代能源产业和综合运输体系;鼓励发展具有国际竞争力的大企业集团。随着经济全球化的深入发展,全球经济加快重组和国际产业加快转移,国际产业结构调整呈现出高技术化、服务化、生态化的特征。一国高技术产业的发展、现代服务业的发展、生态环境的优劣,直接决定着这个国家在国际产业链中的分工地位和国际竞争力。目前,我国经济发展整体上还处在"要素驱动型"而不是"创新驱动型"阶段,资源消耗过大,劳动力成本投入低,高科技产业少,现代服务业发展滞后,产业结构不合理,因而必须转变经济发展方式,提升经济的整体素质,形成经济全球化条件下参与国际经济合作和竞争的新优势。

三、加强能源资源节约和生态环境保护

党的十六届五中全会提出了建设资源节约型、环境友好型社会的奋斗目标。党的十七大报告进一步提出了"加强能源资源节约和生态环境保护,增强可持续发展能力",以实现国民经济又好又快发展的目标,体现了我们党对这一问题的高度重视。

建设资源节约型、环境友好型社会是落实科学发展观,保证我国可持续发展的必然要求。我国人口众多,资源人均拥有量太少,资源环境压力大,节约资源

和保护环境是关系人民群众切身利益和中华民族生存发展的大问题。能源资源是人类社会生存和发展的重要物质基础,也是我们全面建设小康社会、加快推进社会主义现代化的重要物质基础。坚持节约资源的基本国策,加快建设资源节约型、环境友好型社会,促进经济发展与人口、资源、环境相协调,是走新型工业化道路,保障经济安全和国家安全的必然要求。我们必须以对国家和人民高度负责、对子孙后代高度负责的精神,把节约能源资源工作放在更加突出的战略位置,切实做到节约发展、清洁发展、安全发展、可持续发展,坚定不移地走生产发展、生活富裕、生态良好的文明发展道路。

资源节约型社会是以能源资源高效率利用的方式进行生产、以节约的方式进行消费为根本特征的社会。它要求在生产、流通、消费的各个领域,在经济社会发展的各个方面,以节约使用能源资源和提高能源资源利用效率为核心,以节能、节水、节材、节地、资源综合利用为重点,以尽可能小的资源消耗获得尽可能大的经济和社会效益,从而保障经济社会的可持续发展。

环境友好型社会是指人与自然和谐发展的社会,通过人与自然的和谐来促进人与人、人与社会的和谐。它是一种以人与自然和谐相处为目标,以环境承载能力为基础,以绿色科技为动力,坚持保护优先、开发有序,合理进行功能区划分,倡导环境文化和生态文明,追求经济、社会、环境协调发展的社会体系。

建设资源节约型、环境友好型社会必须坚持开发与节约并举、节约优先的方针,开发和推广节约、替代、循环利用和治理污染的先进适用技术,发展清洁能源和可再生能源,保护土地和水资源,建设科学合理的能源资源利用体系,提高能源资源利用效率,把节约能源资源工作贯穿于生产、流通、消费各个环节和经济社会发展各个领域,加快形成节约型生产方式和消费方式。

建设资源节约型、环境友好型社会必须大力推进产业结构优化升级。要大力发展集约化农业、生态农业和服务业,积极发展高技术产业,加快用高新技术和先进适用技术改造传统产业。坚决淘汰严重耗费能源资源和污染环境的落后生产能力,建立落后生产能力退出机制,控制高耗能、高污染产品出口,禁止对高耗能、高污染项目给予税费、信贷、电价、地价等方面的优惠。加大循环经济试点力度,努力提高生产活动的循环化、生态化水平。

加强能源节约和生态环境保护,要切实增强全民族的节约意识,在全社会倡导节俭、文明、适度、合理的消费理念,倡导绿色消费等现代消费方式,提高消费质量和效益。要加快构建节约能源资源的技术支撑体系,加强能源资源节约和循环利用技术的攻关和产业化,培育节能服务体系。

　　加强能源节约和生态环境保护,要发展环保产业。加大节能环保投入,重点加强水、大气、土壤等污染防治,改善城乡人居环境。加强水利、林业、草原建设,加强荒漠化石漠化治理,促进生态修复。提高应对气候变化的能力,为保护全球气候作出新贡献。

　　加强能源节约和生态环境保护,还要完善有利于节约能源资源和保护生态环境的法律和政策,加快形成可持续发展体制机制。注重运用价格、财税、金融等手段促进能源资源节约和有效利用,加快建立科学的节能减排指标体系、考核体系、监测体系,依法加大执法和监督检查力度,堵塞能源资源浪费漏洞,综合运用经济、法律以及必要的行政手段对用能行为加以引导和规范。

四、提高开放型经济水平

　　我国改革开放的实践证明,我国现代化建设取得举世瞩目的成就,是与始终坚持对外开放的基本国策分不开的。对外开放的实质,就是吸收和借鉴人类文明的一切优秀成果,加快自身发展。当前,要拓展对外开放的广度和深度,提高开放型经济水平,推进国民经济又好又快发展。

　　首先,要完善开放型经济体系。在经济全球化加速发展的今天,我们要把"引进来"和"走出去"更好地结合起来,扩大开放领域,优化开放结构,提高开放质量,完善内外联动、互利共赢、安全高效的开放型经济体系,形成经济全球化条件下参与国际经济合作和竞争的新优势。为此,必须树立开放式发展思维,树立世界眼光,增强开放意识,善于抓住外部重大机遇,加快自身发展。

　　党的十七大报告提出:要"深化沿海开放,加快内地开放,提升沿边开放,实现对内对外开放相互促进"。我国对外开放从沿海到内地,从东部到西部逐步展开,已形成了全方位、多层次、宽领域的对外开放格局。面对当今经济全球化浪潮,我们必须统筹国内国际两个大局,更好利用国际国内两个市场、两种资源,完善开放型经济体系。加快转变外贸增长方式,立足以质取胜,调整进出口结构,促进加工贸易转型升级,大力发展服务贸易,将服务业开放作为新一轮对外开放的重点,全面推进服务业以开放促发展、促改革、促创新的步伐。通过以承接国际服务外包为突破口,强化溢出效应,带动服务业开放与升级。完善服务业吸收外资政策,提高服务业吸收外资水平,并大力发展服务贸易,扩大服务进口,促进我国服务供给质量的提高。

　　要创新利用外资方式,优化利用外资结构,发挥利用外资在推动自主创新、产业升级、区域协调发展等方面的积极作用。随着外商直接投资流入的不仅仅是资本,更重要的是先进技术、管理经验、经营理念、高端人才和营销网络。因此,必须提高利用外资的质量,优化利用外资结构,积极引进先进技术、管理经验和高素质人才,做好引进技术的消化吸收和创新提高,在开放中增强自主创新能力。抓住新一轮国际产业转移机遇,优化外资产业和区域布局。充分发挥外资的技术溢出效应,吸引跨国公司来华设立研发中心、服务外包基地、培训基地。推动外商投资企业与国内企业在技术研发、资源采购、市场开拓、人力资源开发等方面开展合作,继续强化与跨国公司的长期合作。

要鼓励有条件的企业"走出去",创新对外投资和合作方式,支持企业在研发、生产、销售等方面开展国际化经营,加快培育我国的跨国公司和国际知名品牌。要注意严格规范"走出去"经营秩序,避免恶性竞争和损害东道国公共利益,强化企业遵守东道国法律和履行社会责任意识。要将鼓励开展境外加工贸易作为我国企业国际化的一条重要途径。境外加工贸易适合我国大多数企业规模小、国际化经营经验少的特点,在国外进行全散件和半散件组装,较少影响国内产业发展和就业,有利于就地开展维修等售后服务,还可以规避贸易壁垒。同时,也有利于促进当地产业和经济发展,实现互利共赢。

要积极开展国际能源资源互利合作,实施自由贸易区战略,加强双边多边经贸合作,采取综合措施促进国际收支基本平衡,防范国际经济风险,维护国家经济安全。对外开放带来中国经济与世界经济的依赖是双向的、互动的。在加深我国对海外市场和资源依赖的同时,世界各国对中国的依赖也在加深。利益互补、合作共赢将成为化解矛盾和摩擦的主要方式。由于我国加入了WTO,与世界经济的联系加强,因而国际经济周期性波动、世界金融危机对我国经济发展会产生一定的影响和冲击。为此,要建立健全新形势下维护国家经济安全的机制,将对外开放的风险降到最低限度:一是要处理好内需与外需的关系,把扩大内需作为经济发展的根本立足点;二是要有效防范国际金融风险;三是要健全产业安全机制;四是要努力保障资源能源供给与海外资产人员安全;五是要积极应对新出现的各种非传统安全风险。只有针对新形势下不断出现的新问题,健全相应机制和应对策略,才能既提高我国开放型经济水平,又能有效防范经济风险。

第八章
中国特色社会主义的政治建设

　　富强、民主、文明与和谐是中国社会主义现代化建设的四大目标。民主政治建设是中国特色社会主义事业的题中应有之义。在当代世界,民主已成为主流政治价值。当然,由于各国历史文化传统与现实国情的巨大差异,各国走向民主的途径与形式必然多种多样。正如《中国的民主政治建设》白皮书所说:"一个国家实行什么样的政治制度,走什么样的民主道路,要与一国的国情相适应。"①中国特色社会主义的政治建设,也必须从中国的具体国情出发。本章主要从我国现阶段政治与经济的关系、坚持人民民主专政的国家制度、坚持中国特色的社会主义政治发展道路、建设社会主义法治国家以及积极稳妥地推进政治体制改革五个方面探讨中国特色社会主义政治建设问题。

第一节　我国现阶段政治和经济的关系

一、我国现阶段的政治是经济的集中体现

　　党的十七大报告指出,中国正处于并将长期处于社会主义初级阶段。根据历史唯物主义分析人类社会发展的观点和方法,社会主义初级阶段的中国应被视为处在经常发展中的社会有机体,它是由许多具有相关性的社会要素构成的有机系统,其中,最重要的因素就是经济基础和政治上层建筑,它们共同组成社会的基本架构。

　　按照唯物史观,对于中国特色社会主义政治的深刻理解,应该到社会经济生活中去寻找。马克思在《政治经济学批判序言》中指出:"人们在自己生活的社

---

　　① 参见中华人民共和国国务院新闻办公室 2005 年 10 月发表的《中国的民主政治建设》白皮书。

会生产中发生一定的、必然的、不以他们的意志为转移的关系,即同他们的物质生产力的一定发展阶段相适合的生产关系。这些生产关系的总和构成社会的经济结构,即有法律的和政治的上层建筑竖立其上并有一定的社会意识形式与之相适应的现实基础。物质生活的生产方式制约着整个社会生活、政治生活和精神生活的过程。"①经济生活主要指物质资料的生产方式,它包括特定的物质生产力发展水平和特定的生产关系。而政治"就是参与国家事务,给国家定方向,确定国家活动的形式、任务和内容"②,它包括政权性质、政治制度、法律体系、政府体制、武装力量、政治文化等因素。现阶段中国经济生活的主要特征表现为两个方面:一方面,少数先进的社会生产力与大量落后的社会生产力并存;另一方面,以公有制为主体多种所有制并存。中国政治制度的主要内容包括:以人民民主专政为国体、以人民代表大会制度为政体,以中国共产党为领导力量等内容。

中国经济发展的水平决定了中国现阶段政治的特点。我国以公有制为主体的所有制结构,为人民民主专政和中国共产党的领导奠定了物质基础。改革开放以来,随着社会主义市场经济体制的逐步确立,人们的利益诉求和利益关系日益多元化,初步塑造出具有自我独立利益的平等社会主体。与之相适应,中国在政治上也必须构建能够保证公民平等、合法利益的制度,即民主的政治制度。中国现阶段政治活动的基本原则,是进一步强化和落实民主集中制原则,以民主作为各种政治组织构建和运作的基本方式。

中国现阶段社会主义经济的发展推动着政治的发展。列宁教导我们,社会主义的政治应自觉地反映经济生活的要求,因为特定的阶级力量和政治力量"如果不从政治上正确地看问题,就不能维持它的统治,因而也就不能完成它的生产任务"③。"任何民主,和任何政治上层建筑一样(这种上层建筑在阶级消灭之前,在无阶级的社会建立之前,是必然存在的),归根到底是为生产服务的。"④由计划经济向市场经济的过渡和社会阶层结构的变化,既对政治职能的范围和运作方式提出了新的要求,又对政治的民主整合功能提出了新的挑战。政治上层建筑必须反映以市场经济为基础、以利益多元分化为特征的社会经济系统的内在要求。与此同时,我国现阶段的政治,作为对社会主义初级阶段经济

---

① 《马克思恩格斯选集》第2卷,人民出版社1995年版,第32页。

② 《列宁文稿》第2卷,人民出版社1978年版,第407页;《列宁全集》第31卷,人民出版社1985年版,第128页。

③ 《列宁全集》第40卷,人民出版社1986年版,第280页。

④ 《列宁选集》第4卷,人民出版社1995年版,第405页。

生活的集中反映,也必然反作用于经济生活,推动和促进社会主义市场经济的发展。

二、社会主义时期政治生活的主题

改革的深化必然带来利益关系的深刻调整和思想观念的巨大转变,这又不可避免地会出现各种新矛盾和新问题。如果这些新矛盾和新问题得不到及时有效的化解,就有可能使潜在的各种矛盾、冲突演化为系统性的社会冲突。正如江泽民所说:"在改革开放和发展社会主义市场经济的过程中,人民内部矛盾会明显增多,有的还会日益突出起来,这是新时期的一个需要认真研究和正确解决的重要政治课题。"①"正确处理人民内部矛盾,调动一切积极因素,化消极因素为积极因素,是我们国家政治生活的主题,也是维护社会稳定的重要基础。"②

"人民"在现阶段有着特定的内涵和外延。就内涵来看,人民是指拥护中国共产党的领导和社会主义建设事业的公民;就外延来看,人民不仅包括干部、工人、农民和其他劳动者阶层,而且包括改革开放产生的新兴社会阶层,如民营科技企业的创业人员和技术人员、受聘于外资企业的管理技术人员、个体户、私营企业和中介组织的从业人员与自由职业人员等,他们被视为"中国特色社会主义事业的建设者"。由于在根本政治价值和根本利益上具有一致性,这些社会阶层或群体之间的矛盾,是非对抗性的。因此,人民内部矛盾就性质而言,是在人民利益根本一致的基础上的矛盾。而这里所说的"根本利益",在现阶段主要是指推动中国经济社会健康发展、不断提高民众的物质文化生活水平和中国的国际地位。人民内部矛盾的具体种类,主要包括工人阶级内部的矛盾,农民阶级内部的矛盾,知识分子内部的矛盾,新兴社会阶层内部的矛盾,工人、农民、知识分子和新兴社会阶层相互之间的矛盾,以及政府和人民群众之间的矛盾,等等。

人民内部矛盾的正确处理方法,首先,是坚持民主集中制。毛泽东指出:"在人民内部是实行民主集中制"③,用民主的方法——即"团结—批评—团结"的方法,从团结的愿望出发,经过批评或者斗争使矛盾得到解决,进而在新的基础上达到新的团结,反对或防止运用强迫命令等不正确的方法来处理人民内部矛盾,尤其是要防止用处理敌我矛盾的方法来处理人民内部矛盾,侵害广大人民

---

① 《江泽民论有中国特色社会主义》(专题摘编),中央文献出版社 2002 年版,第 221 页。
② 同上书,第 218 页。
③ 《毛泽东文集》第七卷,人民出版社 1999 年版,第 207 页。

群众的合法利益。其次，是将长期处理人民内部矛盾积累的成功经验转化为法律手段，综合运用经济、行政和法律手段，尽量将人民内部矛盾解决在基层、解决在内部、解决在萌芽状态，及时疏导，避免事态扩大。最后，解决新时期人民内部矛盾，"要靠深化改革，发展社会生产力，以不断满足人民群众日益增长的物质文化需要"①。

在中国现阶段的政治生活中，正确处理人民内部矛盾，具有重大的政治意义。它有利于调动一切积极因素，化消极因素为积极因素，有序高效地吸纳政治合法性；有利于解决群众最关心的问题，防止局部问题扩大为全局问题，保障社会政治秩序的基本稳定，为整个社会主义建设提供一个稳定有序的政治环境；有利于巩固社会主义内部的统一和团结，为社会主义建设事业提供源于广大人民群众的强大动力。

第二节　坚持人民民主专政的国家制度

一、人民民主专政是无产阶级专政学说在中国的创造性运用和发展

无产阶级专政学说是马克思主义国家学说的核心部分。马克思运用阶级分析方法审视无产阶级反对资产阶级的斗争，明确地指出："（1）阶级的存在仅仅同生产发展的一定历史阶段相联系；（2）阶级斗争必然导致无产阶级专政；（3）这个专政不过是达到消灭一切阶级和进入无阶级社会的过渡。"②这就揭示了无产阶级专政产生的社会根源和无产阶级专政存在的阶段性。列宁认为无产阶级专政仅是马克思国家学说的实质，而且将是否承认无产阶级专政作为判断是否为马克思主义者的一个重要标准。

无产阶级专政具有多种实现形式。恩格斯在《共产主义原理》一文中认为："无产阶级革命将建立民主的国家制度，从而直接或间接地建立无产阶级的政治统治"③。他结合英国、法国和德国阶级状况的实际，提出在19世纪中期英国可以直接建立无产阶级的统治，因为英国的无产者在当时已占人民的大多数；而在法国和德国则应间接建立无产阶级的统治，因为这两个国家的人民不仅有无

---

① 《江泽民论有中国特色社会主义》（专题摘编），中央文献出版社2002年版，第222页。
② 《马克思恩格斯选集》第4卷，人民出版社1995年版，第547页。
③ 《马克思恩格斯选集》第1卷，人民出版社1995年版，第239页。

产者,而且还有小农和城市小资产者。列宁则更进一步对无产阶级专政的具体形式做了论述,认为:"只要各个民族之间、各个国家之间的民族差别和国家差别还存在(这些差别就是无产阶级专政在全世界范围内实现以后,也还要保持很久很久),各国共产主义工人运动国际策略的统一,就不是要求消除多样性,消灭民族差别(这在目前是荒唐的幻想),而是要求运用共产党人的基本原则(苏维埃政权和无产阶级专政)时,把这些原则在某些细节上正确地加以改变,使之正确地适应于民族的和民族国家的差别。"①所以,各个国家到底采取哪种无产阶级专政的形式,应该由本国革命运动发展的具体历史条件、各国经济发展的水平、阶级力量的对比和一国的政治文化传统,以及无产阶级专政的国际经验、国际政治力量的对比等因素来决定。

毛泽东结合近代以来中国阶级状况的现实和中国革命所承担的历史任务,提出了具有中国特色的无产阶级专政学说——即无产阶级领导的以工农联盟为主体的人民民主专政的理论。它是无产阶级专政学说在中国的创造性运用和发展。

首先,它在概念用语方面有所创新,扩大了民主的范围。人民民主专政学说的实质是无产阶级专政学说,是通过无产阶级的先锋队中国共产党来实现对国家政权的领导。但中国作为一个脱胎于半殖民半封建社会的发展中国家,阶级构成极为复杂,毛泽东强调:"在建设社会主义的时期,一切赞成、拥护和参加社会主义建设事业的阶级、阶层和社会集团,都属于人民的范围;一切反抗社会主义革命和敌视、破坏社会主义建设的社会势力和社会集团,都是人民的敌人。"②工人和农民几乎占到了中国人口的百分之八九十,是中国人民的主体,因此人民民主专政以无产阶级及其先锋队为领导,以工农联盟为基础,团结一切可以团结的进步力量。改革开放以来,由于社会结构的变化,"人民"这一概念得到了进一步的拓展,包括一切赞成、拥护和参加社会主义建设的人员或阶层。将改革开放而产生的"新兴社会阶层"人士纳入人民范畴,视为社会主义的建设者,既符合中国的现实阶级阶层状况,又有利于扩大人民民主专政的社会基础,增强它的政治影响力。

其次,它在内涵方面突出了无产阶级专政是民主与专政的内在统一。无产阶级专政学说虽然也强调其对内的民主性的一面,如在《共产党宣言》中,马克

---

① 《列宁选集》第4卷,人民出版社1995年版,第200页。
② 《毛泽东文集》第七卷,人民出版社1999年版,第205页。

思明确地强调："工人革命的第一步就是使无产阶级上升为统治阶级,争得民主。"①但是列宁与早期的社会主义国家领导人在对无产阶级国家政权的分析中,主要还是使用无产阶级专政这一术语,或者将无产阶级民主制等同于无产阶级专政,过于突出无产阶级国家政权专政性的一面,而对于无产阶级的民主建设重视不够。在总结国际共产主义运动经验教训的基础上,中国共产党人提出了人民民主专政学说,同时高举民主和专政两面大旗。一方面,它继承了无产阶级专政学说中对敌人实施专政的一面,以保持社会秩序的稳定;另一方面,又彰显了无产阶级专政学说当中的民主思想,即无产阶级专政的国家,"它是由人民自己当自己的家"②,以调动各方积极性参与社会主义革命和建设事业。邓小平多次强调对人民的民主与对敌人的专政分不开,无产阶级政权"一定要把对人民的民主和对敌人的专政结合起来"③。在社会主义政治生活中,只有绝大多数人民享有民主权利,才能对极少数敌对分子实行有效的专政;反之,只有对极少数敌对分子实行专政,才能保障绝大多数人民的民主权利。这就使由无产阶级专政学说演化而来的人民民主专政理论的内容更为完整,也更加符合马克思主义理论的基本原则。

第三,它更为明确地揭示了无产阶级专政的职能。人民民主专政理论并不讳言自己的专政职能,它将自己的专政职能定位于两个方面:其一,"压迫国家内部的反动阶级、反动派和反抗社会主义革命的剥削者,压迫那些对于社会主义建设的破坏者,就是为了解决国内敌我之间的矛盾";其二,"防御国家外部敌人的颠覆活动和可能的侵略"。④ 而且在执行专政职能时,强调在劳动中改造和在教育中转化各种敌对分子。"这种对于反动阶级的改造工作,只有共产党领导的人民民主专政的国家才能做到。"⑤在强调专政职能的同时,人民民主专政理论更加重视自己的民主功能。它强调专政的制度不适用于人民内部,在人民内部应实现民主集中制。而这种人民民主就其真实性和广泛性而言,是任何资产阶级民主都无法比拟的。改革开放以来,中国更是把民主作为社会主义建设的目标之一。人民民主在人民民主专政学说当中占据越来越重要的地位,获得多维探索和切实推进。

① 《马克思恩格斯选集》第 1 卷,人民出版社 1995 年版,第 293 页。
② 《马克思恩格斯全集》第 17 卷,人民出版社 1965 年版,第 565 页。
③ 《邓小平文选》第二卷,人民出版社 1994 年版,第 176 页。
④ 《毛泽东文集》第七卷,人民出版社 1999 年版,第 207 页。
⑤ 《毛泽东选集》第四卷,人民出版社 1991 年版,第 1477 页。

二、人民民主专政是我国的国体

所谓国体,具体而言就是指国家的阶级性质,即社会各阶级在国家中的地位。作为中国的国体,人民民主专政内在地规定着中国社会各阶级在国家政治生活中的地位。中国政权的领导力量是无产阶级及其先锋队组织——中国共产党。现阶段我国的执政基础是占全国人口绝大多数的工农联盟,知识分子和伴随改革开放产生的"新兴社会阶层",他们共同构成人民的主体,享受广泛真实的民主权利。而专政对象是反抗社会主义革命和敌视、破坏社会主义建设事业的社会势力和社会集团。另一方面,人民民主专政也规定着国家的阶级性质,是无产阶级及其先锋队组织——中国共产党领导的社会主义国家。它与资产阶级占据主导地位的资本主义国家形成了鲜明的对照。前者是多数人统治少数人,其前途是随着社会的进步而自我消亡,步入共产主义社会;而后者是少数人统治多数人,必然为无产阶级专政的国家形式所取代。当然,这一过程将是一个充满斗争的过程,是对剥夺者的剥夺。

人民民主专政,作为中国的国体,决定着中国的政权组织或构成形式——即政体。列宁在领导俄国革命时,为实现无产阶级专政,建立了苏维埃制度。他明确地指出:"苏维埃制度和无产阶级专政的各种形式还要靠许多国家来改进和完善"[1]。中国共产党将马克思主义基本原理与中国具体国情相结合,都将"民主集中制"作为政权组织原则,将人民代表大会作为政权组织形式。正是基于对人民民主专政的国体及其与之相适应的政体的共识,我国《宪法》明确地规定:"中华人民共和国是由工人阶级领导的、以工农联盟为基础的人民民主专政的社会主义国家","人民行使国家权力的机关是全国人民代表大会和地方各级人民代表大会"。

三、坚持社会主义就必须坚持人民民主专政

坚持社会主义和坚持人民民主专政是"四项基本原则"中的重要内容,二者有着内在的联系。坚持社会主义道路为人民民主专政指明了政治价值取向和奋斗的目标,而坚持人民民主专政则是中国沿着社会主义道路不断前进的政治保障。所以,邓小平强调:"坚持社会主义就必须坚持无产阶级专政。我们叫人民

---

[1] 《列宁全集》第 42 卷,人民出版社 1987 年版,第 247 页。

民主专政。"①

　　坚持人民民主专政,其最低的政治职能就是以专政手段正确处理敌我矛盾,保卫社会主义政权的稳定,而最高的职能则是建设比资本主义民主政治更为优越的社会主义民主政治。坚持人民民主专政的实质,"就是要不断发展社会主义民主,切实保护人民的利益,维护国家的主权、安全、统一与稳定"②。民主既是社会主义建设的重要目标之一,也是当今时代吸纳政治合法性和规范政治权力运作的最为有效的手段。建设中国特色的社会主义,本身就包含着要建设中国式的民主政治。社会主义民主不仅要在理论上说明自己是比资本主义民主更为真实、更为广泛和更为进步的民主政治形态,而更重要的还在于通过制度建设、体制改革寻找到社会主义民主政治在中国的具体运行机制,使社会主义民主真实有效地运转起来,以制度和体制保障人民当家作主政治权利的实现。中国社会主义民主的建设,不仅将丰富人民民主专政理论,而且还将透过人民民主专政中民主功能的发挥,建设更具政治合法性,更加受到世界认同的民主政治,从而更好地巩固社会主义制度。

　　坚持人民民主专政,维持稳定的社会秩序和安定团结的政治局面。邓小平指出:"人民的民主同对敌人的专政分不开……一定要把对人民的民主和对敌人的专政结合起来。"③只有将这二者有机结合起来,一方面以专政手段及其政治功能的发挥保障社会秩序的稳定;另一方面以民主手段及其政治功能的发挥促进人民内部的团结。因为在社会主义初级阶段,仍然存在着各种仇视社会主义制度的国内外敌对势力、破坏社会主义秩序的刑事犯罪分子和其他破坏分子、贪污盗窃分子等。人民民主专政政权与他们的斗争是"历史上的阶级斗争在社会主义条件下的特殊形式的遗留"④。所以,在国内阶级斗争、国外反华势力、帝国主义和霸权主义仍然存在的情况下,社会主义政权还必须发挥它的专政职能,保护社会主义政权和整个社会秩序的稳定。在当前,必须充分发挥人民民主促进政治社会稳定的职能。对于以经济建设为中心任务的中国而言,目前保持国内的政治稳定具有极为重大的政治意义。而社会主义政权的民主建设及其民主功能的发挥,既能使社会主义民主真正成为工人、农民、知识分子和其他劳动者

---

① 《邓小平文选》第三卷,人民出版社 1993 年版,第 365 页。
② 《江泽民论有中国特色社会主义》(专题摘编),中央文献出版社 2002 年版,第 36 页。
③ 《邓小平文选》第二卷,人民出版社 1994 年版,第 175—176 页。
④ 同上书,第 169 页。

共同享受的民主,又能程序化地吸纳政治合法性、充分调动人民参与政治生活的积极性和促进人民内部的团结,从而保证政治稳定与社会和谐。

第三节　坚持中国特色社会主义政治发展道路

一、坚持党的领导、人民当家作主、依法治国有机统一

一个国家走什么样的民主政治发展道路,应该与这个国家的国情相适应。中国社会主义民主政治的发展,必须坚持社会主义的价值取向和在人民当中实现规范、有序、公正的民主政治。江泽民指出:在当代中国"发展社会主义民主政治,最根本的是要坚持党的领导、人民当家作主和依法治国的有机结合辩证统一"①。也就是说,坚持党的领导、人民当家作主和依法治国的三位一体,是中国特色社会主义政治建设的基本原则。

坚持党的领导是中国特色社会主义政治发展道路的关键。中国共产党是中国最广大人民根本利益的忠实代表,它以马克思主义及其当代发展形态作为自己的指导思想,以推动中国特色社会主义为发展目标。在建设中国特色社会主义民主政治的过程中,坚持中国共产党的领导既是人民当家作主的保障,又是中国法治建设有序推进的关键。同时,坚持党的领导,也要实施依法治国的基本方略,而且中国的民主政治也只有在法制的规范下才能公正有序地运作。

实现人民当家作主是中国特色社会主义民主政治发展的根本目的。社会主义民主的本质,就是人民当家作主。人民当家作主,既是对中国政治发展目标的揭示,更是社会主义的生命。但是人民当家作主不是所谓的"大民主"或无政府主义的政治状态。它不仅需要中国共产党的领导,而且需要法制的规范和保障。在缺乏民主传统和民主素养的条件下,中国共产党的领导,对于促进人民当家作主的逐次推进和内生发展至关重要。人民当家作主也需要健全的法制规定公民的政治权利与义务,保障人民的政治权利不受侵犯。正如邓小平所说:"要加强民主就要加强法制。没有广泛的民主是不行的,没有健全的法制也是不行的。……民主要坚持下去,法制要坚持下去。这好像两只手,任何一只手削弱都不行。"②

---

① 《江泽民论有中国特色社会主义》(专题摘编),中央文献出版社 2002 年版,第 304 页。
② 《邓小平文选》第二卷,人民出版社 1994 年版,第 189 页。

实施依法治国是中国特色社会主义民主政治健康发展的保证。社会主义民主政治内在地要求依法治国，以法制保证民主政治的制度化、规范化和程序化。"依法治国，要贯彻两个原则：一是必须坚持党的领导和社会主义方向，二是必须保证广大人民群众充分行使民主权利。"①建设社会主义法治国家，要善于将党的领导与依法治国有机统一起来，把党的意志和方针政策通过合法程序转化为国家意志，以实现党对国家的政治领导。法制的建立和完善，也保证人民依法实行民主选举、民主决策、民主管理和民主监督，以内涵国家强制力的法律维护广大人民群众的根本利益。

概括地说，党的领导、人民当家作主和依法治国具有内在的统一性。党的领导是人民当家作主和依法治国的根本保证，人民当家作主是社会主义民主政治的本质要求，依法治国是党领导人民治理国家的基本方略。坚持党的领导、人民当家作主和依法治国的有机统一，是我国社会主义政治文明区别于资本主义政治文明的本质特征，也是我们推进社会主义政治文明建设必须遵循的基本方针。

二、坚持和完善社会主义民主制度

人民代表大会制度、中国共产党领导的多党合作和政治协商制度、民族区域自治制度和基层群众自治制度，既是中国共产党领导下以人民当家作主为本质的社会主义民主的具体体现，也是中国特色社会主义民主政治的制度保障。为了顺利推进中国特色社会主义政治建设，必须毫不动摇地坚持和完善这些民主制度。

1. 坚持和完善人民代表大会制度

人民代表大会制度，是同人民民主专政的国家性质相适应的政权组织形式，是中国的根本政治制度。它以民主集中制为根本原则，既能保证由人大代表选举产生的各级政府代表人民统一行使国家权力，充分调动人民群众当家作主的积极性；又有利于国家政权机关之间分工合作、协调一致。坚持和完善人民代表大会制度，是中国特色社会主义民主政治建设的中心内容和关键环节。

首先，要正确处理党的领导和人民代表大会履行职能的关系。中国共产党是社会主义事业的领导核心，它在中国政治生活中的地位既是宪法所特别规定的，更是中国人民在历史发展中作出的必然选择。人民代表大会制度是我国的根本政治制度，是国家政治权力体系的核心。从宪法来说，我国的政府、法院、检

---

① 《江泽民论有中国特色社会主义》(专题摘编)，中央文献出版社 2002 年版，第 328 页。

察院都由其产生,对其负责和受其监督。党的十六大报告指出:"党的领导主要是政治、思想和组织领导,通过制定大政方针,提出立法建议,推荐重要干部,进行思想宣传,发挥党组织和党员的作用,坚持依法执政,实施党对国家和社会的领导。"①在中国这么一个地域辽阔、民族众多、地区差异巨大、经济社会发展很不平衡的发展中大国,要协调好各种政治力量之间的关系和实现各方利益的平衡,促进社会主义现代化建设顺利发展,必须有一个坚强的领导核心,这一核心只能是中国共产党。因此,我们必须坚持党对国家的领导。人民代表大会是人民当家作主的最高表现形式。党领导人大是党对国家领导的重要体现,党对人大的领导,主要是组织领导、提出重大方针政策和立法建议等,而不应直接介入人大的具体工作,代行人大职能。

其次,要加强人民代表大会制度的建设。人民代表大会制度的有效运行需要相关的政治体制与之配套。选举制度的完善是人民代表大会作为国家权力机关的合法性保障。要落实选举法的相关规定,扩大县以上人大代表差额选举的比例,使各政党组织、社会团体和10人以上的群众推荐代表候选人的政治权利获得切实的保障。人大常委会和各专门委员会是人大闭会期间的常设工作机关和主要的立法与监督机关。要探索常委会委员和各专门委员会委员的年轻化、知识化,特别是职业化;适当增加各专门委员会的开会次数并给予法律保障。为有效地指导和监督行政权力的运作,人大应该针对行政职能的划分,设置各专门委员会,使所有的行政部门都有相应的人大监督机构。人大制度功能的发挥,既取决于人大制度的健全和完善,但更取决于人大代表自身的素质。要注意提高人大代表和各委员会委员的素质,选择具有较高政治素质的人成为人大代表或各专门委员会委员。

第三,要保证各级人大及其内部机构依法独立行使职权,不断强化人大的立法与监督职能。我国宪法和人大的相关组织法还规定了人大及其内部机构的职责范围、权限和运作程序。人大要在完善立法程序的基础上,考虑经济社会发展需要,加快立法步伐,提高立法质量,为依法治国提供完备的法律依据。同时,人大应该依法履行监督职能,推动行政和司法权力透明规范、有序公正的运作。各级党委也要通过人大党组支持人大的工作,并带头遵守人大制定的各项法律和决议。

2. 坚持和完善共产党领导的多党合作与政治协商制度

---

① 《十六大以来重要文献选编》(上),中央文献出版社2005年版,第26页。

中国现阶段也存在多个政党。中国共产党是无产阶级的先锋队,在中国革命和建设过程中确立了自己的领导地位。而其他民主党派和工商联,在中国社会主义建设事业中已成为各自联系的一部分社会主义劳动者和拥护社会主义的爱国者的政治联盟,它们也是建设中国特色社会主义的政治力量。依据马克思主义政党理论和统一战线学说,更重要的是根据中国革命和建设的具体国情,我们建立了共产党领导的多党合作与政治协商制度。它是与人民民主专政"相适应的政党制度"①,具有自己的优势和强大生命力。它从根本上克服了西方资本主义国家两党制或多党制互相攻讦、互相倾轧的弊病,有利于维护国家政局的稳定、增进人民的团结、促进经济和社会的发展,能够实现集中领导与广泛民主、充满活力与富有效率的有机统一。因此,在建设中国特色社会主义民主政治中,我们应该继续坚持和完善这一制度,以便更好地团结一切可以团结的力量和调动一切积极因素,推进中国特色社会主义事业。

中国共产党的领导是保证中国政党制度的社会主义性质,推动中国特色民主政治发展的政治保障。共产党对政协工作和其他民主党派的领导,要以民主与合作为基本的运作方式,有利于其他民主党派政治协商、参政议政和民主监督。要将党领导政协工作所积累的成功经验逐渐提升为法律制度,实现党对政协领导的制度化、规范化、程序化。各民主党派也要加强自身的组织建设、思想建设,组织和团结自己的成员积极投入到社会主义现代化建设事业之中。在政治协商、参政议政和协商监督的过程中,使各民主党派的政治能力逐步得到提高。

要坚持"长期共存、互相监督、肝胆相照、荣辱与共"的方针,创造多党合作与政治协商的民主和谐的政治环境;建立和健全政务公开制度,为多党合作与政治协商提供必要的社会条件;疏通多党合作与政治协商的各种正式或非正式的渠道,建立具体的法律规范和组织程序,保障多党合作与政治协商尽量减少个人意志的影响,而依法有序地进行。

3. 坚持和完善民族区域自治制度

民族区域自治既能发挥各少数民族和民族地区的积极性,又保证了中央必要的集中和祖国的统一。它把民族问题同区域因素、政治因素同经济因素恰当地结合了起来,具有强大的生命力。在推进中国特色社会主义政治建设过程中,应该坚持和完善民族区域自治这一重要政治制度。一方面,中央政府通过采取

①　《江泽民论有中国特色社会主义》(专题摘编),中央文献出版社2002年版,第310页。

规范的财政转移支付、引导发达地区对口扶持、理顺资源性产品价格、优先安排民族地区资源开发和基础设施建设等措施,扶持民族地区的经济发展;另一方面,民族地区自身也要增大教育投入,开发具有自己特色和优势的产业群,增强民族地区的自我发展能力,使之具有可持续性。

早在 1984 年,我国就颁布实施了《中华人民共和国民族区域自治法》,以法律的形式体现了党的民族政策,保障少数民族依法享有行使当家作主的权利。要在坚持民族区域自治制度的前提下,制定和实施各民族地区的自治条例。这既有助于保障少数民族拥有的平等政治权利和自治权利,使少数民族聚居的地区实行真正的民族区域自治,又保证民族区域自治制度规范、有序、高效地运转起来。

加强民族自治机构的建设,尤其是干部队伍的建设,是坚持和完善民族区域自治制度的关键。江泽民强调:"完善民族区域自治制度、全面贯彻落实《民族区域自治法》的关键,在于大力培养少数民族干部,加强民族地区的干部队伍建设。"①具有较高政治素养和坚定社会主义理想的少数民族干部,既是联结自治机关与少数民族群众的桥梁,又能确保各级领导权始终掌握在忠于马克思主义和社会主义事业的人手中。

4. 坚持和完善基层群众自治制度

基层民主,又称"草根民主",是发展社会主义民主政治的基础性工程。它主要包括四个方面的内容:农村村民自治制度、城市社区居民自治制度、企事业职工民主管理制度(或职工代表大会制度)和基层群众性社团的自治制度。它们既是民主政治在公民日常生活中的体现,能促进人民当家作主在基层政治生活中获得实现,又有利于培育公民的民主素养和基层自治能力。

(1)坚持和完善农村村民自治制度,推动社会主义新农村建设。农村村民自治是我国最为广泛的基层民主实践,是巩固农村基层政权、实现人民当家作主的重要举措。坚持和完善农村村民自治制度,要重点做好以下三个方面的工作:一是完善村民委员会直接选举制度,由农民直接投票选举村委会干部管理村务;二是完善与规范村民议事制度,凡与广大村民利益密切相关的事情,都须经过村民大会或村民选出的代表公开讨论,集体决策;三是进一步健全村务公开制度,按时公布村民关注的重大问题,如财务、公益事业投资、招待费用等问题,接受群众监督。总之,要全面落实民主选举、民主决策、民主管理和民主监督的规定,要

---

①　《江泽民论有中国特色社会主义》(专题摘编),中央文献出版社 2002 年版,第 360 页。

第八章　中国特色社会主义的政治建设　　175

依据村民委员会组织法,进一步加强村委会的机构建设,保障村委会依法履行自治职能。

(2)坚持和完善城市社区居民自治制度,推动文明祥和的新型社区建设。社区是城市的基本单元。社区自治是人民民主在城市管理中的具体体现。坚持和完善城市社区居民自治制度,要重点做好以下三个方面的工作:一是进一步落实《城市居民委员会组织法》,按照选举法直接选举居民委员会,加强居民委员会组织机构建设和进一步完善其工作制度;二是在新形势下坚持党的群众路线,调处矛盾,服务居民,做好社区管理与服务;三是全面落实民主选举、民主决策、民主管理和民主监督,为建设管理有序、服务完善、环境优美和文明祥和的新型社区提供制度保障。

(3)坚持和完善企事业单位职工代表大会制度,有效保障广大职工的民主权利。企事业单位的职工代表大会制度,是职工履行民主权利的制度载体。要将原来局限于国有、集体企业的职工代表大会制度,推广到各类所有制的企业中去,从而使所有职工的合法权益获得制度性保障;要进一步完善职工代表大会制度,使其在改善职工工资、福利、劳动条件等事关职工重大利益方面有效发挥作用。

(4)坚持和完善群众性社团自治制度,培育公民社会的群众基础。随着社会建设和社会体制改革的推进,群众性社团组织在不断涌现和发展。为了规范群众性社团组织的运作,一方面需要加快相关的立法,使其有法可依;另一方面,要保证社团组织运行的民主化,提高透明度,避免被少数人所操纵。群众性社团组织的规范运行和健康发展,是我国公民社会发育的重要基础。因此,要"发挥社会组织在扩大群众参与、反映群众诉求方面的积极作用,增强社会自治功能"①。

第四节　建设社会主义法治国家

一、建设社会主义法治国家的历史进程

为了推进民主政治建设,我国在世纪之交确定了建设社会主义法治国家的目标。所谓法治,是指根据人民的意志制定的法律进行治理。社会主义法治不

---

① 《中国共产党第十七次全国代表大会文件汇编》,人民出版社 2007 年版,第 30 页。

是抽象的法律的统治,其本质是人民当家作主的制度化、法律化。就形式而言,它依据反映人民意志的各种实体法和程序法进行国家治理;就实质而言,它以法律限制和规范公共权力,保障公民的权利和自由,为民主政治提供法律保障。从历史来看,我国社会主义法制建设经历了一个逐步建立和完善的过程。

新中国成立之初,我们党领导人民在民主原则和社会主义原则的基础上,制定了新中国的第一部宪法,即1954年《宪法》。该宪法规定了中国的基本权力架构、中国公民享有的基本权利和义务。毛泽东强调,必须认真实行这部宪法。他说:《宪法》"通过以后,全国人民每一个人都要实行,特别是国家机关工作人员要带头实行……不实行就是违反宪法"①。1954年《宪法》的制定与颁布实施,标志着我国社会主义法制的初创,奠定了建设社会主义法治国家的基础。

但是,由于受封建社会人治传统的影响,对革命时期政治斗争手段的习惯性依赖,我国宪法和法律在相当长的时期里没有得到很好的实施。特别是在"文化大革命"期间,许多地方出现砸烂公检法和踢开党委闹革命,社会主义法制遭到严重的破坏。正如邓小平所说:那时"无政府主义、极端个人主义泛滥,严重地败坏了社会风气"②。

十年"文化大革命"结束后,党和国家开始反思这场浩劫,认识到法制的不健全是社会主义法治国家建设进程缓慢甚至衰退的重要原因。邓小平指出:"在建国以来的二十九年中,我们连一个刑法都没有,过去反反复复搞了多少次,三十几稿,但是毕竟没有拿出来。"③在许多领域"我们好多年实际上没有法,没有可遵循的东西"④,使国家和人民"吃够了动乱的苦头"⑤。法制的不健全又导致了人治的盛行,"往往把领导人说的话当做'法',不赞成领导人说的话就是叫做'违法',领导人的话改变了,'法'也就跟着改变。"⑥正是在总结历史的经验教训的基础上,我们党提出要认真地建立社会主义的民主制度和社会主义法律制度,并将发扬社会主义民主和健全社会主义法制确定为国家政治生活的根本方针。众多实体法和程序法——如刑法和刑事诉讼法、民法和民事诉讼法等——的制订和"有法可依、有法必依、执法必严、违法必究"方针的实施,成为

---

①　《毛泽东文集》第六卷,人民出版社1999年版,第328页。
②　《邓小平文选》第二卷,人民出版社1994年版,第303页。
③　同上书,第242页。
④　同上书,第189页。
⑤　同上书,第189页。
⑥　同上书,第146页。

新时期法制建设的重点。这标志着我国的社会主义法制建设再次走入正轨。

　　为适应社会主义市场经济的发展要求,1993年党的十四届三中全会提出建立适应社会主义市场经济的法律体系。1996年2月,江泽民明确提出依法治国的理念,强调:"实行和坚持依法治国,对于推动经济持续快速健康发展和社会全面进步,保障国家的长治久安,具有十分重要的意义。"①党的十五大进一步将"依法治国,建设社会主义法治国家"写入政治报告,并将其作为中国共产党的基本治国方略。1999年春,九届全国人大二次会议通过《宪法修正案》,将"依法治国,建设社会主义法治国家"写入宪法。

　　随着建设社会主义法治国家的战略目标的确立,我国的法制建设进入了"快车道"。为了到2010年建立起比较完善的社会主义市场经济体制,党的十五大报告明确提出:"加强立法工作,提高立法质量,到二零一零年形成有中国特色社会主义法律体系。"2000年全国人大制定了《立法法》,调动了中央和地方立法的积极性,我国的立法工作取得了新的重大进展。2001年12月,中国正式加入世界贸易组织(WTO)。这对我国的法制建设提出了新的挑战,要求我们遵循世贸组织的法律制度,加强立法工作,推进依法行政和公正司法。

　　党的十六大报告明确提出全面建设小康社会的宏伟目标和战略部署,并将"社会主义民主更加完善,社会主义法制更加完备,依法治国基本方略得到全面落实,人民的政治、经济和文化权益得到切实尊重和保障"②,确定为全面建设小康社会的具体目标和重要任务。党的十六届六中全会又专门作出了构建社会主义和谐社会的决定。党的十七大在十六大确立的全面建设小康社会目标的基础上进一步对我国发展提出了新的更高要求,强调要确保"依法治国基本方略深入落实,全社会法制观念进一步增强,法治政府建设取得新成效"③。无论是全面建设小康社会,还是构建社会主义和谐社会,都需要全面落实依法治国基本方略,加快建设社会主义法治国家的进程。

二、加强社会主义法治建设

　　亚里士多德说过:"法治应包含两重意义:已成立的法律获得普遍的服从,

---

①　《江泽民论有中国特色社会主义》(专题摘编),中央文献出版社2002年版,第326页。

②　《十六大以来重要文献选编》(上),中央文献出版社2005年版,第15页。

③　《中国共产党第十七次全国代表大会文件汇编》,人民出版社2007年版,第19页。

而大家所服从的法律又应该是制定得良好的法律。"①法治不仅要求依据法律进行治理,保证各项法律法规的有效性,而且要求作为治理依据的法律是"良法",是人民意志的真实体现,内涵对人的自由和权利的尊重和保障。因此,建设社会主义法治国家,就要在党的领导下加强社会主义法治建设,以法治的理念、法治的体制、法治的程序保证党领导人民有效治理国家。

1. 基础:树立社会主义法治理念,确立宪法和法律的至上权威

中国封建社会形成的潜藏于人们思想之中的专制传统和崇拜人格化权威的政治心理,构成了摒弃人治传统与树立法治理念的深层次心理和思想障碍。只有在法律至上而非权力至上的政治环境中,专制行为才会遭到民众的唾弃和反抗。同时,在日常的社会生活中,法律也应成为最具权威性和强制性的行为依据和裁判规则。公民在法律面前人人平等。邓小平指出:"人人有依法规定的平等权利和义务,谁也不能占便宜,谁也不能犯法。不管谁犯了法,都要由公安机关依法侦查,司法机关依法办理,任何人都不许干扰法律的实施,任何犯了法的人都不能逍遥法外。"②权力结构中法律地位的至上性和日常生活中法律权威性的确立,有利于增强社会公众的法治观念。

实行社会主义法治,必须让广大民众知晓法律所赋予的权利和义务。这就要求加强对民众进行法律知识教育,牢固树立社会主义法治理念。一方面,要坚持开展实施多年的"普法"教育,尤其要加强对青少年的法律教育。正如邓小平所说:"法制观念与人们的文化素质有关。……加强法制重要的是要进行教育,根本问题是教育人。法制教育要从娃娃开始,小学、中学都要进行这个教育,社会上也要进行这个教育。纠正不正之风中属于法律范围、社会范围的问题,应当靠加强法制和社会教育来解决。"③另一方面,深化公民陪审制度改革,建立健全陪审员的选择程序、权力责任等方面的法律法规。陪审员制度的广泛实行,有利于将民众的法律教育从外在被动性转化为内在主动型。切实有效的法律教育和司法实践,将提高民众的法律素养,培育全体人民的法律意识和守法习惯。

2. 前提:建立完备的法律体系,保障国家和社会生活有法可依

社会主义法治,强调的是法律的统治,即体现人民共同意志的法律的统治。加强社会主义法治建设的前提是要建立完备的法律体系,把社会行为和社会关

---

① 亚里士多德:《政治学》,商务印书馆1965年版,第199页。
② 《邓小平文选》第二卷,人民出版社1994年版,第332页。
③ 《邓小平文选》第三卷,人民出版社1993年版,第163页。

系纳入法律的轨道,接受法律的约束。我国的法律还不够完备,立法任务还很繁重,一方面,要对已有的法律法规进行清理,对那些已经过时或不适应社会发展要求的法律进行废止或修正;另一方面,抓紧制定经济社会发展所要求的新的法律法规,尤其是要"在积累实践经验的基础上,搞出实施各种基本法律和法规所需要的具体条例来"①。在加强全国人大及其常委会的立法工作的同时,让地方立法机关和行政机关拥有适度的立法权。"有的法规地方可以先试搞,然后经过总结提高,制定全国通行的法律。修改补充法律,成熟一条就修改补充一条,不要等待'成套设备'。总之,有比没有好,快搞比慢搞好。"②

3. 关键:规范政府权力,推动政府依法行政

在民主政治背景下,依法治国的实质在于以法律限制和规范公共权力,保障公民的权利和自由。因此,加强社会主义法治建设的关键在于建设法治政府。一方面,以宪法和其他相关法规,明确规定政府的权限职责。政府和民众都要了解公共权力的边界及其行使规范,形成政府内在的法规约束和外在的民众监督,从而推动政府依法行政。另一方面,政府以法治为主要手段管理社会公共事务。在处理各种具有公开性的社会事务时,政府要摆脱革命时期和早期法制匮乏时期的非常态社会管理方式,转向常规化的法治。正如邓小平所说:"全党同志和全体干部都要按照宪法、法律、法令办事,学会使用法律武器(包括罚款、重税一类经济武器)同反党反社会主义的势力和各种刑事犯罪分子进行斗争。这是现在和今后发展社会主义民主、健全社会主义法制的过程中要求我们必须尽快学会处理的新课题。"③2004 年年初,国务院发布了《全面推进依法行政实施纲要》,这对于推进依法行政,规范政府行为,转变政府职能,建设法治政府,具有重大意义。

4. 保障:深化司法体制改革,建立健全司法保障体系

司法机关承担着惩罚犯罪、调处纠纷、保障人权、实现正义的重要职能,在实施依法治国中发挥着重要作用。胡锦涛指出:"要落实司法为民的要求,以解决制约司法公正和人民群众反映强烈的问题为重点推进司法体制改革,充分发挥司法机关维护社会公平和正义的作用。"④要加强国家司法机构建设,完善司法

---

① 《江泽民论有中国特色社会主义》(专题摘编),中央文献出版社 2002 年版,第 331 页。
② 《邓小平文选》第二卷,人民出版社 1994 年版,第 147 页。
③ 同上书,第 371 页。
④ 《十六大以来重要文献选编》(中),中央文献出版社 2006 年版,第 710 页。

机关的机构设置、职权划分和管理制度,建立权责明确、相互配合、相互制约、高效运行的司法体制,从制度上保证审判机关和检察机关依法独立公正地行使审判权和检察权。要提高国家司法人员的素质能力。这里的"司法人员"是广义的,包括国家司法机构的从业人员和律师机构的从业人员。提高他们的素质和能力的重点在于规范司法人员的选拔、任用和职业化建设。要制定相关司法人员从事司法活动的程序性法规,使司法工作具有社会透明度,避免滥用司法权力。要加强对司法机构的执法监督,充分发挥各级人大在执法监督中的作用,不断改善执法环境。

三、尊重和保护人权

人权已成为现时代人类普遍追求的基本价值。尊重和保护人权,既是中国人权事业发展的必由之路,也是社会主义法治建设的重要目标。联合国把"不分种族、性别、语言或宗教,增进并激励对全体人类之人权及基本自由之尊重"作为联合国宗旨之一。1948年联合国通过的《世界人权宣言》也宣告世界各地"人人有资格享受本宣言所载的一切权利和自由,不分种族、肤色、性别、语言、宗教、政治或其他见解、国籍或社会出身、财产、出生或其他身份等任何区别"。作为联合国的创始国和常任理事国,中国应该尊重联合国的宗旨,切实保护和促进人权。我国是人民民主专政的社会主义国家,国家的性质也决定了尊重和保护人权是社会主义制度的本质要求。社会主义人权以人的生存权和发展权为重点,以国家主权保证基本人权,以法治方式保护最大多数人的人权。建设社会主义法治国家与尊重和保护人权是根本一致和高度统一的。

我国宪法作为国家政治生活的根本大法,全面详实地规定了中国公民所享有的人权。(1)公民和政治权利,如选举权和被选举权,言论、出版、集会、结社、游行、示威的自由权利,对任何国家机关和国家工作人员的批评和建议权利,申诉、控告或者检举任何国家机关和国家工作人员的违法失职行为的权利,人身自由不受侵犯的权利和宗教信仰自由的权利等;(2)经济文化权利,如经济上平等发展的权利,劳动权、公共财产和公民合法财产受法律保护的权利,受教育的权利,进行科学研究、文化艺术创作的自由权利等。2004年3月,十届全国人大第二次会议通过《宪法修正案》,正式将"国家尊重和保障人权"条款写入《宪法》。在今后一个时期内,我国法治建设的一个重要任务就是以实体法和程序法分门别类地规定和保护公民所享有的人权。此外,还要建立和健全保护社会弱势群体的人权法规,尤其是保障妇女、儿童、残障人士、失业人员、老龄人口、少数民族等社会群体的人权。

人权保护在一定程度上说是跨越国界的事业。我国的人权保护既照顾基本国情,从现阶段经济社会发展的水平和条件出发,又要顺应世界潮流,积极参与国际人权领域里的合作。自1980年起,中国政府先后批准并加入了《防止及惩治灭绝种族罪公约》、《禁止并惩治种族隔离罪行国际公约》、《消除对妇女一切形式歧视公约》、《消除一切形式种族歧视国际公约》、《关于难民地位的公约》、《关于难民地位的议定书》、《禁止酷刑和其他残忍、不人道或有辱人格的待遇或处罚公约》、《经济、社会、文化权利国际公约》和《公民权利及政治权利国际公约》等国际人权公约。不仅如此,中国还参与了一些人权公约的起草,包括联合国《儿童权利公约》、《保护所有迁徙工人及其家属权利国际公约》、《禁止酷刑和其他残忍、不人道或有辱人格的待遇或处罚公约》、《个人、团体和社会机构在促进和保护世所公认的人权和基本自由方面的权利和义务宣言》和《保护民族、种族、语言、宗教上属于少数人的权利宣言》,等等。如何贯彻和落实中国政府批准的国际人权公约,完善中国人权的司法保障制度,已成为我国社会主义法治建设中的一个重要课题。

第五节　积极稳妥地推进政治体制改革

一、我国政治体制改革的目的和意义

党的十二大报告中正式使用"政治体制的改革"这一概念,代替了以前所使用的"政治制度改革"的提法,为中国政治体制改革规定了范围,指明了方向。一般说来,一个国家的政治制度从内到外可以分为三层:核心层是指国体及其制度规定,中层是政体及其制度规定,外层是政治实体直接操作的各类具体规则。核心层和中层具有稳定性,规定着外层的性质;外层则具有一定的可塑性、灵活性,它的发展和完善使核心层和中层的制度功能得以发挥。我国的国体和政体等根本政治制度不仅包含广泛的、真实的和丰富的民主价值,而且适合基本国情。因此,中国政治体制改革的对象,主要是具体政治制度的改革。这种改革既是中国政治文明建设的必然要求,也是社会主义政治制度自我完善的有效途径。概括地说,我国政治体制改革的目的和意义在于:

1. 避免"文化大革命"等政治悲剧的重演

"文化大革命"使中国民主政治建设遭遇严重挫折,过度集权导致的家长制、一言堂和以言代法等现象滋生并且泛滥,造成了长达十年的动乱和浩劫。要避免类似政治悲剧的重演,解决之道就是要进行政治体制改革,建立和健全社会主义的民主制度和法律制度。邓小平强调:"如果不坚决改革现行制度中的弊端,过去出现过的一些严重问题今后就有可能重新出现。"①从某种意义上说,避免"文化大革命"等悲剧的重演,是我国政治体制改革的初衷。

2. 服务和保障经济建设,促进生产力的发展

改革初期,邓小平就强调:"经济工作是当前最大的政治,经济问题是压倒一切的政治问题。不只是当前,恐怕今后长期的工作重点都要放在经济工作上面。"②这就规定了我国政治体制改革必须服从和服务于经济建设,有利于经济发展和社会稳定。我国的政治上层建筑的变革,应以政治体制改革为手段,改变以往权力过度集中的管理体制,以调动社会各阶层和广大人民群众的积极性、主动性和创造性。随着经济体制改革的深化,客观上也要求政治体制改革及时跟进,以变革与生产力的发展不相适应的上层建筑的某些方面和环节。正如邓小平所说:"经济体制改革每前进一步,都深深感到政治体制改革的必要性。不改革政治体制,就不能保障经济体制改革的成果,不能使经济体制改革继续前进,就会阻碍生产力的发展,阻碍四个现代化的实现。"③经济体制改革需要政治体制改革与之配套,从而为生产力的发展和生产关系的改进提供政治保障。

3. 推动社会主义民主政治的发展

没有民主,就没有社会主义。人民民主是社会主义的生命。社会主义政治建设的一个沉痛教训就是,在社会主义建立之初,未能及时有效地将民主发展的成果制度化、法律化。进行政治体制改革的根本目的之一就是促进社会主义民主政治的制度化、规范化和程序化,建设具有稳定性、有序性、规范性和可预测性的社会主义民主政治。以社会主义民主为价值取向进行政治体制改革,有利于肃清封建专制主义的影响,促进社会主义民主政治的健康发展,营造稳定的政治发展环境。

4. 促进社会主义政治制度的自我完善

毛泽东认为,在社会主义社会里,生产关系与生产力之间、上层建筑与经济

---

① 《邓小平文选》第二卷,人民出版社 1994 年版,第 333 页。

② 同上书,第 194 页。

③ 《邓小平文选》第三卷,人民出版社 1993 年版,第 176 页。

基础之间是"又相适应又相矛盾的"①。这种矛盾"不是对抗性的矛盾,它可以经过社会主义制度本身,不断地得到解决"②。解决之道不是革命而是改革。改革开放以来,对于上层建筑与经济基础之间的矛盾,我国采取了政治体制改革的方式进行调解。它不是照搬西方资本主义民主,而是通过发展社会主义民主,促进社会主义政治制度的自我完善,以增强党和国家的活力,维护国家统一、民族团结和社会稳定,更好地调动人民积极参与社会主义现代化建设,实现人民当家作主。中国政治体制改革的基本出发点就是调整社会主义社会的基本矛盾,促进社会主义政治制度的自我完善和发展,发挥社会主义制度的特点和优势。

二、推进政治体制改革必须遵循的原则

我国的政治体制改革,是在国际共产主义运动处于低潮的背景下展开的,面临着巨大的外部压力和挑战;它又是中国特色社会主义事业的重要组成部分,影响和制约和改革开放和现代化建设的成败。正如邓小平所说:"我们所有的改革最终能不能成功,还是决定于政治体制的改革。"③为了保证中国特色社会主义事业的顺利进行,我国政治体制改革必须遵循以下原则:

1. 必须坚持四项基本原则

邓小平明确指出:"我们的政治体制改革是有前提的,即必须坚持四项基本原则。"④只有坚持社会主义道路、坚持人民民主专政、坚持共产党的领导、坚持马列主义、毛泽东思想、邓小平理论、"三个代表"重要思想和科学发展观等重大战略思想,才能排除各种"左"的或右的错误思潮对政治体制改革的干扰。如果动摇了这四项基本原则中的任何一项,那就动摇了整个社会主义社会事业、整个现代化建设事业。

2. 有步骤、有领导、有秩序推进的原则

政治体制改革涉及的人和事很广泛,触及许多人的利益,会遇到很大的障碍,因而必须审慎从事。邓小平一再强调:"政治体制改革要分步骤、有领导、有秩序地进行。"⑤在党的领导下,政治体制改革适应我国经济社会发展的要求,有目标、分阶段、分步骤地实施。我国的民主政治的生长,也是一个循序渐进、可控

---

① 《毛泽东著作选读》(下册),人民出版社 1986 年版,第 768 页。
② 同上书,第 767 页。
③ 《邓小平文选》第三卷,人民出版社 1993 年版,第 164 页。
④ 同上书,第 332 页。
⑤ 同上书,第 252 页。

有序的过程。一方面,对于缺乏民主传统而又准备建设高度社会主义民主的中国来说,有领导、有步骤、有秩序地进行政治体制改革,才能使政治体制改革获得党和政府的政治推动和力量保障。另一方面,循序渐进的政治体制改革,不仅使政治体制不断除旧革新,增强政治体制的适应性,而且有利于我国政治体制的生长保持相对的稳定性和可预测性,形成安定团结、和谐稳定的政治局面,保证改革开放和社会主义现代化建设的顺利进行。

三、推进政治体制改革的主要任务

党的十七大报告明确提出:"深化政治体制改革,必须坚持正确政治方向,以保证人民当家作主为根本,以增强党和国家活力、调动人民积极性为目标,扩大社会主义民主,建设社会主义法治国家,发展社会主义政治文明。"①这是在深刻总结我国政治建设的实践经验、借鉴国外政治领域的经验教训的基础上,对我国政治体制改革作出的战略部署。贯彻十七大精神,深化政治体制改革,促进经济社会又好又快发展,要重点解决以下几方面的问题。

1. 进行体制创新,吸纳新生政治力量

随着社会主义市场经济体制的完善及其相应经济功能的发挥,中国社会逐渐呈现出利益多样、价值多样和阶层多样的复杂状况。这些新生的多样的社会利益、社会价值和社会阶层,是伴随着我国改革开放进程而产生的,又推动着中国的进一步发展。它们要求获得政治承认和政策保护。经济和社会发展对政治体制的改革提出了更为迫切的要求。为顺应这一政治要求,党中央提出了"三个代表"重要思想,并以这种思想指导我国的政治体制改革,通过体制创新吸纳和规范包括新生社会阶层在内广大人民群众的政治参与,反映它们的合理政治要求,以法律政策保护它们正当合理的政治需求。这既能扩大中国政治制度的社会基础,又能增强其社会影响力。

2. 坚持民主集中制,加强和改善党的领导

党的领导,是中国政治体制改革有步骤、有领导、有秩序进行的关键所在。它既保障中国政治体制改革沿着正确的方向稳健推进,又为中国政治体制改革提供了强大的推动力。因此,深化我国政治体制改革,最重要的一点就是改进党的领导体制。一方面,要发扬党内民主,促进党内民主生活的制度化、规范化和程序化;另一方面,要实行民主集中制,增强党的凝聚力,实现党内和谐,充分调

---

① 《中国共产党第十七次全国代表大会文件汇编》,人民出版社2007年版,第28页。

动广大党员的积极性、主动性,使党在政治体制改革中充满活力,从而提高党的执政能力。

3. 扩大人民民主,加快建设社会主义法治国家

邓小平指出:"政治体制改革包括民主和法制。"①发展社会主义民主和健全社会主义法制,是改革开放以来党和政府一直坚持的基本方针。一方面,要以程序性的政治体制建设促进社会主义政治体制的构建,推动社会主义民主政治健康发展。适应社会主义国家人民民主专政的国体的要求,我国结合自身的国情建立了民主价值内涵丰富的一系列根本政治制度。新时期政治体制改革的重要任务之一,就是加快构建使这些根本政治制度得以有效运转起来的具有程序性特征的民主政治体制。另一方面,将民主政治建设所取得的成果及时法制化,推进社会主义法治国家建设,尤其是要在加强实体法建设的同时,建立、健全各种保障实体法得以推行的程序性法律和法规的建设。这既是社会主义民主政治发展的内在要求,也是建立完善的社会主义市场经济体制的迫切需要。民主政治体制的健全,与社会主义法治国家的建立,二者有机结合,既有利于保障安定团结的政治局面,也能提高政治效能,使政治生活充满活力。

4. 加强对权力的制约和监督,建立规范高效的权力运行机制

深化权力运行体制改革的重点主要有两个方面:一是以政治体制改革进一步理顺党和政府的关系,尤其是党和人大的关系。党是中国政治生活的领导者,但应该通过体制建设规范它对人大的政治领导。尤其是应该加强人大内部中国共产党党组活动的规则程序建设,使中国共产党通过人大内部的党组实现对人大的政治领导,将政党意识以合法的形式转化为国家意志;同时,通过人大内部党组强化民主监督机制,实现对政府机关和司法机构的政治监督。二是加快行政体制改革,建立健全规范运行的行政体制。现代社会生活中,行政权力对于公众生活的影响日益扩大。建立职能明确、程序健全和运转高效的行政权力运行体制,同时进一步强化人大、政协和公众对政府的监督,是新时期中国政治体制改革的重要内容。它既有利于行政权力的规范运作,充分保障公民的合法权利,又有利于消除权力配置体制上的漏洞,从体制上减少和抑制政治腐败。

党的十七大报告明确指出:"人民民主是社会主义的生命。"②"社会主义愈

---

① 《邓小平文选》第三卷,人民出版社1993年版,第244页。

② 《中国共产党第十七次全国代表大会文件汇编》,人民出版社2007年版,第27页。

发展,民主也愈发展。"①社会主义民主政治具有强大的生命力和优越性。同时,我们也要清醒地认识到,政治文明建设涉及党的领导、政治思想、政治制度、行政管理、法制建设等方方面面,是一个复杂的系统工程,需要我们进行多方面的长期努力。而且,政治体制改革是一个调整社会各阶级、阶层、集团、群体乃至个人之间的政治关系、利益关系的过程,我国又有地域广阔、人口众多、各民族各地域经济文化发展差异较大等特殊国情,这都需要我们在进行政治文明建设和政治体制改革时,既要有时代的紧迫感,又要有科学的慎重态度和求实精神。必须在党的领导下,把握好既要积极又要稳妥这个尺度,根据我国的实际情况,来决定改革的目标、内容、方法和步骤。只有这样,才能既充分反映和满足广大人民群众的政治需求,使政治制度更加完善,政治生活更加充满活力,又保持全国的集中统一,保持社会政治稳定,推动经济社会又好又快发展。

---

① 《中国共产党第十七次全国代表大会文件汇编》,人民出版社2007年版,第32页。

第九章
中国特色社会主义的文化建设

社会主义是各方面协调发展和全面进步的社会。只有经济建设、政治建设、文化建设、社会建设都搞好，才是有中国特色的社会主义。党的十七大报告指出："当今时代，文化越来越成为民族凝聚力和创造力的重要源泉、越来越成为综合国力竞争的重要因素，丰富精神文化生活越来越成为我国人民的热切愿望。要坚持社会主义先进文化前进方向，兴起社会主义文化建设新高潮，激发全民族文化创造活力，提高国家文化软实力，使人民基本文化权益得到更好保障，使社会文化生活更加丰富多彩，使人民精神风貌更加昂扬向上。"①只有坚持马克思主义特别是历史唯物主义的观点和方法，从历史、理论和现实相结合的高度，分析和把握中国特色社会主义文化的历史源流、本质属性和根本途径，才能阐明中国特色社会主义文化建设的本质规律和发展道路。

第一节　中国特色社会主义文化和
我国现阶段的经济政治

一、文化的含义、实质及马克思主义的文化观

任何文化都有其特定的生长环境，都与一定的社会经济、政治结构相联系。中国文化有自己特殊的生长环境，有与世界上其他民族的文化迥异其趣的内在特质和发展道路。这是由于中国社会特殊的经济和政治结构以及中国文明发展的独特路径决定的。中国特色社会主义文化不仅具有文化的一般属性，而且具有鲜明的时代特征和民族风格，是带有中华民族特色的社会主义新文化。只有把中国特色社会主义文化置于与我国现阶段的经济、政治的相互关系中认识它

---

① 《中国共产党第十七次全国代表大会文件汇编》，人民出版社2007年版，第32—33页。

的社会基础和实质内容,并通过分析它与中国传统文化、西方现代文化之间的区别和联系,才能科学地揭示中国特色社会主义文化内在的、本质的规定性。

我国古代很早就产生了与西方不同的"文化"概念和理论。在西方,"文化"的拉丁文词源"cultura"原意是耕耘,表明"文化"是人类的创造物,与自然物相区别。而在中国,"文化"一词,原与"武功"相对应,有文治教化之意。《易·贲卦〈象传〉》说:"文明以止,人文也……观乎天文,以察时变;观乎人文,以化成天下。"《周易正义》中解释道:"观乎人文以化成天下者,言圣人观察人文,则诗书礼乐之谓,当法此教而化成天下也。"这已有从观念形态谈文化的含义,强调文化对人类认识、改造世界和进行道德教化所起的重要作用。

在不同的历史阶段和当今的现实生活中,人们对文化的解释,不仅存在着局部性的区别,而且还有实质性的差异。从总体上讲,国内外主要在以下三个层次上使用"文化"概念:

(1)指人类社会所创造的全部物质财富和精神财富的总和,涉及人类社会生活的各个领域,包括物质文化和精神文化(含制度文化)。这是一种最广义的文化概念。

(2)指精神文化,包括人类的精神生活过程和精神生活的成果,以及依据精神文化成果建立起来的制度和社会结构,包括哲学、艺术、宗教、语言和逻辑、自然科学以及其他人文、社会科学的知识等;也包括人们的思想意识、思维方式、行为方式、生活方式、风俗习惯,以及教育、文化制度和社会组织形式等等。这是一种比较狭义的文化概念。

(3)指精神文化中的观念形态的文化,即建立在一定经济基础之上,与一定政治制度相适应、以知识为载体的精神活动及其产品,主要包括哲学、艺术、宗教、伦理文化、政治思想、法律思想等社会意识形态,核心是人们的世界观、价值观和人生观。这是一种最狭义的文化概念。

尽管在理论研究和日常生活中使用的文化概念存在差别不足为奇,但文化作为一种客观存在的社会现象,是可以给予科学解释的。早在1940年,毛泽东在陕甘宁边区文化协会第一次代表大会上深刻地指出:"一定的文化(当做观念形态的文化)是一定社会的政治和经济的反映,又给予伟大影响和作用于一定社会的政治和经济;而经济是基础,政治则是经济的集中的表现。这是我们对于文化和政治、经济的关系及政治和经济的关系的基本观点。"①坚持这种马克思

---

① 《毛泽东选集》第二卷,人民出版社1991年版,第663—664页。

主义的文化观,我们就能够正确把握"文化"概念的内涵与外延。这种与经济、政治相对应的"文化",是指人们在认识活动和实践活动中,以及人们所创造的物质产品和精神产品上体现的人类思想和智慧的总和,包括语言、文学、艺术、科学、道德、宗教、哲学等等。其核心部分是建立在一定经济基础之上,与一定政治制度相适应的社会意识形态。

二、中国特色社会主义文化是中国文化合乎规律的发展

文化无论是内容还是形式,在任何时代都不是凭空产生的,而是从前人手里承接历史文化遗产,再经过当代人的融合与创造,然后向下一代人流传。中国特色社会主义文化也不是脱离中国文化乃至世界文明发展的轨道,由某些自命为"超越整个社会"的"天才"凭空杜撰出来的,而是中国乃至世界文化的全部优秀成果的继承和发展,是迄今为止中国文化发展的最重要环节和有机组成部分。

中国是世界上"四大文明古国"之一,有文字记载的历史就长达五千年之久。在相当长的历史时期里,中国文化始终走在世界文化发展的前列。从远古时期炎黄传说到春秋战国时期诸子百家学说的兴起,后经两汉经学、魏晋玄学、隋唐佛学、宋明理学、清代朴学和近代新学等阶段,中国文化构成了生生不息、环环相扣、经久不衰的思想宝库。然而,自16世纪以后,西方主要国家相继经过文艺复兴、启蒙运动、民主革命和产业革命等一系列现代化浪潮的洗礼,迅速崛起。古老的中国大地在中西文化的冲撞中,投入痛苦而又漫长的现代化浪潮,以争取国家的富强和民族的振兴。

纵观中国文化数千年的发展历程,不难发现中国近现代文化在中国现代化的历史大潮中,在中西方文化交流冲撞的时代背景下,从中国传统文化中孕育萌发,经过旧民主主义和新民主主义,向社会主义文化发展的历史过程和客观规律。在这场史无前例的文化变迁中,建立在自然经济基础之上,维护封建专制统治,以"三纲五常"、忠孝节义为核心内容的中国传统文化,尤其是儒家文化,受到了人们逐渐深入彻底的批判和否定,日益为主张科学、民主和社会主义的中国近现代文化所取代。毛泽东在总结中国文化革命的历史特点时说:五四以前和五四以后构成了中国文化战线上两个不同的历史时期。前者是资产阶级新文化与封建阶级旧文化斗争时期。那时所谓新学、西学,基本上都是资产阶级代表们所需要的自然科学和社会政治学说。这些学说虽然有同中国封建思想作斗争的革命作用,但最终都被帝国主义的奴化思想和封建主义的复古思想的反动同盟打退了。后者是无产阶级所领导的新文化同帝国主义、封建主义旧文化斗争的

时期。这时中国产生了新的文化生力军,这就是中国共产党人所领导的共产主义的文化思想,向着帝国主义文化和封建文化展开了英勇的进攻。其锋芒所向,从思想到形式,无不起了极大的革命。其声势之浩大,威力之猛烈,简直是所向无敌的。① 从某种意义上说,实现中国传统文化向近现代文化的转变是近三百年,特别是 1840 年鸦片战争以来中国文化发展的主旋律。中国特色社会主义文化就是这个历史主旋律的必然结果和中国人民顺应文化发展的潮流所作出的正确抉择。

三、中国特色社会主义文化是我国现阶段经济政治的反映

中国特色社会主义文化是以中国特色社会主义的经济、政治为根据和内容的,反过来又给予中国特色社会主义的经济、政治以重要的影响和作用。在研究中国特色社会主义文化的过程中,不仅要反对脱离与经济、政治的相互关系,抽象孤立地考察文化问题,并把文化视为社会历史发展的决定因素的"文化决定论",而且要克服单纯地考察经济、政治问题,贬低甚至忽视文化在社会历史发展中的能动作用的"文化无用论"。

1. 我国现阶段的经济基础决定着中国特色社会主义文化的根本性质和发展水平

一般说来,每个时代的人们总是"自觉地或不自觉地,归根到底总是从他们阶级地位所依据的实际关系中——从他们进行生产和交换的经济关系中",获得自己的思想道德和文化观念的。② 一个社会生产力发展的总体水平以及与之相适应的社会生产关系和经济制度、经济体制对该社会的文化最终起决定作用。

由于我国现阶段的经济基础是以社会主义公有制和按劳分配为主体,多种经济成分和分配形式并存的社会主义经济,我们的思想文化一方面与不同阶级、阶层以及利益群体的存在状况相适应,具有某种差异性和多样性;另一方面,作为占主体地位的公有制经济成分、按劳分配形式和占统治地位的工人阶级和劳动人民的根本利益与意志的反映,我们的文化又必须是以马克思主义为指导,以社会主义、集体主义、爱国主义的思想道德为主旋律的社会主义性质的文化。

一个国家的经济体制对其文化的影响也是巨大的、深刻的。我们所要建立的社会主义市场经济体制,不仅是同社会主义经济和政治制度结合在一起的,而

---

① 参见《毛泽东选集》第二卷,人民出版社 1991 年版,第 696—698 页。
② 《马克思恩格斯选集》第 3 卷,人民出版社 1995 年版,第 434 页。

且是和社会主义精神文明结合在一起的。我国的文化建设不但要为社会主义市场经济的发展提供道义上的支持,而且要批判和矫正自然经济和商品经济所引发的不人道、不合理的现象,引导人们正确处理计划与市场、竞争和协作、效率和公平等关系,为社会主义市场经济的健康发展、社会的全面进步提供精神动力和文化支持。

2. 中国特色社会主义文化还必须反映我国社会主义民主政治的本质要求

文化是不可能脱离政治的。中国特色社会主义文化受我国政治制度和政治体制的制约,服务于人民民主专政和社会主义现代化建设。1979 年邓小平在党的理论工作务虚会上指出:"社会主义现代化建设是我们当前最大的政治,因为它代表着人民的最大的利益、最根本的利益。"①1996 年江泽民在中国文联第六次全国代表大会、中国作协第五次全国代表大会上指出:"在文艺工作中坚持党的基本理论、基本路线和方针政策,坚持正确的创作思想,多出精品,把美好的精神食粮贡献给人民,郑重地考虑作品的社会效果,旗帜鲜明地反对资本主义和一切剥削阶级腐朽思想文化的侵蚀、反对'一切向钱看',旗帜鲜明地鼓舞人们为壮丽的社会主义现代化建设事业而奋发进取,这就是马克思主义政治对文艺工作者的基本要求。"②

从实质上看,资本主义文化是为资产阶级的政治服务的,而社会主义文化则是为无产阶级的政治服务的,这是两者本质区别之所在。在历史上,新兴资产阶级和劳动人民反对封建专制制度,形成了民主和自由、平等、博爱等思想观念,是人类精神的一次大解放。然而,资本主义国家一方面实行普选制、议会制、多党制等民主原则,对公民的自由平等权利作了法律上的规定;另一方面又通过剥夺人民群众占有生产资料的权利,来限制甚至取消他们的民主自由。消除封建专制主义思想的影响,抵制西方资本主义民主法制观念的侵蚀,树立社会主义民主法制观念,巩固党的领导和人民民主专政,保持国家的长治久安和健康发展,是中国特色社会主义文化建设的一项重要任务。

我们现在建设和发展中国特色社会主义,最终目的是实现共产主义。我国的文化建设要把先进性的要求和广泛性的要求结合起来,既要提倡共产主义的思想观念和道德情操,又要反映中国特色社会主义经济、政治的基本特征和我国社会主义初级阶段的经济和政治发展的根本要求。我们相信,随着我国社会主

---

① 《邓小平文选》第二卷,人民出版社 1994 年版,第 163 页。
② 《十四大以来重要文献选编》(下),人民出版社 1999 年版,第 2145 页。

义经济、政治的发展,通过几代人坚持不懈的努力,我们一定能够发扬中华民族文化的优良传统,建立起无愧于先人和当今时代的中国特色社会主义的新文化。

第二节　中国特色社会主义文化建设的本质特征

一、中国特色社会主义文化建设的目标:培育"四有"公民

中国特色社会主义文化包含三层含义:它作为一种文化,具有文化的一般属性,并遵循文化发展的一般规律;它是一种社会主义的文化,具有社会主义文化的本质特征;它是一种中国特色的社会主义文化,具有中国民族的风格和特点。就其本质而言,中国特色社会主义文化应该是符合中国国情的,体现社会主义时代精神的,反映社会主义的本质要求和发展趋势的新文化。我们首先要从文化建设目标的角度揭示中国特色社会主义文化的基本属性。

提高整个中华民族的思想道德素质和科学文化素质,培育有理想、有道德、有文化、有纪律的公民,是社会主义现代化建设,特别是精神文明建设的本质要求。早在 1982 年 7 月,邓小平就指出:"搞社会主义精神文明,主要是使我们的各族人民都成为有理想、讲道德、有文化、守纪律的人民。"[①]1993 年江泽民在毛泽东诞辰 100 周年纪念大会上指出:"发展社会主义精神文明,包括加强思想道德建设和科学文化建设,核心是培养有理想、有道德、有纪律、有文化的一代又一代社会主义建设人才。"[②]这就为社会主义思想文化建设指出了明确的目标和要求。

有理想、有道德、有文化、有纪律这"四有"构成了一个统一的整体,体现了对全体公民的理想信念、道德情操、文化素养和法制纪律观念等的总体要求。其中,有理想,主要是指对社会主义、共产主义的坚定信念,是一种强大的精神力量和精神支柱,决定着人们思想行为的价值目标。道德和理想是紧密相连的,理想的破灭常常伴随着道德的堕落。我国现阶段的基本道德标准是爱祖国、爱人民、爱劳动、爱科学、爱社会主义。形成良好的道德风尚,是我国文化建设的重要方面。有文化,是指人们应当具有良好的科学文化素质和从事革命和建设事业的知识与本领,是理想、道德和纪律赖以形成的重要条件。纪律是理想和道德的表

---

① 《邓小平文选》第二卷,人民出版社 1994 年版,第 408 页。

② 《十四大以来重要文献选编》(上),人民出版社 1996 年版,第 624 页。

现。有纪律,是革命和建设事业胜利的根本保证。在"四有"中,理想和纪律最重要。邓小平指出:"我们历来提倡有理想、有道德、有文化、有纪律,其中最重要的是有理想、有纪律。理想就是社会主义现代化。很多人只讲现代化,忘了我们讲的现代化是社会主义现代化。要搞四个现代化,使中国发展起来,就要有纪律、有秩序地进行建设。"①培养社会主义的"四有"新人,不仅是我国精神文明建设的中心任务,也是我国文化建设的根本目标。

二、中国特色社会主义文化建设的方向:体现"三个"面向

早在抗日战争时期,毛泽东就主张建设民族的、科学的、大众的新民主主义文化。1983 年邓小平为北京景山学校题词,又提出"教育要面向现代化,面向世界,面向未来"的方针。党的十五大和十六大继承和拓展了毛泽东和邓小平上述重要思想,把它提升为社会主义文化建设的方针,明确提出发展面向现代化、面向世界、面向未来的,民族的、科学的、大众的社会主义文化。

首先,"面向现代化"是中国特色社会主义文化时代性的集中体现,它表明中国特色社会主义文化要消除传统文化的糟粕,创造出符合人与社会的现代化本质要求的文化内容和形式,把中国文化推进到现代发展的新阶段。中国特色社会主义文化既是马克思主义在中国发展的新阶段和世界文化发展的重要环节,也是中国文化发展的现代新形态和新阶段。它应该"划清文化遗产中民主性精华同封建性糟粕的界限"②,并根据社会主义现代化建设的实际需要,破除其中与现代生活不相适应的糟粕,吸取其中具有普遍适用性和长久生命力的精华,来建设有中华民族特色的新文化。鉴于我国社会主义建设出现的严重挫折和毛泽东晚年所犯错误的历史教训,邓小平特别强调:批判我国传统文化中的反动与过时的成分,肃清封建专制主义和人治观念的影响。改革开放以来,中国文化现代化的内在生长力迅速发育,并促成中国文化不可逆转的发展趋势。当今中国文化建设必须顺应现代化的世界潮流,反映中国社会主义现代化的本质要求,使现代化的思想深入人心,激发广大人民群众投身社会主义现代化建设的高度热情,为 21 世纪中叶基本实现社会主义现代化提供强大的精神动力和文化支持。

其次,"面向世界"和"面向未来"分别是中国特色社会主义文化的开放性在

---

① 《邓小平文选》第三卷,人民出版社 1993 年版,第 209 页。
② 《邓小平文选》第二卷,人民出版社 1994 年版,第 335 页。

空间维度和时间维度上的鲜明体现,它们说明中国特色社会主义文化能够打破地域和历史的局限,不断从世界各国的先进文化成果和未来的社会实践中吸收新的文化内容和形式,因而具有广阔的发展空间和与时俱进的品格。尽管我们强调文化的"中国特色",但这种特色,不是盲目排外、闭关锁国,而是要紧跟世界文明发展的步伐,充分吸收其他民族和国家的先进文化成果,来丰富和壮大我们自己的文化,保证中国文化不脱离世界文化发展的潮流,永远自立于世界文化之林。我国现阶段要建设有中国特色的社会主义文化,但长远目标是建设更加先进发达的社会主义文化和共产主义文化。我们党在建设新民主主义文化的时候,毛泽东就提出:要以共产主义思想为指导,否则,不仅不能达到社会主义,甚至连民主革命也不能取得胜利。进入改革开放和现代化建设新时期,邓小平也强调:树立共产主义远大理想的重要意义。他说:"党和政府愈是实行各项经济改革和对外开放的政策,党员尤其是党的高级负责干部,就愈要高度重视、愈要身体力行共产主义思想和共产主义道德。否则,我们自己在精神上解除了武装,还怎么能教育青年,还怎么能领导国家和人民建设社会主义!"①我国现阶段的文化建设不仅要以实践为基础,从经济建设和政治建设的伟大实践中吸取理论源泉和发展动力,而且要坚持社会主义和共产主义的发展方向,不断开辟中国文化发展的新局面和新境界,巩固和扩展社会主义和共产主义的思想文化阵地。

三、中国特色社会主义文化的基本属性:民族性、科学性和大众性

最能体现中国文化特色的,首推"民族性"。这种特性至少包含三层含义:一是要主张中华民族的尊严和独立,提倡民族的自信心和自豪感,反对帝国主义的压迫和霸权主义的干涉,为争取民族解放和国家富强服务;二是要正确把握我们民族的实际与特点,忠实反映中国人民的民族心理和民族精神,并且具有中国人民喜闻乐见的文化内容和形式;三是要弘扬民族自主意识,反对崇洋媚外、照搬照抄国外的东西,搞民族虚无主义。在当今世界文化相互激荡,西方文化以其强大的经济和科技优势,不断从思想观念上"向外殖民"的条件下,中国特色社会主义文化尤其需要继承历史上中国文化的优秀成果,发扬中华民族文化的优良传统。

"科学性"对于中国特色社会主义文化来讲,也是非常重要的。它首先要求坚持马克思主义这一科学世界观和方法论的指导,保证文化建设沿着正确的方

---

① 《邓小平文选》第二卷,人民出版社1994年版,第367页。

向和道路前进。其次,要求大力宣扬科学知识、科学方法、科学态度和科学精神,真正使这位被五四运动大力提倡的"赛先生"在人们的思想意识中占有崇高的地位,切实提高全民族的科学文化素质。第三,要求坚持解放思想、实事求是的思想路线,反对唯心主义和形而上学的思维方式和思想方法,不断克服僵化封闭、愚昧迷信思想,不断开拓理论思维和文化建设的新境界。

"大众性"是由中国文化的社会主义性质决定的,因为社会主义文化是人民当家作主的文化,是真正民主的文化。早在抗日战争时期,邓小平就提出:要反对"少数特权者压迫剥削大多数人、愚弄欺骗大多数人、使大多数人永远陷于黑暗与痛苦的贵族的特权者的文化,而主张代表大多数人民利益的、大众的、平民的文化,主张文化为大众所有,主张文化普及于大众而又提高大众"①。我国的文化建设应该使人民大众既成为文化活动主体,也成为文化消费的主体;使人民大众既得到文化知识的教育和提高,也能从文化消费中得到精神上的享受和满足。中国特色社会主义文化只有植根于人民群众,服务于人民群众,满足人民群众日益增长的文化生活的需要,才能真正得到广大人民群众的接受和喜爱,才有无限的生机与活力。

第三节　我国社会主义文化建设的基本原则

一、坚持以马克思主义为指导

在阶级社会中,统治阶级的意识形态是该社会思想文化的理论基础和核心内容,规定着思想文化的根本性质和发展方向。马克思主义作为工人阶级的科学世界观和方法论,最全面、最深刻地揭示了世界的本质及其发展规律,是时代精神的精华,是现代文明活的灵魂。具体就文化建设而言,马克思主义对人类文化产生、发展的规律及其在社会生活中的地位和作用,对文化的阶级性、时代性、民族性,对社会主义文化的本质特征及其与历史文化的批判继承关系等都作出了科学的阐述,为我们建设中国特色社会主义文化奠定了科学的理论基础。坚持马克思主义的指导地位,是我们立党立国的根本,决定着中国特色社会主义文化的根本性质和发展方向。

马克思主义是在历史和科学的前进中不断丰富和发展的理论。马列主义的

---

① 《邓小平文选》第一卷,人民出版社1994年版,第24页。

基本原理已经被实践证明是科学真理,至今仍然是我们进行社会主义文化建设的指导思想。对马列主义的信仰,永远是我们社会发展和文化繁荣的精神动力,在任何时候都要坚持马列主义的基本原理,否则我们的事业就会因为没有正确的理论基础和思想灵魂而迷失方向。马列主义基本原理与中国革命、建设和改革的具体实际相结合的产物——毛泽东思想和包括邓小平理论、"三个代表"重要思想、科学发展观等重大战略思想在内的中国特色社会主义理论体系,是我们党对马克思主义文化思想的独特贡献,对中国特色社会主义文化建设具有更加直接的、现实的指导意义。

由于我国幅员辽阔、民族众多,各地经济、政治、文化发展极不平衡,汪洋大海般的小生产和封建主义思想根深蒂固,再加上个体经济、私营经济、外资经济等非社会主义经济成分不同程度的发展以及西方资产阶级思想文化各种渠道的影响,我国思想文化领域出现了封建主义文化、资本主义文化和社会主义文化等多种成分并存、斗争的复杂局面。在这种社会条件下,我国的文化建设究竟以哪一种理论体系为指导,坚持哪一种社会原则为主体,塑造什么样的思想文化为目标呢? 在这些关键问题上,人们的认识是很不一致的。"全盘西化"论者坚持欧洲中心主义的立场、观点,主张全盘接收西方资产阶级的思想文化和意识形态,企图在中国实现欧美式的资本主义现代化。"儒学复兴"论者坚持"道德理想主义"和"文化保守主义"的立场、观点,将先秦儒学和宋明理学视为中国文化的源头活水,主张返归儒家内圣之本原,开出民主和科学之新外王,企图使中国走上既非"西化"又非"俄化"的"儒家资本主义"道路。社会主义思想文化阵地,马克思主义不去占领,封建主义和资本主义文化就会去占领。坚持马克思主义在意识形态领域的指导地位,弘扬社会主义思想的主旋律,抵制各种封建主义遗毒和资产阶级腐朽思想的影响,努力发展中国特色社会主义文化,是我国现阶段文化建设必须解决的首要问题。

二、正确对待古今中外的优秀文化成果

世界上有不少古老文化因种种原因遭到破坏和毁灭,但中国文化却相传不断,并且代有高峰,显示我们的民族文化在发展中的连续性和生命力,对周边诸国乃至世界文明都产生了广泛而深远的影响。党的十七报告指出:"中华文化是中华民族生生不息、团结奋进的不竭动力。要全面认识祖国传统文化,取其精华,去其糟粕,使之与当代社会相适应、与现代文明相协调,保持民族性,体现时代性。加强中华优秀文化传统教育,运用现代科技手段开发利用民族文化丰厚

资源。"①只有全面地清理中国古代文化,剔除其封建性的糟粕,吸收其民主性的精华,并在社会主义现代化建设的实践中加以改造、融合与创新,我国的民族文化就能像"凤凰涅槃"那样,完成从传统文化向现代文化的创造性转变,获得蓬勃壮美的新生。

不同国家和地区的文化,互相开放、互相交流、互相借鉴,是世界文化发展的重要机制和规律。不管是国外资本主义国家的还是社会主义国家的,是第三世界的还是发达国家的,是古代的还是近代的、现代的,凡属世界各国的优秀文化成果,我们都要积极地学习和吸收。特别是对西方现代文化,应坚持批判借鉴、洋为中用的原则,根据我国具体国情和社会主义现代化建设的需要,剔除其反映西方中心主义的狭隘观念和资产阶级意识形态等方面内容的思想糟粕,吸收其反映现代社会生活的普遍规律和一般运行机制以及无产阶级和广大劳动人民的权利要求等方面内容的思想精华,作为建设中国特色社会主义文化的外来资源和参照对象。

人类文化的发展既有批判性,又有继承性,既有民族性又具世界性。任何文化都是在各自民族文化的变革和传承中,在与世界文化的接触和交流中,求得生存、延续和发展的。列宁说得好:"只有确切地了解人类全部发展过程所创造的文化,只有对这种文化加以改造,才能建设无产阶级的文化,没有这样的认识,我们就不能完成这项任务。"②只有继承和发扬民族优秀传统文化,借鉴和吸收世界优秀文化成果,并结合时代的特点和本国的实际,不断加以融合与改造,才能发展中国特色的社会主义新文化,增强中华文化的国际影响力。

三、坚持"二为"方向和"双百"方针

文化建设坚持"为人民服务、为社会主义服务",是由劳动人民在物质和文化生活中的决定性地位和作用决定的,是由社会主义文化事业的性质和目的决定的,是中国特色社会主义文化健康发展的内在要求。邓小平在中国文学艺术工作者第四次代表大会上指出:"我们的社会主义文艺,要通过有血有肉、生动感人的艺术形象,真实地反映丰富的社会生活,反映人们在各种社会关系中的本质,表现时代前进的要求和历史发展的趋势,并且努力用社会主义思想教育人

---

① 《中国共产党第十七次全国代表大会文件汇编》,人民出版社2007年版,第34页。
② 《列宁选集》第4卷,人民出版社1995年版,第285页。

民,给他们以积极进取、奋发图强的精神。"①广大工作者要时时刻刻、全心全意地把人民群众作为服务对象,创作更多反映人民主体地位和现实生活、群众喜闻乐见的优秀精神文化产品,充分满足人民群众不同层次的、多方面的、丰富的、健康的精神文化生活的需要,激励人民投身于改革开放和社会主义现代化建设的伟大事业。

"百花齐放、百家争鸣"是社会主义文化建设的一条基本规律和根本方针。文化艺术中的是非问题,应当通过文化艺术界的自由讨论去解决,通过文化艺术的实践去评判。利用行政命令和政治斗争的方法,去解决文化领域里的问题,会损害文化事业的发展。我们实行"双百"方针,提倡文化艺术上不同风格、流派的自由争论,就是给社会主义文化事业的繁荣提供广阔的天地、良好的氛围。还应认识到,实行"双百"方针和坚持四项基本原则、"二为"方向是辩证统一的。实行"双百"方针不是没有前提、没有目的的,不是让封建主义和资本主义的文化之花同社会主义的文化之花一样都可以不受限制的"开放",而是要通过不同文化的争鸣,繁荣和发展社会主义文化。如果否定了四项基本原则,"双百"方针就变成了自由化的方针,同时也违背了我们党实行"双百"方针的初衷。我们只有把坚持四项基本原则、坚持"二为方向"和实行"双百"方针有机地结合起来,才能不断发展中国特色社会主义的先进文化。

第四节　我国现阶段文化建设的根本任务

一、培育崇高精神和共同理想是文化建设的首要任务

党的十七大报告指出:"社会主义核心价值体系是社会主义意识形态的本质体现。要巩固马克思主义指导地位,坚持不懈地用马克思主义中国化最新成果武装全党、教育人民,用中国特色社会主义共同理想凝聚力量,用以爱国主义为核心的民族精神和以改革创新为核心的时代精神鼓舞斗志,用社会主义荣辱观引领风尚,巩固全党全国各族人民团结奋斗的共同思想基础。"②这就为新世纪新阶段的文化建设提出了新的本质要求,作出了新的战略部署。

伟大的事业需要崇高的精神,崇高的精神支撑伟大的事业。一个民族,如果

---

① 《邓小平文选》第二卷,人民出版社 1994 年版,第 210 页。
② 《中国共产党第十七次全国代表大会文件汇编》,人民出版社 2007 年版,第 33 页。

没有崇高的精神,就不可能自立于世界民族之林。崇高的精神,不仅是抽象的,而且是具体的。它与各个国家的民族心理和文化传统相结合,就形成一定的民族精神;与各个时期的时代特征和社会发展要求相结合,就形成一定的时代精神。不论是民族精神,还是时代精神,都是一定社会的思想文化的核心内容,是一个民族赖以生存和发展的精神支撑,因而是各国思想文化建设的重中之重。

在五千多年的发展中,中华民族形成了以爱国主义为核心的团结统一、爱好和平、勤劳勇敢、自强不息的伟大民族精神。我们党领导人民在长期实践中不断结合时代和社会的发展要求,赋予民族精神新的时代内涵,在各个历史时期创立了相应的时代精神。在新民主主义革命时期,井冈山精神、长征精神、延安精神、西柏坡精神和红岩精神等,体现了中国共产党人崇高的思想境界、坚定的理想信念和浩然的革命正气。在社会主义革命和建设时期,抗美援朝精神、"两弹一星"精神、大庆精神、抗洪精神等进一步丰富和发展了民族精神。在新世纪新阶段,更需要在全社会宣传和实行为全面建设小康社会,加快推进社会主义现代化而不懈奋斗的民族精神和时代精神,包括解放思想、实事求是的精神,紧跟时代、勇于创新的精神,知难而进、一往无前的精神,艰苦奋斗、务求实效的精神,淡泊名利、无私奉献的精神。

建设中国特色社会主义的共同理想,是当今中国的民族精神和时代精神的集中体现。邓小平指出:"我们共产党人的最高理想是实现共产主义,在不同历史阶段又有代表那个阶段最广大人民利益的奋斗纲领。因此我们才能够团结和动员最广大的人民群众,叫做万众一心。"①建设中国特色社会主义,到 21 世纪中叶基本实现社会主义现代化,是现阶段我国各族人民的共同理想,是实现共产主义最高理想的必经阶段。为了这个共同理想而奋斗,既是为国家的富强、民族的振兴而奋斗,也是为各族人民自己的长远利益和自由幸福而奋斗。在全社会牢固树立共同理想,关键在于使建设中国特色社会主义的理想信念,不断灌注到全党全国人民的头脑中,并成为自觉的思想要求和行动指南。这必须作为社会主义文化建设的首要任务切实抓紧抓好。

二、弘扬社会主义思想道德是文化建设的中心环节

加强社会主义思想道德建设,引导人们树立正确的世界观、人生观、价值观,形成科学的思维方式和健康的生活方式,提高全民族的思想道德素质和精神境

---

① 《邓小平文选》第三卷,人民出版社 1993 年版,第 190 页。

界,是中国特色社会主义文化建设的中心任务。在历史上,中华民族就以勤劳勇敢、自强不息,热爱和平、热爱祖国,不尚玄虚,求真务实,注重道德修养,讲究文明礼仪等优秀的思想道德而著称于世。现阶段我们要用科学的理论武装人,用高尚的道德塑造人,坚定对马克思主义的信仰、坚定对社会主义的信念、增强对改革开放和现代化建设的信心、增强对党和政府的信任,增强自立意识、竞争意识、效率意识、民主法制意识和开拓创新精神,团结和动员全国人民万众一心、同心同德,为中华民族的伟大复兴而努力奋斗。

在思想建设方面,我们要认真学习马列主义、毛泽东思想、邓小平理论、"三个代表"重要思想和科学发展观,始终不渝地坚持用中国特色社会主义理论体系教育干部和群众,指导我们的各项事业和工作。特别是要紧紧抓住解放思想、实事求是这个精髓,围绕什么是社会主义、怎样建设社会主义,建设什么样的党、怎样建设党,实现什么样的发展、怎样发展等基本问题,坚持理论联系实际,开展中国特色社会主义理论体系的学习、研究和宣传、普及活动,推动当代中国马克思主义大众化,引导广大干部群众不断深化对人类社会发展的规律、对社会主义建设的规律、对共产党执政规律的认识,正确认识国家的前途和命运,坚定不移地走中国特色社会主义发展道路。

在道德建设方面,我们要深入开展以为人民服务为核心,以集体主义为原则,以爱祖国、爱人民、爱劳动、爱科学、爱社会主义为基本要求的道德教育,建立与社会主义市场经济相适应、与社会主义法律规范相协调、与中华民族传统美德相承接的社会主义道德体系。党的十七大报告强调:"大力弘扬爱国主义、集体主义、社会主义思想,以增强诚信意识为重点,加强社会公德、职业道德、家庭美德、个人品德建设,发挥道德模范榜样作用,引导人们自觉履行法定义务、社会责任、家庭责任。加强和改进思想政治工作,注重人文关怀和心理疏导,用正确方式处理人际关系。"①这就为当前的道德建设提出了新的更高的要求,指明了工作的出发点和着力点。

社会主义荣辱观是马克思主义伦理学与我国社会主义道德建设实践相结合的产物。荣辱观自古有之,但不同时代、不同国家,持不同伦理观念的人们,其荣辱观必然存在显著的差异。社会主义荣辱观涵盖了个人、集体、国家之间的相互关系,涉及人生态度、道德修养和治国方略等主要方面,体现了爱国主义、集体主义、社会主义的道德原则,旗帜鲜明地规定了在社会主义市场经济条件下,应当

---

① 《中国共产党第十七次全国代表大会文件汇编》,人民出版社 2007 年版,第 34 页。

坚持和提倡什么、反对和抵制什么,为全体社会成员辨别是非善恶、判断行为得失、确定价值取向,提供了基本的准则和规范。它是马克思主义指导思想在道德领域的生动体现,为社会主义思想道德建设树立了新的标杆。

当然,我国的思想道德建设,不仅要合乎社会主义社会的本质要求和发展规律,而且要与我国社会主义初级阶段的发展水平以及中华民族的社会心理、思想感情和文化传统相适应,积极探索用社会主义核心价值体系引领社会思潮的有效途径,既尊重差异、包容多样,又抵制各种错误和腐朽思想的影响。只有把先进性要求同广泛性要求结合起来,鼓励支持一切有利于解放和发展社会生产力的思想道德,一切有利于国家统一、民族团结、经济发展、社会进步的思想道德,一切有利于追求真善美、抵制假恶丑、弘扬正气的思想道德,一切有利于履行公民权利与义务、用诚实劳动争取美好生活的思想道德,才能建设和谐文化,守护好中华民族共有的精神家园。

三、发展教育和科学是文化建设的基础工程

教育和科学既是物质文明建设的重要条件,也是提高国民素质和精神文明程度的基础。当今世界,科学越来越成为推动历史进步的决定性力量,成为代表一个国家或民族的文明程度和发展水平的重要标志。邓小平早就说过科学技术是第一生产力。"四个现代化,关键是科学技术的现代化。"①当今世界,科学技术突飞猛进,知识经济已见端倪,国力竞争日趋激烈,科学技术的发展,越来越决定着一个国家、一个民族的发展进程。要高度重视科学技术对经济发展和社会进步的重大作用,在全社会普及科学知识,弘扬科学精神,加快实施科教兴国战略。

哲学社会科学作为人类科学体系的重要组成部分和社会主义现代化建设的理论武器,在中国特色社会主义文化建设中占有重要地位,起着不可替代的作用。早在1977年邓小平就指出,我们国家要赶上世界先进水平,"要从科学和教育着手。科学当然包括社会科学"。② 社会科学发展状况如何,对人们的思想意识和社会道德风尚,对经济建设,对社会稳定和发展都会产生巨大和深刻的影响。要繁荣发展哲学社会科学,推进学科体系、学术观点、科研方法创新,鼓励哲学社会科学界为党和人民事业发挥思想库作用,为提高全民族的思想道德素质和科学文化素质作出更大的贡献。

---

① 《邓小平文选》第二卷,人民出版社1994年版,第86页。
② 同上书,第48页。

发展科学技术离不开人才,人才的培养离不开教育。在 1978 年召开的全国科学大会开幕式上,邓小平明确地指出:"科学技术人才的培养,基础在教育。我们要全面地正确地执行党的教育方针,端正方向,真正搞好教育改革,使教育事业有一个大的发展,大的提高。"①我国有十多亿人口,人力资源十分丰富,但我国人口的文化素质不高,而且有上亿的文盲,发展教育的任务十分繁重。要充分发挥教育在开发我国巨大人力资源方面的优势,尽快建立比较完善的现代国民教育体系,实施素质教育,形成全民学习、终身学习的学习型社会,培养德智体美全面发展的社会主义建设者和接班人。

第五节　深化文化体制改革

一、我国文化体制改革的目标与任务

文化体制改革是解放和发展文化生产力,增强社会主义文化的生机与活力,调动文化生产部门和文化工作者的积极性和主动性,推动社会主义文化发展创新的根本要求和根本出路。改革开放以来,我国文化市场日趋繁荣,文化基础设施逐步建立,对外文化交流不断扩大,群众文化生活越来越丰富。但也要看到,随着社会主义市场经济的愈益发展和我国加入世界贸易组织,文化体制方面存在的深层次矛盾和问题逐渐暴露出来,如文化事业结构不合理、文化产业布局散滥的现象比较严重,许多文化单位活力不足,缺乏市场竞争力和社会影响力;单纯依靠政府投入而不讲经济效益和社会效益的问题比较突出,造成人力、物力和财力的巨大浪费;简单沿用计划经济或机械照搬市场经济的观念和做法办文化、管文化的现象大量存在,该保护和扶持的得不到保护和扶持,该淘汰的不能被淘汰,该管制的没有完全管制好;文化执法环节薄弱,盗版侵权严重,文化垃圾屡禁不止,严重干扰着文化市场秩序。尤其是在全面建设小康社会,加快推进社会主义现代化的进程中,文化赖以生存和发展的经济基础、体制环境和社会条件发生了深刻变化。文化体制与人民群众日益增长的精神文化需求不相适应,与完善社会主义市场经济体制、扩大对外开放的新形势不相适应,与依法治国、建设社会主义法治国家的环境不相适应,与高新技术在文化领域迅猛发展和广泛应用的趋势不相适应。在机遇与挑战并存的历史条件下,必须从贯彻落实科学发

---

① 《邓小平文选》第二卷,人民出版社 1994 年版,第 95 页。

观、构建社会主义和谐社会的高度,从巩固马克思主义指导地位的高度,从加强党的执政能力建设的高度,充分认识文化体制改革的重要性和紧迫性。

根据人类文化发展的客观规律和新世纪新阶段我国文化发展的现实要求,我国文化体制改革的目标任务是:以发展为主题,以改革为动力,以体制机制创新为重点,形成科学有效的宏观文化管理体制,完善文化法律法规体系,强化政府文化管理和服务职能,构建覆盖全社会的公共文化服务体系;形成富有效率的文化生产和服务的微观运行机制,增强文化事业单位的活力,提高文化企业的竞争力;形成以公有制为主体、多种所有制共同发展的文化产业格局,充分发挥国有资本在文化领域的主导作用,调动全社会力量积极参与文化建设;形成统一、开放、竞争、有序的现代文化市场体系,更大程度地发挥市场在文化资源配置中的基础性作用;形成完善的文化创新体系,加大知识产权保护力度,积极应用先进科技手段,推进文化内容创新,使原创性文化产品在市场上占有重要地位;形成以民族文化为主体、吸收外来有益文化,推动中华文化走向世界的文化开放格局,进一步提升文化事业和文化产业的国际影响力和竞争力。

为实现这一目标,一是要科学制订和实施文化体制改革的总体方案,理顺党委、政府和文化企事业单位的关系,改善对文化的宏观管理。坚持党管方向、党管干部、党管重大事项决策,从政治上、思想上、组织上加强对文化工作的指导。按照政事分开、政企分开、企事分开的原则,转变政府职能,从经办文化事业的具体事务中解脱出来,把主要精力转到定政策、作规划、抓监管上来。建立党委领导、政府管理、行业自律、企事业单位依法运营的文化管理体制,建立职责明确、反应灵敏、运转有序、统一高效的文化宏观调控体系。二是加强文化法制建设,抓紧制定和完善促进改革开放、规范市场秩序、保护知识产权、保护历史文化遗产、维护公民文化权利等方面的法律法规,做好与有关国际规则相衔接的法律法规修订,提高文化执法水平。三是培育现代文化市场体系,加强文化产品和要素市场建设,完善现代文化流通体制,建立文化市场中介机构和行业组织,加强文化市场监管。四是深化文化企事业单位内部改革,规范国有文化事业单位转制,推进国有文化企业的公司制改造,加强对文化事业单位剥离企业的监管,着力培育外向型文化企业,激发文化企事业单位发展的活力,调动文化工作者的积极性、主动性和首创精神。

二、深化文化体制改革的总体要求

深化文化体制改革,要坚持把握社会主义先进文化的前进方向,弘扬主旋律,提倡多样化;坚持马克思主义在意识形态领域的指导地位,确保国家文化安全;坚持勇于实践、大胆创新,树立与科学发展观相适应的新的文化发展观;坚持把社会效益放在首位,实现社会效益和经济效益的统一;坚持文化事业和文化产业协调发展,确保文化体制与经济、政治、社会体制相互衔接和配套。总之,要遵循社会主义精神文明建设的特点和规律,适应社会主义市场经济发展的要求,全面推进文化体制机制创新,改变束缚文化发展的做法和规定,革除影响文化发展的体制弊端,完善扶持公益性文化事业、发展文化产业、鼓励文化创新的政策,解放和发展文化生产力,调动广大文化工作者的积极性和创造性,营造有利于出精品、出人才、出效益的环境,以繁荣社会主义文化,不断满足人民群众日益增长的精神文化需求,提高全民族的科学文化素质,促进人的全面发展。由于我国经济社会发展很不平衡,文化领域的行业、单位的特性有很大差异,因而文化体制改革要坚持区别对待,分类指导,循序渐进、逐步推开的原则,积极稳妥地加以推进。

深化文化体制改革,要坚持一手抓公益性文化事业,一手抓经营性文化产业,始终把社会效益放在首位,做到经济效益与社会效益相统一。党的十七大报告提出:"坚持把发展公益性文化事业作为保障人民基本文化权益的主要途径,加大投入力度,加强社区和乡村文化设施建设。大力发展文化产业,实施重大文化产业项目带动战略,加快文化产业基地和区域性特色文化产业群建设,培育文化产业骨干企业和战略投资者,繁荣文化市场,增强国际竞争力。"①公益性文化事业的根本任务是提供基本的公共文化服务,体现人文关怀,满足人民群众最基本的文化需求。要坚持以政府为主导,鼓励社会参与,贯彻"增加投入、转换机制、增强活力、改善服务"的方针,最大限度地发挥公益性文化事业的社会效益。经营性文化产业的根本任务是繁荣文化市场,满足人民群众多方面、多层次、多样性的文化需求。要坚持以市场为导向,贯彻"创新主体、转换机制、面向市场、壮大实力"的方针,最大限度地调动社会力量做大做强文化产业。要着力在重塑市场主体、完善市场体系、改善宏观管理、健全政策法规、转变政府职能、改善宏观管理等关键环节上取得新的突破。要把文化体制改革和文化创新结合起来,以改革促创新、促发展,推动文化观念、文化内容、文化形式、文化科技的变革与更新。尤其要积极运用高新技术创新文化生产方式,培育新的文化业态,加快构建传输快捷、覆盖广泛的文化传播体系。

---

① 《中国共产党第十七次全国代表大会文件汇编》,人民出版社2007年版,第35页。

中华文化源远流长、博大精深,为人类的文明进步作出过巨大贡献。回顾过去,我们对民族传统文化的宝贵遗产和社会主义文化建设的巨大成就备感自豪;展望未来,我们对中华文化的发展前景充满信心。中华民族的伟大复兴必然伴随着中国文化的繁荣兴盛。我们坚信,只要坚持社会主义先进文化的前进方向,发挥人民群众在文化建设中的主体作用,激发全民族文化创造活力,让人民共享文化发展成果,就一定能够兴起社会主义文化建设的新高潮,创造出更加辉煌灿烂的、更加具有中国风格和中国气派的社会主义先进文化,对世界的和平与进步事业作出新的更大的贡献。

第十章
中国特色社会主义的社会建设

十六大以来,党中央将中国特色社会主义的总体布局由经济建设、政治建设、文化建设"三位一体"发展为经济建设、政治建设、文化建设和社会建设"四位一体"。社会建设在中国特色社会主义事业中占据更加重要的地位。构建社会主义和谐社会,要求我们加快以改善民生为重点的社会建设,积极推进社会体制的改革与创新。

第一节 社会建设在中国特色社会主义
事业总体布局中的地位

一、社会和谐是中国特色社会主义的本质属性

实现社会和谐,建设美好社会,是人类社会的共同理想。我国历史上有许多关于社会和谐的论述。孔子提出要"以和为贵";墨子提出要建立"兼相爱"、"爱无差"的理想社会;孟子也描绘过"老吾老以及人之老,幼吾幼以及人之幼"的社会状态;《天朝田亩制度》中也曾宣扬"有田同耕,有饭同吃,有衣同穿,有钱同使,无处不均匀,无人不饱暖"的理想社会;康有为在《大同书》中提出要建立"人人相亲,人人平等,天下为公"的美好社会。

在西方,古希腊思想家就对和谐社会有过论述。如毕达哥拉斯认为,整个宇宙,一切事物都是按照数的和谐关系有秩序地建立起来的;美德乃是一种和谐,友谊就是一种和谐的平等。到近代,空想社会主义者更是直接批判资本主义社会的罪恶,提出和谐社会的设想。如1803年法国的思想家傅立叶发表《全世界和谐》一文,指出现存资本主义制度是不合理的,必将为"和谐制度"所取代。1824年英国空想社会主义者欧文在美国印第安纳州进行的共产主义试验,也是以"新和谐"命名的。1842年德国空想社会主义者魏特林在《和谐与自由的保证》一书中把社会主义社会称之为"和谐与自由"的社会,并指出新社会的"和谐"是"全体和谐"。1848 年,马克思、恩格斯在《共产党宣言》中对圣西门、傅立叶、欧文等空想社会主义者的著作和有关主张给予了肯定,明确指出"提倡社会和谐"是"它们关于未来社会的积极的主张"。不论是在我国,还是在其他国家,不论是在过去、现在,还是在将来,社会和谐都是人们的共同理想和一致追求。

党的十六届六中全会通过的《关于构建社会主义和谐社会若干重大问题的决定》中明确地指出:"社会和谐是中国特色社会主义的本质属性,是国家富强、民族振兴、人民幸福的重要保证。"①这一论断是党的十六届六中全会的重大理论创新,也是构建社会主义和谐社会的理论基础。

中国特色社会主义是和谐的社会主义。我们党对于中国特色社会主义的探索始于 20 世纪 50 年代,在长期的发展实践中,党的三代中央领导集体将马克思主义的普遍真理与中国实际相结合,使马克思主义中国化,创立和发展了中国特色社会主义理论。新中国成立后,毛泽东在领导我国社会主义革命和建设的实践中,认为社会主义应当是各方面积极性得到充分发挥的社会,指出"我们的目标,是想造成一个又有集中又有民主,又有纪律又有自由,又有统一意志、又有个人心情舒畅、生动活泼,那样一种政治局面",为社会主义社会和谐理论奠定了基础。在改革开放的过程中,邓小平提出了发展才是硬道理,发展是解决中国一切问题的关键;提出了贫穷不是社会主义,两极分化不是社会主义,社会主义的本质是解放生产力,发展生产力,消灭剥削,消除两极分化,最终达到共同富裕,创立了中国特色社会主义的基本理论。江泽民结合新的实践和发展,强调社会主义社会是以经济建设为重点的社会主义物质文明、精神文明和政治文明全面发展、全面进步的社会;发挥社会主义制度的优越性,必须落实到发展先进生产力,发展先进文化,实现最广大人民的根本利益上来,从而把我们党对中国特色社会主义本质的认识进一步引向深入。新世纪新阶段,以胡锦涛为总书记的党中央,以马克思列宁主义、毛泽东思想、邓小平理论和"三个代表"重要思想为指导,强调要牢固树立和深入贯彻落实科学发展观,按照"五个统筹"的要求,推进经济社会全面协调可持续发展,系统提出社会和谐理论,明确指出社会和谐是社会主义的本质属性,是中国特色社会主义的本质属性。从新中国的成立到今天和谐社会的建设,中国共产党一直将社会和谐作为自己的奋斗目标。

"社会和谐是中国特色社会主义的本质属性"这一重大科学论断进一步回

---

① 《十六大以来重要文献选编》(下),中央文献出版社 2008 年版,第 648 页。

答了要建设什么样的社会主义这个重要问题,使中国特色社会主义事业总体布局从经济建设、政治建设、文化建设"三位一体"扩展到经济建设、政治建设、文化建设、社会建设"四位一体"。它丰富和发展了中国特色社会主义的理论体系,深化和拓展了对社会主义本质的认识,对全面建设小康社会,加快推进社会主义现代化,具有重要的指导作用。

二、社会建设与经济建设、政治建设、文化建设的相互关系

社会主义经济建设、政治建设、文化建设、社会建设是中国特色社会主义事业总体布局的重要组成部分,四者紧密联系、相互作用、不可分割。

经济建设要与社会建设相互促进、协调发展。历史唯物主义认为,经济基础决定上层建筑。经济建设是社会建设的基础与重要保证;社会建设是经济建设的重要目的,为经济建设提供强大动力和支撑。我们必须毫不动摇地坚持以经济建设为中心,不断增强国家经济实力,从而为改善民生、加快社会建设奠定物质基础;否则,改善民生和社会建设就会成为无源之水、无本之木。同时,我们必须高度重视和加强社会建设,使社会建设和经济建设相协调。如果社会建设滞后,各方面的矛盾得不到解决,必然会对经济建设形成制约与阻碍;而且经济建设如果不以改善民生为出发点和归宿,也就会失去动力和支撑。在处理二者的关系上,要坚持合理统筹经济建设和社会建设,使二者相互促进、协调发展。

政治建设是社会建设的政治保证。政治建设能够使社会主义民主更加完善,社会主义法制更加完备,依法治国基本方略得到全面落实,人民的政治、经济和文化权益得到切实尊重和保障,基层民主更加健全,社会秩序良好,人民安居乐业,这将有利于推动社会建设。社会建设搞好了,人民民主权益得到切实保障,能够鼓励人民为国家的政治建设积极献言献策,促进政治建设。所以,政治建设为社会建设提供政治和法律保障,社会建设为政治建设提供良好的社会条件。

文化建设为社会建设提供精神动力、智力支持和思想保证。树立社会主义荣辱观,弘扬和培育以爱国主义为核心的伟大民族精神,大力发扬创新精神,使全体人民始终保持昂扬向上的精神状态,是推动社会建设和中华民族伟大复兴的不竭精神动力;大力开展理想信念教育,切实加强思想道德建设,努力建立与社会主义市场经济相适应、与社会主义法律规范相协调、与中华民族传统美德相承接的思想道德体系,提高全民族的思想道德素质,能够为社会建设提供有力的思想保障;坚持科教兴国战略,深化科技、教育体制改革,提高全民族的科学文化

素质,尊重劳动、尊重知识、尊重人才、尊重创造,能够激发全社会的创造活力,为构建社会主义和谐社会提供强大的智力支持。搞好了社会建设也能为文化建设提供一个稳定的社会环境和良好的社会条件。

在中国特色社会主义事业中,不能将经济建设、政治建设、文化建设、社会建设分割开来,切不可偏重某一方面,而忽视其他方面的发展,必须做到经济建设、政治建设、文化建设与社会建设统筹兼顾,适当安排,整体推进。

三、构建社会主义和谐社会的重要性和紧迫性

党的十六届四中全会《中共中央关于加强党的执政能力建设的决定》中首次完整提出"构建社会主义和谐社会"的概念,党的十六届六中全会站在时代和全局的战略高度,进一步明确了构建社会主义和谐社会在中国特色社会主义事业总体布局中的地位。进入新世纪以来,党中央之所以把构建社会主义和谐社会提到事关我国社会主义发展大业的高度,体现了实施这一战略的重要性和紧迫性。

第一,社会和谐是中国特色社会主义的本质属性,是国家富强、民族振兴、人民幸福的重要保证。构建社会主义和谐社会,是我们党以马克思列宁主义、毛泽东思想、邓小平理论和"三个代表"重要思想为指导,全面贯彻落实科学发展观,从中国特色社会主义事业总体布局和全面建设小康社会全局出发提出的重大战略任务,反映了建设富强民主文明和谐的社会主义现代化国家的内在要求,体现了全党全国各族人民的共同愿望。国家的经济建设、政治建设、文化建设、社会建设离不开一个安定和谐的社会环境,社会和谐是国家富强、民族振兴的重要保证。社会经济的发展,人民收入的提高,生活水平的改善,权益的充分保障,同样也需要社会的和谐作为保证。

第二,社会和谐是我们党不懈奋斗的目标。我们党从诞生之日起就以为人民服务为宗旨,以为人民创造安定的社会环境为己任。新中国成立之初,我们党为促进社会和谐进行了艰辛探索,积累了正反两方面经验,取得了重要进展。党的十一届三中全会以后,我们党坚定不移地推进改革开放和现代化建设,积极推动经济发展和社会全面进步,为促进社会和谐进行了不懈努力。党的十六大以来,我们党对社会和谐的认识不断深化,明确了构建社会主义和谐社会在中国特色社会主义事业总体布局中的地位,并作出一系列决策部署,推动和谐社会建设取得了新的成效。党的十七大报告明确提出要加快推进以改善民生为重点的社会建设,为社会主义和谐社会建设提供了强有力的理论指导,并指明了实际工作

任务,从而使构建和谐社会走上了持续发展的道路。

第三,构建社会主义和谐社会是适应形势发展的重大举措。新世纪新阶段,和平、发展、合作成为时代潮流,世界多极化和经济全球化的趋势深入发展,科技进步日新月异。同时,国际环境复杂多变,综合国力竞争日趋激烈,影响和平与发展的不稳定不确定因素增多,我们仍将长期面对发达国家在经济科技等方面占优势的压力。我国社会主义市场经济体制日趋完善,社会主义物质文明、政治文明、精神文明建设和党的建设不断加强,综合国力大幅度提高,人民生活显著改善,社会政治长期保持稳定。同时,我国正处于并将长期处于社会主义初级阶段的国情没有变,人民日益增长的物质文化需要同落后的社会生产之间的矛盾仍然是我国社会的主要矛盾,统筹兼顾各方面利益任务艰巨而繁重。特别要看到,我国已进入改革发展的关键时期,经济体制深刻变革,社会结构深刻变动,利益格局深刻调整,思想观念深刻变化。这种空前的社会变革,给我国发展进步带来巨大活力,也必然带来这样那样的矛盾和问题。我们党要带领人民抓住机遇、应对挑战,把中国特色社会主义伟大事业推向前进,必须坚持以经济建设为中心,把构建社会主义和谐社会摆在更加突出的地位。

第四,构建社会主义和谐社会是解决当前社会的突出矛盾和问题的迫切需要。当前,我国社会总体上是和谐的,但同时存在着影响社会和谐的突出矛盾和问题,如城乡、区域、经济社会发展很不平衡,人口资源环境压力加大;就业、社会保障、收入分配等关系群众切身利益的问题比较突出;体制机制尚不完善,民主法制还不健全;一些领域的腐败现象仍然比较严重等。这些问题得不到解决迟早将影响我们的社会和谐,更将影响到中国特色社会主义事业的总体布局。构建社会主义和谐社会的提出,就是要我们始终保持清醒的头脑,居安思危,深刻认识我国发展的阶段性特征,科学分析影响社会和谐的矛盾和问题及其产生的原因,更加积极主动地正视矛盾、化解矛盾,最大限度地增加和谐因素,最大限度地减少不和谐因素,不断促进社会和谐,确保全面建设小康社会目标的实现。

第五,构建社会主义和谐社会是全国各族人民的共同愿望。构建社会主义和谐社会在党的十六届四中全会上一经提出,立即受到全国各族人民的衷心拥护。构建社会主义和谐社会是党中央为了解决人民群众反映强烈的矛盾和问题而作出的重大决策部署,并把解决人民群众最关心、最直接、最现实的利益问题作为构建社会主义和谐社会的重点,这正是人民所期望的,符合全国各族人民的共同愿望。构建社会主义和谐社会的实践过程,是更好地满足人民日益增长的物质文化需要的过程,也是促进人的全面发展的过程。构建社会主义和谐社会,是一个贯穿中国特色社会主义全过程的长期历史任务。完成这一历史任务,需要经过若干代人的艰苦努力,逐步走向每个人自由而全面发展的高度和谐的理想社会。这些都是中国人民自古以来孜孜以求的美好理想。

第二节　社会主义和谐社会的性质和特点

一、社会主义和谐社会的根本性质

事物的性质是指事物本身所具有的区别于其他事物的特征,社会主义和谐社会的根本性质指的是社会主义和谐社会自身所具有的、将其与其他事物区别开来的特殊性质。社会主义和谐社会是社会主义性质的和谐社会,它不同于封建社会制度下的"和谐"社会,也不同于资本主义社会制度下的"福利社会",更不是空想社会主义所倡导的"乌托邦"。社会主义和谐社会是人与自然、人与社会、人与人之间和谐统一与协调发展的社会。社会主义和谐社会是马克思主义关于社会和谐的思想与当代中国实际相结合的产物,是我们通向未来共产主义社会形态的理想阶梯。

社会主义和谐社会是人与自然和谐相处的社会。人的存在与发展离不开自然,自然环境为人类社会的存在与发展提供物质基础。随着经济和社会的发展,人们对于自然环境科学认识的深化,自然环境对于人的重要性体现得越来越明显,一方面,如果科学合理地处理人与自然的关系,人们会从中受益;另一方面,社会上的诸多环境问题不得不引起人们的重视和深思,破坏自然也就是在破坏人的生存与发展,是在阻碍社会的进一步发展,不利于构建社会主义和谐社会。社会主义和谐社会是全方位的和谐的社会,在对待人与自然关系上,要求人与自然和谐相处,坚持科学发展。

社会主义和谐社会是人与社会相和谐的社会。人类社会的发展规律表明,社会形态的更替,社会的进步和发展都离不开人的推动作用。人是社会的主体,社会由人组成。人自身的发展也离不开社会,社会的进步为人的发展提供保证。但社会和人的发展并不是同步的,社会的发展往往要个人作出巨大的牺牲。人与社会在发展过程中往往会产生这样那样的矛盾,社会主义为实现人和社会的协调发展提供了制度基础,社会主义社会的发展进步最终都将体现和落实在的人的全面发展和完善上。构建社会主义和谐社会,就是要不断促进人与社会的和谐。

　　社会主义和谐社会是人与人之间相和谐的社会。人是社会的主体,社会是由单个的人组成的。作为社会的人,人与人之间存在着共同的目标和一致的利益。作为个体的人,每个人都有着自身的特殊利益。共同利益与个体利益之间的关系处理得当,将有利于个人和社会的发展。社会主义和谐社会就是要正确处理人与人之间的关系,使之得到和谐。让每个人在实现共同的社会利益的同时,也能最大限度地实现自身利益。人与自然的和谐、人与社会的和谐都是人与人之间的关系和谐的特殊表现形式。人与人之间的和谐是社会主义和谐社会的主要标志,也是构建社会主义和谐社会的基础。

　　社会主义和谐社会是人民共同建设共同享有的和谐社会。社会主义和谐社会,是在中国特色社会主义道路上,中国共产党领导全体人民共同建设、共同享有的和谐社会。共建共享是构建和谐社会的必由之路,共同建设、共同享有和谐社会贯穿于和谐社会建设的全过程,要真正做到在共建中共享、在共享中共建。这清楚地说明了共建与共享的良性互动关系:共建为了共享,共享需要共建;共建共享的主体是广大人民群众;共建共享的切入点是解决民生难题,完善公共服务;共建共享的目的是造福全体人民,实现人民群众的根本利益。

二、社会主义和谐社会的主要特点

　　2005年2月,胡锦涛在中央党校省部级主要领导干部提高构建社会主义和谐社会能力专题研讨班上发表的重要讲话中指出:"我们所要建设的社会主义和谐社会,应该是民主法治、公平正义、诚信友爱、充满活力、安定有序、人与自然和谐相处的社会。"① 这六个方面科学地概括了社会主义和谐社会的特点。

　　第一,社会主义和谐社会是民主法治的社会。民主法治是社会主义和谐社会的重要特征,也是其他五个方面的前提。没有民主法治,很难达到社会和谐。社会主义民主得到充分发扬,保证人民当家作主,尊重人民群众的民主权利,保证人民的各项民主权利得到实现,才能使社会各方面积极因素得到广泛调动。同时,民主要与法治相结合,实现民主的制度化、程序化,树立法律的权威地位,从而使依法治国基本方略得到全面落实。推进民主,加强法治,建设社会主义法治国家,都离不开党的领导。要把党的领导、人民当家作主和依法治国有机统一起来,保证人民当家作主。

---

　　① 《十六大以来重要文献选编》(中),中央文献出版社2006年版,第706页。

第二,社会主义和谐社会是公平正义的社会。公平正义就是社会各方面的利益关系得到妥善协调,人民内部矛盾和其他社会矛盾得到正确处理。公平是人类社会的永恒追求,也是构建社会主义和谐社会的基本前提。社会主义在制度上优越于资本主义的地方,主要在于体现公平。新世纪新阶段,经济和社会得到进一步发展,但同时,伴随着经济体制改革的深化,我国的社会矛盾日益凸显。这些问题解决不好,将会影响到社会稳定,甚至影响到中国特色社会主义事业大局。保障社会公平,从利益协调入手正确处理人民内部矛盾,化解社会风险,是构建社会主义和谐社会的一项基础性工作。我们要综合运用经济、行政等手段,协调好各方利益,实现社会公平。没有公平,就没有正义,也就不可能建成社会主义和谐社会。

第三,社会主义和谐社会是诚信友爱的社会。诚信友爱,就是全社会互帮互助、诚实守信,全体人民平等友爱、融洽相处。和谐社会重在人与人之间关系的和谐。诚信友爱则是人与人之间关系的一种理想状态,是构建社会主义和谐社会的一项基本原则。没有诚信,人际关系紧张,就不会有友爱;没有友爱,就不会有社会和谐;没有诚信友爱,就没有社会主义和谐社会。

第四,社会主义和谐社会是充满活力的社会。充满活力就是要使一切有利于社会进步的创造愿望得到尊重,创造活动得到支持,创造才能得到发挥,创造成果得到肯定。创新是一个民族进步的灵魂,是一个国家兴旺发达的不竭动力。社会主义和谐社会是生机勃勃的社会。活力来源于创造,来源于创新。要通过制度的优化和政策的调整,大力营造有利于创业、创造和创新的机制和环境,充分调动人民群众的积极性和创造性,推动社会各个领域的持续、健康、快速发展,使整个社会充满创造活力。充满创造活力的社会将是一个积极、进步的社会,也将是一个和谐的社会。

第五,社会主义和谐社会是安定有序的社会。安定有序,就是社会组织机制健全,社会管理完善,社会秩序良好,人民群众安居乐业、社会保持安定团结。从整体上而言,当前,我国社会大环境是稳定的,社会的各项事业也在有条不紊的进行,社会运行有序。但我们不能忽视局部地区出现的不和谐、不稳定问题。对任何有害人民安居乐业、社会安定团结的问题,必须妥善处理。要通过加快民主法治建设、强化秩序规范、推进社会主义精神文明建设、促进必需的社会组织和社会协调机制的发育、健全和完善社会管理体制等途径,来保证社会安定。社会安定有序,人民安居乐业,是衡量社会是否和谐的重要指标之一。

第六,社会主义和谐社会是人与自然和谐相处的社会。社会生产的发展和人民生活的富裕离不开自然。生产要从自然中获取资源支持,生活要从自然中取得环境支撑。离开自然,生产和生活将无法继续。实现生态良好,要由人来完成。人们在生产和生活过程中要合理利用自然资源,注意保护自然环境,实现人和自然的和谐共生。我国资源总量较大,但人均资源占有量却很小。在经济发展过程中,应当以科学发展观为指导,走中国特色新型工业化道路,合理开发和节约使用自然资源,注意环境保护,走可持续发展之路。人与自然的和谐是社会主义和谐社会的应有之义。

社会主义和谐社会的这六个特点是相互联系、相互作用的。这六个方面既包括社会关系的和谐,也包括人与自然关系的和谐,体现了民主与法治的统一、公平与效率的统一、活力与秩序的统一、科学与人文的统一、人与自然的统一。这六个方面既是社会主义和谐社会的总体特征,也是我们构建社会主义和谐社会的总体要求。

三、构建社会主义和谐社会与全面建设小康社会的关系

构建社会主义和谐社会是贯穿中国特色社会主义事业全过程的长期历史任务,是全面建设小康社会的重大现实课题。构建社会主义和谐社会同全面建设小康社会,都属于建设中国特色社会主义这个大的范畴,两者是相互联系、相辅相成的。但就其发展过程而言,两者却又不完全相同。

首先,构建社会主义和谐社会与全面建设小康社会相互包含,在中国特色社会主义伟大事业中有机统一。党的十六大提出要在21世纪头20年实现全面建设小康社会的宏伟奋斗目标,努力形成全体人民各尽其能、各得其所而又和谐相处的局面,使经济更加发展、民主更加健全、科教更加进步、文化更加繁荣、社会更加和谐、人民生活更加殷实。党的十七大进一步提出了全面建设小康社会的新要求,强调要增强发展的协调性,实现经济又好又快发展;要扩大社会主义民主,更好保障人民权益和社会公平正义;要加强文化建设,明显提高全民族文明素质;要加快发展社会事业,全面改善人民生活;要建设生态文明,基本形成节约能源资源和保护生态环境的产业结构、增长方式、消费模式。从全面建设小康社会的要求中,可以看出社会和谐的思想。社会主义和谐社会中的民主法治、公平正义等特征也是全面建设小康社会的必然体现。全面建设小康社会的同时也就是在构建社会主义和谐社会,构建社会主义和谐社会一定意义上也就是在全面建设小康社会,两者统一于中国特色社会主义的伟大实践。

其次,构建社会主义和谐社会与全面建设小康社会二者互为条件。一方面,

构建社会主义和谐社会为全面建设小康社会提供良好的社会条件。全面建设小康社会,很重要的一个前提条件就是国家要稳定、社会要和谐。要做到这一点,就必须从实现社会和谐出发,及时而有效地消除某些不和谐因素,化消极因素为积极因素。构建社会主义和谐社会,有利于最广泛最充分地调动一切积极因素,不断增强全社会的创造活力;有利于协调好各个社会阶层以及方方面面的利益关系,切实维护社会公平和正义,从而有效地协调各方面的社会关系,充分发挥人们的积极性、主动性和创造性;有利于进一步发展社会主义民主,健全社会主义法制,为全面建设小康社会提供一个良好的民主法制环境;有利于健全社会组织机制,完善社会管理体制,优化社会秩序,使人民群众安居乐业和社会安定团结,从而为全面建设小康社会提供一个安定有序的社会环境;有利于在全社会倡导并形成诚实守信、互帮互助和全体人民平等友爱、融洽相处的社会氛围和人际关系。另一方面,全面建设小康社会为构建社会主义和谐社会提供可靠的经济基础和物质保障。全面建设小康社会就是要将不全面的、低水平的、发展很不平衡的小康社会,建设为全面的、高水平的、平衡发展的小康社会,它涉及经济、政治、文化、社会建设各个领域、各个层次,是全方位的建设。全面建设小康社会会大力促进社会生产力的发展,不断提高人民的物质文化生活水平,为实现整个社会的和谐创造物质基础,使和谐社会得到持续的保障和巩固。

第三,构建社会主义和谐社会与全面建设小康社会侧重点和实现过程不尽相同。构建社会主义和谐社会主要侧重于社会的和谐,在于人与自然的和谐、人与社会的和谐、人与人之间的和谐。和谐是构建社会主义和谐社会的主题,社会的和谐程度和水平是其关注的要点。而全面建设小康社会的侧重点在于全面,要求经济、政治、文化、社会建设各个方面要全面发展。物质文明、精神文明、政治文明、社会文明都要得到全面推进。个人不仅要有生活水平的提高,更要有素质的全面提升,要能够全面发展,因此,二者在具体的建设过程中侧重点不尽相同。从实现过程看,全面建设小康社会是我国在本世纪头 20 年的奋斗目标,它属于一种阶段性目标。到 2020 年,我国可以基本上达到全面小康,但是全面小康目标实现了之后仍然还要继续推进社会主义和谐社会建设。构建社会主义和谐社会是社会发展的总体目标,它比全面建设小康社会要求更高,时间更长、任务更重。社会和谐是人类社会的共同理想和永恒追求。构建社会主义和谐社会的过程将比全面建设小康社会任务更加繁重,道路更加漫长。

第三节　构建社会主义和谐社会的根本要求

一、构建社会主义和谐社会的指导思想

构建社会主义和谐社会,必须坚持正确的指导思想。按照党的十六届六中全会和十七大精神,构建社会主义和谐社会,必须坚持以马克思列宁主义、毛泽东思想、邓小平理论和"三个代表"重要思想为指导,坚持党的基本路线、基本纲领、基本经验,坚持以科学发展观统领经济社会发展全局,按照民主法治、公平正义、诚信友爱、充满活力、安定有序、人与自然和谐相处的总要求,以解决人民群众最关心、最直接、最现实的利益问题为重点,着力发展社会事业、促进社会公平正义、建设和谐文化、完善社会管理、增强社会创造活力,走共同富裕道路,推动社会建设与经济建设、政治建设、文化建设协调发展。

马克思列宁主义、毛泽东思想、邓小平理论和"三个代表"重要思想是党领导人民建设中国特色社会主义必须始终坚持的指导思想,也是构建社会主义和谐社会必须坚持的根本指导思想。党的基本路线、基本纲领和基本经验,是党领导全国人民建设社会主义的重要指针,也是社会主义和谐社会建设沿着正确方向前进的根本保证。科学发展观是对马克思列宁主义、毛泽东思想、邓小平理论和"三个代表"重要思想关于发展思想的继承和发展,是马克思主义关于发展的世界观和方法论的集中体现,是推进社会主义经济建设、政治建设、文化建设、社会建设必须长期坚持的指导方针。民主法治、公平正义、诚信友爱、充满活力、安定有序、人与自然和谐相处是社会主义和谐社会的主要特点,是对新世纪新阶段我国经济社会发展的本质特征作出的科学概括,也是构建社会主义和谐社会的总体要求。在实际工作中,我们既要从"大社会"着眼,把和谐社会建设落实到包括经济建设、政治建设、文化建设、社会建设和党的建设等在内的党和国家全部工作之中;又要从"小社会"着手,加快推进以改善民生为重点的社会建设,深化社会体制改革,大力发展社会事业。

二、构建社会主义和谐社会的基本原则

构建社会主义和谐社会必须遵循六个基本原则,也就是六个"必须坚持"。

第一,必须坚持以人为本。以人为本是科学发展观的核心,也是构建社会主义和谐社会的根本出发点和落脚点。构建社会主义和谐社会必须坚持以人为

本,把实现好、维护好、发展好最广大人民的根本利益作为党和国家一切工作的最高标准,做到发展为了人民、发展依靠人民、发展成果由人民共享。

第二,必须坚持科学发展。发展是硬道理,是党执政兴国的第一要务。解决中国一切问题的关键在发展。新世纪新阶段,更要注重科学发展。构建社会主义和谐社会必须牢固树立和深入贯彻落实科学发展观,做到统筹兼顾,实现经济社会全面协调可持续发展。

第三,必须坚持改革开放。改革开放是构建社会主义和谐社会的主要动力。新时期最鲜明的特点就是改革开放。改革开放是决定当代中国命运的关键抉择,是发展中国特色社会主义、实现中华民族伟大复兴的必由之路,只有改革开放才能发展中国。构建社会主义和谐社会必须进一步推进经济体制、政治体制、文化体制、社会体制等方面的改革,必须进一步扩大对外开放。

第四,必须坚持民主法治。人民民主是社会主义的生命,发展社会主义民主是我们党始终不渝的奋斗目标。构建社会主义和谐社会,必须加强社会主义民主法治建设,发展社会主义民主,实施依法治国基本方略。民主法治是构建社会主义和谐社会的政治条件和制度保障。

第五,必须坚持正确处理改革发展稳定的关系。构建社会主义和谐社会要把改革的力度、发展的速度和社会可承受的程度统一起来。改革是社会发展的动力。发展是解决我国一切问题的关键。稳定是改革和发展的前提,是为改革和发展服务的。构建社会主义和谐社会必须正确处理改革发展稳定的关系,以改革促进和谐、以发展巩固和谐、以稳定保障和谐,确保人民安居乐业、社会安定有序、国家长治久安。

第六,必须坚持在党的领导下全社会共同建设。党是构建社会主义和谐社会的领导核心,全社会共同建设是构建社会主义和谐社会的基本要求。加强和改善党的领导是构建社会主义和谐社会的根本保证,构建社会主义和谐社会关键在党,必须要发挥党的领导核心作用。同时,构建社会主义和谐社会是在党的领导下的全体人民的共同事业,要维护人民群众的主体地位,团结一切可以团结的力量,调动一切积极因素,形成促进和谐人人有责、社会和谐人人共享的生动局面。

这六个"必须坚持",构成一个有机的整体。它们以科学发展观为指导,明确了构建社会主义和谐社会的出发点和落脚点、方向和路径、动力和保证以及需要把握的重大关系,深刻体现了构建社会主义和谐社会的根本要求,构成了构建社会主义和谐社会所要遵循的基本原则。

三、构建社会主义和谐社会的主要任务

按照党的十六大确立的全面建设小康社会的宏伟目标,根据和谐社会建设的总要求,党的十六届六中全会决定既着眼长远、又立足当前,提出了到2020年构建社会主义和谐社会的六个方面的任务:

第一,根据民主法治的要求,提出社会主义民主法制更加完善,依法治国基本方略得到全面落实,人民的权益得到切实尊重和保障。构建社会主义和谐社会要求加强社会主义民主法制建设,深化政治体制改革,发展社会主义政治文明,扩大人民民主。依法治国是社会主义民主政治的基本要求,构建社会主义和谐社会要坚持依法治国基本方略,树立社会主义法治理念,实现国家各项工作法治化,保障公民合法权益。要坚持科学立法、民主立法,加强政法队伍建设,做到严格、公正、文明执法,依法保证社会成员的各项权利。

第二,根据公平正义的要求,提出城乡、区域发展差距扩大的趋势逐步扭转,合理有序的收入分配格局基本形成,家庭财产普遍增加,人民过上更加富足的生活;社会就业比较充分,覆盖城乡居民的社会保障体系基本建立;基本公共服务体系更加完备,政府管理和服务水平有较大提高。

第三,根据诚信友爱的要求,提出全民族的思想道德素质、科学文化素质和健康素质明显提高,良好道德风尚、和谐人际关系进一步形成。构建社会主义和谐社会内在地包含了和谐文化等方面的建设。要大力加强社会主义思想道德建设,提高全民族的思想道德素质;要大力发展教育科学文化事业,提高全民族的科学文化素质;要大力发展医疗卫生事业,提高全民族的健康素质。尤其要注重公民道德建设,在整个社会形成良好的道德风尚和和谐的人际关系。

第四,根据充满活力的要求,提出全社会创造活力显著增强,创新型国家基本建成。构建社会主义和谐社会必须尊重人民群众的创造精神,通过深化改革、创新体制,调动一切积极因素,激发全社会的创造活力。建设创新型国家,核心就是把增强自主创新能力作为发展科学技术的战略基点,走出中国特色自主创新道路。就是要增强自主创新能力,就是要激发全民族创新精神,培养高水平创新人才,形成有利于自主创新的体制机制,就是要大力推进理论创新、制度创新、科技创新,不断巩固和发展中国特色社会主义伟大事业。

第五,根据安定有序的要求,提出社会管理体系更加完善,社会秩序良好。社会秩序良好是社会主义和谐社会的体现,也是构建社会主义和谐社会的目标任务。健全社会管理体系,积极促进社会和谐,是构建社会主义和谐社会的必然

要求。社会管理体系建设是一个系统工程。要建立起与市场经济体制相适应的新型管理体制,健全党委领导、政府负责、社会协同、公众参与的社会管理格局。要妥善处理人民内部矛盾,完善信访制度,健全党和政府主导的维护群众权益机制。重视社会组织建设和管理。此外,构建和谐社会,应建立国家安全、国防建设、应急管理和社会治安防控的安全体系,保障国家的稳定、人民群众的安全。

第六,根据人与自然和谐相处的要求,提出资源利用效率显著提高,生态环境明显好转。构建社会主义和谐社会必须走人与自然和谐相处之路。自然环境是人类社会赖以生存发展的重要物质基础。人类需求的增长必须与自然界所能提供的各类资源相适应,人类的生产和消费必须以最小的环境和资源损耗为代价来进行。否则,构建社会主义和谐社会就无从谈起。走人与自然和谐相处之路,保护和改善生态环境,提高资源利用效率,是我们总结历史经验、重新审视人与自然关系之后作出的理性选择。

从总体上说,就是要实现全面建设惠及十几亿人口的更高水平的小康社会的目标,努力形成全体人民各尽其能、各得其所而又和谐相处的局面。党的十七大在提出全面建设小康社会奋斗目标的新要求时,将上述构建社会主义和谐社会的目标任务进一步概括为:"加快发展社会事业,全面改善人民生活。现代国民教育体系更加完善,终身教育体系基本形成,全民受教育程度和创新人才培养水平明显提高。社会就业更加充分。覆盖城乡居民的社会保障体系基本建立,人人享有基本生活保障。合理有序的收入分配格局基本形成,中等收入者占多数,绝对贫困现象基本消除。人人享有基本医疗卫生服务。社会管理体系更加健全。"[①]构建社会主义和谐社会与全面建设小康社会是有机统一的。和谐社会和全面建设小康社会都是人类所共同追求的目标,构建社会主义和谐社会是全面建设小康社会的重要内容,全面建设小康社会也是实现社会和谐的阶段性目标。

第四节　推进社会体制改革

一、我国社会体制改革的根本目标

社会主义市场经济体制的建立和完善,对社会体制改革提出了新的要求。在发展社会主义市场经济的过程中,我们围绕经济体制、社会体制均进行了相应

---

① 《中国共产党第十七次全国代表大会文件汇编》,人民出版社 2007 年版,第 20 页。

的改革。目前突出而又现实的问题,是必须把社会体制改革作为改革的重点。在第一阶段以经济体制改革为中心并继续完善社会主义市场经济体制的基础上,把社会体制改革作为第二阶段改革的重点内容,寻求改革的新突破,巩固经济体制改革的成果。社会体制改革是落实科学发展观,实现以人为本理念,促进社会事业发展的体制保证。正如党的十七大报告所述:"必须在经济发展的基础上,更加注重社会建设,着力保障和改善民生,推进社会体制改革,扩大公共服务,完善社会管理,促进社会公平正义,努力使全体人民学有所教、劳有所得、病有所医、老有所养、住有所居,推动建设和谐社会。"①

社会体制改革,主要涉及社会事务管理的相关体制及公共政策,是介于经济与政治之间,又同经济与政治紧密相关,既相互促进,又相互制约的相关体制的改革。其作用在于更好地规范和管理社会组织、协调社会矛盾、保证社会公正、提供社会保障、完善公共服务。为此,要建立与社会主义市场经济体制相适应的新的教育、卫生、就业、社会保障、收入分配、公共服务、基础设施建设体制,等等。

第一,推进就业体制改革。按照"劳动者自主择业,市场调节就业,政府促进就业"的原则,加快就业体制改革。坚持扩大就业的积极就业政策,努力改善创业和就业环境,建立统一开放、竞争有序、城乡统筹的劳动力市场,强化政府促进就业的服务职能;健全就业服务体系,培育发展劳动力市场;坚持以发展促就业,提高经济增长对就业的贡献率,积极发展就业容量大的劳动密集型产业、服务业和中小企业;坚持调控失业与促进就业相结合,完善扶持政策,鼓励劳动者自主创业、自谋职业,促进多种形式就业,并积极开发公益性岗位;统筹做好城镇新增劳动力就业、农村富余劳动力转移就业、大学生就业等工作,形成鼓励创业和推动就业机会公平的局面。

第二,推进收入分配体制改革。按照更加注重社会公平的要求,把正确处理效率与公平关系的原则贯穿收入分配的全过程。实行按劳分配为主体、多种分配方式并存的分配制度,坚持各种生产要素按贡献参与分配,通过规范收入和财富分配来调节利益关系。着力提高低收入者的收入水平,逐步扩大中等收入者比重,有效调节过高收入,坚决取缔非法收入,促进共同富裕。理顺收入分配秩序,加强税收对收入分配的调节作用,加大政府转移支付力度,努力缓解地区之间和部分社会成员之间收入分配差距扩大的趋势。积极引导社会各界发展慈善事业和开展社会救助等活动,发挥它们在社会第三次分配方面的积极作用。

---

① 《中国共产党第十七次全国代表大会文件汇编》,人民出版社2007年版,第36页。

第三,推进社会保障体制改革。完善社会保险、社会救助、社会福利、社会优抚等社会保障体系,逐步扩大覆盖面,使这一体系惠及城乡全体居民。努力采取积极有效的措施完善城镇职工基本养老、基本医疗、失业、工伤、生育保险制度,加快推进机关事业单位养老保险制度改革,发展企业补充保险和商业保险,处理好进城务工人员的社会保障问题。加快推进农村社会保障体系建设,以新型合作医疗体系建设为突破点,建立养老保险的县级乃至省级统筹体系,并依据统筹基金的增加逐步提高保障水平。加强社会福利事业建设,完善优抚保障机制和社会救助体系,重视保护妇女儿童权益,重视保护残疾人权益,大力支持和扶持社会慈善、社会捐赠、群众互助等社会扶助活动。

第四,推进社会管理体制改革。加强社会管理,维护社会稳定,是构建社会主义和谐社会的必然要求。党的十六届六中全会提出,必须创新社会管理体系,整合社会管理资源,提高社会管理水平,健全党委领导、政府负责、部门协调、公众参与的社会管理格局,在服务中实施管理,在管理中体现服务。这就为社会管理体制改革指明了方向。改革社会管理体制,要加强城乡社区建设,建立健全新型的基层社会管理体系,加快推动基层社会管理和服务由传统的条块分割的"单位体制"向属地化、社会化的现代社区体制转变,充分发挥城乡基层自治组织协调利益、化解矛盾、排忧解难的作用。同时,要依法加强对社团、行业组织和社会中介组织等社会组织的规范管理,促进各类社会组织健康发展,充分发挥他们在提供服务、反映诉求、规范行为方面的作用。①

第五,推进医疗教育等社会事业体制改革。政府应在建立健全公共财政体制方面加快进度,还应加大文教卫生事业公共投入的力度,不断增加城乡教育和医疗卫生服务的公共供给品的提供,特别是要在解决涉及普通老百姓最平常的上学难上学贵、受教育的公平、看病难看病贵负担重等问题上建立新的机制和制度。公共投入要适当向西部地区、贫穷地区和广大农村地区倾斜,通过长期努力,逐步实现公共服务供给的均等化。在政府努力作为的基础上,动员各种社会力量参与社会事业的发展;进一步明确公立教育、医疗等非营利机构的社会事业法人地位,建立相应的行为规范、税收规则和监管制度;在坚持社会事业机构公益性目标的同时,提高其运行效率,降低其运行成本。

第六,推进社会公共安全管理体制改革。加强应急管理体系建设,提高有效应对各种风险的能力。建立健全分类管理、分级负责、条块结合、属地管理为主

---

①　参见夏学銮:《大力推进社会体制的改革和创新》,《半月谈》2006 年第 22 期。

的应急管理体制,加强统一协调和相互协同,落实责任,形成统一指挥、功能齐全、反应灵敏、运转高效的应急机制。加快应急管理的法制化建设,健全预警预报责任制,加强应急专业队伍和志愿者队伍的建设,健全救灾物资储备制度,把应急管理工作纳入规范化、制度化、法制化轨道。健全应对突发公共事件的组织体系,提高群众参与应急管理和自救能力。健全监测、预测、预报、预警和快速反应系统,不断完善各级各类应急预案。

二、推进社会体制改革的总体要求

社会管理体制的改革,是一项极为复杂的社会系统工程,又是一个动态深化的实践探索过程。积极推进这项重大的体制改革,必须以科学发展观为指导,以建设和谐社会为目标,坚持统筹兼顾的根本方法,精心谋划总体思路,找准改革的突破点,着力建设社会管理和社会服务的新型体制,把握好改革决策的科学性、改革措施的协调性、改革步骤的渐进性,采取并落实一系列相应的配套措施,使之顺利实施,获取丰硕的创新成果。

第一,切实加强对社会体制改革的组织领导。社会体制改革,是一件直接关系到和谐社会建设、全面提升经济社会发展水平的大事。各级党委、政府都要自觉站在社会主义经济建设、政治建设、文化建设、社会建设总体布局的高度,把这件具有全局意义的大事摆上重要议事日程,切实加强领导,精心组织实施。应改变现有的政府机构设置和社会管理职能配置远远不能适应社会管理任务日趋繁重的新形势,改变社会管理职能分散化,综合管理和协调部门"缺位"的状况。探索实行职能有机统一的大部门体制,成立社会体制改革领导小组及相应的工作机构,加强对社会体制改革工作的统一领导和统筹协调。

第二,精心谋划社会体制改革的总体思路。社会体制改革是一项包括多层次、多方面的复杂系统工程。这项体制改革涉及范围广、包含内容多,牵扯到的利益和权力关系深,真可谓"牵一发而动全身"。只有精心谋划总体思路、精心设计总体方案,才能使社会体制改革围绕经济建设这个中心,有秩序有步骤地向前推进,预见和防范可能出现的风险,获得良好的实际效果。

第三,找准社会体制改革的突破点。社会体制改革应在两个方面实现重点突破。一是重构社会管理体制、社会运行机制、社会保障体制。彻底解决政事不分、管办不分、行政垄断、政府包办的社会管理体制。重塑社会组织,激发其活力,使其具有自主权和独立性,按照社会和市场的需求及其规律,自主运行。建立社会组织运行的良好外部环境,完善社会保障,协调社会矛盾,保证社会公正,提供公共服务等。形成开放、独立、自主、竞争、保障、协调的新的社会体制。二是在社会事业的重点领域深化改革，实现突破。在教育、卫生、科技、户籍管理、社会保障、社会就业、公共设施建设、公共服务等领域，根据社会体制改革的总要求，结合其行业的特点，制定改革方案，实现社会体制改革的新突破。当前，教育、卫生、科技、就业、公共服务等是我国在解决温饱问题之后的基本民生问题，教育是民生之始，就业是民生之本，收入分配是民生之源，社会保障是民生之依，社会管理是民生之盾。

第四，着力建设社会管理和公共服务的新型体制。创新社会管理体制是一项涉及层面广、触及问题多、解决难度大的社会工作，需要社会各界同心协力、齐抓共管。政府要切实担负起社会管理的职能，按照建设服务型政府的要求，深化行政管理体制改革，优化机构设置，在继续抓好经济调节、市场监管的同时，更加注重履行社会管理和公共服务职能，扩大公共财政对社会发展和社会事业的投入，把人力、物力、财力等公共资源更多地向社会管理和公共服务倾斜，把工作着力点更多地放在解决社会矛盾和社会问题上。社会管理体制创新，要有利于调动市场和社会组织的参与力量；有利于实现公共资源、公共信息整合共享；有利于形成政府、市场、社会三者间的良性互动。因此，创新社会管理需要充分发挥政府、社会组织、市民等多方面的积极性，形成政府调控、社会组织和市民协同参与的社会管理新机制。

第五，把握好改革决策的科学性、改革措施的协调性、改革步骤的渐进性原则。我国地域辽阔，各地的发展状况存在很大差异，这就需要坚持实事求是，一切从实际出发，允许进行多种形式的探索，而不能简单地要求一律套用某种固定模式。应认真总结各地社会体制改革和创新的成功经验，用和谐社会建设的成果检验改革决策的科学性。研究和把握社会体制运行不同于经济体制运行的规律，在社会体制改革和创新中既注意增强组织活力、降低运行成本，又注意处理好坚持公益性目标和提高体制效率的关系。社会体制改革和创新应循序渐进，通过试点取得成功经验，然后由点到面不断深入，在实践中获得广泛共识，在渐进、有效、可控的节奏下积极稳妥地逐步加以推进。

总之，在构建社会主义和谐社会的进程中，社会体制改革占有重要位置。推进社会体制改革，对于协调好各种社会利益关系，解决好关系人民群众切身利益的问题，具有十分重要的作用。我们必须充分认识社会体制改革的重要性和紧迫性，通过深化社会体制改革，加强社会建设，促进经济社会协调发展。我们还要清醒地认识到，我国将长期处于社会主义初级阶段，长期处于西方敌对势力对我实施西化、分化的国际环境中,构建社会主义和谐社会任重道远。我们既要立足现实,根据已经具备的条件,积极主动地推进和谐社会建设,又要面向未来,做好长期艰苦奋斗的打算和准备。站在新的历史起点上,只要更加自觉地将社会和谐这一中国特色社会主义的本质属性,贯彻到经济、政治、文化和社会建设的各个方面和现代化建设的全过程,循序渐进地构建社会主义和谐社会,中国特色社会主义道路就会越走越宽广,中国共产党和中国人民就会对世界的和平发展和人类的文明进步作出新的更大的贡献。

第十一章
中国特色社会主义的国防和军队建设

国防和军队建设,是中国特色社会主义事业不可或缺的重要组成部分,在中国特色社会主义事业总体布局中占有重要地位。大力加强国防和军队建设,为国家统一、安全和稳定,为国家的生存和发展提供有力保障,才能从容应对国家安全和发展利益面对的各种挑战,使我国始终处于战略主动地位。新世纪新阶段,加强国防和军队建设,必须坚持以毛泽东军事思想、邓小平新时期军队建设思想、江泽民国防和军队建设思想为指导,把科学发展观作为重要指导方针,继续贯彻积极防御的军事战略方针,敢于迎接世界新军事变革的挑战,积极推进中国特色的军事变革,走中国特色精兵之路。

第一节　国防和军队建设在中国特色
社会主义事业中的地位

一、人民军队是人民民主专政的坚强柱石

军队是夺取和巩固国家政权的主要工具。在无产阶级革命中,革命武装力量是推翻旧的统治阶级,夺取政权,建立新的政治统治的重要保障。没有一支人民的军队,就没有人民的一切。而在革命取得胜利以后,军队担负着巩固政权、保卫人民革命和国家建设的成果、维护国家主权、领土完整和安全的历史使命。人民军队是人民民主专政的坚强柱石,是捍卫社会主义祖国的钢铁长城,也是体现我们党和国家政治优势的重要力量。

在我国现阶段,虽然阶级斗争已经不是我国社会的主要矛盾,但反对社会主义的敌对分子依然存在,阶级斗争在一定范围内依然存在,甚至在某种条件下还会激化。为了切实保障人民的民主权利,维护国家的统一和安定团结的政治局面,保障社会主义现代化建设的顺利发展,必须坚定不移地对敌对分子实行专

政,必须以人民军队为坚强后盾。人民军队作为国家机器的主要支柱和人民利益的忠实捍卫者的地位不可动摇。

我国是一个疆域广阔的国家,周边陆海相邻的人口超过 1 亿的大国就有 5 个,一些国家与我国还存在着边界和海洋权益争端。而且,西方敌对势力亡我之心不死,千方百计地遏制、分化中国,支持分裂祖国的敌对分子,阻挠祖国统一大业。另外,霸权主义和强权政治依然存在,局部战争和局部冲突此起彼伏。为了维护国家主权和领土完整,促进世界的和平与发展,为中国现代化建设提供一个和平稳定的外部环境,必须加强国防和军队建设。

二、国防和军队建设是社会主义现代化的重要保障

人民军队还是建设社会主义的重要力量。人民军队服从和服务于国家经济建设大局,积极支持和参加国家建设。从青藏高原的铁路建设到救灾抢险,从支援贫苦地区到军民共建和谐家园,等等,锦绣山河处处都有他们英勇奋斗的身影。人民军队为社会主义现代化建设立下了不朽的功勋。

正确认识和处理经济建设与国防建设的关系,是中国特色社会主义一个带有全局性的重大问题。党的十七大报告明确地指出:"必须站在国家安全和发展战略全局的高度,统筹经济建设和国防建设,在全面建设小康社会进程中实现富国和强军的统一。"①这一论断不但充分肯定了国防和军队建设的战略地位,而且明确地指出了新世纪新阶段处理经济建设和国防建设关系应该遵循的指导方针。

统筹经济建设与国防建设,实现富国与强军的统一,是总结历史经验得出的科学结论。经济建设是强大国防的物质基础,而国防建设却是国家的安全基础。古今中外的历史证明,经济不发展成不了富国,也难以成为强国;只发展经济可以成为富国,但是如果忽视国防和军队建设,也成不了强国。国家富裕并不必然意味着国家强大,只有坚持富国与强军的统一才能真正屹立于世界民族之林。经济的发展需要强大的国防作保证,否则,经济发展的成果就有可能丧失。在历史上,中国的北宋、清朝都是当时世界上最为富庶的国家,但宋朝的文人政治、重文轻武,清朝后期的夜郎自大、武备废弛,最终备受外族欺凌。

我们党历来重视统筹国防与经济建设的关系,强调国防和军队建设对社会

① 胡锦涛:《高举中国特色社会主义伟大旗帜　为夺取全面建设小康社会新胜利而奋斗》,人民出版社2007 年版,第41 页。

主义现代化的保障作用。新中国成立之初,面对国家财政严重困难,国防建设亟待加强,恢复国民经济的任务极为繁重的形势,毛泽东就提出了国防建设和经济建设"两手抓"的思想。他指出:"中国必须建立强大的国防军,必须建立强大的经济力量,这是两件大事。"①在《论十大关系》中,毛泽东又明确地指出,"国防不可不有",要加强国防应首先加强经济建设。"只有经济建设发展得更快了,国防建设才能够有更大的进步。"②

改革开放以后,邓小平根据国际斗争形势的变化,提出了和平与发展是当今世界两大主题的新论断。根据这个新论断以及我国社会的主要矛盾,他强调以经济建设为中心是一个大局问题,国防和军队建设必须服从和服务于这个大局。1984年11月,邓小平在中央军委的一次座谈会上指出,"现在需要的是全国党政军民一心一意地服从国家建设这个大局,照顾这个大局。"③邓小平还强调,"四化总得有先有后。军队装备真正现代化。只有国民经济建立了比较好的基础才有可能。"④

20世纪90年代以后,江泽民对冷战结束后世界形势的新变化进行了科学分析,确立了新时期积极防御的战略方针,强调把军事斗争准备的基点放在打赢现代技术特别是高技术条件下局部战争上。他从维护国家统一和安全,迎接世界新军事变革挑战的高度明确地指出:"把经济建设搞上去和建立强大的国防,是我国现代化建设的两大战略任务。从根本上说,这两大战略任务是统一的"⑤。"必须形成国防建设和经济建设相互促进、协调发展的机制。国防建设不仅要服从而且要服务于经济建设,军队要为国家经济建设积极贡献力量,通用性较强的军事设施要实行军民合用,国防科技工业要能军能民。国家在经济建设特别是基础设施建设中,要充分考虑国防和军队的需求,做到既促进经济发展又增强国防能力。"⑥这就从国防建设和经济建设相互关系角度阐明了国防和军队建设运行机制的问题。

党的十六大以后,以胡锦涛为总书记的党中央,立足社会主义初级阶段的基本国情,总结我国社会主义建设的经验,提出了科学发展观的战略思想,把国防

①　《毛泽东文集》第六卷,人民出版社1999年版,第95—96页。
②　《毛泽东文集》第七卷,人民出版社1999年版,第27页。
③　《邓小平文选》第三卷,人民出版社1993年版,第99页。
④　同上书,第128页。
⑤　《江泽民文选》第二卷,人民出版社2006年版,第274页。
⑥　同上书,第274—275页。

建设与经济建设的协调发展纳入到更高层次的全面协调可持续的发展之中。胡锦涛指出,新世纪新阶段,以科学发展观为指导,统筹协调国防建设与经济建设的关系,就必须深刻认识世界军事发展新趋势和我国发展新要求,遵循国防建设与经济建设协调发展的方针,使国防和军队现代化建设融入国家现代化的战略全局,与国家安全和发展利益相适应。经济建设是国防建设的基本依托,经济建设搞不上去,国防建设就无从谈起。国防实力是综合国力的重要组成部分,国防建设搞不上去,经济建设的安全环境就难以保障。

统筹经济建设与国防建设,实现富国与强军的统一,是新世纪新阶段贯彻落实国家安全战略与发展战略的客观要求。当今时代,国际形势正在发生大变动,经历大调整,不稳定因素明显增多,世界新军事变革不断带来新的挑战,安全威胁日益多样化、复杂化,军事因素对国际战略格局的影响正在上升。历史经验证明,和平的环境不能依赖他国的恩赐,必须有一定的国防实力才能得到保证。军队只有具备一定实战力和威慑力,做好积极的军事准备,才能维护国家主权和领土的完整,才能为全面建设小康社会、构建社会主义和谐社会提供有力的安全保障,才能为维护世界和平与促进共同发展发挥重要作用。目前我军现代化建设处于机械化尚未完成、同时又面临信息化挑战的特殊发展阶段,与发达国家的先进军事技术水平有较大的距离。为了切实履行军队新世纪新阶段的历史使命,加强国防和军队建设,实现我军的跨越式发展,提高现代信息技术条件下的防卫作战能力,已成为当务之急。

实现富国与强军的统一,是深入贯彻落实科学发展观的内在要求。科学发展观强调全面协调可持续发展和统筹兼顾,这就要求从战略和全局的高度谋划国防建设与经济建设,合理确定国防和军队建设布局,使国防和军队现代化进程与国家现代化进程相一致。国防和军队发展战略既要适应国家发展战略的总体部署,又要符合国防和军队现代化建设的特点和规律。要依托国家经济社会发展,把国防和军队现代化建设融入国家现代化建设战略全局中,统筹国防资源与经济资源、军用技术和民用技术、军队人才和地方人才的兼容发展,在更广范围、更高层次、更深程度上把国防和军队现代化建设与经济社会发展结合起来,进一步形成国防建设和经济建设相互促进、协调发展的良好局面。

三、新世纪新阶段人民军队的历史使命

军队的历史使命,是军队在各个历史时期所必须完成的基本任务,必须发挥的特殊作用,规定着军队建设的发展方向、奋斗目标,它随着时代条件和军队发

展而不断演变。在土地革命时期,人民军队承担着武装夺取政权、推翻国民党反动统治的历史使命。在抗日战争时期,人民军队承担着抵抗日本帝国主义侵略,维护民族独立的历史使命。在解放战争时期,人民军队承担着推翻蒋介石反动政权,建立新中国的历史使命。从新中国成立到世纪之交,人民军队承担着维护祖国主权和领土完整以及保卫社会主义建设的历史使命。邓小平曾指出:"我军是人民民主专政的坚强柱石,肩负着保卫社会主义祖国、保卫四化建设的光荣使命。"①江泽民也强调:"中国人民解放军是人民民主专政的坚强柱石,是捍卫社会主义祖国的钢铁长城,是建设有中国特色社会主义的重要力量。"②他明确要求,人民军队既要准备应付可能发生的局部战争和武装冲突,又要准备应付国内可能出现的突发事件,为国家的安全统一和全面建设小康社会提供坚强有力的保障。

新世纪新阶段,我军所处的历史条件和国内外环境发生了深刻的变化,人民军队的建设与发展处于一个新的历史起点上,面临着重大的机遇与挑战,必然要求人民军队应该确立新的历史使命。在 2004 年年底的军委扩大会议上,胡锦涛站在国际格局和时代发展的高度,精辟分析国际形势和我国安全环境,从完成党的执政使命、维护国家和民族根本利益的战略高度明确提出,新世纪新阶段我军要为党巩固执政地位提供重要的力量保证,为维护国家发展的战略机遇期提供坚强的安全保障,为维护国家利益提供有力的战略支撑,为维护世界和平和促进共同发展发挥重要作用。这"三个提供,一个发挥"的新概括,体现了理论与实践、历史与现实、继承与创新的高度统一,反映了新的历史条件下人民军队性质宗旨的新拓展、地位作用的新定位、职能使命的新概括、建设目标的新要求,是科学发展观在军事领域的重要体现,是党的军事理论的重大创新,为加强军队革命化、现代化、正规化建设指明了方向。

第一,人民军队新的历史使命的确立,适应了时代发展要求和我国安全形势的新变化。经济全球化是我们时代最大的特征,世界各国的联系越来越密切,国际局势的变化对国内的和平发展具有重大的影响。当前,和平与发展仍是时代的主题,但世界并不安宁。"由于传统安全威胁和非传统安全威胁的因素相互交织,民族、宗教矛盾和边界、领土争端导致的局部冲突时起时伏,恐怖主义活动

---

① 《邓小平文选》第二卷,人民出版社 1994 年版,第 395 页。
② 《江泽民文选》第一卷,人民出版社 2006 年版,第 240 页。

依然猖獗,地区和国际安全形势不容乐观。"①西方敌对势力仍然没有放弃遏制、分化中国的图谋,霸权主义和强权政治仍对我国安全构成主要威胁;各种分裂势力和恐怖主义依然在活动,维护国家主权和领土完整的任务十分艰巨;我国周边安全环境变数骤增,我国军事安全面临巨大的压力。时代发展和我国安全形势的新变化迫切要求人民军队承担起更重大的历史使命。"三个提供,一个发挥"的科学定位要求我军不但要维护传统的领土、领海、领空安全,而且要维护海洋、太空、电磁空间等领域的安全;不但要应对传统安全威胁,而且要应对非传统安全威胁;不但要维护国家生存利益,而且要维护国家发展利益;不但要维护国家改革发展稳定大局,而且要在维护世界和平中发挥积极作用,共建和谐世界。

第二,人民军队新的历史使命的确立,体现了党的历史任务对人民军队的新要求。新世纪新阶段,我国已进入改革发展的关键时期,进入了谋求和平发展、实现民族复兴的关键时期,我们党肩负着三大历史任务,即推进现代化建设,完成祖国统一,维护世界和平与促进共同发展。人民军队是执行政治任务的武装集团,是党领导下的军队。这就决定了党的历史任务必然要体现为党领导下的人民军队的历史使命。胡锦涛关于军队历史使命的新论断,把党的历史任务具体化为军队的神圣职责,将军事力量的运用融入巩固党的执政地位、完成党的执政使命之中,把党的任务、人民的幸福、国家的根本利益与军队职能紧密地联系在一起,鲜明地体现了人民军队的性质和宗旨。

第三,人民军队新的历史使命的确立,深化了对国防和军队建设的本质规律的认识。军队要"为党巩固执政地位提供重要的力量保证",是新形势下党和人民对军队的根本政治要求,深刻表明了党和人民军队的本质联系,以及人民军队在巩固党的执政地位、保证社会主义江山不变色、维护广大人民群众根本利益等方面,肩负着神圣的使命。人民军队的性质、宗旨决定了人民军队必须为巩固党的执政地位提供重要保证。军队要"为维护国家发展的重要战略机遇期提供坚强的安全保障",这是立足创造国家建设与发展的安全环境而提出的新要求,深刻表明了国防和军队建设必须服从和服务于国家建设的大局,为全面建设小康社会、加快推进社会主义现代化提供强有力的安全保障。人民军队要"为维护国家利益提供有力的战略支撑",这是我们党从维护中华民族的根本利益出发,根据时代特点而赋予人民军队的政治使命。军队要"为维护世界和平与促进共同发展发挥重要作用",这是着眼于国际形势的发展变化,对人民军队历史使命

---

① 《十六大以来重要文献选编》(中),中央文献出版社2006年版,第698页。

提出的新要求,揭示了国内和平发展与构建和谐世界的密切关系,充分表明了中国作为一个负责任的大国愿意承担世界和平发展重任的积极态度。

概括地说,胡锦涛同志关于新世纪新阶段人民军队历史使命的新论断,深刻回答了国防和军队建设中的根本性、全局性问题,明确规定了国防和军队建设的基本着眼点,进一步指明了我军革命化现代化正规化建设的发展方向,把我们党的军事理论推进到一个新境界。

第二节　大力加强国防和军队建设

一、国防和军队建设的指导思想

党的十七大报告指出:"全面履行党和人民赋予的新世纪新阶段军队历史使命,必须坚持以毛泽东军事思想、邓小平新时期军队建设思想、江泽民国防和军队建设思想为指导。"①毛泽东军事思想、邓小平新时期军队建设思想、江泽民国防和军队建设思想,是马克思主义军事理论同中国革命战争和人民军队建设实践相结合的产物,是马克思主义军事理论中国化的三大理论成果,是引领人民军队不断发展壮大的科学指南,是对马克思主义军事思想的丰富和发展。

毛泽东军事思想是毛泽东思想的重要组成部分,它正确解决了在半殖民地半封建的旧中国进行新民主主义革命的历史条件下建设无产阶级新型人民军队,进行人民战争,走以农村包围城市、最后夺取全国胜利的道路,以及取得全国政权后建立现代国防的重大课题。它所创立的新型人民军队理论、人民战争理论、人民战争的战略战术和国防现代化理论以及贯穿其中的军事辩证法学说,奠定了中国特色的军事科学的理论基石。

邓小平新时期军队建设思想是邓小平理论的重要组成部分,它正确解决了在和平与发展成为时代主题、我国进行改革开放的历史条件下走中国特色精兵之路,建设强大的现代化正规化革命军队的重大课题。

江泽民国防和军队建设思想,是"三个代表"重要思想的重要组成部分,它正确解决了在世界新军事变革蓬勃进行、我国社会主义市场经济深入发展的历史条件下积极推进中国特色军事变革,保证人民军队打得赢、不变质的重大课

---

① 胡锦涛:《高举中国特色社会主义伟大旗帜　为夺取全面建设小康社会新胜利而奋斗》,人民出版社2007年版,第42页。

题。它内容丰富、博大精深,从国防和军队建设的地位作用到目标任务,从指导方针到总体思路,从根本途径到战略步骤,从发展动力到政治保证,构成了完整系统的军事理论体系。其主要内容包括:从国际战略全局和国家发展大局谋划国防和军队建设,妥善处理国防建设和经济建设的关系;解决好"打得赢、不变质"两个历史性课题;党对军队的绝对领导是我军永远不变的军魂;始终把思想政治建设摆在军队各项建设的首位;要把军事斗争准备的基点转到打赢现代技术特别是高技术条件下的局部战争上来;积极推进中国特色的军事变革;提出新时期积极防御的军事战略方针并以之统揽军队建设全局;按照政治合格、军事过硬、作风优良、纪律严明、保障有力的总要求,积极推进军队的建设和改革,把人民解放军的革命化、现代化、正规化建设提高到一个新水平;实施科技强军战略;培养和造就大批高素质的新型军事人才;加快武器装备现代化建设的步伐;走出一条投入少、效益高的军队现代化建设路子;坚持依法治军、从严治军;军队现代化建设动力在改革;建立健全三军一体、军民兼容、平战结合的联勤保障机制;依靠人民建设国防、建设军队,等等。这些新观点、新思想体现了以江泽民为核心的党中央对国防和军队建设道路的不懈探索,反映了党的第三代领导集体在中国特色军事理论上的开拓创新,标志着我们党对国防和军队建设规律的认识达到了一个新高度。

毛泽东军事思想、邓小平新时期军队建设思想、江泽民国防和军队建设思想是一脉相承而又与时俱进的统一整体,是对不同时代军事领域所面临的根本问题的科学回答,是中国特色军事理论的不断创新。80多年来,人民军队建立的一切功勋,国防和军队建设取得的一切成就,都是同党的三代领导集体的卓越领导才能和重大理论贡献紧紧联系在一起的。毛泽东军事思想、邓小平新时期军队建设思想、江泽民国防和军队建设思想,无论过去、现在还是未来,都是国防和军队建设必须始终坚持的指导思想。新世纪新阶段,面对世界新军事变革的新形势,必须在毛泽东军事思想、邓小平新时期军队建设思想、江泽民国防和军队建设思想的指导下,加强军事理论的创新,努力把中国特色军事变革推进到一个新阶段。

二、国防和军队建设的指导方针

新世纪新阶段,我国国防和军队建设进入了一个新的历史时期,面临着新情况新课题,肩负着新的历史使命,必须确立新的指导方针。党的十六大以来,胡锦涛围绕加强国防和军队建设作出了一系列重要论述,明确提出,全军要高举邓小平理论和"三个代表"重要思想伟大旗帜,坚持把科学发展观作为加强国防和军队建设的重要指导方针,推动国防和军队建设又好又快发展,努力提高我军应对危机、维护和平、遏制战争、打赢战争的能力,切实履行好新世纪新阶段我军历史使命。

第一,把科学发展观作为国防和军队建设的重要指导方针是我军高举党的旗帜,坚持正确发展方向的根本要求。人民军队是党绝对领导下的人民军队,必须始终不渝地以党的旗帜为旗帜,以党的意志为意志,以党的方向为方向,做党的路线、纲领、方针、政策的坚定捍卫者和忠实履行者。只有把科学发展观作为国防和军队建设的指导方针,使广大官兵切实掌握科学的世界观和方法论,才能抵制各种腐朽思想和西化思潮的侵蚀,科学地分析国际形势,在纷繁复杂的现实世界中始终忠于党、忠于祖国、忠于人民,在面临重大是非决断时立场坚定、头脑清醒,确保军队建设的正确方向,不断开辟国防和军队建设的新局面。

第二,把科学发展观作为国防和军队建设的重要指导方针是适应国家安全形势变化的客观要求。新世纪新阶段,国际国内形势发生了深刻的变化。一方面,经济全球化和世界多极化深入发展,世界各国联系日益密切、相互依存日渐加深,国际战略形势从总体上保持和平、缓和、稳定的基本态势。我国经济高速发展,社会持续稳定。另一方面,影响我国安全的不稳定因素增多,在面临军事安全威胁的同时,政治安全、金融安全、经济安全、信息安全、能源安全等方面的威胁也不容忽视。而且,国内安全与国际安全相互影响。国家安全形势的变化要求国防和军队建设充分把握时代的特点,确立新的发展思路,转变发展观念,提高发展质量,加快发展步伐,拓展军队职能,努力把国防和军队建设推进到一个新阶段。因此,必须按照科学发展观的要求,全面提升军队的革命化、现代化、正规化水平;把国内与国际统筹起来,坚持国内安全发展战略与世界战略格局相协调。只有把科学发展观作为国防和军队建设的重要指导方针,才能进一步开拓国防和军队建设的战略视野,提高科学判断国际形势和进行战略思维的能力;才能深刻认识国内大局和国际大局、内政和外交的紧密联系,主动顺应维护和平、促进发展的时代潮流,正确应对世界多极化、经济全球化和科技进步的发展趋势,做到审时度势、因势利导、内外兼顾、趋利避害;才能从国际形势和国际条件的发展变化中把握发展方向,用好发展机遇,创造发展条件,掌握发展全局。

第三,把科学发展观作为国防和军队建设的重要指导方针是实现国防建设与经济建设协调发展的必然要求。科学发展观第一要义是发展,核心是以人为本,基本要求是全面协调可持续发展,根本方法是统筹兼顾。坚持以科学发展观为指导,必须把国防和军队建设纳入国家发展的整体战略,实现国防建设与经济建设协调发展、相互促进,切实建立三军一体、平战结合、军民兼容的联勤保障机制。

第四,把科学发展观作为国防和军队建设的重要指导方针是推进军队建设又好又快发展的客观要求。军队建设是一个复杂的系统工程,必须既注重发展速度、规模,又注重发展质量和效益。当前,人民军队的现代化水平虽然有较大的提高,但与发达国家的军事技术水平相比还有较大的距离,与打赢信息化条件下的局部战争的要求还不相适应。在新的历史起点上,要使军队建设又好又快发展,最根本的就是把科学发展观作为重要指导方针,深入探索国防建设和军队建设的本质规律,准确把握军队建设的发展方向,科学规划军队建设的战略部署,正确处理军队建设中的各种重大关系,合理统筹中国特色军事变革与军事斗争准备、当前建设与长远建设、机械化与信息化,积极调动各种积极因素,才能走出一条投入少、效益高的军队现代化建设道路。

总之,科学发展观作为推进国家经济、政治、文化和社会建设的重要指导方针,不仅揭示了经济社会发展的一般规律,而且也揭示了国防和军队建设的基本规律。在新的历史阶段,一定要从战略和全局的高度,把科学发展观贯彻落实到国防和军队建设的各个领域和全过程,从而实现国防和军队建设全面协调可持续发展。要深入坚持以人为本,加强军队民主建设,充分调动一切积极因素,努力开创国防和军队建设的新局面。要适应新的形势,积极探索军民结合、寓军于民的新途径新方法,全面推进经济、科技、教育、人才等方面的军民结合,从国家经济社会发展中获取国防和军队现代化建设的丰厚资源和强大支撑。要解放思想、实事求是、与时俱进,着力推进军事组织体制创新和军事管理创新,为贯彻落实科学发展观提供机制保证。

三、贯彻积极防御的战略方针

军事战略方针是从全局上指导武装力量建设及运用的总原则、总纲领,是党和国家根本性的军事政策。"一个国家,一个民族,要生存和发展,要在激烈竞争的国际环境中站稳脚跟,就不能没有正确的军事战略方针。在当前复杂多变的国际形势下,为了掌握战略主动,我们必须确立正确的军事战略方针。"[①]在新世纪新阶段,为应对世界新军事变革的挑战,在国际竞争中立于不败之地,我们

---

① 《江泽民文选》第一卷,人民出版社 2006 年版,第 282 页。

必须继续贯彻积极防御的战略方针。

积极防御是我们党一直奉行的军事战略方针,在不同的历史时期和战略阶段有着不同的内容和表现形式。早在1936年12月,毛泽东在《中国革命战争的战略问题》中就提出了积极防御的思想。"积极防御,又叫攻势防御,又叫决战防御。消极防御,又叫专守防御,又叫单纯防御。消极防御实际上是假防御,只有积极防御才是真防御,才是为了反攻和进攻的防御。"①在革命和战争时期,积极防御的战略主要以消灭敌人的有生力量并最后夺取政权为目标,采取游击战和运动战的形式。进入社会主义革命和建设时期后,解放军在战略上实行防御、自卫和后发制人的原则,军事战略所要解决的已不是夺取政权问题,而是要维护国家主权和安全,保卫社会主义现代化建设事业;军事战略判断也不再局限于国内阶级力量对比,而是把重点放在国际战略格局和当代军事斗争的发展趋势上。

20世纪80年代,针对未来反侵略战争的特点,以邓小平为核心的党的第二代领导集体重新肯定了积极防御的军事战略方针。邓小平指出:"我们未来的反侵略战争,究竟采取什么方针?我赞成就是'积极防御'四个字。积极防御本身就不只是一个防御,防御中有进攻。"②20世纪90年代初,江泽民在深刻认识国际战略格局的重大变化和军事领域中的深刻变革的基础上,重新制定了新时期积极防御的战略方针,强调要把军事斗争准备的基点由应付一般条件下的局部战争转到打赢现代技术特别是高技术条件下的局部战争上来,从而实现了军事战略新的转变。此后,根据对当代高技术战争本质的深刻把握,江泽民又进一步指出,必须把军事斗争准备的基点放到打赢信息化条件下的局部战争上。③2004年9月,《中共中央关于加强党的执政能力建设的决定》也明确地指出:"坚持积极防御的军事战略方针,积极推进中国特色军事变革和军事斗争准备,坚定不移地走中国特色的精兵之路,按照建设信息化军队、打赢信息化战争的目标,提高信息化条件下的防卫作战能力。"④

贯彻积极防御的战略方针是由我们国家的社会主义性质决定的。我们对外不搞侵略,不参加任何军事集团,主张各国和平共处,用和平方式解决国际争端和历史遗留问题。但是,在霸权主义和强权政治依然存在的情况下,为了维护国

---

① 《毛泽东选集》第一卷,人民出版社1991年版,第198页。
② 《邓小平军事文集》第三卷,军事科学出版社、中央文献出版社2004年版,第177页。
③ 《江泽民文选》第三卷,人民出版社2006年版,第608页注释4。
④ 《十六大以来重要文献选编》(中),中央文献出版社2006年版,第290页。

家主权和领土的完整,我们必须积极做好军事斗争的准备,增强我军的防卫能力和威慑力,能够随时对任何侵犯我国的外敌给予有力回击,打赢未来可能发生的局部战争。这就决定了我们必须坚持积极防御的战略方针。只有坚持积极防御,能战才能保卫和平;否则,实行单纯消极的被动防御,则和平难以实现。

贯彻积极防御的战略方针是应对新世纪新阶段我国安全形势变化的需要。新世纪新阶段,世界新军事变革发展势头更加强劲,谋取战略主动权、制高点的国际竞争十分激烈,我国周边的安全环境存在较大变数,所有这些对我国军事安全构成巨大压力。要维护国家主权独立和领土完整,就不能满足于现状,不能放松警惕、掉以轻心,而必须居安思危、未雨绸缪,坚持积极防御的战略方针,顺应新军事变革的潮流,加快军队的信息化建设,保证人民军队打得赢未来可能发生的高技术条件下的局部战争。

积极防御的军事战略方针关系到中华民族的兴衰成败和国家的独立和领土完整,因而是国防和军队建设必须始终坚持的重要战略方针。"全军各项建设和一切工作,包括军事训练、政治工作、后勤保障、国防科研等,都要在新时期军事战略方针指导和统揽下,立足于打赢未来现代技术特别是高技术条件下的局部战争,周密规划,全面部署,深入展开。"①

首先,贯彻积极防御的军事战略方针,必须深入探索现代战争的特点和规律,加快军队的信息化建设,积极推进中国特色军事变革。"现代条件下的局部战争同过去的战争相比已经有了很大不同。"②现代条件下的战争的实质是高技术局部战争,是信息化战争。从总体来看,我军现代化水平与打赢现代技术特别是高技术条件下的局部战争的要求不相适应的矛盾仍很突出,现在仍然处于机械化半机械化阶段,信息化建设还刚刚起步,"我军指挥自动化水平仍比较低,信息战能力还很弱"③。"我军与西方发达国家军队在现代化方面的差距,不仅是武器装备技术水平低,更重要的是作战体系不适应高技术战争的需要。"④所以,贯彻积极防御的战略方针,必须加快军队的信息化建设,坚持机械化和信息化复合发展,以信息化带动机械化,以机械化促进信息化,走跨越式的发展道路。如果采取先完成机械化后信息化的道路,我军不但会丧失重要的发展机遇,扩大

① 《江泽民文选》第一卷,人民出版社 2006 年版,第 607 页。
② 同上书,第 289 页。
③ 《江泽民文选》第三卷,人民出版社 2006 年版,第 163 页。
④ 同上书,第 164 页。

与西方军事技术水平的差距,在国际竞争中丧失战略主动地位,而且我国的国家安全和领土完整也将受到重大威胁。

第二,贯彻积极防御的军事战略方针,必须建设以"杀手锏"为重点的武器装备体系,提高我军的威慑力和防卫作战能力。随着高新技术武器在军事领域的广泛运用,武器装备在现代战争中的作用日益举足轻重,武器装备的现代化已经成为国防现代化建设的重要标志。要迎接世界新军事变革的挑战,必须把国防科技发展和武器装备建设放在突出地位,千方百计地把我军武器装备搞上去。由于我国的武器装备水平与西方发达国家差距较大,难以短期内整体赶超,所以必须坚持有所为、有所不为,有所赶有所不赶的策略,着重建设能制敌死命的"杀手锏",形成强大的威慑力,以遏制和反击任何强敌的军事入侵。

第三,贯彻积极防御的军事战略方针,必须以军事斗争准备为龙头,把教育训练摆在首位,加快推进战斗力生成模式的转变。做好军事斗争准备,既包括战争准备,也包括应对军事冲突的和突发事件的准备;既包括战争时期作战行动的准备,也包括和平时期国防和军队建设的诸多内容。做好军事斗争准备,包含着打赢战争和遏制战争的双重内涵,是以打赢战争来遏制战争,是我军长期的战略任务。为此,要坚决克服麻痹松懈的思想情绪,按照实战要求,把军事、政治、后勤、装备等各个领域、各个环节的工作做扎实,切实解决制约作战能力的突出矛盾和问题。要不断通过科技练兵来促进人与武器的结合,切实提高军队的战斗力和防卫能力。

第四,贯彻积极防御的战略方针,必须坚持和发展人民战争的战略思想。高技术战争并未改变人民战争的基本规律。在现代技术特别是高技术条件下防卫作战,武器装备固然很重要,但决定战争胜负的关键因素,归根结底是人。"紧紧依靠最广大人民群众,是我军最深厚的力量源泉。无论武器装备如何发展,战争形态如何变化,人民战争都是我们克敌制胜的法宝。"①在未来战争中,我们仍要立足于现有的武器,发扬劣势武器装备战胜优势战备之敌的传统。我们要结合新的历史条件和新的实践,坚持和创造性地发展人民战争的思想,实行精干的常备军与强大的国防后备力量相结合,在加强军队建设的同时高度重视国防后备力量建设,增强全民国防观念。要按照军民结合、平战结合、寓军于民的方针,完善国防动员体系,加强国防动员建设,提高预备役部队和民兵建设质量,加强人民武装警察部队建设,更好履行维护国家安全和社会稳定、保障人民安居乐业

---

① 《江泽民文选》第二卷,人民出版社 2006 年版,第 276 页。

的职责使命。

总之,新时期深入贯彻落实积极防御的战略方针,必须适应信息化战争的要求,实行科技强军战略和质量建设的方针,向科技要战斗力,向人才要战斗力,大力推进军队的革命化、现代化、正规化建设,坚定不移地走中国特色的精兵之路。

四、全面推进军队革命化、现代化、正规化建设

按照革命化现代化正规化相统一的原则加强军队建设,是我军成立八十多年来战斗力不断提升、军队建设不断迈上新台阶的基本经验。党的十一届三中全会后,邓小平在探索中国特色社会主义道路的过程中,将军队现代化纳入了国家现代化的整体规划之中,明确要求把我军建设成为"一支强大的现代化、正规化的革命军队"。江泽民进一步提出:"要按照政治合格、军事过硬、作风优良、纪律严明、保障有力的总要求,积极推进军队的建设和改革,把人民解放军的革命化、现代化、正规化建设提高到一个新水平。"①胡锦涛则强调,必须按照全面发展的理念,紧紧围绕履行好新世纪新阶段我军历史使命,按照革命化现代化正规化相统一的原则加强军队的全面建设。

革命化是军队建设的政治方向。所谓革命化,最重要的就是要求军队坚持党的绝对领导,坚持全心全意为人民服务的宗旨。坚持党对军队的绝对领导,就要以党的旗帜为旗帜、以党的意志为意志,坚决完成党赋予的各项使命。军队的革命化,集中体现了我军的政治本色和优良传统,是军队建设永远不变的灵魂,是军队建设最根本最重要的制度和原则,是我军区别于其他军队的根本标志。军队的革命化决定着我军现代化的性质和正确方向,并为我军现代化提供强大的精神动力。面对世界新军事变革的挑战,面对西方敌对势力对我国实施西化、分化的图谋,面对各种腐朽思想文化的侵蚀,面对社会利益关系的复杂化,只有始终把革命化建设放在第一位,才能保证现代化、正规化建设的政治方向。加强军队革命化建设,要始终坚持党对军队绝对领导的根本原则和人民军队的根本宗旨,坚决反对"军队国家化"、"军队中立化"的错误思想;要紧紧抓住思想政治建设这个核心,加强军队历史使命、理想信念、战斗精神和社会主义荣辱观的教育,大力弘扬听党指挥、服务人民、英勇善战的优良传统,确保军队有效履行新的历史使命。

现代化是军队全面建设的中心。推进军队的现代化要求军队建设必须适应

---

① 《江泽民文选》第二卷,人民出版社 2006 年版,第 36 页。

未来战争的需要,不断地以最先进的科学技术武装军队,加强军事理论的创新,提高现代技术条件下的总体作战能力,加强我军的防卫能力和威慑能力。提高人民军队的现代化水平,是缩小与发达国家军事技术水平差距的必然选择,是贯彻积极防御战略的内在要求,也是维护国家主权独立和安全的必然要求。加强军队现代化建设,要从我们的国情和军情出发,坚持科技强军战略,按照建设信息化军队、打赢信息化战争的战略目标,坚持机械化和信息化复合发展的道路,全面推进军事理论、武器装备、军事人才、后勤保障、编制体制的现代化。军事理论的现代化是先导,武器装备的现代化是物质基础,军事人才的现代化是关键因素,后勤保障的现代化是物质保障,编制体制的现代化是实现人与武器最佳结合的中介纽带。

正规化是军队建设的重要基础。所谓正规化,主要是指依靠规范化的组织形式和科学的运行机制,把革命化和现代化建设的思想基础、物质基础和军事技术基础有机结合起来,从而为军队的革命化和现代化建设提供良好的秩序和环境。当前,我军正规化建设面临着信息化和市场经济不断发展带来的深刻影响,要加深对新形势下治军特点和规律的认识,着力解决正规化建设中的突出问题。要把从严治军作为全局性、基础性、长期性工作紧抓不放,在军事、政治、后勤、装备等各个领域加大从严治军力度。要加强军事法制建设,把革命化、现代化建设和部队管理中创造的成功治军经验及时用法规形式确定下来,逐步构建具有我军特色的军事法规体系。依照条令条例和规章制度规范军队各项建设和工作,使军队建设进一步走上法制化轨道。要加强科学管理,更新管理观念,健全管理机制,积极探索具有我军特色的科学管理模式,推动我军正规化建设迈上新台阶。

总的来说,军队的革命化、现代化、正规化建设是军队全面建设中互相联系、互相促进的有机统一的整体,不能把它们割裂开来、对立起来,必须统筹考虑、全面推进。深入贯彻落实科学发展观,加强军队的全面建设,必须按照政治合格、军事过硬、作风优良、纪律严明、保障有力的总要求,使革命化、现代化和正规化建设的目标落实到军队的各项工作中去,才能不断开创军队建设的新局面。

第三节　加快中国特色军事变革

一、世界新军事变革的挑战

世界新军事变革,孕育于20世纪70年代,起步于90年代初,是以信息技术为核心的高新技术在军事领域中的广泛运用所引发的一系列变革。"新军事变革,实质上是一场军事信息化革命"①,其涉及的范围和引起的变化是全方位的,不但深刻地改变着军事斗争的面貌,而且对国际安全环境都产生了重大深远的影响。

第一,新军事变革极大地冲击了传统的战争理念,改变了现代战争的面貌,推动了世界各国军事战略的调整。新军事变革推动了工业化的军事形态向信息化的军事形态转变,使军事斗争的范围、战争形态、作战体制、作战目的、作战方式等都发生了深刻的变化。在现代战争中,军事斗争的范围由传统的陆海空扩展到太空、电磁和网络空间,制信息权成为夺取制空权、制海权、制天权的关键;作战样式由接触作战为主导趋向接触作战和非接触作战相结合;作战目的由消灭对手趋向改变对手,配合政治、外交斗争,争夺战略主动权;作战方式由顺序作战趋向并行作战、同时作战,由以武器平台为中心趋向以信息平台为中心,由大面积毁灭趋向精确制导打击,由个人对抗转变为系统对抗;作战指挥体制由"纵长树状型"趋向"扁平网络化",由各军种独自作战趋向联合作战。以信息化技术为核心的新军事变革促使世界各国重新审视安全环境和战略策略,纷纷进行战略调整,以谋取国际竞争的优势地位和战略主动权。

第二,新军事变革加剧了国际战略力量的不平衡。发达国家凭借其信息技术的优势、雄厚的经济实力、强大的军事力量,普遍加强了以高技术为基础的军队现代化建设,扩大了和发展中国家的军事技术差距,造成了一种强者愈强的不平衡态势。发达国家和发展中国家的军事技术形态出现了又一轮"时代差"。"历史上西方列强以洋枪洋炮对亚非拉国家的大刀长矛的军事技术优势,正在转变为发达国家以信息化军事对发展中国家的机械化半机械化军事的新的军事技术优势。世界军事力量对比出现了新的严重失衡。"②

第三,新军事变革使军事手段在国际斗争中的地位和作用进一步上升。新军事变革催生了大量高新技术武器,其巨大的破坏性、精确性、远程性特点,为运用军事手段达成政治目的,提供了低风险、高效能、多样化的选择。美国的单边主义、先发制人正是立足于这种军事优势。

第四,新军事变革使发展中国家战略选择的难度加大。发展中国家虽然可以吸收和利用世界军事技术发展的先进成果,借鉴发达国家新军事变革的经验教训,少走弯路,推动本国国防科技的发展,但是,世界军事发达国家的强劲势头

---

① 《江泽民文选》第三卷,人民出版社 2006 年版,第 162 页。
② 同上书,第 160 页。

使发展中国家面临着一种二难选择:如果不顺应新军事变革的潮流,积极推进本国的军事变革,与发达国家的军队技术水平的差距就会加大,国家安全就难以保障;但如果把主要力量用于军事发展上,则又影响国家的经济建设。

在新世纪,世界新军事变革的发展势头更加强劲,为我国军事实现跨越式发展带来了千载难逢的机遇,也带来前所未有的挑战。我军与发达国家在军事技术形态上存在一定差距,而且这种差距还有进一步扩大的可能。发达国家军队质量和作战能力迅速提升将使我军质量建设面临的压力更大、矛盾更加突出,使我军捍卫领土、领海主权的斗争面临更大挑战。21世纪头20年是中国国防和军队现代化发展的重要战略期和机遇期。因此,如何抓住新军事变革的机遇,迎接挑战,这是关系到中华民族兴衰存亡的重大课题。

二、推进中国特色军事变革的主要任务

“改革是国家发展的动力,也是军队发展的动力。”①无论是贯彻落实科学发展观,实现军队又好又快的发展,还是适应世界新军事变革的新趋势,缩小我军与发达国家军事技术水平的差距,提高我军打赢信息技术条件下的局部战争的能力,都必须立足我国国情与军情,紧紧抓住信息化这一新军事变革的本质和核心,按照信息化建设的要求,积极推进中国特色军事变革,全面推进军事领域的改革创新。当前,积极推进中国特色军事变革的主要任务是加快军事理论、军事技术、军事组织和军事管理的创新。

第一,加快军事理论创新,为军队现代化建设提供正确的理论指导。

“先进的军事理论,历来是军队建设得以健康发展的必要条件,是战争的重要制胜因素。”②随着世界新军事变革带动的军事斗争的范围、战争形态、作战体制、作战目的、作战方式等深刻变化,迫切要求加强军事理论的创新,以此推动军队建设的转型。我军素有军事理论创新的优良传统。当前,面对我军在现代化水平上的差距,更应注重军事理论的创新,努力通过先进的“软件”去弥补“硬件”方面的落后,从而提高我军的战斗力和威慑力。创新军事理论必须在坚持以毛泽东军事思想、邓小平新时期军事理论、江泽民国防和军队建设思想和科学发展观为指导的前提下,加强军事观念创新和思维方式转变,实现由机械化军事观念向信息化军事观念转变,由过去的武器平台观念向现代的武器系统和信息

---

① 《江泽民文选》第三卷,人民出版社2006年版,第166页。

② 《江泽民文选》第一卷,人民出版社2006年版,第608页。

平台观念转变,由传统的能力观念向智能观念转变。要更新军事思维方式,实现由单向思维向多向思维转变,由经验思维变为前瞻思维,由封闭思维变为开放思维,不断突破传统的机械化作战模式,开拓我军信息化建设的新局面。要以作战理论的创新为主体,摆脱传统的接触性作战模式,向联合作战、空天一体作战、信息网络战、电子战等领域发展,不断探索适应高技术局部战争特点和规律的联合作战理论、信息战理论。另外,还要充分利用作战实验室的"战争与实践",不断创新军事理论。

第二,加快军事技术创新,切实转变我军战斗力的生成模式。

科学技术是第一生产力,也是非常重要的战斗力。世界上最先进的科学技术的研发大多与军事密切相关,受到军事斗争推动。加强军事技术创新是迎接新军事变革挑战和提高我军现代化水平的必然选择。首先,加快军事技术创新,既要提高武器装备的科技含量,更要重视提高全军官兵的科技素质。掌握军事技术与军事知识的军人是军队战斗力中最活跃的因素。培养和造就一大批思想政治素质和军事素质优良的新型军事人才,是应对世界新军事变革挑战的关键。没有大批高素质人才,就无法掌握新式武器装备,就无法创造和运用新的作战方法,就不可能赢得未来战争的胜利。其次,加强军事技术的创新,必须把提高军事技术的自主创新能力作为军队现代化建设的战略基点。外国先进的军事技术可以吸收、利用,但不能依赖外国,军事技术创新要坚持走独立自主、自力更生、自行设计、自行研制的道路。国防科技的关键技术不是对外开放就能引进的,不是拿钱就能买得到的。正如胡锦涛所强调的那样:"要始终把提高自主创新能力摆在突出位置,显著提高我国的科技实力。科技实力是综合国力的重要内容和基础。自主创新能力是国家竞争力的核心。一个国家、一个民族要真正赢得发展、造福人类,必须注重自主创新。"①加快军事技术的创新,还要着力构建军民结合、寓军于民、平战结合的军事技术创新体系。要坚持国防建设和经济建设互相促进、协调发展的方针,既要积极促进军工技术转为民用,大力开发军民两用技术,也要高度重视"民转军",广泛利用社会资源来满足军事技术和装备发展的需求。

第三,加快军事组织的体制创新,为军队现代化建设提供可靠的组织保证。

军事组织体制是影响军队系统能否发挥最佳效能的关键因素。只有加快军事组织体制的创新,把军队组织体制搞好了,才能更好地吸收高科技成果,充分

---

① 《十六大以来重要文献选编》(下),中央文献出版社 2008 年版,第 62 页。

发挥广大官兵的积极性和创造性,增强军队指挥能力,提高军队管理的效益,实现人和武器装备的最佳结合,从而为军队现代化提高可靠的保证。改革开放以来,我军经历了几次大的体制编制改革,在压缩规模、优化结构、理顺关系、加强管理、促进体制编制合理化上取得了明显的成效,但仍然存在诸多不适应信息化条件下的作战需要的问题,如兵种结构有待优化,非作战部队与作战部队、军官与士兵、机关与部队的比例不合理,联合作战体制与联合保障体制不完善,等等。必须按照"精兵、合成、灵活、高效"的原则进行体制编制改革,克服机构臃肿、职能重叠、效益低下、作战模式单一的现象;必须合理调整全军总体结构和比例,各军兵种结构的比例,以及各类、各种部队的合理编组,加强军队组织结构的优化;必须改变机械化时代的"纵长树状型"指挥体制,建立适应信息化作战的"扁平网状化"指挥体制;必须克服三军自成体系、条块分割、独立保障的弊端,建立三军一体化的联合保障体系;必须建立健全培养高质量军事人才的院校体制编制,切实加强军事人才的培养。

第四,加快军事管理创新,为军队现代化建设提供强有力的管理支撑。

军事管理是对军事组织的管辖治理和对军事事务的协调处理,其效能的高低直接制约着军队现代化、正规化建设的进程,影响着军队战斗力的发挥。胡锦涛明确地指出:"要始终把科学管理作为推动科技进步和创新的重要环节,不断提高科学管理水平。我国现代化建设的实践表明,越是现代化,越是高技术,越是关系国民经济命脉和国家安全的重大建设项目,越要加强科学管理。"①加快军事管理的创新,对于我军走出一条低投入、高效益的中国特色精兵之路具有重要意义。面对世界新军事变革所提出的新情况新课题,有些传统的军事管理手段、方法、制度、理念已经难以发挥有效作用,迫切要求加强军事管理的创新,用改革的思路、创新的方法、发展的眼光,不断研究军事管理所面临的新矛盾新问题。加强军事管理的创新,必须树立以人为本、"管为战"、科技主导的科学管理观念;改革管理机制,促进资源的有效配置和综合集成;大胆借鉴外军先进的管理方法,积极引进现代管理技术,切实提高管理水平,增强管理能力。

创新是一个民族进步的灵魂,没有创新能力的民族难以屹立于世界先进民族之林。创新也是军队进步的灵魂,一支没有创新能力的军队,难以立于不败之地。积极推进中国特色军事变革,加强军事领域的改革和创新,要以军事理论的创新为先导,要以武器装备建设为重点,要以编制体制改革为突破口,要以培养

---

① 《十六大以来重要文献选编》(下),中央文献出版社 2008 年版,第 63 页。

高素质军事人才为根本,以打赢信息化条件下的局部战争为目标,走中国特色精兵之路。世界新军事变革的本质和核心是信息化,因而在推进军事理论、军事技术、军事组织、军事管理的创新过程中,必须始终贯穿信息化建设这一主线,要以信息化带动机械化,以机械化推动信息化。军事领域的改革和创新是一个复杂的系统工程,必须坚定不移地以科学发展观为指导,坚持解放思想、实事求是、与时俱进的精神,坚持理论创新与实践创新相结合的原则,坚持继承传统与改革相结合的原则,坚持我军特色与借鉴外国军队经验相结合的原则,真正走出一条跨越式的发展道路。

第十二章
中国的国际战略与和平发展道路

建设中国特色社会主义不仅需要一个稳定的国内环境,也需要一个和平的国际环境。实行正确的国际战略和外交政策,选择一条正确的发展道路,对于争取和平的国际环境尤为重要。当今世界正处在大变革大调整之中,和平与发展仍然是时代的主题,经济全球化和世界多极化深入发展,但世界仍然很不安宁,和平与发展面临诸多难题和挑战。在这种形势下,中国人民在中国共产党的领导下,从中国人民和世界人民的根本利益出发,高举和平、发展、合作的旗帜,坚定不移地走和平发展道路,坚持独立自主的和平外交政策与互利共赢的开放战略,努力推动建设持久和平、共同繁荣的和谐世界。当前,正确认识这些重要战略思想,对于谋求一个和平、稳定的国际环境,深化改革开放,全面推进中国特色社会主义事业,具有非常重要的意义。

第一节　和平发展是中国特色社会主义的内在要求

一、经济全球化和世界多极化的曲折发展

1. 经济全球化加速推进

经济全球化是指生产、贸易、投资、金融等经济活动超越一国界限,各国经济相互交织、依赖和渗透的一种过程。在此过程中,世界上所有国家、地区的所有经济部门与经济环节都逐渐成为世界经济中不可分割的组成部分。经济全球化的起源可以追溯到一个多世纪或更久以前。早在 1848 年,马克思和恩格斯在《共产党宣言》中就明确地指出:"资产阶级,由于开拓了世界市场,使一切国家的生产和消费都成为世界性的了。"①作为一个有着特定内涵的经济现象和过

---

① 《马克思恩格斯选集》第 1 卷,人民出版社 1995 年版,第 276 页。

程,经济全球化既是资本主义产生与发展的结果,更是二战后生产力迅猛发展和经济国际化发展的必然产物。在新科技革命的带动下,各国经济之间的相互交流、相互依存日益加深,商品、技术、资本、劳务等要素在全球范围内自由流动和配置,经济联系日益紧密。现代科技的进步,先进的交通工具和通信手段的产生,为经济全球化的发展创造了条件。特别是近十年来,信息技术的迅猛发展极大地推动了经济全球化的进程。经济全球化带动了全球经济的迅速发展。但是,经济全球化是一把"双刃剑",它在推动全球生产力发展、加速世界经济增长的同时,也会带来一些负面影响。一方面,经济全球化增多了各个国家共同面临的社会经济问题,加剧了国际竞争,增加了国际经济风险,弱化了国家主权;另一方面,它使全球经济失衡加剧,南北差距日益拉大。究其原因,是因为当前的经济全球化是西方发达国家主导的,是在不公正不合理的国际经济旧秩序没有根本改变的情况下发展起来的。因此,对于发展中国家来说,它既提供了难得的机遇,又提出了巨大的挑战。

各国经济相互依存、相互影响使得经济全球化传动的各种风险不仅影响发展中国家,发达国家也难以置身其外。因此就整个国际社会而言,面对经济全球化的双重影响,无论是发达国家还是发展中国家,都应本着责任与风险共担的精神,加强合作,促进公正合理的国际经济新秩序的建立,构建和谐共赢的多边体制,使经济全球化真正成为平等、互惠、共存、共赢的经济全球化。

2. 世界多极化在曲折中发展

世界多极化是指在一定时期内对国际关系有突出影响的国家和国家集团相互作用而趋向于形成一种多极格局的发展趋势。它是对主要政治力量在全球分布状态的一种反映。

世界多极化是在经济全球化背景下国际关系发展的必然结果,是不以人的意志为转移的客观趋势。第二次世界大战结束后,形成了资本主义与社会主义两大阵营全面对立、美苏两个超级大国争霸的世界格局。20世纪80年代末90年代初,苏东剧变标志着40多年的两极格局最终结束,美国作为唯一的超级大国在庆幸"赢得冷战的胜利"后,开始构筑由其领导的"单极世界"。十多年过去了,世界上各种力量的此消彼长表明世界格局转换的过渡期并没有结束,其力量对比虽然严重失衡,但世界格局走向多极化的趋势越来越清晰,并已成为不可阻挡的历史潮流。

世界格局走向多极化,是时代发展的要求,符合各国人民的根本利益。多种力量的相互制衡、相互借重不仅有利于国际局势的稳定,有利于推动公正合理的国际新秩序的建立,有利于遏制霸权主义和强权政治,有利于世界的持久和平和繁荣,还有利于广大发展中国家抓住机遇、发展自己。但也要看到,世界多极化的最终形成将会经历一个漫长、曲折、复杂的过程。这其中,单极与多极的矛盾,称霸与反称霸的斗争,将在一个相当长时期内成为国际斗争的焦点。合作中的竞争和竞争中的合作成为世界多极化发展过程中的基本特征。

建立一个多极世界,符合世界发展的客观规律,其趋势不可逆转,但这个过程不会平坦。正如党的十七大报告所指出的:"当今世界正处在大变革大调整之中。和平与发展仍然是时代主题,求和平、谋发展、促合作已经成为不可阻挡的时代潮流。世界多极化不可逆转,经济全球化深入发展,科技革命加速推进,全球和区域合作方兴未艾,国与国相互依存日益紧密,国际力量对比朝着有利于维护世界和平方向发展,国际形势总体稳定。同时,世界仍然很不安宁。霸权主义和强权政治依然存在,局部冲突和热点问题此起彼伏,全球经济失衡加剧,南北差距拉大,传统安全威胁和非传统安全威胁相互交织,世界和平与发展面临诸多难题和挑战。"①

二、当代中国同世界的关系

1. 中国的发展离不开世界

中国的发展离不开世界,是对当今世界特征的深刻把握。当今的世界是个开放的世界。自20世纪中叶起,在以信息化为基础的新科技革命推动下,世界经济联系更加紧密,国际分工和协作不断深化,国际贸易规模不断扩大,国际资本流动不断加快,国与国之间的联系日趋紧密。世界经济发展的这一趋势决定了世界上任何一个国家,特别是像中国这样的发展中国家"要发展,孤立起来,闭关自守是不可能的,不加强国际交往,不引进发达国家的先进经验、先进科学技术和资金,是不可能的"②。在开放的世界中封闭自己只能限制自己的发展。

中国的发展离不开世界,也是对中国历史经验的深刻总结。近代以来,中国之所以贫弱,一个重要原因就是闭关自守。新中国成立以后,由于国外反动势力对新中国实行封锁等种种原因,中国在一段时期里同世界处于隔绝的状况,拉大了中国与世界先进水平的差距。对此,邓小平深有感触地说,三十几年的经验教训告诉我们,关起门来搞建设是不行的,是发展不起来的,"总结历史经验,中国

---

① 《中国共产党第十七次全国代表大会文件汇编》,人民出版社2007年版,第44—45页。
② 《邓小平文选》第三卷,人民出版社1993年版,第117页。

长期处于停滞和落后状态的一个重要原因是闭关自守。经验证明,关起门来搞建设是不能成功的,中国的发展离不开世界"①。"一个国家要取得真正的政治独立,必须努力摆脱贫困。而要摆脱贫困,在经济政策和对外政策上都要立足于自己的实际,不要给自己设置障碍,不要孤立于世界之外。"②正是在吸取我国近代史和新中国的历史经验教训的基础上,以邓小平为核心的党的第二代中央领导集体实行对外开放,推动了我国经济社会发展,使综合国力不断增强,国际地位不断提高。

2. 世界的繁荣稳定离不开中国

中国是世界的一员,中国的发展是世界整体发展中的一个有机组成部分。世界现有人口约65亿,而其中有13亿多人口在中国,把中国排除在外的世界繁荣与发展必然是不完整的。改革开放以来,在短短30年里,中国人民依靠自己的力量,从根本上改变了贫穷落后的面貌,实现了国家稳定发展、人民安居乐业。中国的经济发展不仅造福中国人民,而且给世界各国带来了巨大的市场和发展机遇,为世界的繁荣与发展作出了巨大的贡献。中华民族自古热爱和平,中国始终是维护世界和平的坚定力量。正如邓小平所说:"从世界的角度来看,中国的发展对世界和平和世界经济的发展有利"③。"中国现在是维护世界和平和稳定的力量,不是破坏力量。中国发展得越强大,世界和平越靠得住。"④另外,中国以和平的方式、主要靠自己的力量实现经济迅速发展,人民生活明显改善,这在一定意义上也给各国人民树立了榜样,特别是像中国一样的发展中国家可以从中受到启示、得到鼓舞,共同推动世界的繁荣与稳定。

进入新世纪,中国以"更加积极的姿态走向世界,完善全方位、多层次、宽领域的对外开放格局,发展开放型经济"⑤。中国还越来越多、越来越深入地参与到各项国际事务中。当前,任何重大国际事务都不能没有中国的参与,而中国作为一个负责任的大国,也在关系世界各国人民根本利益的各项国际事务中,发挥出越来越重要的作用。在政治、安全、经济、文化等各个方面,世界影响着中国,中国也在影响着世界。"当代中国同世界的关系发生了历史性变化,中国的前

---

① 《邓小平文选》第三卷,人民出版社1993年版,第78页。
② 同上书,第202页。
③ 同上书,第79页。
④ 同上书,第104页。
⑤ 《江泽民文选》第二卷,人民出版社2006年版,第26—27页。

途命运日益紧密地同世界的前途命运联系在一起。"①中国人民愿意和世界各国人民一起共同分享发展机遇,共同应对各种挑战,努力推进人类的和平与发展,为实现世界繁荣稳定的美好理想而不懈奋斗。

三、和平发展是中国特色社会主义的必然选择

实现和平发展,是中国人民的真诚愿望和不懈追求。自 20 世纪 70 年代末实行改革开放以来,中国走上了一条与本国具体国情和当今时代特征相适应的和平发展道路。通过这条道路,中国人民在社会主义现代化的道路上奋勇前进,并以自身的发展为世界的繁荣稳定作出新的贡献。党的十七大再次向世界宣告:中国将继续坚定不移地走和平发展道路。

实现和平发展是中国顺应时代发展潮流的必然选择。科学判断国内外形势,制定正确的方针政策,是我国改革开放和现代化建设不断取得成功的重要前提。当前,经济全球化与世界多极化逐步推进,科技革命突飞猛进,给世界的和平与发展带来了新的机遇。在全世界范围内,求和平、谋发展、促合作已经成为不可阻挡的时代潮流。中国走和平发展道路,正是基于对时代特点的正确认识,与时代发展潮流相一致,与世界上大多数国家和人民的愿望相吻合。

实现和平发展是基于中国历史文化传统的必然选择。中华民族历来就是热爱和平的民族。渴望和平、追求和谐,是中国人民的精神特征,贯穿于中华民族发展的始终。中华文化本质上是一种"和"的文化,包含"和平"、"和谐"、"包容"、"和为贵"等丰富内涵。从"止戈为武"的"武力"定义,到以"和为贵"对和平的渴望;从积极倡导和平共处五项原则,到提出推动建设和谐世界的主张,无不散发着"和"文化的光辉。可以说,坚持和平发展是基于民族特点和优秀传统文化的正确抉择。

实现和平发展是基于中国历史经验教训的必然选择。自 1840 年鸦片战争之后一百多年里,贫弱的中国惨遭外国列强的侵略、掠夺,人民饱经重重灾难,对战争和侵略行径深恶痛绝。"己所不欲,勿施于人",饱受艰辛与苦难的中国人民绝不会走上争霸和侵略的道路,绝不会把自己的发展建立在他国的贫困之上,把自己经历的痛苦强加于他国人民的头上。新中国成立后,中国人民坚持独立自主、自力更生,特别是改革开放以后,中国在平等互利的基础上积极同一切国家开展合作交流,不仅改变了中国的面貌,也带动了其他国家的发展,推动了世

---

① 《中国共产党第十七次全国代表大会文件汇编》,人民出版社 2007 年版,第 45 页。

界的稳定与繁荣。中国近代屈辱历史和建国后多年发展经验归结为一点,就是
必须坚持走和平发展的道路。

实现和平发展是基于中国自身根本利益的必然选择。当前,中国经济社会
发展虽然取得了巨大的成就,但社会主义初级阶段的基本国情没有变,人民日益
增长的物质文化需要同落后的社会生产之间的矛盾没有变。加快发展,不断提
高人民生活水平,始终是党执政兴国的第一要务,也是国家的根本利益之所在;
完成推进现代化建设、完成祖国统一大业、维护世界和平与促进共同发展这三大
历史性任务也都离不开发展。因此,中国迫切需要一个和平、稳定的国际环境。
我们坚持走和平发展的道路,有利于进一步营造和平的国际环境和友好的周边
环境,保障我国各项历史性任务的顺利完成。

实现和平发展是基于中国社会主义性质的必然选择。社会主义的理想信念
和基本制度决定了我国必须走和平发展的道路。早在 20 世纪 80 年代,邓小平
就明确地指出:"我们搞的是有中国特色的社会主义,是不断发展社会生产力的
社会主义,是主张和平的社会主义。"①中国要发展,必须实行对外开放,但主要
是依靠自身的力量,不靠扩张,不靠损害他国利益来谋求自身的发展。另外,中
国发展的根本目的是为人民谋福利,提高人民的物质文明生活水平;发展为了民
生,用于民生,而不是用来争霸世界;发展不仅要造福中国人民,还要造福世界其
他国家的人民。

第二节　始终不渝走和平发展道路

一、和平发展道路的基本内涵和主要特征

坚持走和平发展道路,符合中国人民和世界人民的根本利益,符合人类社会
发展进步的客观要求,是人类追求文明进步的一条全新道路,是中国现代化建设
的必由之路,是中国政府和中国人民的郑重选择和庄严承诺。2004 年 4 月,胡
锦涛在博鳌亚洲论坛开幕式上发表演讲时指出,中国将坚持和平发展的道路,高
举和平、发展、合作的旗帜,努力为人类和平与发展的崇高事业作出更大的贡献。
2005 年 9 月,胡锦涛在联合国成立 60 周年首脑会议上重申:"中国将坚定不移
地高举和平、发展、合作的旗帜,坚定不移地走和平发展道路,坚定不移地奉行独

---

① 《邓小平文选》第三卷,人民出版社 1993 年版,第 328 页。

立自主的和平外交政策,在和平共处五项原则的基础上同世界各国发展友好合作关系。"①同年12月,国务院新闻办发表《中国的和平发展道路》白皮书,指出:"回顾历史,立足现实,展望未来,中国将坚定不移地走和平发展道路,努力实现和平的发展、开放的发展、合作的发展、和谐的发展。"②2007年10月,党的十七大报告进一步指出:中国将始终不渝走和平发展道路。这是中国政府和人民根据时代发展潮流和自身根本利益作出的战略抉择。这就阐明了中国选择和平发展道路的决心和信心。

坚持走和平发展道路的基本内涵,就是中国永远不称霸,既争取和平的国际环境发展自己,又以自身的发展促进世界和平,努力实现和平的发展、开放的发展、合作的发展、和谐的发展。中国不仅利用和平的国际环境加快发展,并通过自身的不懈努力争取较长时期的和平环境来实现自己的发展;又以自身的发展不断为世界的和平与发展增添积极因素,促进世界的持久和平。中国人民主要依靠自身的力量,把发展的基点放在立足本国实际上,坚持体制创新、观念创新,积极调整经济结构与转变经济增长方式,推动经济社会发展;又继续坚持实行全方位、宽领域、多层次的对外开放,不断提高开放型经济水平,统筹国内发展与对外开放,努力实现更为均衡的发展。中国将继续顺应经济全球化的发展趋势,积极推动经济全球化向有利于各国共同繁荣的方向发展,在实现本国利益的同时兼顾对方特别是发展中国家的正当关切,促进共同发展;又继续高举和平、发展、合作的旗帜,坚持独立自主的和平外交政策,本着民主、和睦、公正、包容的精神,努力同各国一道推动建设持久和平、共同繁荣和谐世界。

和平发展道路摒弃了大国通过武力崛起的旧模式,是一条统筹维护和平与促进发展的道路。纵观近代几百年来大国兴衰史,大国崛起基本上走的都是一条通过武力和战争建立起霸权和不公正国际秩序的道路,给人类带来了巨大灾难。中国的和平发展道路,开创了通过维护和利用国际和平环境来实现自身发展,又通过自身发展来促进世界和平与各国共同发展的全新道路。作为世界发展的一个重要组成部分,中国经济的迅速发展为世界经济的增长注入了新的活力。中国发展的手段是和平的,不以牺牲他国利益为代价,更不会通过对外掠夺来发展自己,把自己的发展建立在他国人民的苦难之上。中国和平发展道路坚持以和平方式发展,以中国的发展促进世界和平。

---

①　胡锦涛:《努力建设持久和平、共同繁荣的和谐世界》,《人民日报》2005年9月16日。

②　国务院新闻办:《中国的和平发展道路》,《人民日报》2005年12月23日。

　　和平发展道路坚持利用国内和国际两个市场、两种资源的方针,是一条统筹自力更生和对外开放的发展道路。中国是一个拥有 13 亿人口、面临众多挑战的最大的发展中国家。中国要发展,当然要依靠自己的力量。中国坚持走和平发展道路,就是坚持独立自主、自力更生、艰苦奋斗的方针,依靠广阔的国内市场、充足的劳动力资源和雄厚的资金积累,依靠中国特色社会主义理论指导下的思想创新、机制创新、科技创新,依靠全国各族人民的聪明才智和勤劳奋斗。但是,中国主张依靠自身力量发展,并不是排斥国际经济技术合作。我们仍然要充分利用新科技革命成果,顺应经济全球化发展趋势,积极参加国际竞争与国际合作,充分运用国际资源、国际市场,最大可能地实现自身的发展。

　　和平发展道路坚持争取世界各国共赢、和谐的方针,是一条勇于参与经济全球化和实行广泛合作的发展道路。中国实行对内改革从一开始就同对外开放联系在一起。自 20 世纪 80 年代中期开始,经济全球化步伐加快,世界经济逐步走向相互渗透、广泛合作的新阶段。在机遇面前,中国勇敢地参与到国际经济技术合作和竞争中去,获得大量国外的资金、技术、管理经验和各种人才,从而增强了中国的发展优势。在对外开放中,中国始终不渝地奉行互利共赢的开放战略,坚持以自己的发展促进地区和世界共同发展,扩大同各方利益的汇合点,在实现本国发展的同时兼顾对方特别是发展中国家的正当关切,支持国际社会帮助发展中国家增强自主发展能力,改善民主,缩小南北差距,积极推动国际政治经济新秩序的建立。

　　正如党的十七大报告所阐述的,我们坚持把中国人民的利益同各国人民的共同利益结合起来,秉持公道,伸张正义;坚持国家不分大小、强弱、贫富一律平等,尊重各国人民自主选择发展道路的权利,不干涉别国内部事务,不把自己的意志强加于人;致力于和平解决国际争端和热点问题,推动国际和地区安全合作,反对一切形式的恐怖主义;奉行防御性的国防政策,不搞军备竞赛,不对任何国家构成军事威胁;反对各种形式的霸权主义和强权政治,中国永远不称霸,永远不搞扩张。总之,"走和平发展道路,就是要把中国国内发展与对外开放统一起来,把中国的发展与世界的发展联系起来,把中国人民的根本利益与世界人民的共同利益结合起来。"①

---

　　①　国务院新闻办:《中国的和平发展道路》,《人民日报》2005 年 12 月 23 日。

二、坚持独立自主的和平外交政策

1. 独立自主和平外交政策的形成与发展

新中国成立之初,以毛泽东为核心的党的第一代领导集体,就制定了独立自主的和平外交政策。根据这一政策,党在不同的历史时期针对国际形势发展的趋势和特点,确定并实施了不同的外交战略。从新中国成立初期为了与旧中国外交彻底决裂、谋求有利的国际安全环境而提出的"另起炉灶"、"打扫干净屋子再请客"、"一边倒"三大外交战略,到 20 世纪 60 年代为了捍卫国家主权、维护世界和平而提出的"两个拳头打人",再到 20 世纪 70 年代为反对世界霸权主义而提出的"一条线"外交战略,独立自主、和平共处的外交政策始终没有变。

十一届三中全会以后,邓小平在继承毛泽东、周恩来外交战略思想的基础上,依据对时代主题新的科学判断与国际形势新的科学分析,坚持并发展了独立自主的和平外交政策。他指出:"中国的对外政策是独立自主的,是真正的不结盟。中国不打美国牌,也不打苏联牌,中国也不允许别人打中国牌。"①保持自己的独立地位,主张一切从中国人民和世界人民的根本利益出发,坚决反对超级大国争夺霸权,维护世界和平。邓小平还强调,在和平共处五项原则的基础上发展同所有国家的友好合作关系,确定了冷静观察、沉着应付、韬光养晦、有所作为的外交方针,推动建立国际新秩序。对促进我国经济发展与维护世界和平发挥了重要作用。

世纪之交,面对风云变幻的国际形势,江泽民继承并发展了邓小平的外交思想,继续实行独立自主和平外交政策,开创我国外交工作的新局面。他指出,和平与发展仍是当今时代的主题,中国人民要紧紧抓住这个战略机遇期,始终奉行独立自主和平外交政策,反对任何形式的霸权主义和强权政治,维护世界和平,促进共同发展,在和平共处五项原则的基础上建立国际政治经济新秩序。他还强调,外交工作归根到底要坚定不移地维护我们国家和民族的最高利益,巩固和发展有利于我国的和平国际环境,特别是和平的周边环境,为我国的改革开放和经济建设服务,为我国的统一大业服务。

十六大以来,以胡锦涛为总书记的新一届中央领导集体高举和平、发展、合作的旗帜,继续坚持独立自主的和平外交政策,走和平发展道路,强调中国的发展是和平的发展、开放的发展、合作的发展,中国永远做维护世界和平、促进共同

---

① 《邓小平文选》第三卷,人民出版社 1993 年版,第 57 页。

发展的坚定力量。在国际交往中,胡锦涛强调应遵循联合国宪章的宗旨和原则,恪守国际法和公认的国际关系准则,弘扬民主、和睦、协作、共赢精神,共同促进国际关系民主化的形成;坚持用和平的方式解决国际争端,相互信任,加强合作,共同维护世界的和平稳定,共同推动国际秩序向公正合理的方向发展;主张各国人民一起共同分享发展机遇,共同应对各种挑战,努力推动建设一个持久和平、共同繁荣的和谐世界。

中国坚定不移地奉行独立自主的和平外交政策,是由我国的社会主义性质和中国在世界上的地位决定的。社会主义的性质决定了我国既不能采取资本主义的外交战略,不能把自己的命运和安全交与别国,只能奉行独立自主的和平外交政策,为维护世界和平、促进共同发展作出自己的贡献。中国是一个负责任的大国,是世界上最大的发展中国家,中国的综合国力和国际地位决定了中国要坚持独立自主的和平外交政策,在国际事务中能够"有所作为"。独立自主和平外交政策的形成和发展,体现了中国人民热爱和平的真诚愿望与优秀品质,提高了中国在国际上的地位,展现了中国共产党人的世界眼光和外交能力,得到了世界各国人民的普遍赞赏,为我国社会主义现代化建设赢得了有利的国际环境,也为世界和平和人类进步作出了重要贡献。

2. 独立自主和平外交政策的根本宗旨与原则

外交是内政的延伸,是为国内政治经济社会发展服务的。外交政策的根本宗旨在于在国际社会中谋求和发展国家利益,为国家发展创造有利的外部条件。20 世纪 80 年代,基于和平与发展的时代主题,邓小平指出我国外交政策的根本宗旨是反对霸权主义和强权政治,维护世界和平。江泽民进一步提出:"中国对外政策的宗旨,就是维护世界和平,促进共同发展。"①党的十七大报告再次强调,中国政府和人民将恪守维护世界和平、促进共同发展的外交政策。

维护世界和平、促进共同发展的外交宗旨是中国共产党基于对当今世界的客观分析和科学把握,从维护包括中国人民在内的世界各国人民根本利益的高度提出的。只有始终不渝地奉行独立自主和平外交政策,贯彻维护世界和平、促进共同发展这一外交根本宗旨,才能在错综复杂的国际环境和日益激烈的国际竞争中掌握加快我国发展的主动权,尽可能地为我国社会主义建设争取有利的国际环境,促进世界的共同繁荣和发展。为实现这一宗旨,我们必须恪守以下原则:

---

① 《江泽民文选》第三卷,人民出版社 2006 年版,第 297—298 页。

第一,坚持独立自主地处理一切国际事务的原则。独立自主,就是坚持从我国的实际情况出发,依靠自己的力量,同任何国家友好相处,不允许任何国家损害我国的尊严和主权。在社会主义现代化建设新时期,中国坚决维护自己的主权,任何国家都不要指望中国做它们的附庸。中国在处理一切国际事务中,都坚持独立自主,坚持从中国人民和世界人民的根本利益出发,根据问题本身的是非曲直来决定我们的态度和对策。

第二,坚持同发展中国家加强团结和合作的原则。中国是发展中国家,加强同发展中国家的团结和合作是我国对外工作的基本立足点。中国同广大发展中国家的友好合作,有着坚实的政治基础和历史传统。毛泽东曾经说过,我们能重返国际社会是广大发展中国家兄弟把我们抬进去的。在新形势下,中国同广大发展中国家的共同关切增多,在推动国际秩序向公正合理的方向发展方面也有着共同的利益和目标。我们要同广大发展中国家一道,抓住历史机遇,巩固传统友谊,深化全面合作,促进共同发展。

第三,坚持和平共处五项原则作为处理国家间关系的基本准则。以"互相尊重主权和领土完整,互不侵犯,互不干涉内政,平等互利,和平共处"为主要内容的五项原则,是中国在20世纪50年代最早提出来的。和平共处五项原则符合《联合国宪章》的宗旨和原则,反映了在当今复杂的国际形势下建立新型国际关系的本质特征。半个多世纪以来,和平共处五项原则经受住了历史的考验,为维护世界的和平与稳定,促进国际关系的健康发展,作出了不可磨灭的贡献。在新时期,我国要在和平共处五项原则的基础上,积极与各类国家扩大交往、发展关系。

第四,坚持爱国主义与履行国际义务相统一的原则。世界是相连的。各国人民的革命和建设事业是相互依存、相互支持的,各民族的根本利益和全人类的整体利益是紧密相连的;各个国家只有把本国的事情搞好了,才能更好地支持其他国家的发展,为履行国际义务作出自己的贡献。中国要实现自己的发展目标,其中一个必不可少的条件就是要有一个和平的国际环境。为此,在处理国际事务和对外关系时,我们在国际交往中不再简单地依据意识形态和社会制度的异同画线,而是始终维护我们国家的根本利益,同时,要注意维护世界和平和世界人民的根本利益,努力实现本国人民的根本利益和前途与世界人民的根本利益相统一。

3. 开展全方位外交,发展同世界各国的友好合作关系

20世纪80年代末90年代初,国际局势动荡。面对变化莫测的国际环境,

我们党坚持"冷静观察、沉着应付、韬光养晦、有所作为"的方针,开展了一系列卓有成效的外交活动,在平等互利的基础上加强和扩大同世界各国的交流和合作,开创我国外交的新局面,推进世界和平与发展的崇高事业。

第一,加强同发达国家战略对话,增进互信,深化合作。在当前的国际关系中,发达国家的地位和作用是不容忽视的。经济上,我国同发达国家贸易互补性强,合作规模大,涉及领域宽,贸易发展如何直接关系到我国经济的稳定和发展,也关系到我国同这些国家之间的关系。同时,我国同发达国家的经济合作中也有不少问题急需解决,有必要进一步加强战略对话,妥善处理分歧,增进互信,深化合作,扩大共同利益的汇合点,推动相互关系长期稳定健康发展。

第二,贯彻与邻为善、以邻为伴的周边外交方针,加强同周边国家的睦邻友好和务实合作。和睦、稳定的周边环境是我国经济建设不可或缺的条件之一。当前,我们正处于同周边国家关系最好的时期,已同周边国家建立了不同类型的伙伴关系,基本确立了在新世纪发展相互关系的基本框架。中俄签署睦邻友好合作条约,两国战略协作伙伴关系不断提升。中国与东南亚国家睦邻互信伙伴关系迈出新的步伐,经济贸易合作取得新成果。中国与东盟加强建立面向21世纪的睦邻互信伙伴关系,一致同意在十年内建立自由贸易区。努力推动朝核问题"六方会谈",实现东北亚地区的和平与稳定;今后,我国要继续加强同周边国家的睦邻友好和务实外交,积极开展区域合作,共同营造和平稳定、平等互信、合作共赢的地区环境,保障我国周边地区的安全和中国国际战略的实施。

第三,加强同广大发展中国家的团结合作。中国同许多发展中国家虽然有着不同的社会和文化背景,但在历史上都有饱受帝国主义、殖民主义掠夺欺凌的共同遭遇,在当前又都面临着发展经济、维护主权的共同任务,在国际舞台上有着共同的利益和诉求,也有相互合作、相互支持的历史传统。因此,我们要继续加强同发展中国家在国际事务中的磋商与协调,深化传统友谊,扩大务实合作,维护发展中国家的正当要求,维护我国同其他发展中国家的共同利益。我们要继续扩大同发展中国家的务实合作,积极探索平等互利合作的新途径,提供力所能及的援助,以利于发展中国家加速发展。

第四,积极参与多边事务,推动国际秩序朝着更加公正合理的方向发展。随着综合国力的增强和国际地位的提升,我国将承担相应国际义务,努力在联合国及其各专门机构的活动中,支持发展中国家维护自身的正当权益。中国还广泛参加其他国际或地区性组织,努力增进同各国在各个领域的互利合作,积极化解国际争端,在国际性事务中进一步发挥建设性作用。积极实施多边外交,为世界多极化进程作出实实在在的贡献。我国倡议进行的安理会常任理事国首次首脑会晤,对维护安理会权威起到了重要作用;我国推动上海合作组织,开创了新型区域合作模式。

第五,积极开展全方位外交。全方位外交就是利用多种渠道、在不同层次和不同领域开展多种形式的外交活动。加强同世界各国政党、各类政治组织的交流与合作,加强人大、政协、军队、地方、民间团体的对外交往,也是我国总体外交的重要组成部分。积极开展多渠道、多层次、多领域的全方位外交,能够取得意想不到的和其他外交手段所无法达到的效果,有利于加强中国人民和世界各国人民的沟通和交流,发展同世界各国的友好合作关系。

三、坚持互利共赢的开放战略

坚持对外开放是我国的基本国策之一。改革开放以来,中国在正确把握和充分认识经济全球化发展趋势的基础上,积极主动地参与国际经济技术合作与竞争,不断提高对外开放水平,形成了全方位、多层次、宽领域的对外开放格局。随着我国经济发展和综合国力增强,我们又逐步实施“走出去”战略,坚持互利共赢,充分利用国内国外两种资源、两个市场,促进对外开放领域不断扩大、开放结构逐渐优化、开放质量迅速提高。进入新世纪,我国经济社会发展和国际环境又发生了一些显著变化,呈现出一系列新的特点。2005年党的十六届五中全会明确提出“实施互利共赢的开放战略”。2007年党的十七大报告进一步提出,中国将始终不渝奉行互利共赢的开放战略,不断完善内外联动、互利共赢、安全高效的开放型经济体系,形成经济全球化条件下参与国际经济合作和竞争新优势,为扩大对外开放指明了方向。

坚持互利共赢的开放战略,是中国人民基于时代特征和总结多年开放实践经验的必然选择,是坚持走和平发展道路的题中应有之义。当前,经济全球化的发展进入一个新的阶段,世界经济联系更加密切。中国的发展不仅离不开其他国家的发展;而且只有世界各国的共同发展,中国的长期持续发展才有可能。改革开放30年来,我国经济社会持续快速发展的一个重要原因,就是不断扩大对外开放的广度深度力度,通过开放既实现自身发展,也为其他国家带来实惠。随着我国经济的进一步发展,我国市场规模、对外投资必将进一步扩大,必将给世界带来更大的发展机遇。

中国是一个社会主义国家,是一个负责任的大国。中国的社会制度性质、社会主义的本质要求以及中国的国际地位都决定了中国的对外开放不能是单向的,不能为谋求单方面利益的最大化而损人利己、以邻为壑。在对外合作交流中,中国不仅要实现自己的发展,更要利用自己优势促进其他地区的发展,并向其他发展中国家提供力所能及的援助,带动其他国家发展。当前,南北差距的拉大是影响世界和平的最重要因素。在对外开放中贯彻互利共赢的精神,有利于缩小南北差距、促进世界各国的共同发展,有利于维护世界的长期稳定和繁荣。坚持互利共赢的开放战略也是中国坚持走和平发展道路的必然选择。

为了实施互利共赢的开放战略,我们要继续以自己的发展促进世界共同发展。改革开放以来,中国经济的快速发展带动了世界经济的发展,为各相关国家的发展提供了良好的机遇。中国不仅是"世界工厂",其出口一直保持强劲的势头,同时也是世界上吸引外资最多的国家之一。对于发达国家而言,中国是一个投资和技术出口的广阔市场。对于发展中国家而言,中国是一个良好的合作伙伴。中国经济的快速发展也带来了贸易顺差过大、环境污染等问题,与中国处于同等水平的发展中国家无疑也面临着中国的竞争压力。为了实现各国的共同发展,中国将努力扩大同各方利益的汇合点,积极采取各项措施解决贸易争端,避免打各种形式的贸易战,在实现本国发展的同时兼顾对方特别是发展中国家的正当关切。

我们要进一步完善国际贸易和金融体制,推进贸易和投资自由化便利化。改革开放以来,由于我国实现了全方位的开放战略,对外开放取得了巨大的成就,吸引了大量的外资,从而促进了中国经济的快速发展和技术的快速升级换代,各项管理水平也得到了较大的提升。今后,我们将继续按照国际通行的国际经贸规则和世界贸易组织的各项规定,继续扩大市场准入,依法保护合作者的权益,为在中国投资建厂、进行贸易合作者提供更好的条件和更优质的服务。同时,要认识到,现行的国际贸易规则和金融体制存在着不少弊端,在不同程度上影响着国际贸易和金融的发展。因此,我国要反对贸易歧视、贸易不平等以及各式各样的新的贸易保护主义,倡导通过磋商协作妥善处理经贸摩擦,以推动国际贸易的长期健康稳定发展。

第三节　推动建设持久和平、共同繁荣的和谐世界

一、和谐世界新理念的提出及影响

党的十六大以来,以胡锦涛为总书记的党中央,在继承中国传统优秀文化和

新中国外交理念的基础上,审视国际形势新的发展趋势,提出了建设和谐世界的国际战略构想。2005年4月,胡锦涛在雅加达的亚非峰会上发表演讲,倡导开放包容精神,尊重文明、宗教、价值观的多样性,尊重各国选择社会制度和发展模式的自主权,推动不同文明友好相处、平等对话、发展繁荣,共同构建一个和谐世界。2005年5月,胡锦涛在莫斯科会见俄罗斯老战士代表时说,中俄两国人民将同世界各国人民一道努力,共同建立一个持久和平、普遍繁荣的和谐世界。随后和谐世界写入《中俄关于21世纪国际秩序的联合声明》,第一次被确认为处理国与国之间关系的一个指导思想。2005年9月,胡锦涛在联合国成立60周年首脑会议全体会议上发表题为《努力建设持久和平、共同繁荣的和谐世界》的重要讲话,全面阐述了中国对当前国际形势及重大国际问题的看法、立场和主张,对和谐世界理念进行了精辟的论述。2005年12月,国务院新闻办公室发表《中国的和平发展道路》白皮书,以官方文件的形式系统地阐述了和谐世界的思想。在党的十七大报告中,胡锦涛在强调"中国将始终不渝走和平发展道路"的同时,再次呼吁"各国人民携手努力,推动建设持久和平、共同繁荣的和谐世界"。

和谐世界理念是新中国外交思想的延伸和发展,是中国传统文化的积淀和凝结。它是以胡锦涛为总书记的党中央对新时期我国外交政策目标的新概括,是指导我国对外工作和处理国际关系的战略思想。它顺应了世界谋和平、求发展、促合作的大潮流,事关世界各国的根本利益,符合世界人民的共同心愿。建设和谐世界就是要建设一个能够持久和平、稳定安宁的世界,一个能够促进普遍发展、实现共同繁荣的世界,一个能够互利合作、求同存异的世界。因此,和谐世界应该是民主的世界,公正的世界,包容的世界。

和谐世界新理念的提出在国际上引起了积极的反响,获得了高度的评价和普遍的欢迎。美国一家媒体认为,和谐世界理念的重要性和影响力不亚于20世纪70年代中国提出的"三个世界"理论,它向世界展现了一个自信且负责任的大国形象,极大地增强了中国的软实力。还有媒体指出,和谐世界理念尊重他国选择的发展道路和文化的多样性,奉行"不干涉"原则,改善了中国与其他国家的关系,受到了许多国家特别是发展中国家的广泛欢迎,为中国赢得了广泛的朋友,而在许多方面,欧美的特权不复存在。还有媒体认为,和谐世界新理念的提出与中国近年来所倡导的新秩序观、新安全观、新发展观、新文明观等联系在一起,取得了可以称之为"改变全球力量对比"、"催生世界新秩序"的积极成果。①

① 《和谐世界理念问世一年中国展现负责任大国形象》,新华网2006年9月12日。

　　和谐世界理念的提出,具有重大的理论和实践意义。

　　第一,和谐世界新理念继承并发展了我国已有的外交思想,丰富了马克思主义的国际关系理论。早在建国之初,中国就确立了建立在和平共处五项原则基础之上的独立自主的外交政策。改革开放以来,党的第二代、第三代领导人基于对时代主题的准确把握,坚持了独立自主的外交政策,进一步提出了以和平共处五项原则为准则建立公正合理的国际新秩序,表达了广大发展中国家共同的心声。新世纪新阶段,胡锦涛继承了党的三代领导集体的外交思想,进一步提出了坚持走和平发展的道路和构建和谐世界的主张,他把中国传统文化中"以和为贵"的和谐思想引入到外交领域和国际关系理论中,开拓了马克思主义国际关系理论发展的新境界。

　　第二,和谐世界新理念阐明了中国未来发展走向、发展目标,有利于在国际上树立中国的良好国际现象。和谐世界理念的提出向世人昭示,中国的发展将为世界提供新的机遇,中国愿与各国开展合作,共享繁荣。中国将尽其所能给予发展中国家以真诚的援助,与中国的合作也会给各国包括发展中国家带来丰厚的回报和切实的利益。中国不会走大国对抗之路,也不会像历史上的殖民主义者、帝国主义者那样恃强凌弱,而是在和平相处、平等互利的基础上,互相扶持,共同前进,最终达到世界各国和谐相处的美好境界。这代表了中国人民对国际社会的建设性构想,是对各种形形色色"中国威胁论"的积极回应。

　　第三,和谐世界新理念有利于消除人们对中国发展的疑虑,改善我国社会主义建设的国际环境。建设和谐世界表达了中国人民对国际关系民主化的期望。更重要的是,和谐世界理念是针对当前世界的不和谐而提出的崭新命题,体现了中国人民对人类社会未来发展的深刻思考,表明了我们不仅从自己的利益出发,而且站在全人类发展和整个世界的高度,关切世界整体的、长远的发展,彰显了中国作为一个大国在世界未来发展中应该担负的责任。因此,和谐世界理念的提出必将有利于进一步巩固中国在国际上负责任、建设性的良好形象,有利于消除世界上其他国家对于中国发展的种种担忧,为我们全面小康社会建设,加快推进社会主义现代化提供一个良好的国际环境。

　　第四,和谐世界新理念的提出有助于推进国际关系民主化,建立国际政治经济新秩序。和谐社会理念与《联合国宪章》等国际公约的基本精神相一致,它尊重世界文化的多样性和发展模式的多样性,追求世界多种文明的和谐共存。它既代表了世界上绝大多数的发展中国家渴望和平,期盼公正平等,消除贫穷落后的愿望;也体现了发达国家人民厌恶战争,争取和谐幸福生活的追求。和谐世界思想表明了中国为推进国际关系民主化和重塑国际新秩序而提供的全新理念和制度标准。和谐世界理念强调民主平等、和睦互信,注重公正互利、包容协调。因此,和谐世界理念的提出对于推进国际关系民主化、建立国际政治经济新秩序将起到里程碑的作用。

二、积极参与和推动建设和谐世界

当前,国际力量对比正朝着有利于维护世界和平的方向发展。世界各国人民以及绝大多数国家都是爱好和平的,都希望有一个和平、稳定的国际环境和良好的周边环境。谋和平、求发展、促合作事关各国人民的根本利益,已经成为不可阻挡的时代潮流。和谐世界理念正是顺应了这种大潮流,提出了符合全世界人民共同利益的新的国际秩序观。建设和谐世界,就是要建设持久和平、共同繁荣、各种文明兼容并蓄的世界秩序,就是要实现国家与国家之间的和平、人民与人民之间的友好;就是要使世界各国人民和平共处、相辅相成,在公平公正的基础上实现互利共赢。

当今世界正处于大变革大调整之中。冷战结束后,世界开始由两极向多极转变,国际关系民主化和多边主义的呼声越来越强烈,世界格局多极化趋势已是不可逆转;经济全球化继续向纵深发展,各国之间的经济合作与交流愈加密切。然而,世界仍然很不安宁,霸权主义和强权政治仍然没有消亡。一些国家利用"反恐"战争或其他各种形式而谋求本国的战略利益,推行自己的民主价值观,诱发各种问题;局部冲突和热点问题此起彼伏,局部战争、恐怖主义、分裂主义、极端主义、宗教、民族等问题不时威胁着世界的和平与稳定;全球经济失衡加剧,南北差距不断拉大,贸易保护主义抬头,加之不公正不合理的国际旧秩序的存在使得富国愈富、穷国愈穷的现象更加明显,广大发展中国家在经济全球化进程中还面临着不少困难,有的甚至面临着被边缘化的危险。传统安全威胁和非传统安全威胁相互交织,跨国犯罪、大规模杀伤性武器扩散、非法移民、毒品走私以及环境恶化、自然灾害、传染性疾病等依然威胁着人类的生存和发展,这些问题的存在不仅危害着发达国家,也威胁发展中国家和地区。世界和平与发展还有诸多难题需要解决,建设持久和平、共同繁荣的和谐世界面临着巨大的挑战,需要世界人民作长期而艰苦的努力。

为了推动建设持久和平、共同繁荣的和谐世界,国际社会必须遵循以下原则:

第一,坚持民主平等的原则。世界各国应互相尊重,平等相待,坚持国家不分大小、一律平等;遵循联合国宪章的宗旨和原则,处理相互间事务以及国际争端,不将自己的意志强加于人;各国在实现本国利益的同时也要兼顾对方利益特别是发展中国家的正当关切;不将自身的安全与发展建立在牺牲他国利益基础之上。

第二,坚持多边主义的原则。发展离不开和平的环境,各国要携起手来,以和平的方式、通过协商与对话来解决国际争端;各国应摒弃冷战思维,建立以互信、互利、平等、协作为核心的新安全观;通过公平、有效的集体安全机制,共同努力,防止冲突和战争。

第三,坚持求同存异的原则。各国应该尊重别国自主选择社会制度和发展道路的权利,推动各国根据本国国情实现振兴和发展;应加强不同文明的对话和交流,提倡包容精神,在求同存异中共同发展,努力消除相互疑虑和隔阂;各国应当以平等开放的精神,维护文明的多样性,使各种文明兼容并蓄。

为了推动建设持久和平、共同繁荣的和谐世界,世界各国应该恪守国际法和公认的国际关系准则,弘扬民主、和睦、协作、共赢的精神,在政治、经济、文化、安全和环保等多个方面真诚互助、共同努力。

第一,在政治上要相互尊重、平等协商。和平共处五项原则符合《联合国宪章》的一贯精神和国际法的基本准则,符合各国人民的利益,历经多年考验已为世界上绝大多数国家所接受。处理国与国之间的关系应该坚持和平共处五项原则,通过谈判的方式、友好协商的方式解决国与国之间的矛盾与冲突;各国内部的事情应由各国人民自己决定,世界上的事情应由各国平等协商解决,发展中国家在国际事务中理应享有平等的参与权与决策权;国际社会应该反对单边主义,积极推进多边主义,坚决反对各种形式的霸权主义和强权政治,不断推进国际关系的民主化,从而为建设和谐世界创造有利的政治条件。

第二,在经济上要相互合作、优势互补。政治上的和平与稳定需要有经济的共同发展为基础。要真正实现世界的持久和平,必须积极缩小南北差距,逐步消除贫困,实现共同发展。在这个过程中,发达国家应为实现全球普遍、协调、均衡发展承担更多责任,发展中国家要充分利用自身优势加速发展。要坚持平等互利、公平竞争的原则,努力实现合作各方的共赢。世界上各个国家在经济交往中,一方面要切实保护自身的利益,防止自己的利益受到损害;另一方面,也要做到决不坑害别国,决不为谋求单方面的利益而损害他国特别是发展中国家的利益。世界各国应该协调一致、共同努力,推动经济全球化朝着均衡、普惠、共赢的方向发展。

第三,在文化上相互借鉴、求同存异。世界各国都有不同的文化传统,也有各自独特的优势,不同文化之间的相互交流、借鉴促进人类文明的进步。然而,各国文化、价值观念、宗教信仰、民族习惯特别是意识形态方面也不可避免地存在这样或那样的差异,难免会有碰撞乃至冲突。然而,这些矛盾和冲突不是不可避免的,关键在于各种文化之间要求同存异,尊重世界的多样性。文化霸权主义,即依靠本国的强大国力和先进的传媒手段,把本国本民族的文化和价值观念强加给其他国家,蔑视乃至敌视其他国家、民族的文化和意识形态,不仅阻碍了世界文明的进步和繁荣,而且也威胁到世界的和平与发展。世界各国只有在文化上相互借鉴、求同存异,共同促进人类文明繁荣进步,才能推动建设持久和平、共同繁荣的和谐世界。

第四,在安全上相互信任、加强合作。当今世界,各国之间的联系愈加密切,又都不同程度地存在着领土和领海争端、民族宗教和文化差异、经济利益冲突、政治和外交矛盾等问题,和平与发展面临着至多难题与挑战。事实证明,用战争、霸权主义和强权政治的办法解决不了这些矛盾和冲突。世界各国应摒弃冷战思维,建立以互信、互利、平等、协作为核心的新安全观,通过和平的方式,即通过基于平等基础之上的和平谈判、友好协商的方式,努力达成共识,真正化解矛盾、解决争端。因此,在安全上,各国只有相互信任、加强合作,坚持用和平方式而不是战争手段解决国际争端,共同应对全球安全威胁,共同维护世界和平、安全与稳定,才能真正推动建设持久和平、共同繁荣的和谐世界。

第五,在环保上相互帮助、协力推进。随着全球经济的大发展和人类物质生活水平的不断提高,能源消耗、环境污染、生态恶化等问题越来越严重,已经跨越国界,从根本上威胁到整个人类的生存与发展。在这方面,由于历史上的原因,发达国家负有主要责任;而发展中国家在经济的起步阶段和发展阶段,由于资金短缺、技术设备落后,也出现了环境污染等问题。在这种情况下,国家与国家之间相互指责,并寻找各种借口来推卸责任无益于问题的解决。因此,世界各国都应当重视环保问题,加强对话和合作,发达国家由于自身的原因以及在多方面的优势,应当承担更多的义务,提供更多的资金和技术帮助发展中国家;发展中国家在追求发展的同时也要创新发展模式,坚持走可持续发展道路。世界各国只有相互帮助、加强合作、加强对话、协力推进,才能解决环保问题,才能共同呵护整个人类赖以生存的地球家园。

建设和谐世界是一个长期的任务,需要世界各国携起手来、共同努力。中国作为和谐世界的倡导者,不仅在理论上提出和谐世界新理念,而且在双边、多边外交活动中积极实践,不断推动和谐世界的建立。在周边地区,中国积极提倡开放的地区主义,不谋求支配性地位,努力建设和谐周边,积极推进周边利益共同体。中国—东盟自由贸易区早已开始了全面运作;中国与柬埔寨、老挝等国发起的"大湄公河次区域经济合作"也已成为发展中国家携手自立自强的典范;中国积极推动与越南、菲律宾建立联合开发南海机制,使南海由争议之海变为合作之海;一年一度的东盟中日韩"10＋3"会议已形成固定机制,东亚合作被誉为世界区域合作中较具活力和前景的合作。在亚洲地区,中国几乎参加了所有领域的地区性安全机制与合作机制的建设。最为典型的就是上海合作组织,其倡导的互信、互利、平等、协商、尊重多样文明、谋求共同发展的"上海精神",在实现地区和谐中发挥着越来越重要的作用。在与世界上其他国家、地区和地区性组织之间,中国亦高举和平、合作、发展的旗帜,把握时机,广结善缘,运筹多边外交,践行和谐世界理念。中俄战略协作伙伴关系不断深化;中国与欧盟的全面战略伙伴关系不断向前发展;中美高层会晤频繁,战略对话定期举行;中非合作论坛、中阿合作论坛等定期召开,这些都为巩固双方友谊、深化双边合作发挥了重要的作用。中国将继续坚持在和平共处五项原则的基础上同所有国家发展关系,同国际社会一道致力于人类和平与发展的崇高事业,推动国际秩序向公正合理的方向发展,共同建设一个持久和平、共同繁荣的和谐世界。

第十三章
中国社会主义现代化建设的战略部署

现代化建设的发展战略是中国特色社会主义理论体系的重要组成部分,关系到经济社会发展的全局,关系到中国特色社会主义事业的兴衰成败。新中国成立以来,我们党三代中央领导集体和以胡锦涛为总书记的党中央,逐步制定和实施中国社会主义现代化建设的战略部署,从发展战略的高度回答了什么是中国特色社会主义、怎样建设中国特色社会主义的历史性课题。

第一节 中国式现代化的目标与道路

一、中国社会主义现代化建设的总体目标

我国社会主义初级阶段的主要矛盾,是人民日益增长的物质文化需要同落后的社会生产之间的矛盾。为了解决这一矛盾,首先就要制定既符合现代化发展规律,又符合中国国情的发展战略。我们党结合中国的实际情况,在不同历史时期勾画出中国社会主义现代化建设的宏伟蓝图。

以毛泽东为核心的党的第一代中央领导集体提出了实现"四个现代化"的战略目标和"两步走"的战略部署。1945年党的七大提出了"使中国由农业国变为工业国"的思想。① 新中国成立后,毛泽东多次强调走工业化道路。1953年他在确定党在过渡时期的总路线时,明确提出"要在一个相当长的时期内,逐步实现国家的社会主义工业化"②。1954年毛泽东在一届人大一次会议的开幕词中向世人宣告,要"将我们现在这样一个经济上文化上落后的国家,建设成为一

---

① 《毛泽东选集》第三卷,人民出版社1991年版,第1081页。
② 《毛泽东著作选读》下册,人民出版社1986年版,第704页。

个工业化的具有高度现代文化程度的伟大的国家"①。周恩来在这次会议的政府工作报告中,又提出了实现"四个现代化"的奋斗目标。他说:"如果我们不建设起强大的现代化的工业、现代化的农业、现代化的交通运输业和现代化的国防,我们就不能摆脱落后和贫困,我们的革命就不能达到目的。"②毛泽东进一步讲:"建设社会主义,原来要求是工业现代化,农业现代化,科学文化现代化,现在要加上国防现代化。"③这表明我们党对四个现代化战略目标的认识已经比较清晰和完整了。1964年根据毛泽东的提议,周恩来在三届人大一次会议的政府工作报告中,明确提出实现"四个现代化"的战略目标和"两步走"的战略设想。他说:"把我国建设成为一个具有现代农业、现代工业、现代国防和现代科学技术的社会主义强国,赶上和超过世界先进水平。"从第三个五年计划开始,我国经济发展分"两步走":第一步,用15年的时间建立一个独立的比较完整的工业体系和国民经济体系;第二步,到20世纪末,全面实现农业、工业、国防和科学技术的现代化,使国民经济走在世界的前列。④ 1975年周恩来在四届人大一次会议的政府工作报告中重申了这一战略目标。但由于对实现社会主义现代化的艰巨性和长期性估计不足,缺乏对社会主义所处的历史阶段、主要矛盾和根本任务的科学认识,在指导思想上犯了"左"的错误,出现了"大跃进"、"文化大革命"等失误,使我们难以集中精力开展现代化建设,延缓了社会主义发展进程。

以邓小平为核心的党的第二代中央领导集体提出了"三步走"的现代化发展战略。1978年3月,邓小平在全国科学大会开幕式上的讲话中指出:"在二十世纪内,全面实现农业、工业、国防和科学技术的现代化,把我们的国家建设成为社会主义的现代化强国,是我国人民肩负的伟大历史使命。"⑤1980年1月,他又提出分"两步走"达到"小康"的战略设想。他把到20世纪末的20年分为两个10年,头十年"把基础搞好了,加上下一个十年,在今后二十年内实现中国式的四个现代化"⑥。"经过二十年的时间,使我国现代化经济建设的发展达到小康水平,然后继续前进,逐步达到更高程度的现代化"⑦。1982年党的十二大确定

---

① 《毛泽东著作选读》下册,人民出版社1986年版,第715页。
② 《周恩来选集》下卷,人民出版社1984年版,第132页。
③ 《毛泽东文集》第八卷,人民出版社1999年版,第116页。
④ 《周恩来选集》下卷,人民出版社1984年版,第439页。
⑤ 《邓小平文选》第二卷,人民出版社1994年版,第85页。
⑥ 同上书,第241页。
⑦ 同上书,第356页。

了我国经济发展战略目标是20年"翻两番"：第一步，从1980年到1990年实现工农业年总产值翻一番，解决人民温饱问题；第二步，从1991年到2000年，在新的基础上使工农业年总产值再翻一番，人民生活达到小康水平。①

我国社会主义经济建设取得的巨大成就，证明了"翻两番"战略目标是切实可行的。邓小平又对我国经济发展战略作出跨世纪的构想。1987年他明确提出我国经济发展战略大体分"三步走"：第一步，从1981年到1990年国民生产总值翻一番，国民生产总值由人均250美元达到500美元，解决人民温饱问题；第二步，从1991年到20世纪末再翻一番，国民生产总值超过1万亿美元，人均达到1000美元，人民生活达到小康水平，进入小康社会；第三步，到21世纪中叶，用30年到50年的时间再翻两番，国民生产总值达到6万亿美元，人均达到4000美元，达到中等发达国家水平，人民生活比较富裕，基本实现现代化。② 然后，在这个基础上继续前进。1987年党的十三大将邓小平提出的"三步走"发展战略正式写入党的政治报告中。1992年党的十四大再次肯定了这一发展战略，并纳入中国特色社会主义理论的重要内容。

以江泽民为核心的党的第三代中央领导集体提出了"新三步走"发展战略和全面建设小康社会目标。按照"三步走"的战略部署，经过全党和全国人民的共同努力，原定1990年达到国民生产总值比1980年翻一番的目标，于1987年提前完成；原定2000年达到国民生产总值比1980年翻两番的目标，于1995年提前完成。我国胜利地实现了"三步走"战略的第一步、第二步目标，人民生活总体上达到小康水平，这是社会主义制度的伟大胜利，是中华民族发展史上一个新的里程碑。早在20世纪90年代中期，我们党对如何落实第三步发展战略作了前瞻性的部署。1995年党的十四届五中全会通过了《中共中央关于制定国民经济和社会发展"九五"计划和2010年远景目标的建议》，确定2010年实现国民生产总值比2000年翻一番，形成比较完善的社会主义市场经济体制，为实现第三步战略目标奠定坚实的物质技术和经济体制基础。1996年八届人大四次会议通过了《国民经济和社会发展"九五"计划和2010年远景目标纲要》，使党的主张成为国家意志。1997年党的十五大明确提出了"新三步走"发展战略。第一步，21世纪第一个10年实现国民生产总值比2000年翻一番，使人民的小

①　《邓小平文选》第三卷，人民出版社1993年版，第9页。这是用"工农业总产值"计算的，1985年起中央改用"国民生产总值"计算。"注释"，第386页。

②　《邓小平文选》第三卷，人民出版社1993年版，第226页。

康生活更加宽裕,形成比较完善的社会主义市场经济体制;第二步,再经过10年的努力,到建党100周年时,使国民经济更加发展,各项制度更加完善;第三步,到21世纪中叶建国100周年时,基本上实现现代化,把我国建设成为富强民主文明的社会主义国家。"新三步走"发展战略是对邓小平"三步走"发展战略的继承和发展,是第三步战略的具体化,是我们党在新世纪率领全国人民努力奋斗,实现中华民族伟大复兴的行动纲领。2002年党的十六大确定21世纪头20年全面建设惠及十几亿人口的更高水平的小康社会,制定了全面建设小康社会的经济、政治、文化和可持续发展等四项具体目标。

十六大以来,以胡锦涛为总书记的党中央面对复杂多变的国际环境和艰巨繁重的改革发展任务,带领全国人民战胜各种困难和风险,开创了社会主义现代化建设的新局面。党的十七大进一步提出,要以经济建设为中心,坚持四项基本原则,坚持改革开放,自力更生,艰苦创业,为把我国建设成为富强、民主、文明、和谐的社会主义现代化国家而奋斗。这次大会还对全面建设小康社会提出了经济建设、政治建设、文化建设、社会建设和生态文明建设五个方面的新的更高要求。这对于我国在新时期的经济发展和社会进步具有重要指导意义。

二、坚持走中国特色的社会主义现代化道路

坚持走中国特色的社会主义现代化道路,制定切实可行的实现社会主义现代化发展战略,是党的三代中央领导集体在长期社会实践中历经艰辛不懈探索的结果,是对中国特色社会主义本质规律的深刻认识,是指引中华民族走向繁荣富强的必由之路。

把我国建设成为社会主义现代化强国是中国人民梦寐以求的社会理想。新中国的成立,实现了国家的统一和民族的独立,结束了百年屈辱史。在新的历史时期,"实现四个现代化是一场深刻的伟大的革命"①。这集中体现了中国人民的雄心壮志。在一个拥有世界上人口最多的国家实现现代化是一个艰难的历程,把一个穷国建设成为现代化强国需要几代人的努力奋斗,是关系到国家前途和民族命运的伟大壮举。要树立坚定走中国特色社会主义现代化道路的信心和决心,为巩固社会主义制度,实现共产主义理想创造物质条件。实现现代化符合人民的愿望和利益,要以人民的根本利益为出发点和落脚点。邓小平指出,"社会主义现代化建设是我们当前最大的政治,因为它代表着人民的最大的、最根本

---

① 《邓小平文选》第二卷,人民出版社1994年版,第152页。

的利益。"①人民群众是实现社会主义现代化的主体力量,要动员和组织全党和全国人民投身于社会主义现代化建设事业,一心一意谋发展,聚精会神搞建设,改变中国贫穷落后的面貌,提高人民生活水平,争取对人类有较大的贡献。

现代化建设要从我国的实际出发,走出一条"中国式的现代化"道路。以毛泽东为核心的党的第一代中央领导集体对社会主义现代化道路作了初步探索。其主要内容包括:在经济领域,坚持以农业为基础,以工业为主导,沿海工业和内地工业共同发展,国防建设必须以经济建设为基础;在政治领域,坚持人民民主专政,实行中国共产党领导下的多党合作制;在文化领域实行"百花齐放、百家争鸣"的方针等。我国的现代化建设取得了巨大成就,但由于对社会主义发展的艰巨性和长期性认识不足,犯了"左"的错误,走了弯路。十一届三中全会以后,邓小平从中国实际情况出发,提出要"走出一条中国式的现代化道路"②。其主要内容包括:坚持解放思想和实事求是的思想路线和独立自主的原则,走自己的路;社会主义初级阶段是一个至少上百年的很长的历史阶段,制定路线、方针和政策必须以这一基本国情为依据;社会主义根本任务是解放生产力,发展生产力,消灭剥削,消除两极分化,最终达到共同富裕;以经济建设为中心,坚持四项基本原则,坚持改革开放;社会主义也可以搞市场经济,科学技术是第一生产力;和平与发展是当代世界两大主题,要吸收和利用世界各国包括资本主义发达国家所创造的一切先进文明成果发展社会主义,等等。

实现现代化要坚持科学发展观,注重社会全面协调可持续发展。我国现代化建设是一个系统工程。经过几十年的艰苦探索,我们党深化了对中国社会主义现代化发展战略的认识,包括战略目标、战略步骤、战略措施、战略重点和战略原则等,形成了较为完整的具有战略理论性的社会主义现代化建设理论。社会主义初级阶段的总体战略目标是把我国建设成为富强、民主、文明、和谐的社会主义现代化国家。"富强"是经济建设的目标和要求,经济现代化是首要目标,要建设高度的物质文明,争取到21世纪中叶达到中等发达国家水平;"民主"是政治建设的目标和要求,政治现代化是"在政治上创造比资本主义国家的民主更高更切实的民主"③,坚持中国共产党的领导,切实加强和提高党的执政能力;"文明"是文化建设的目标和要求,文化现代化是建设社会主义精神文明,提高

①　《邓小平文选》第二卷,人民出版社1994年版,第163页。
②　同上书,第163页。
③　同上书,第322页。

全民族的思想道德素质和科学文化素质;"和谐"是社会建设的目标和要求,社会现代化是构建社会主义和谐社会,实现人与自然、人与社会、人与人的和谐共处、协调发展。

三、现代化建设必须依靠科技、教育和人才

科技是先导,教育是基础,人才是关键,三者相辅相成,是推动我国社会主义现代化建设的关键因素。

实现现代化,关键是科学技术的现代化。邓小平首次提出"科学技术是第一生产力"的论断。① 江泽民进一步指出,"科学技术是先进生产力的集中体现和主要标志"②。科学技术是通过与生产力诸要素相结合发挥其重要作用的。一是科学技术"智化"在劳动者身上可以提高劳动能力。劳动者是生产力的主体,是最活跃、最积极和最革命的因素,在生产力诸要素中占据首要地位,是生产过程的设计者、管理者和控制者。科学技术一旦为劳动者所创造和掌握,就会提高征服自然、改造自然和保护自然的能力,创造出更多的社会财富。同时,科学技术也为人的全面发展创造条件,因为"节约劳动时间等于增加自由时间,即增加使个人得到充分发展的时间",③最终实现劳动力的彻底解放。二是科学技术"物化"在劳动工具中可以提高工作效率。劳动工具是生产力发展水平的客观标志和衡量尺度。马克思指出,"劳动资料不仅是人类劳动力发展的测量器,而且是劳动借以进行的社会关系的指示器。"④科学技术促进劳动工具的改进,可以降低劳动成本,提高劳动生产率,把劳动者从重复的、沉重的和危险的劳动作业中解放出来。三是科学技术"融合"在劳动对象上可以节约和保护自然资源。席卷全球的科技革命浪潮,既促进了生产力的发展,也造成了对自然环境的破坏。恩格斯指出,"我们不要过分陶醉于我们人类对自然界的胜利。对于每一次这样的胜利,自然界都对我们进行报复。每一次胜利,起初确实取得了我们预期的结果,但是往后和再往后却发生完全不同的、出乎预料的影响,常常把最初的结果又消除了。"⑤在社会主义现代化建设中,要吸取西方发达国家在现代化发展进程中的经验教训,发挥科学技术的正面作用,减少其负面影响。四是科学

---

① 《邓小平文选》第三卷,人民出版社 1993 年版,第 274 页。
② 《江泽民论有中国特色社会主义》(专题摘编),中央文献出版社 2002 年版,第 236 页。
③ 《马克思恩格斯全集》第 46 卷(下),人民出版社 1980 年版,第 225 页。
④ 《马克思恩格斯全集》第 23 卷,人民出版社 1972 年版,第 204 页。
⑤ 《马克思恩格斯选集》第 4 卷,人民出版社 1995 年版,第 383 页。

技术"融入"劳动管理中可以提高管理水平。劳动管理也是生产力,劳动管理水平的高低决定生产力诸要素发挥作用的大小。劳动管理是把各种孤立的分散的生产力要素组合成一个有机整体,"通过协作提高了个人生产力,而且是创造了一种生产力"①。现代科学技术与现代管理是推动经济社会发展的两个车轮,缺一不可。现代科学技术尤其是信息网络技术的广泛应用,为管理者提供了便捷条件和信息资源,使管理理论、管理方法和管理手段发生了巨大变革,提高了管理水平,降低了管理成本,创造出新的现实的生产力。

中国要实现现代化,赶上世界先进水平,必须从教育入手。教育是提高国民素质的根本途径,关系到国家的前途和民族的命运。建设教育强国是一项长期而艰巨的历史任务,需要坚持不懈的努力。一是要把教育放在优先发展的战略地位。教育作为经济、政治和文化建设的基础工程,要面向现代化、面向世界、面向未来,直接为现代化建设提供人才和储备人才。二是教育必须以提高国民素质为根本宗旨。国民素质包括思想政治素质、道德品质、文化知识和专业技能等方面。教育在人才培养中肩负着特殊使命,要以马克思主义特别是中国特色社会主义理论为指导,继承和弘扬中华民族的优秀文化,学习和借鉴世界各国创造的有益的文化成果,努力培养出德、智、体、美全面发展的社会主义现代化事业的建设者和接班人。三是教育是一个系统工程,要优化教育结构,调整好学校布局,改善和完善学科与专业设置,提高教育资源利用率,深化教育体制改革,积极探索社会主义市场经济条件下教育的新体制和发展的新路子,切实提高我国的教育水平。

社会主义现代化建设的关键是人才。在社会各种资源中,人才是最宝贵和最重要的资源,"人才资源是第一资源"②。邓小平指出,"中国的事情能不能办好,社会主义和改革开放能不能坚持,经济能不能快一点发展起来,国家能不能长治久安,从一定意义上说,关键在人。"③当今激烈的国际竞争,实质是人才竞争。人才是先进文化的载体,是先进文化的创造者和应用者。一个国家、一个民族,如果培养不出人才,留不住人才,吸引不了人才,国家就难以发展,民族就难以进步。因此,要尊重知识、尊重人才,充分发挥知识分子的作用。知识分子是工人阶级中掌握较多的科学文化知识的一部分,是先进生产力的开拓者。"能

---

① 《马克思恩格斯全集》第 23 卷,人民出版社 1972 年版,第 362 页。
② 《江泽民论有中国特色社会主义》(专题摘编),中央文献出版社 2002 年版,第 259 页。
③ 《邓小平文选》第三卷,人民出版社 1993 年版,第 380 页。

不能充分发挥广大知识分子的才能,在很大程度上决定着我们民族的盛衰和现代化建设的进程。"①国家要从政策上给予知识分子以精神上的鼓励和物质上的优待,使他们在社会主义现代化建设中发挥更大的作用。要注意发现人才,培养人才。我国人力资源丰富,但是人才资源并不丰富,当务之急是抓紧实施人才战略,加强人才队伍建设。在选拔人才方面,反对论资排辈的思想,要不拘一格选拔人才;反对求全责备的思想,要用人所长;反对任人唯亲的思想,要任人唯贤。在培养人才方面,要大力培养一支能够进入世界科学前沿的科学家队伍;一支具有创新能力、能够不断攻克各种复杂难题的工程技术专家队伍;一支学有所长并按照经济规律办事的经营管理队伍;一支有突出领导才能的人才队伍,按照"四化"标准培养和选拔德才兼备的人进领导班子;一支数以亿计的高素质的劳动者和数以千万计的专门人才队伍;一支文艺及军地两用人才队伍;等等。加强制度建设是人才成长的必要条件。邓小平指出,"制度好可以使坏人无法任意横行,制度不好可以使好人无法充分做好事,甚至会走向反面"②。要为拔尖人才脱颖而出营造良好的社会环境,要解放思想,克服障碍,打破陈旧框框,改革现行人事管理制度的弊端。

第二节　中国实现社会主义现代化的战略步骤

一、实现我国现代化的"三步走"发展战略

党的第二代中央领导集体制定的"三步走"发展战略是在新的历史条件下形成的,既有对国外现代化发展经验的借鉴,又有对中国国情和时代特征的深刻把握,是指导中国社会主义现代化建设的行动纲领。因此,深刻认识和把握"三步走"发展战略具有重要意义。

第一,"三步走"发展战略是我们党从社会主义初级阶段的实际出发制定的,坚持了实事求是的根本原则。经过十几年的努力奋斗,我们已经提前完成了"三步走"的前两步,人民生活总体上达到小康水平,实现了从温饱到小康的历史性跨越,在中华民族发展史上竖起新的里程碑。这说明我们的现代化发展战略是合乎国情和时代要求的,是切实可行的。历史上发达资本主义国家,如美

---

①　《江泽民论有中国特色社会主义》(专题摘编),中央文献出版社2002年版,第254页。

②　《邓小平文选》第二卷,人民出版社1994年版,第333页。

国、英国、法国、德国,从人均国民生产总值 100 美元到人均国民生产总值 4000 美元,用了大约 200 多年时间。按 1980 年的汇率计算,我国 20 世纪 50 年代人均国民生产总值约 70 美元,到 21 世纪中叶第三步战略目标时,我国人均国民生产总值可达到 4000 美元,将用 100 年的时间。就是说,中国在生产力十分落后的情况下,只用 100 年左右的时间走完了资本主义发达国家几百年走过的历程,充分体现出社会主义制度的优越性。邓小平指出:"发挥社会主义的优越性,归根到底是要大幅度发展社会生产力,逐步改善、提高人民的物质生活和精神生活。"①目前,全党和全国人民正在为实现第三步战略目标而努力奋斗,"但第三步比前两步要困难得多"②。在这一进程中必然会出现许多新情况和新问题,经过艰苦奋斗是可以实现的。

第二,"三步走"发展战略把经济发展和社会主义本质要求结合起来,把提高人民生活水平作为出发点和落脚点。"社会主义的本质,是解放生产力,发展生产力,消灭剥削,消除两极分化,最终达到共同富裕。"③社会主义的根本任务是以经济建设为中心,解放和发展生产力,最终达到共同富裕。贫穷不是社会主义,同步富裕又是不可能的,必须允许和鼓励一部分地区一部分人先富起来,以带动越来越多的落后地区和社会成员逐步走向共同富裕。这是摆脱贫穷落后,走向繁荣富强的必由之路。"三步走"发展战略是一个由低到高、互相衔接和循序渐进的发展战略步骤。它把经济发展与人民生活水平的提高紧密联系在一起,从"温饱型"到"小康型"再到"比较富裕型",每一步都以人民生活水平的改善和提高为根本出发点,体现了社会主义的本质要求,代表了广大人民的根本利益,给人民生活带来了真正的实惠。

第三,"三步走"发展战略是"机遇论"与"台阶论"的结合,体现了我们党对世界局势及我国现代化进程的正确把握。邓小平在总结国内外历史经验教训的基础上,深刻指出:在现代化建设的长期发展过程中要抓住时机,争取出现若干个发展速度比较快、效益又比较好的阶段,"力争隔几年上一个台阶"④。改革开放以来,我国经历了若干个经济加速发展的阶段,国民经济上了几个新台阶,但确实又出现了一些问题,经过治理整顿又稳步发展。要妥善处理加速发展和治

---

① 《邓小平文选》第二卷,人民出版社 1994 年版,第 251 页。
② 《邓小平文选》第三卷,人民出版社 1993 年版,第 226 页。
③ 同上书,第 373 页。
④ 同上书,第 375 页。

理整顿的关系,"抓住时机,发展自己,关键是发展经济"①。机遇是指在一定时空内出现了某种有利于事物发展的特定条件,这些条件并不是常住的,如果看不到或是看到了没有利用它,它就可能消失。邓小平所说的"机遇"是指历史发展过程中出现了有利于我国经济快速发展的条件。从国际看,和平与发展成为当今时代的两大主题,世界格局走向多元化,对于我们争取一个较长时期的和平环境,集中精力搞经济建设是十分有利的。一些国家在发展过程中,都曾经有过高速发展阶段。第二次世界大战后,日本、韩国、东南亚一些国家和地区抓住历史机遇,使经济获得了快速发展。从国内看,十一届三中全会以来,通过解放思想,拨乱反正,改革开放,为经济发展提供了思想条件;政局稳定,民族团结,为经济发展提供了政治保障;经过几十年的社会主义建设,特别是改革开放后的飞跃发展,为经济发展奠定了较为雄厚的物质基础。所有这些因素都为中国快速发展提供了新的机遇。我们必须善于发现机遇、紧紧抓住机遇,发展自己,关键是发展经济,促进社会主义现代化事业的蓬勃发展。

二、实现我国现代化的第三步战略的具体化

我国现代化发展战略思想体系包括战略目标、战略步骤和战略措施等。其中,战略步骤是战略构想的具体化。党的十五大在展望改革开放初期提出的20世纪末达到小康的目标能够如期实现的基础上,对21世纪我国现代化第三步战略作出了具体部署:即第一个十年实现国民生产总值比2000年翻一番,使人民的小康生活更加富裕,形成比较完善的社会主义市场经济体制;再经过10年的努力,到建党100年时,使国民经济更加发展,各项制度更加完善;到21世纪中叶新中国成立100年时,基本实现现代化,建成富强、民主、文明的社会主义国家。这就将我国现代化第三步发展战略进一步划分为三个具体阶段,制定了21世纪上半叶我国现代化的"新三步走"战略。党的十六大提出了21世纪头20年全面建设小康社会的战略目标,并制定了一系列战略措施,包括走新型工业化道路、解决"三农"问题、区域经济协调发展,实施科教兴国战略、可持续发展等。这些措施对于全面建设小康社会,开创中国特色社会主义新局面,实现我国现代化第三步发展战略具有重要意义。

(一)走新型工业化道路

工业化是现代化的基础,是实现现代化的必经阶段。工业化一般指传统农

---

① 《邓小平文选》第三卷,人民出版社1993年版,第375页。

业社会向现代化工业社会转变的过程。党的十六大报告提出,要在 2020 年基本实现工业化,坚持以信息化带动工业化,以工业化促进信息化,走出中国特色的社会主义新型工业化路子。新型工业化道路具有丰富的内涵:一是科技含量高。把经济发展建立在科技进步的基础上,加快科技创新和科技成果的推广与应用,不断提高工业产品的科技含量,加强基础研究和高技术研究。特别要正确处理工业化与信息化的关系,工业化为信息化提供了物质基础,信息化是加快实现工业化的必然选择,要"优先发展信息产业,在经济和社会领域广泛应用信息技术"①,抢占经济竞争的制高点。二是经济效益好。必须以提高经济效益为中心,注重产品质量,优化资源配置,降低生产成本,提高资金投入产出率,在国内外市场上打开销路,赢得更大的市场份额。三是资源消耗低。我国是一个人均资源相对不足的国家,应该节约和合理利用自然资源,提高能源和原材料的利用效率,减少对资源的无效占用与消耗。四是环境污染少。在经济建设中要加强对生态环境的保护,坚持保护环境和保护资源的基本国策,要发展绿色产业、环保产业,树立全民环保意识,形成工业化与资源利用、环境保护的良性循环。五是人力资源优势得到充分发挥。要妥善处理提高生产率与扩大就业的关系,发挥我国劳动力资源丰富的优势,利用劳动力成本低廉的条件,努力扩大就业人数。

工业化的过程也是产业结构逐步优化升级的过程。党的十六大针对我国经济建设中存在的突出问题,作出了产业结构优化升级的战略部署,即"形成以高新技术产业为先导、基础产业和制造业为支撑、服务业全面发展的产业格局"②。为此,必须正确处理三种关系:(1)正确处理发展高新技术产业和改造传统产业的关系。要以高新技术产业为先导,积极发展对经济增长有重大带动作用的高新技术产业。同时,要清醒地认识到我国目前处在工业化的中期阶段,传统产业仍然有广阔的市场需求和发展前景,要加大运用高新技术改造传统产业的力度,促进传统产业的提升。(2)正确处理发展资金技术密集型产业和发展劳动密集型产业的关系。一般说来,重工业的资金技术密集程度较高;农业、轻工业、建筑业的劳动密集程度较高;第三产业的商业、服务业也属于劳动密集型产业。要推进工业化乃至现代化进程,必须加快发展资金技术密集型产业,提高生产技术水平和经济效率。但由于我国经济结构的多层次性,劳动密集型产业仍有很大的

---

①　《中国共产党第十六次全国代表大会文件汇编》,人民出版社 2002 年版,第 21 页。
②　同上。

社会需求和发展空间,因而要适度发展劳动密集型产业,充分发挥我国劳动力资源丰富的优势。(3)正确处理发展虚拟经济和发展实体经济的关系。"虚拟经济"主要是指虚拟资本的经济活动。虚拟资本是市场经济中信用制度和货币资本化的产物,通常包括股票、期货、债券、金融衍生产品等。"实体经济"指农业、工业、交通运输、商贸物流、建筑业、服务业等提供物质产品和服务的经济活动。国内外经验教训告诉我们,虚拟经济既相对独立于实体经济,又不能完全脱离实体经济;虚拟经济发展应当以实体经济发展为基础,为实体经济发展服务。因此,既要重视发展虚拟经济,又要注重发展实体经济;既要充分发挥虚拟经济对国民经济发展的促进作用,又要防止其盲目扩张,过度膨胀,否则,就会形成泡沫经济,导致对实体经济的破坏,甚至导致金融危机和经济衰退。

(二)全面繁荣农村经济,解决"三农"问题

农业、农村、农民问题是社会主义现代化建设的重点和难点,是全面建设小康社会的重中之重。党的十六大对解决"三农"问题,繁荣农村经济作出了战略部署。

第一,始终加强和巩固农业的基础地位。"三农"问题既是一个重大的经济问题,也是一个重大的政治问题,农业在国民经济和社会发展中的基础地位和战略作用是不容忽视和削弱的,它关系到改革开放和社会主义现代化建设的大局,关系到党的执政地位的巩固,关系到国家的长治久安。要深刻认识到:没有农业的牢固基础,就不可能有我们国家的自立;没有农业的积累和支持,就不可能有我国工业的发展;没有农村的稳定和全面进步,就不可能有整个社会的稳定和全面进步;没有农民的小康,就不可能有全国人民的小康;没有农业的现代化,就不可能有整个国民经济的现代化。

第二,建设现代农业,繁荣农村经济。目前,国民经济发展的突出矛盾是农民收入增长缓慢,城市和农村的差距在拉大,农村的文化、科技、教育、卫生、体育等远远落后于城市,特别是中西部的老、少、边、穷地区还存在众多贫困人口。要开拓农村市场,搞活农产品流通,健全农产品市场体系。要推进农业和农村经济结构调整发展,推进农业产业化经营,提高农民进入市场的组织化程度和农业综合效益。

第三,统筹城乡发展,推进城镇化进程。引导农村富余劳动力合理有序地向非农产业和城镇转移是工业化和现代化的必然趋势。要加快城镇化进程,逐步提高城镇化水平,走中国特色的城镇化道路。坚持大中小城市和小城镇协调发展,科学规划,合理布局。要消除不利于城镇化发展的体制和政策障碍。实现工

业与农业、城市与乡村的良性互动、协调发展。

第四，深化农村改革，完善农村经济体制。要坚持党在农村的基本政策的稳定性和连续性，不断完善以家庭承包经营为基础、统分结合的双层经营体制。有条件的地方可按照依法、自愿、有偿的原则，进行土地承包经营权流转，使土地得到有效利用。把家庭承包经营和农业产业化经营相结合，尊重农民的市场主体地位，推动农村经营体制创新。加大政府对农业的投入，加快对农业科技进步、农村基础设施建设、农业公共服务的投入，增加对农民的直接补贴，加大扶贫开发工作的力度。改革农村金融体制，构建既符合社会主义市场经济体制要求，又有利于农村经济发展的金融体系，加强对农业、农村和农民的信贷支持，改善农村金融服务政策。推进农村税费改革，取消农业税，减轻农民负担，保护农民利益。

(三)积极推进西部大开发战略，促进区域经济协调发展

我国地域广阔，自古就存在着地区差异，经济发展不平衡。改革开放以来，各地区的经济都取得了巨大发展，但由于东部地区有较好的经济基础和优越的地理环境，加上国家政策的扶持，发展速度比中西部地区要快一些，区域间经济发展差异日益突出。党的十六大把积极推进西部大开发，促进地区经济协调发展摆在更加突出的位置，是确保实现现代化第三步战略目标的重大举措，是保持国民经济持续快速健康发展的必然要求，是加强民族团结和边疆稳定的根本保证。

实施西部大开发是一个宏大的系统工程，必须统筹规划，突出重点，有步骤、分阶段地实施。首先，要打好基础，扎实推进，重点抓好基础设施和生态环境建设，尤其要抓好交通运输、水利工程、能源开发、电信网络等建设，把水资源的合理开发和有效利用放在突出位置。西部地区生态环境恶化问题尤为突出，要加强生态环境保护，搞好综合治理。其次，要调整产业结构，发展优势产业，改造传统产业，发展现代产业。要发展具有西部地区特色并在国内外市场有竞争力的产业；发挥西部地区军工企业、大专院校和科研院所较为集中的有利条件，发展高新技术产业；发展西部地区丰富的旅游资源，把资源优势转化为经济优势。第三，要优先发展科技教育，培养和用好各类人才。制定有利于西部地区人才开发的政策措施，抓紧培养发展市场经济、开放经济和特色经济所需要的人才，加强少数民族人才队伍建设。第四，要逐步加大对西部地区的投入，逐步建立长期稳定的西部开发资金渠道。在投资项目、税收政策和财政转移支付等方面支持西部地区。西部地区也要改善投资环境，通过政策引导，吸引更多的国内外资金参

与西部大开发,增强自我发展能力,在改革开放中走出一条加快发展的新路。第五,西部大开发要与东、中部地区发展结合起来,加强东、中、西部经济交流和合作,实现优势互补、互相促进和共同发展的良好格局,形成若干各具特色的经济区和经济带。

(四)实施科教兴国战略

科教兴国是指全面落实科学技术是第一生产力的思想,坚持教育为本,把科技和教育摆在经济、社会发展的重要位置,增强国家的科技实力及向现实生产力转化的能力,提高全民族的科技文化素质,把经济建设转移到依靠科技进步和提高劳动者素质的轨道上来,加速实现国家的繁荣强盛。党的十六大将实施科教兴国战略列为促进中国经济社会发展的宝贵经验之一,是实现现代化第三步战略的重要战略措施。

首先,要把科技和教育摆在优先发展的位置。科教兴国是我国的基本国策。邓小平是科教兴国战略的奠基人,他明确地说:“我们要实现现代化,关键是科学技术要能上去。发展科学技术,不抓教育不行。”[①]科学技术实力和国民教育水平是衡量综合国力和社会文明程度的重要标志。我国要赶上世界先进水平,实现现代化,要从科学和教育着手。历次重大科学发现所引起的技术突破,都会引起生产力的进步和社会的变革,对人民生活水平的提高,综合国力的增强产生巨大影响。要正确处理经济发展与科技、教育的关系,科技、教育要面向经济建设的主战场,把加速科技进步放在促进经济发展的关键地位,要重视教育的基础作用,努力培养适应现代化需要的优秀人才。

其次,要深化科技和教育体制改革。“创新是一个民族的灵魂,是一个国家兴旺发达的不竭动力。”[②]创新包括理论创新、制度创新和科技创新。其中,科技创新是解放和发展生产力的重要标志,是实现工业化乃至现代化的主要力量。要建设和完善国家创新体系,加强基础性研究和高技术研究,加快实现高技术产业化;强化应用技术的开发和推广,促进科技成果向现实生产力的转化。要充分发挥市场和社会需求对科技进步的导向和推动作用,解决科技和教育体制上存在的条块分割、力量分散的问题,支持和鼓励企业从事科研、开发和技术改造,有条件的科研机构和大专院校要以不同形式进入企业或同企业合作,走产学研结合的道路。要加大国家对科技和教育事业的投入,建立有利于人才培养和使用

① 《邓小平文选》第二卷,人民出版社1994年版,第40页。
② 江泽民:《论“三个代表”》,中央文献出版社2001年版,第46页。

的激励机制,保证我国的高新科技在激烈的国际竞争中占有一席之地。

(五)实施可持续发展战略

我国是人口众多、资源相对不足的国家。党的十六大提出必须把可持续发展放在十分突出的地位。随着工业化的不断推进,经济增长与人口、资源、环境之间的矛盾日益突出,因而必须把实现可持续发展作为一个重大战略。要把控制人口、节约资源、保护环境放到重要位置,使人口增长与社会生产力的发展相适应,使经济建设与资源、环境相协调,实现良性循环。

第一,控制人口增长,提高人口质量。人口问题既是一个社会问题,也是一个经济问题。中国承受着世界上最沉重的人口压力,如果我们不能有效地合理地控制人口,大量的经济成果就会被过快增长的人口抵消掉。要处理好经济发展与人口增长的关系,实行计划生育政策,控制人口的增长,逐步提高人口的素质,以保证经济发展和社会进步。

第二,合理利用资源。资源的稀缺性是各国经济发展中的共同课题,我国重要资源人均占有量比较低,要处理好经济发展与资源保护的关系,发展经济绝不能以浪费资源为代价,走出一条适合我国国情的资源节约型的经济发展新路子。合理开发和节约使用各种自然资源,依法保护土地、水、森林、矿产、草原、湿地、海洋等资源,制定并实行严格的资源管理制度,增强资源对可持续发展的保障能力。

第三,保护生态环境,加强污染治理。环境意识和环境质量是衡量一个国家文明程度的重要标志。随着经济的发展和人口的增加,我国环境问题日显突出,主要表现为水土流失、空气污染、生物种类减少、森林面积减少、气候变暖、能源浪费、海洋的过度开发等。实施可持续发展战略要求我们,绝不能以牺牲环境为代价追求经济增长,以牺牲子孙的利益为代价来满足当代人的利益。要实行保护环境和治理环境并重的方针,实现经济发展与生态环境的良性循环和协调发展。

第三节　全面建设小康社会

一、全面建设小康社会的奋斗目标

党的十六大从我国国情和现代化建设的实际出发,提出了全面建设小康社会的宏伟目标,吹响了全面建设小康社会的进军号角,为实现我国现代化第三步战略指明了前进方向。

首先,要从我国正处于并将长期处于社会主义初级阶段的实际出发,看到现在我们所达到的小康还是低水平的、不全面的、发展很不平衡的小康。在古代中国,小康社会是指民众对自给自足、丰衣足食、安居乐业的美好生活的憧憬和期盼。在新的历史时期,邓小平赋予小康社会以新的时代内容。1979 年邓小平首次提出"小康"的概念。① 1984 年他又提出"小康社会"的概念,认为"小康社会",是指国民收入分配要使所有的人都得益,没有太富的人,也没有太穷的人,日子普遍好过。"更重要的是,那时我们可以进入国民生产总值达到一万亿美元以上的国家的行列。"②我国社会主义初级阶段的主要矛盾是人民日益增长的物质文化需要同落后的社会生产之间的矛盾,许多不容忽视的问题尚未解决。例如,我国生产力和科技、教育还比较落后,实现工业化和现代化还有很长的路要走;城乡二元经济结构还没有根本改变,地区差距扩大的趋势尚未扭转,贫困人口还为数不少;人口总量继续增加,老龄人口比重上升,就业和社会保障压力增大;生态环境、自然资源和经济社会发展的矛盾日益突出;我们仍然面临发达国家在经济科技等方面占优势的压力;经济体制和其他方面的管理体制还不完善;民主法制建设和思想道德建设还有待加强,等等。因此,巩固和提高目前所达到的小康水平,还需要长时期的艰苦奋斗。

其次,全面建设更高水平的小康社会是基本实现现代化的必经阶段。十六大把现代化第三步发展战略分为两个阶段。第一阶段,21 世纪头 20 年"集中力量,全面建设惠及十几亿人口的更高水平的小康社会,使经济更加发展、民主更加健全、科教更加进步、文化更加繁荣、社会更加和谐、人民生活更加殷实"③。实际上是把十五大提出的现代化"新三步走"的头两步合并在一起。第二阶段,到 21 世纪中叶,达到中等发达国家水平,基本实现现代化,把我国建成富强、民主、文明、和谐的社会主义国家。可见,实现更高水平的小康社会是实施现代化第三步发展战略的起始阶段,是最终实现现代化战略目标必经的承上启下的发展阶段,也是完善社会主义市场经济体制和扩大对外开放的关键阶段。我们必须紧紧抓住 21 世纪头 20 年这一重要战略机遇期,扎扎实实地走好新世纪新阶段加快推进社会主义现代化的关键一步。

---

① 《邓小平文选》第二卷,人民出版社 1994 年版,第 237 页。
② 《邓小平文选》第三卷,人民出版社 1993 年版,第 162 页。
③ 《中国共产党第十六次全国代表大会文件汇编》,人民出版社 2002 年版,第 18 页。

第三,确定了全面建设小康社会的宏伟目标。全面建设小康社会,是要建设一个惠及十几亿人口的更高水平的、更全面的、更均衡发展的小康社会。党的十六大提出了全面建设小康社会的四项主要目标:

——经济建设的目标。在优化结构和提高效益的基础上,国内生产总值到2020年力争比2000年翻两番,综合国力和国际竞争力明显增强。基本实现工业化,建成完善的社会主义市场经济体制和更具活力、更加开放的经济体系。城镇人口的比重较大幅度提高,工农差别、城乡差别和地区差别扩大的趋势逐步扭转。社会保障体系比较健全,社会就业比较充分,家庭财产普遍增加,人民过上更加富足的生活。

——政治建设的目标。社会主义民主更加完善,社会主义法制更加完备,依法治国基本方略得到全面落实,人民的政治、经济和文化权益得到切实尊重和保障。基层民主更加健全,社会秩序良好,人民安居乐业。

——文化建设的目标。全民族的思想道德素质、科学文化素质和健康素质明显提高,形成比较完善的现代国民教育体系、科技和文化创新体系、全民健身和医疗卫生体系。人民享有接受良好教育的机会,基本普及高中阶段教育,消除文盲。形成全民学习、终身学习的学习型社会,促进人的全面发展。

——生态建设的目标。可持续发展能力不断增强,生态环境得到改善,资源利用效率显著提高,促进人与自然的和谐,推动整个社会走上生产发展、生活富裕、生态良好的文明发展道路。

我们已经胜利实现了现代化"三步走"发展战略的前两步,人民生活实现了由贫穷向温饱、由温饱向小康的历史性跨越;市场供求关系实现了由全面短缺向结构性过剩的历史性变化;经济发展的体制环境实现了由计划经济向社会主义市场经济的历史性突破;对外经济关系实现了由封闭半封闭向全面开放的历史性转变。在新的历史时期,为了完成党在新世纪新阶段的奋斗目标,发展要有新思路,改革要有新突破,开放要有新局面,各项工作要有新举措。有条件的地方可以发展得更快一些,在全面建设小康社会的基础上,率先基本实现社会主义现代化。

二、实现全面建设小康社会奋斗目标的新要求

党的十七大在十六大确立的全面建设小康社会目标的基础上,根据世情、国情、党情、民情发生的重大变化,在新的历史起点上,从经济建设、政治建设、文化建设、社会建设和生态文明建设五个方面对我国发展提出了新的更高要求。这

对于夺取全面建设小康社会的新胜利,开创中国特色社会主义事业新局面具有重要指导意义。

(一)增强发展协调性,努力实现经济又好又快发展

改革开放以来,我国经济实现了快速发展,取得了举世瞩目的伟大成就。为了更好地引导我国经济发展,党的十七大对经济建设提出新的更高要求:转变发展方式取得重大进展,在优化结构、提高效益、降低消耗、保护环境的基础上,实现人均国内生产总值到 2020 年比 2000 年翻两番。社会主义市场经济体制更加完善。自主创新能力显著提高,科技进步对经济增长的贡献率大幅上升,进入创新型国家行列。居民消费率稳步提高,形成消费、投资、出口协调拉动的增长格局。城乡、区域协调互动发展机制和主体功能区布局基本形成。社会主义新农村建设取得重大进展。城镇人口比重明显增加。

(二)扩大社会主义民主,保障人民权益和社会公平正义

人民当家作主是社会主义民主政治的本质和核心。党的十七大对政治建设提出新的更高要求,即公民政治参与有序扩大。依法治国基本方略深入落实,全社会法制观念进一步增强,法治政府建设取得新成效。基层民主制度更加完善。政府提供基本公共服务能力显著增强。

(三)加强文化建设,明显提高全民族文明素质

先进文化是民族凝聚力和创造力的重要源泉,是综合国力竞争的重要因素,是人民的热切愿望。党的十七大对文化建设提出新的更高要求,即社会主义核心价值体系深入人心,良好思想道德风尚进一步弘扬。覆盖全社会的公共文化服务体系基本建立,文化产业占国民经济比重明显提高、国际竞争力显著增强,适应人民需要的文化产品更加丰富。

(四)加快发展社会事业,全面改善人民生活

党的十七大以人民群众最关心、最直接、最现实的利益问题为切入点,对社会建设提出了新的更高要求,即现代国民教育体系更加完善,终身教育体系基本形成,全民受教育程度和创新人才培养水平明显提高。社会就业更加充分。覆盖城乡居民的社会保障体系基本建立,人人享有基本生活保障。合理有序的收入分配格局基本形成,中等收入者占多数,绝对贫困现象基本消除。人人享有基本医疗卫生服务。社会管理体系更加健全。

(五)加强生态文明建设,基本形成节约能源资源和保护生态环境的产业结构、增长方式、消费模式

党的十七大第一次在我们党的全国代表大会的文献中明确提出了建设"生

态文明"的概念,并把它列为实现全面建设小康社会战略目标的新的更高要求之一,这是对人类文明发展理论的丰富和完善。十七大报告指出:全面建设小康社会,要使循环经济形成较大规模,可再生能源比重显著上升。主要污染物排放得到有效控制,生态环境质量明显改善。生态文明观念在全社会牢固树立。这些新要求既符合当今世界发展的潮流,又反映了广大人民群众的环保要求,是落实科学发展观的重要内容,必定对我们转变经济发展方式,保护生态环境,树立高效文明健康的生产生活方式,具有重要指导作用。

党的十七大提出的这五个方面的目标要求,既与十六大提出的全面建设小康社会的宏伟目标相一致,又根据我国经济社会发展新的阶段性特征,作了进一步丰富、完善和深化,指引我们夺取全面建设小康社会的新胜利,并为到21世纪中叶基本实现现代化的远景目标奠定坚实的基础。正如党的十七大报告所描绘的,到2020年全面建设小康社会目标实现之时,我们这个历史悠久的文明古国和发展中社会主义大国,将成为工业化基本实现、综合国力显著增强、国内市场总体规模位居世界前列的国家,成为人民富裕程度普遍提高、生活质量明显改善、生态环境良好的国家,成为人民享有更加充分民主权利、具有更高文明素质和精神追求的国家,成为各方面制度更加完善、社会更加充满活力而又安定团结的国家,成为对外更加开放、更加具有亲和力、为人类文明作出更大贡献的国家。

第十四章
中国特色社会主义事业的依靠力量

改革开放以来,在中国共产党的领导下,以工人、农民和知识分子为主体、以新的社会阶层为新生力量的全国各阶层、各领域和各行业的人民群众锐意进取,积极开拓,使中国特色社会主义事业取得了举世瞩目的成就。他们是中国特色社会主义事业最广泛最可靠的群众基础和力量源泉。

第一节 人民群众在中国特色社会主义
事业中的重要作用

一、马克思主义群众观与党的群众路线的坚持和发展

马克思主义认为,人民群众是历史的创造者,是历史的主人,是历史不断进步的根本动力。人类社会的全部物质财富和精神财富,归根结底都是人民群众创造的。人类社会要实现没有阶级、没有剥削、没有压迫,每个人都能获得自由全面发展的共产主义社会,最终要靠无产阶级政党领导广大人民群众完成推翻旧世界、建设新社会的历史使命。

中国共产党的三代领导集体都始终不渝地坚持和发展马克思主义的这一基本原理。

在民主革命时期,毛泽东根据马克思主义的群众观制定和实行了党的群众路线。所谓群众路线,就是从群众中来,到群众中去,一切依靠群众,一切为了群众。他指出:"革命战争是群众的战争,只有动员群众才能进行战争,只有依靠群众才能进行战争。"①只要紧紧依靠人民,坚决地相信人民群众的创造力是无穷无尽的,任何困难都能克服,任何敌人都能战胜。

---

① 《毛泽东选集》第一卷,人民出版社1991年版,第136页。

新中国成立以后,中国共产党人在总结社会主义建设实践经验的基础上进一步发展了群众路线。1962 年 1 月,刘少奇在扩大的中央工作会议上指出:"群众路线的基本点就是:第一,信任人民群众,相信他们能够自己解放自己,相信他们是历史的创造者。第二,党必须根据群众的实践来检验自己的工作,党的方针、政策、措施都必须'从群众中来,到群众中去'。"要实行好群众路线,必须坚决反对官僚主义和命令主义,"一切共产党员,不论职位高低,都是人民群众的勤务员,都应该把自己看成普通劳动者,没有任何特权,都必须关心群众生活,和群众同甘共苦。""实行群众路线,要在群众中作细致的思想工作和组织工作。"要切实发挥全国和各级政治协商会议、工会、青年团体、妇女联合会等群众组织的作用,在农村中要发挥社员大会和社员代表大会的作用,了解人民群众的情况,听取他们的意愿。一切"群众运动必须从实际出发,必须是出于群众的自觉自愿的行动。"①后来发生的"文化大革命",使党的群众路线遭到扭曲,给党和人民的事业造成了极大的破坏。

十一届三中全会以后,以邓小平为核心的党的第二代中央领导集体,为恢复和发展党的群众路线作出了巨大努力。邓小平强调:"群众是我们力量的源泉,群众路线和群众观点是我们的传家宝。党的组织、党员和党的干部,必须同群众打成一片,绝不能同群众相对立。如果哪个党组织严重脱离群众而不能坚决改正,那就丧失了力量的源泉,就一定要失败,就会被人民抛弃。"②我们党提出的各项重大任务,都是依靠广大人民的艰苦努力完成的。改革开放是一件伟大的事业,也有很多风险,要取得成功,首要的一条,就是同广大人民群众商量着办事,要依靠广大人民群众的力量。政治体制改革的目标之一,就是"调动基层和工人、农民、知识分子的积极性"③。邓小平还指出:"凡是符合最大多数人的根本利益,受到广大人民拥护的事情,不论前进的道路上还有多少困难,一定会得到成功。"④

十三届四中全会以后,以江泽民为核心的党的第三代中央领导集体,把贯彻群众路线和加强党的执政能力建设,特别是党的作风建设结合起来。江泽民把群众路线提高到事关党的生死存亡和中国特色社会主义事业的兴衰成败的高

① 参见《刘少奇选集》下卷,人民出版社 1985 年版,第 401—403 页。
② 《邓小平文选》第二卷,人民出版社 1994 年版,第 368 页。
③ 《邓小平文选》第三卷,人民出版社 1993 年版,第 180 页。
④ 同上书,第 142 页。

度,强调要加强党同人民之间的血肉联系,努力贯彻党的群众路线。他明确地指出:"人民群众的拥护和支持,是我们党执政的坚实基础,也是党和国家事业不断发展的强大动力。"①在这一思想指导下,党的十五届六中全会专门作出了《中共中央关于加强和改进党的作风建设的决定》,指出:加强和改进党的作风建设,核心是保持党同人民群众的血肉联系。马克思主义政党的最大危险,就是脱离群众。后来,江泽民集中全党智慧提出的"三个代表"重要思想,其本质就是坚持执政为民。江泽民告诫全党,中国共产党的最大政治优势是密切联系群众,而党在长期执政条件下最容易犯的错误是脱离群众、以权谋私、与民争利、腐败堕落。我们党的全部理论和全部实践,都一定要始终从人民的根本利益出发,始终体现人民群众的意志和利益,始终依靠人民群众的智慧和力量,以最广大人民的支持和拥护为最高标准。中国特色社会主义事业从根本上说,是人民群众的事业,它的真正基础在人民群众,它的成功要靠人民群众长期艰苦奋斗。建设中国特色社会主义所有正确的政策都是奠定在广大人民群众的实践基础之上的。社会主义改革的实质就是把中国特色社会主义事业的主动权和发展成果交还给广大人民群众。

十六大以来,以胡锦涛为总书记的新一届中央领导集体,以扎实的作风继续贯彻实行党的群众路线。2006年6月,在庆祝中国共产党成立85周年大会上,胡锦涛要求广大党员干部尤其是各级领导干部,"要牢固树立科学的世界观、人生观、价值观和正确的权力观、地位观、利益观,坚持权为民所用、情为民所系、利为民所谋,始终与人民群众同呼吸、共命运、心连心。要坚持把群众关心的热点难点问题作为我们工作的重点,认认真真访民情,诚诚恳恳听民意,实实在在帮民富,兢兢业业保民安,努力增强为人民服务的本领。要深入实际、深入基层、深入群众,倾听群众呼声,了解群众意愿,集中群众智慧,使我们作出的决策、采取的举措、推行的工作更加符合客观实际和规律,更加符合广大人民的愿望和利益。要建立健全密切联系群众和实现好、维护好、发展好最广大人民根本利益的长效机制,为我们党始终保持同人民群众的血肉联系提供可靠的制度保证。"②同年9月,中共中央办公厅印发《关于加强党员经常性教育的意见》等四个保持共产党员先进性长效机制文件,对加强基层党建、加强流动党员管理、党员联系群众和服务群众的内容和工作方式都作出了详细的具体的规定,要求广大党员

---

① 《江泽民文选》第三卷,人民出版社2006年版,第14页。
② 《十六大以来重要文献选编》(下),中央文献出版社2008年版,第535页。

干部通过参与各种实践活动和公益活动,包括深入基层调研、群众接待、结对帮扶、设岗定责等方式向人民群众学习,听取和反映人民群众的意见和心声,帮助人民群众解决实际困难,维护好人民群众的正当合法权益。文件规定:"各级党组织要把做好党员联系和服务群众工作列入重要议程,高度重视,精心组织,加强指导。在党委统一领导下,组织、宣传等部门和纪检机关要各司其职,相互配合,形成合力。基层党组织要切实履行职责,做好党员联系和服务群众的具体组织工作。"①

历史和实践反复证明,人民群众的支持是我们党领导的中国特色社会主义事业的坚强后盾,是我国社会主义制度不断发展和完善的力量源泉。党之于人民群众,如鱼之于水,须臾不可脱离。只有在实践中不断探索加强党同人民群众血肉联系的途径和制度,党的领导才能巩固,中国特色社会主义事业才能持续健康发展。

二、工人、农民和知识分子是建设中国特色社会主义事业的根本力量

工人阶级是近代以来我国社会发展特别是社会化大生产的产物,既是先进生产力的代表,也是以社会主义公有制为基础的先进生产关系的代表,是中国特色社会主义事业不断发展的最基本的动力。"工人阶级最重要的特点之一就是同社会化的大生产相联系,因此它的觉悟最高,纪律性最强,能在现时代的经济进步和社会政治进步中起领导作用。"②

工人阶级在改革开放和现代化建设中发挥了重大的作用。工人阶级大多集中在掌握国民经济命脉的现代化骨干企业中,是我国社会主义现代化建设的主导力量。广大工人群众在改革开放中识大体、顾大局,在淘汰落后生产力、发展先进生产力,建立社会主义市场经济体制,发展社会主义物质文明、政治文明、精神文明的过程中作出了巨大的贡献。因此,工人阶级是我国改革开放和现代化建设的最基本的动力和维护社会稳定发展的强大力量。

随着改革开放的深入,我国工人阶级队伍也发生了巨大变化,不仅表现为思想道德素质和科学文化素质的提高,而且表现在内部结构的变化。目前,我国工人阶级大致分为三部分:第一部分是在公有制经济中的具有城镇户口的工人阶级,其中某些人在国有企业的改制中下岗,他们或者转行,加入新的社会阶层,或

---

① 《关于做好党员联系和服务群众工作的意见》,《人民日报》2006年6月29日。
② 《邓小平文选》第二卷,人民出版社1994年版,第136页。

者加入打工一族,成为在非公有制经济中就业的群体。第二部分是来自农村、主要在非公有制经济组织中工作的农民工。2004 年年初的"一号文件"即《中共中央国务院关于促进农民增加收入若干政策的意见》,已经认定"进城就业的农民工已经成为产业工人的重要组成部分"。这一社会群体之所以被称为农民工,并不是因为他们所从事的工作性质和在生产关系的地位与传统的工人阶级有什么本质不同,而是因为他们来自农村,尚不具备城市居民的身份,与农村、农业还有着千丝万缕的联系;他们在生活条件、工资待遇、就医条件、子女受教育权利、社会保障等各方面,还没有享受与城市工人阶级平等的待遇。第三部分是广大知识分子。

工人阶级特别是广大农民工的积极性调动和发挥的程度,不仅直接影响着社会主义经济建设的速度和质量,也会影响到中国改革发展和稳定的大局。

首先,工人阶级仍然是公有制经济的支柱。公有制经济是我国社会主义经济的核心,在经济建设和社会发展中起主导作用。公有制经济发展的好坏,决定中国特色社会主义的前途和命运。公有制能否发展好,则取决于能否最大限度地调动广大工人阶级的积极性,取决于工人阶级对中国特色社会主义制度的认同度和他们所面临的实际困难的程度。改革开放 30 年的历史证明,中国的工人阶级具有十分坚定的政治立场,是靠得住的。

其次,农民工是国家经济建设的新生力量。中国农民工的数量,已经超过了传统的由城镇居民构成的产业工人。据劳动和社会保障部 2004 年的调查,农民工已占企业职工总数的 60%。改革开放 30 年来,农民工队伍本身发生了很大的变化。除了一部分亦工亦农的季节工外,绝大多数进城就业的农民工与土地之间已没有劳动和收入上的关系。他们长期在城市就业,取得工资收入,广泛分布在国民经济各个行业,并在很多行业已占从业人员的半数以上,为改革开放和现代化建设作出了巨大贡献。随着非公有制经济占国家经济发展中的比重不断增加,农民工实际上已经成为我国经济发展的重要力量。

农民是人民群众的主体,人口数量占全国人口总数的 62%,他们是中国特色社会主义事业的主要依靠力量。

几千年来,我国都是一个农业大国,农民占全国人口的绝大多数。这是我国的一个基本国情。在中国做任何事情都要首先考虑到这一基本国情。在民主革命时期,我们党依靠广大农民,走农村包围城市的革命道路,夺取了政权。新中国成立以后,为了发展社会主义工业,从资金到人力、原料,都主要来自农业和农村。可以说,中国社会主义工业的基础是建立在广大农民的巨大牺牲上的。在改革开放的新时期,农民仍然是国家发展、社会进步的根本力量。邓小平在 20 世纪 80 年代多次讲:"我国百分之八十的人口是农民。农民没有积极性,国家就发展不起来。""农村不稳定,整个政治局势就不稳定,农民没有摆脱贫困,就是我国没有摆脱贫困。"①改革开放 30 年来,广大农民作出了巨大的贡献。20 世纪 70 年代末,农民创造了家庭联产承包责任制,引发了农村和农业的改革,成为我国改革开放的先声。20 世纪 80 年代后期,广大农民又发展多种经营,乡镇企业异军突起,解决了当时占农村剩余劳动力 50% 的人的出路问题。20 世纪 90 年代以后,农村剩余劳动力又纷纷转向城镇,为我国经济建设和社会发展提供了大量的廉价劳动力。

　　进入 21 世纪,我国的经济建设和社会发展面临着更加复杂的局面,一系列矛盾更加突出,要实现我国现代化建设的第三步战略目标,全面建设小康社会和社会主义和谐社会,都必须紧紧依靠广大农民。

　　首先,粮食问题的解决要依靠广大农民。中国是一个拥有 13 亿人口的大国,粮食绝不能大量依靠进口,否则,必然会受制于人。粮食问题对于中国来讲永远都是大问题。要解决好粮食问题,不仅要使农民拥有足够的耕地,能够从种粮中切实获得比较大的经济收益,而且要在农业生产资料方面给予相当的资助。没有这些,农民缺乏种粮的积极性,粮食必然出问题。

　　其次,中国政治民主发展的难点在农民。中国民主政治的发展水平高低,不是取决于工人、知识分子,也不是取决于新的社会阶层,而是取决于农民。农民占人口的大多数,而且具有分散性、自私性、保守性,受中国封建文化的影响又较其他阶层更加深重。因此,只有农民的民主法制意识提高了,只有农民的参政议政的主动性增强了,只有农村的基层民主制度切实完善了,中国的政治民主才能获得长足的发展。

　　第三,要实现全面建设小康社会和社会主义和谐社会的宏伟目标,重点在农村和农民。改革开放 30 年,中国农民的生活水平得到了很大提高,但仍然很低。中国几千万的贫困人口也主要在农村,城乡群众的收入差距和生活水平还在不断扩大。因此,如果农民的生活水平得不到大幅度提高,农民的医疗卫生条件得不到根本改善,晚年生活得不到根本保障,农村的教育得不到长足的发展,村民自治没有完善起来,全面建设小康社会和社会主义和谐社会就是一句空话。

　　我国的知识分子是工人阶级的一部分,是工人阶级中掌握科学文化知识较

---

① 参见《邓小平文选》第三卷,人民出版社 1993 年版,第 213、237 页。

多,主要从事脑力劳动的比较特殊的一部分。他们的生活习惯、工作特点、价值观念和理想追求与一般的工人都有所不同。他们为中国的社会主义事业,特别是改革开放以来的经济、政治、文化、社会和生态建设都作出了巨大的贡献。

随着知识分子在国家建设各方面作用的发挥,我们党对知识分子地位和作用的认识也越来越深刻。在1985年全国科技工作会议上,邓小平说,改革经济体制,最重要的、我最关心的,是人才。改革科技体制,我最关心的,还是人才。他还提出,要给知识分子切切实实解决一些实际问题,要给知识分子创造发挥才能的良好的工作环境。① 2001年,江泽民又提出了人才资源是第一资源的论断,并强调人才问题关系到党和国家的兴旺发达和长治久安,关系到我国社会主义现代化事业的成败。尊重知识,尊重人才,是党的知识分子政策的核心。"各级党委要充分认识知识分子工作的重要性,经常加以研究,适时制定具有指导性的政策措施。党政主要负责人要亲自抓知识分子工作","认真听取他们的意见和建议"。②

由于人类社会的进步和信息传输方式的革命,知识创新所创造的社会财富在整个社会财富增加的总量中所占的比例越来越大。知识创新已经成为整个世界生产力提高和加速发展的根本动力。无论在国际还是国内,对人才资源的争夺也呈现出日趋激烈的局面。新世纪新阶段,我国经济社会发展面临利益诉求更加多样、矛盾更加复杂、政治体制改革需要攻坚、国际竞争日趋激烈的局面,中国特色社会主义事业要持续健康发展,就必须解放思想,打破教条,勇于创新。在这种情况下,知识分子必然成为国家经济发展、政治民主和社会进步的主力军。知识分子在国家发展中的地位和作用必将进一步凸显,在四个方面继续发挥无可替代的历史作用。

第一,知识分子是科学技术不断进步和生产力水平不断提升的根本动力。当今世界,国与国之间的竞争日趋激烈,优胜劣汰、以强凌弱,落后就要挨打,依然是国际社会存在的潜规则。国际竞争的实质是生产力水平的竞争,是科学技术的竞争。马克思早就指出,随着大工业的发展,现实财富的创造较少地取决于劳动时间和已耗费的劳动量,较多地取决于科学和技术进步,或者说取决于科学在生产上的应用。邓小平进一步指出,科学技术是第一生产力。要想在国际竞争中立于不败之地,就必须在世界科学技术的发展中领先于人。而且,随着社会

---

① 《邓小平文选》第三卷,人民出版社1993年版,第108页。
② 《江泽民文选》第三卷,人民出版社2006年版,第321页。

的发展,国内各种经济问题、社会问题和生态问题乃至政治问题的解决,都必须依赖科学技术和社会生产力的提高。所有这些都离不开知识分子。

第二,知识分子是人民群众文化素质提高的主要依靠力量。知识分子不仅是知识的创造者,而且是知识的传播者,知识分子的地位和作用在一个社会的体现程度、创造性的发挥程度,既反映着这个社会的发展阶段和发展水平,也反映着这个社会的人的整体素质。人们是通过知识分子的精神面貌、工作业绩和道德水准,来认识知识的重要性的。只有知识分子的社会地位、经济收入提高了,知识分子的积极性和创造性调动起来了,才能逐渐形成全社会尊重知识、崇尚知识的风气,人民群众的文化素质才能获得全面提高。

第三,知识分子是文学艺术进一步繁荣的引导力量。文学艺术的繁荣不仅是社会生产力水平的反映,而且是国家和民族精神生活状态的体现。20世纪50年代中期,我们党就提出"百家争鸣、百花齐放"的方针,鼓励科学技术和文学艺术的发展。文学艺术的素材虽来源于人民群众的生产生活,但其创作主体主要是知识分子。缺少知识分子的创造,文学艺术事业的繁荣是很难想象的。

第四,知识分子是社会主义意识形态安全的保障力量。意识形态安全是国家安全的重要组成部分。自20世纪社会主义制度诞生以来,西方国家对社会主义制度和意识形态的诋毁和攻击就从来没有停止过。特别是提出"和平演变"战略以来,西方国家对社会主义国家的意识形态渗透日益加剧,各种错误思潮伴随着我国改革开放涌入我国,造成意识形态领域的混乱。知识分子是我国社会主义思想理论发展和意识形态安全的保障力量。要维护社会主义意识形态的安全,必须要有一大批知识分子总结世界社会主义事业发展的经验教训,并结合我国改革开放取得的成功经验,对西方国家的意识形态渗透不断作出批驳和澄清,不断完善和发展中国特色社会主义理论体系。

三、新的社会阶层是中国特色社会主义事业的建设者

改革开放以来,随着经济体制改革的深入,我国实行以公有制为主体、多种所有制共同发展的经济制度和以按劳分配为主体、多种分配方式并存的分配制度,我国的社会阶层构成发生了新的变化,出现了一些新的社会阶层。2001年江泽民在庆祝中国共产党成立80周年大会上的讲话中将这些新的社会阶层概括为民营科技企业的创业人员和技术人员、受聘于外资企业的管理技术人员、个体户、私营企业主、中介组织的从业人员、自由职业人员等六个社会阶层。

这些新的社会阶层许多是由工人、农民、干部和知识分子分化形成的,相当

一部分是非公有制经济人士和自由择业的知识分子。他们主要集中在非公有制领域,多数是非中共人士,大部分是高收入者,职业和身份稳定性不大,政治诉求逐步增强。而且,随着我国经济的快速发展,经济结构和生产关系的进一步调整,社会行业和职业的进一步增加,新的社会阶层继续呈现出快速发展和日趋活跃的态势。据统计,目前我国每年有近80万本科以上学历的知识分子进入新经济组织和新社会组织。

新的社会阶层人士广泛分布在各种新经济组织和新社会组织中,涉及我国经济和社会生活的各个领域、各个行业。仅以中介组织为例,既有为市场主体提供服务的机构(如律师事务所、会计师事务所等机构),也有为各种市场交易活动服务的经纪人组织(如商品交易、金融期货市场、房地产、保险、旅游服务、科技成果转让、文艺体育、出版经纪人等),还有大量的行业协会、同业公会和商会组织。新的社会阶层人士来源广泛、构成复杂、思想活跃,不但与国内各阶层、各方面有密切接触,而且与国外组织和个人有广泛联系。"在党的路线方针政策的指引下,这些新的社会阶层中的广大人员,通过诚实劳动和工作,通过合法经营,为发展社会主义社会的生产力和其他事业作出了贡献。他们与工人、农民、知识分子、干部和解放军指战员团结在一起,他们也是有中国特色社会主义事业的建设者。"①

据统计,现在我国新的社会阶层以及从业人员人数超过1.5亿人,约占总人口的11.5%,掌握着10万亿元左右的资本,使用着全国半数以上的技术专利,直接或间接地贡献着全国近1/3的税收,每年吸纳着半数以上新增就业人员。其中,全国私营企业450万家,投资人1100万,自由职业者大约1000万人左右。民营科技企业不到20万户,但他们用30%的科技资源,创造了超过70%的科技成果和专利技术。截至2006年,非公有制经济已占全国GDP总量的65%左右,已成为解决中国社会就业问题的主体。② 他们作为改革开放特别是社会主义市场经济发展的产物,随着改革开放的深化,呈现快速增加的态势,在我国经济社会中的作用越来越突出。

随着经济力量的不断壮大,他们要求参与制定国家经济政策和国家政治生活的主动性也日益增加。调查显示,目前私营企业主政治面貌为中共党员的占32.2%,超过三成。他们中间的代表人士被选为全国县级以上人大代表的有

---

① 《江泽民文选》第三卷,人民出版社2006年版,第286页。
② 《新社会阶层贡献不可低估》,《人民日报》(海外版)2007年3月16日。

9000 多人,被推荐为全国县级以上政协委员的有 3 万多人。我国宪法中对私有财产的保护,《物权法》的颁布等都与新社会阶层人士的推动有关。

新社会阶层人士在其他方面也作出了一定的贡献。据统计,截至 2006 年年底,参加中国光彩事业的民营企业有近 2 万家,5 年来累计捐款超过 150 亿元;由民营企业参加的光彩事业累计投资项目 15429 个,累计到位资金达 1247 亿元,同比大幅增加,更多的人因此受益。①

新的社会阶层人士作为改革开放和中国特色社会主义事业发展的一股新生力量,总体上是好的,但也存在一些必须引起高度重视和亟待解决的问题。新的社会阶层人士内部构成复杂,素质参差不齐,少数人还存在着某些缺点、错误、甚至严重的不法行为,如偷税漏税、制假贩假、克扣员工工资、腐蚀领导干部、败坏社会风气等。还有少部分人对我国的政治制度和发展道路存在着模糊甚至错误认识。因此,既要充分肯定和发挥新的社会阶层的作用,又要加强教育引导,促进其健康成长。

鉴于新社会阶层在国家经济政治生活中发挥着越来越大的作用,胡锦涛在第二十次全国统战工作会议上的讲话和《中共中央关于巩固和壮大新世纪新阶段统一战线的意见》,专门强调了开展新的社会阶层人士统战工作的意义。新社会阶层是统战工作新的着力点。广泛团结新的社会阶层人士,是巩固党的阶级基础、扩大党的群众基础的需要,是巩固和发展新世纪新阶段统一战线的需要,是推动中国特色社会主义伟大事业的需要。

要引导新社会阶层沿着正确的轨道健康发展,为建设中国特色社会主义贡献自己的力量。首先,要在全党全社会明确新社会阶层在国家经济政治发展中的重要作用,要把团结和教育新社会阶层的工作与扩大党的群众基础和构建社会主义和谐社会的目标紧密联系起来,不断引导新社会阶层成为中国特色社会主义建设的一支积极健康的力量。其次,要坚持"充分尊重、广泛联系、加强团结、热情帮助、积极引导"的 20 字工作方针,尊重他们的劳动创造和创业精神,凝聚他们的聪明才智,引导他们爱国、敬业、诚信、守法、贡献,做合格的中国特色社会主义事业的建设者。第三,要把对新社会阶层的统战工作作为统一战线工作的重点,坚持以政策为引导,以社团为纽带,以社区为依托,以网络为媒介,以活动为抓手,把新的社会阶层人士更加广泛地团结和凝聚在党和政府周围。

---

① 《新社会阶层身影日渐清晰》,《人民日报》2007 年 6 月 11 日。

第二节　巩固和扩大爱国统一战线

一、统一战线是建设中国特色社会主义的重要法宝

统一战线历来是我们党的重要法宝,在中国革命、建设、改革的各个历史时期都发挥了重要作用。建立巩固而广泛的统一战线既是我们党进行革命和建设的基本经验,也是中国革命和建设事业的客观要求。

中国共产党的三代领导集体对统一战线工作都非常重视,在中国革命、建设和改革的各个阶段都对统一战线工作作出过重要的指示和论述。民主革命时期,毛泽东就把统一战线作为中国共产党在中国革命中战胜敌人的"三个主要法宝"之一。建国后,他又提出"长期共存、互相监督"的方针,作为处理中国共产党和各民主党派关系的原则。1979 年,邓小平从改革开放的现实需要出发,认真反思和总结了以往尤其是十年"文革"的"左"倾错误,并针对当时社会上存在的忽视统战工作的错误认识,强调指出:"统一战线仍然是一个重要法宝,不是可以削弱,而是应该加强,不是可以缩小,而是应该扩大。"①进入 21 世纪,江泽民指出:"在新世纪,统一战线作为党的一个重要法宝,绝不能丢掉;作为党的一个政治优势,绝不能削弱;作为党的一项长期方针,绝不能动摇。全党同志特别是各级领导干部,都要从战略的高度充分认识统一战线的地位和作用,更加自觉地支持和做好党的统战工作。"②

2006 年 7 月,在全国统战会议上,胡锦涛指出,统一战线是我们党夺取革命、建设和改革事业胜利的重要法宝,是我们党执政兴国的重要法宝,也是实现祖国统一和中华民族伟大复兴的重要法宝。"要把巩固和壮大统一战线,作为提高党的执政能力的一项重要任务,作为发展中国特色社会主义事业的一项重要任务,作为增强中华民族凝聚力的一项重要任务,摆到全党工作的重要位置,真正抓紧抓实抓好,努力把统一战线建设成为坚持以人为本、具有强大凝聚力的统一战线,建设成为具有空前广泛性和巨大包容性的统一战线,不断巩固全体社会主义劳动者、社会主义事业的建设者、拥护社会主义的爱国者和拥护祖国统一

---

① 《邓小平文选》第二卷,人民出版社 1994 年版,第 203 页。
② 《江泽民文选》第三卷,人民出版社 2006 年版,第 143 页。

的爱国者的最广泛的联盟。"①

　　在新世纪新阶段,要实现现代化建设第三步战略目标,继续推进中国特色社会主义事业,实现中华民族的崛起,我们还面临着许多困难和问题:祖国统一还没有最终实现;环境污染形势严峻;城乡、区域、经济社会发展不平衡;贫富差距仍在扩大;教育卫生、社会保障、住房就业、司法和社会治安等方面仍存在很多问题,部分低收入群体生活仍然很困难;党员干部作风不正,贪污腐败、以权谋私、权钱交易、权色交易、官僚主义、形式主义等问题普遍存在。这些问题的解决,仅靠我们党七千万党员是远远不够的,必须不断加强统一战线工作,巩固和发展最广泛的爱国统一战线,把社会各方面的积极性和创造性都发挥出来,把全体中华儿女乃至全世界华人的智慧和力量都凝聚起来,只有这样,中国特色社会主义事业才能立于不败之地。

　　首先,爱国统一战线是实现祖国统一的重要手段。国家能否实现完全统一不仅关系到党和社会主义制度的生死存亡,而且关系到国家和民族的兴衰成败。要实现祖国的统一,仅仅依靠党和国家的力量是不够的,必须依靠 13 亿大陆人民,团结一切拥护祖国统一的港澳同胞、台湾同胞和海外华人华侨,建立最广泛的爱国统一战线,消除海峡两岸数十年来的隔阂,推动海峡两岸的经济、政治、文化、体育、卫生等各方面的交流;排除国际因素和台独势力的干扰,增强台湾同胞的民族和国家认同感,推动台湾同胞赞同祖国统一的人群不断发展壮大。

　　其次,爱国统一战线是推动我国政治体制改革和民主政治发展的重要因素。爱国统一战线组织是一个联系广泛、人员众多,而且文化素质和民主法制素质普遍较高的群体,包含着各种不同的利益诉求,而且统一战线的各项政策本身也蕴含着民主、平等、监督、法制、包容等现代民主政治的元素。爱国统一战线的发展,新生政治力量的不断注入,必然使我国政治体制改革和民主政治发展朝着公开、透明、开放的方向发展。

　　第三,爱国统一战线是整合社会各阶层力量,集中精力搞好经济社会建设的重要条件。我国现在的经济成分、分配形式已经多样化,非公有制经济在国家经济建设和社会发展中发挥的作用越来越大,就业形式日趋多样,社会阶层逐渐增多,人们的思想价值观念的多样性、差异性和多变性更加突出。要整合这些复杂多变的各种力量,只有建立最广泛的爱国统一战线,使各种群体、阶层、集团的利益都能得到有效的表达和沟通,才能建立安定和谐的政治局面,推动国家经济和

---

　　① 《十六大以来重要文献选编》(下),中央文献出版社 2008 年版,第 546—547 页。

社会建设顺利发展。

第四,爱国统一战线是实现少数民族地区经济社会发展的重要保障。少数民族地区的社会稳定是国家安定团结的重要条件,少数民族地区的经济社会发展也是我国经济社会发展的一个重要方面。我国少数民族地区大多处于边疆偏远地区,容易受到外来复杂因素的影响,经济发展也相对滞后。要维护少数民族地区的安定团结,推动少数民族地区经济社会快速发展,不仅必须依靠广大少数民族群众,坚持民族区域自治制度,而且要培养一批优秀的少数民族干部,团结少数民族的党外优秀分子,把他们纳入到国家经济和政治建设的体制内,引导他们为民族地区的稳定发展作贡献。

第五,爱国统一战线是提高党的执政能力的推动力量。中国共产党是中国特色社会主义事业的领导核心。党的执政能力建设是党的领导的根本保障。随着改革开放的深入,党的执政能力不断受到新形势的挑战,一些党的组织尤其是基层组织也出现了软弱涣散的情况。要增强党的执政能力,强化党的各级组织的领导作用,不能仅仅依靠党自身的力量,还要坚持和完善中国共产党领导的多党合作和政治协商制度,切实发挥人民政协的参政议政、民主监督职能。

二、新时期爱国统一战线的内容和任务

统一战线工作是一个具有开放性、灵活性和动态性的工作,它的对象、内容、范围、任务和内部结构都会随着党的历史任务、经济社会发展的具体状况、国家和社会发展的目标以及社会结构等等的变化而变化。

改革开放初期,邓小平就根据党的历史任务和国家发展战略的变化,提出了爱国统一战线的理论。所谓爱国统一战线,就是以是否热爱祖国为政治标准,凡是热爱祖国的,就是我们党团结的对象。经过 30 年的发展,统一战线的内容和任务都有所变化。

在新世纪新阶段,要确定统一战线的内容和任务,加强统一战线工作,首先要服从和服务于党和国家的战略目标。当前,党和国家的战略目标是使中国特色社会主义的发展更加科学,使社会更加和谐,在 2020 年实现全面建设小康社会,继而到 21 世纪中叶,实现现代化建设第三步战略目标,即人民的生活水平达到中等发达国家的水平。这一战略目标要求我们抛弃过去统一战线工作中的陈旧观念,以国家与社会的科学发展和人民生活水平提高为主要标准,来确定爱国统一战线的内容和任务。

其次,要与我国社会出现的新情况、新变化相适应。改革开放 30 年来,我国

社会发展出现了一些新变化。一方面,我国作为社会主义国家,在经济上坚持公有制的主体地位,在政治上坚持共产党的领导地位,在思想文化上坚持马列主义、毛泽东思想、邓小平理论、"三个代表"重要思想和科学发展观的指导地位,广大人民群众在根本利益、共同理想、奋斗目标上的一致性大大增强。另一方面,中国特色社会主义建设面临的形势更加复杂,国家的经济政治体制、社会阶层结构、社会心理和价值观念都发生了巨大的变化,出现了多种经济成分、分配方式,产生了许多利益群体和目标价值不同的经济组织与社会组织;人们思想活动的自主性、差异性明显增强,价值取向、行为方式日趋多样;多阶层、多党派、多民族、多宗教的格局继续存在;香港、澳门回归后,还形成了"一个国家、两种制度"的局面;国际因素对我国事务影响的途径和方式也更加复杂多样。这些情况既为统一战线的存在和发展提供了客观依据,也向统一战线工作提出了挑战,要求统一战线工作的方式、范围、内涵和重点都要适应这些变化,进一步扩大包容性,实现最广泛的团结。

2006 年 7 月,第二十次全国统战会议根据党和国家的发展战略、战略目标以及我国社会各方面出现的新情况,对爱国统一战线的性质、内容和任务作出了新的概括。新时期统一战线是社会主义性质的,统一战线中绝大多数成员是社会主义劳动者、社会主义建设者和拥护社会主义的爱国者。在当代中国,爱国主义与社会主义在本质上是一致的。爱国是爱中华人民共和国,中华人民共和国的主体是社会主义。新时期爱国统一战线的内容是:工人阶级领导的,以工农联盟为基础,全体社会主义劳动者、社会主义建设者、拥护社会主义的爱国者、拥护祖国统一的爱国者的最广泛联盟。统一战线包括两个范围的联盟:一个是由大陆范围内全体劳动者和爱国者组成的以社会主义为政治基础的联盟;另一个是广泛地团结港、澳、台同胞和海外侨胞,以爱国和拥护祖国统一为政治基础的联盟。这两个联盟构成爱国统一战线的整体。前一个联盟是主体和基础,后一个联盟不可缺少。这一新概括,把新的社会阶层这一中国特色社会主义事业建设者作为统一战线的组成部分,反映了社会阶层结构变化的新情况,也为统一战线增加了新的生机和活力。

统一战线的本质就是团结一切可以团结的力量,调动一切积极因素,化消极因素为积极因素。这是统一战线全部工作的出发点,是统一战线工作的归宿。新世纪新阶段,爱国统一战线的根本任务是高举爱国主义、社会主义旗帜,团结一切可以团结的力量,调动一切积极因素,同心同德、群策群力,坚定不移地贯彻执行党在社会主义初级阶段的基本路线、基本纲领,为促进社会主义经济建设、政治建设、文化建设、社会建设服务，为促进香港、澳门长期繁荣稳定和祖国和平统一服务，为维护世界和平、促进共同发展服务。总之，就是要争取人心、凝聚力量，争取整个中华民族的大团结，实现整个中华民族的大联合，为实现党和国家的宏伟目标而团结奋斗。

第三节　调动和凝聚一切积极因素

一、贯彻党的民族政策和宗教政策

我国是一个多民族、多宗教的国家。历史与现实都告诉我们，民族、宗教问题与国家的团结、稳定和统一有着密切的关系。民族、宗教问题解决不好，就不可能实现国家的繁荣稳定。

我国各民族有着悠久的统一的历史。在长期的历史过程中，经济、文化交往把中国各民族紧密地联系在一起，从而形成了相互依存、相互促进、共同发展的关系，创造和发展了中华文明。我国各民族相互依存的经济、政治、文化联系，使其在长期的历史发展中有着共同的命运和共同的利益，产生了巨大的亲和力、凝聚力。近代以来，面临列强的侵略，我国各民族团结合作，共同捍卫了祖国的统一和尊严。

1949 年新中国成立后，在党的民族政策指引下，开辟了我国各民族平等、团结、互助的新局面。在各族干部群众的艰苦努力下，民族地区经济发展、政治稳定、社会进步，各民族同心同德，相互支持，为中华民族的崛起作出了巨大的贡献。

目前，我国民族问题还存在着长期性和复杂性，特别是在国际敌对势力以民族问题、宗教问题为突破口加紧对我国进行西化、分化的情况下，民族工作将会面临许多新情况和新问题，围绕民族问题进行的分裂与反分裂的斗争也将长期存在。为调动一切积极因素，防止西方势力利用民族问题搞破坏，我们必须继续巩固和发展社会主义民族关系，坚持和完善党和国家的民族政策，加快民族地区经济发展、社会进步和生活改善，促进各民族共同繁荣。

第一，坚持和完善民族区域自治制度。中国的民族区域自治，不只是单纯的民族自治或地方自治，而是民族因素与区域因素的结合，政治因素和经济因素的结合。各民族自治地方都是中国不可分离的一部分，各民族自治地方的自治机关都是中央政府领导下的一级地方政权，都必须服从中央集中统一的领导。上级国家机关在制定各项政策和计划、进行国家经济文化建设时,必须充分考虑各民族地区的具体情况和需要,动员各方面的力量予以帮助和支持。民族区域自治是与中国的国家利益和各族人民的根本利益相一致的。实行民族区域自治,保障了少数民族在政治上的平等地位和平等权利,极大地满足了各少数民族积极参与国家政治生活的愿望。实行民族区域自治,既有利于国家统一、社会稳定和民族团结,又有利于实行自治的民族的发展和进步,有利于国家的建设。

第二,坚持各民族平等团结。民族平等是指各民族不论人口多少,经济社会发展程度高低,风俗习惯和宗教信仰异同,都是中华民族的一部分,具有同等的地位,在国家和社会生活的一切方面,依法享有相同的权利,履行相同的义务,反对一切形式的民族压迫和民族歧视。民族团结是指各民族在社会生活和交往中的和睦、友好和互助、联合。坚持各民族平等和团结,既要反对地方民族主义,也要反对大汉族主义,更要坚决打击少数民族分裂主义分子,维护祖国统一。我国56个民族是一个血肉相亲的大家庭,汉族离不开各少数民族,每个少数民族也离不开汉族和其他少数民族,一荣俱荣,一损俱损。各民族的平等团结、和睦相处、互相帮助、互相关爱是国家统一、社会稳定、经济繁荣、社会进步和人民安居乐业的前提条件。在西方敌对势力不断挑唆和阴谋破坏的情况下,任何民族歧视、民族分裂和民族冲突都可能导致经济衰退、社会混乱和国家分裂。我们只有坚持各民族平等团结,才是国家之幸,民生之福。

第三,促进各民族共同发展。我们要实现的国家繁荣和民族昌盛,是每一个地区和每一个民族的繁荣昌盛。我们要实现的中华民族崛起,是包括56个民族在内的整体崛起。从国家和民族发展的角度看,民族地区和汉族地区在任何时候都是手足相连、休戚与共的。片面发展汉族地区或者少数民族地区都必然导致经济发展失衡、民族矛盾的加剧,也必然制约国家整体战略的实现。坚持各民族共同发展,不仅是一个政治问题,而且是一个经济问题。我国的民族地区有着丰富的土地、地热和水资源,对于我国的现代化建设起着极为重要的支撑作用。少数民族和民族地区的经济社会发展,直接关系到我国现代化建设目标的实现。民族地区的现代化同全国其他地区的现代化,少数民族的振兴同整个中华民族的振兴,是密不可分、互相促进的。由于历史和地理的原因,目前我国中西部少数民族和民族地区的经济社会发展还相对落后,因而加快中、西部民族地区的开发建设,已成为我国经济发展的必然要求。这对于整个国家的现代化建设和各民族的团结进步,都具有重大的意义。

第四,保护和发展少数民族文化。少数民族文化是中华民族文化不可缺少的一部分。少数民族文化中保存着大量优秀的思想理论资源、价值观念和文化传统,保护和发展少数民族文化不仅是尊重少数民族的民族感情的需要,而且对本民族的发展以及其他民族和整个国家的文化事业的发展都有积极的作用。我国各民族文化之间相互学习、相互借鉴、相互包容、共同发展,不仅是我国文化事业发展的客观历史,也是这一事业继续发展的基本动力。保护和发展少数民族文化,既是发展繁荣我国文化事业的应有之义和必然要求,也是保护和发展人类文化遗产的重要任务。

我国不仅是一个多民族国家,也是一个多宗教的国家,除佛教、道教、伊斯兰教、天主教和基督教之外,还有一些小的宗教。许多宗教还是跨民族,乃至跨国度的。我国各种宗教的信教人数有一亿多,而且宗教在一些民族特别是边疆少数民族中有着悠久的历史,产生着广泛而深刻的影响。由于宗教的这种群众性,宗教往往构成一种非常强大的社会力量。能否处理好宗教问题,既关系到党群关系的好坏和精神文明建设的成效,也关系到民族团结、社会稳定、国家安全和祖国统一,甚至关系到我国的对外关系。

宗教问题不是单纯的信仰问题,也不是单纯的认知问题。它既同一个社会的经济、政治、文化、民族传统以及阶级力量等方面的历史和现实有着错综复杂的关联,也同一个社会物质文明和精神文明的发展紧密相关。因此,它不仅具有长期性,而且具有特殊的复杂性。目前,人类社会物质文明和精神文明发展的程度,以及人们思想认识的水平,还远未达到消除宗教根源的程度,宗教还有存在的条件。

我们党的三代领导集体都非常重视宗教问题和宗教工作。早在1952年,毛泽东就指出:"共产党对宗教采取保护政策,信教的和不信教的,信这种教的和信别种教的,一律加以保护,尊重其宗教信仰,今天对宗教采取保护政策,将来也仍然采取保护政策。"①改革开放初期,邓小平也多次强调,要重视宗教界人士的统战工作,要重视宗教问题和宗教工作中的政策。他明确指出:"对于宗教,不能用行政命令的办法,但宗教方面也不能搞狂热,否则同社会主义,同人民的利益相违背。"②以江泽民为核心的第三代中央领导集体对宗教问题和宗教工作也十分重视。2001年12月,在全国宗教工作会议上,江泽民作了《论宗教工作》的报告,对我国目前的宗教状况、我们党在新时期的宗教政策作了全面系统的阐

---

① 中共中央文献研究室:《毛泽东西藏工作文选》,中央文献出版社2001年版,第50页。

② 《邓小平年谱(1975—1997)》(上),中央文献出版社2004年版,第669页。

述,要求"全党同志必须从保证党和国家长治久安、维护改革发展稳定大局的政治高度观察和处理宗教问题,充分认识做好宗教工作的重要性,增强责任感和紧迫感"①。

以胡锦涛为总书记的党中央同样高度重视宗教工作,对宗教问题作出了一系列的批示,尤其是2004年9月下旬发表的《中共中央关于加强党的执政能力建设的决定》和11月30日国务院颁布的《宗教事务条例》,有利于提高政府依法管理宗教事务的能力,有利于推动宗教工作取得新进展。

目前,宗教的社会作用仍然具有两重性。一方面,由于社会主义制度的建立、改革开放的深入和社会主义市场经济的发展,我国宗教存在的阶级根源已经基本消失,宗教存在的自然根源、社会根源和认识根源也发生了很大变化。宗教界的爱国人士和广大信教群众拥护党的领导,拥护社会主义制度,成为爱国统一战线的重要组成部分。另一方面,宗教问题还会受到一定范围内存在的阶级斗争和国际上一些复杂因素的影响。因此,要充分调动宗教界人士和广大信教群众的积极性,维护社会的和谐与稳定,必须认真贯彻党的宗教政策。

第一,全面贯彻宗教信仰自由政策。宗教信仰自由是宪法赋予每个公民的基本权利。全面贯彻宗教信仰自由政策,一方面,要尊重每个公民信仰宗教的自由和不信仰宗教的自由;另一方面,要坚持宗教活动在国家宪法和法律规定的范围内活动。宗教活动要把国家和人民的根本利益放在首位,不能妨碍人们正常的工作和生活秩序。

第二,要依法管理宗教事务。保护合法的宗教活动,制止非法的宗教活动,抵御国外各种利用宗教活动进行渗透的企图,打击各种利用宗教进行的犯罪活动。

第三,积极引导宗教与社会主义相适应。这既是社会主义制度的客观要求,也是我国宗教自身存在的客观条件。积极引导宗教与社会主义事业相适应,不是要求宗教界人士和信教群众放弃宗教信仰,而是要求他们热爱祖国,将个人的宗教信仰和国家、民族的根本利益相统一,将个人的宗教活动和拥护中国共产党的领导、拥护社会主义制度相统一,为民族团结、社会发展和祖国繁荣统一作出自己的贡献。要鼓励和引导宗教组织从事一些有利于社会发展和人民生活的慈善和公益活动。

第四,要坚持独立自主的原则。坚决抵制外国利用宗教进行渗透。同时,继

---

① 《江泽民文选》第三卷,人民出版社2006年版,第382页。

续鼓励和支持宗教界在独立自主、平等友好、互相尊重的基础上开展对外宗教文化交流,增进各国人民的了解,为维护世界和平作出积极贡献。

第五,积极支持宗教团体的自身建设。帮助宗教团体培养爱国的宗教人才,使宗教团体和宗教力量的领导权始终掌握在爱国爱教的人士手中。

二、调动一切积极因素的重大方针

全社会全民族的积极性创造性,对党和国家事业的发展始终是最具有决定性的因素。在新世纪新阶段,要全面建设小康社会,构建社会主义和谐社会,必须激发各行各业的人们的创造活力,使一切有利于社会进步的创造愿望得到尊重、创造活动得到支持、创造才能得到发挥、创造成果得到肯定。现在,我国经济社会发展处在一个关键时期,新旧体制的摩擦,各种价值观念的冲撞以及各种长期积累下来的经济社会矛盾的凸显,都在相当范围内、相当程度上影响着人民群众的积极性和社会的创造活力。要彻底改变这种局面,把中国特色社会主义事业推进到一个新的阶段,提高到新的水平,一个重要的方面,就是要尊重人民群众的创造精神,坚决改变一切妨碍人的创造活力的思想观念,坚决革除一切束缚人的创造活力的体制弊端,为各行各业的人们干事创业提供舞台,努力营造全体人民各尽其能的社会氛围和社会环境。

党的十六大报告指出,在我国社会深刻变革,党和国家事业快速发展的进程中,妥善处理各方面的利益关系,把一切积极因素充分调动和凝聚起来,至关重要。为了调动广大人民的积极性,党的十六大提出财富来源于劳动、知识、技术、管理和资本,承认除劳动收入外其他要素都对财富的创造有各自的贡献,要把"四个尊重",即尊重劳动、尊重知识、尊重人才、尊重创造,作为党和国家的一项重大方针在全社会认真贯彻。"四个尊重"实质上都是要让人们抛弃对资本、脑力劳动和技术创新的偏见,鼓励一切拥护社会主义制度和中国共产党的领导的社会力量投入到中国特色社会主义建设中来,使社会所有阶层、群体和个人蕴含的一切能量充分释放,使他们能够在中国特色社会主义事业中充分发挥自己的才能,推动中国特色社会主义事业快速健康发展。

"四个尊重"中,核心是尊重劳动。劳动是人类的本质活动,也是人类一切社会财富的最终来源。随着人类社会的进步,劳动性质、形式和劳动产品都有所发展。劳动不再是简单地划分为体力劳动、脑力劳动,劳动形式和劳动产品也更加复杂多样。尊重劳动不仅仅是尊重某一性质的劳动、某种形式的劳动、某个人的劳动或者某一种具体劳动,而是要摒除一切世俗观念和等级差别,尊重人类的一切劳动。既尊重前人的劳动积累,也尊重当前的劳动创新。尊重知识、尊重人才、尊重创造,是对尊重劳动的延伸。不论是知识,还是人才、创造,都是体力劳动和脑力劳动、复杂劳动和简单劳动相互渗透、相互结合和长期积累的结果。马克思在资本论中曾经指出,一般劳动和共同劳动,"二者都在生产过程中起着自己的作用,并互相转化,但二者也有区别。一般劳动是一切科学劳动,一切发现,一切发明。它部分地以今人的协作为条件,部分地又以对前人劳动的利用为条件。共同劳动以个人之间的直接协作为前提"①。尊重劳动、尊重知识、尊重人才、尊重创造,四者是具有内在联系的统一整体,涵盖了人类一般劳动的各种表现,丰富了劳动的内涵,是调动一切积极因素,发展中国先进生产力,实现最广大人民的根本利益的必然要求。

在新世纪新阶段,要调动一切积极因素,让一切健康积极的社会力量都充分发挥,必须贯彻"尊重劳动、尊重知识、尊重人才、尊重创造"这一重大方针。这也是增强党的执政基础,完成党的历史使命的客观要求。

第一,要让一切为我国社会主义现代化建设作出贡献的劳动,都得到社会承认和尊重。无论是脑力劳动或复杂劳动,还是体力劳动或简单劳动,无论是科技劳动、管理劳动,还是服务劳动、生产劳动,都是建设中国特色社会主义所必须的,因而都必须得到保护和尊重。要从分配制度的改革入手,保证任何劳动形式都能获得与之相适应的劳动报酬,并从体制和机制上鼓励一切有利于中国特色社会主义事业发展的复杂劳动、创造性劳动。

第二,要在国家政治生活中给予一切劳动者同等的待遇。在建设中国特色社会主义事业的过程中,我们既不应该以劳动者从事的劳动性质和劳动形式作为参与国家政治生活的标准,也不能简单地把有没有财产、有多少财产当做判断人们政治上先进或落后的标准,而主要应该看他们的思想政治状况和现实表现,看他们的财产是怎么得来的以及对财产怎么支配和使用,看他们以自己的劳动对中国特色社会主义事业所作出的贡献。在我国,农民和农民工占人口的70%,他们所从事的劳动基本上是简单劳动、体力劳动,他们所拥有的财产也很少,但他们是中国特色社会主义建设的基本力量,是一切社会财富的直接或间接的创造者。私营企业主不仅是资本所有者,也是经营者和劳动者。他们所从事的劳动也是财富创造必不可少的因素。因此,他们在国家政治生活中也应该得到尊重。

---

① 《资本论》第3卷,人民出版社2004年版,第119页。

　　第三,要在整个社会培育一种与社会主义初级阶段基本经济制度相适应的劳动观念、财富观念和创业机制。必须保护劳动、知识、技术、管理和资本等各种因素在建设中国特色社会主义中的成果,必须鼓励和支持各种合法创造社会财富的行为。要使一切在我国建设中投资创业和发挥积极作用的海内外人士的权益都受到保护。要坚决打击一切不合法的劳动收入和非劳动收入,保护合法的劳动收入和非劳动收入。只有这样,才能营造鼓励人们干事业、支持人们干成事业的社会氛围,使一切创造社会财富的源泉充分涌流,推动中国特色社会主义事业不断前进。

第十五章
中国特色社会主义事业的领导核心

办好中国的事情,关键在党。在我国这样一个地域辽阔、民族众多的发展中大国进行革命、建设和改革,必须坚持和改善党的领导。在新世纪新阶段,如何坚持立党为公、执政为民,如何以改革创新精神全面推进党的建设新的伟大工程,提高党的领导水平和执政能力,不断推进中国特色社会主义伟大事业? 这是我们党在长期执政和改革开放条件下,必须解决的历史性课题。

第一节 中国共产党在中国特色社会主义 事业全局中的地位和作用

一、中国共产党的先进性和根本宗旨

先进性是马克思主义政党的根本特征。一个阶级、一个政党,其历史地位是由其在人类社会发展过程中的作为决定的,关键看它在多大程度上推动生产力的发展和社会的进步。江泽民指出:"看一个政党是否先进,是不是工人阶级先锋队,主要应看它的理论和纲领是不是马克思主义的,是不是代表社会发展的正确方向,是不是代表最广大人民的根本利益。"①中国共产党作为马克思主义政党,先进性是其生存和发展的生命线。

第一,中国共产党以马克思主义为理论指导和行动指南,代表中国社会发展的正确方向。确立马克思主义的指导地位是无产阶级政党先进性的根本标志。马克思主义揭示了人类社会的发展规律,阐明了无产阶级在资本主义社会向社会主义社会过渡中所承担的历史使命,及其在实现历史使命过程中所坚持的理论和政策,为无产阶级提供了认识世界和改造世界的立场、观点和方法,具有严

---

① 《江泽民文选》第三卷,人民出版社 2006 年版,第 285 页。

密的科学性和强大的生命力。在长期的奋斗历程中,我们党坚持把马克思主义基本原理同中国具体实际相结合,形成了毛泽东思想、邓小平理论、"三个代表"重要思想和科学发展观等重大战略思想,指导中国革命、建设和改革取得伟大胜利。

第二,中国共产党以工人阶级为阶级基础,是马克思列宁主义与中国工人运动相结合的产物。无产阶级政党与历史上其他阶级的政党有着本质的区别。无产阶级政党是工人阶级的先锋队,他的阶级基础并由此决定的政治本色是大公无私,不谋私利,这是无产阶级政党先进性的阶级根源。中国工人阶级是近代以来社会化大生产发展的产物,具有严格的组织性、纪律性和革命的坚定性、彻底性等品格。改革开放以来,我国工人阶级队伍不断壮大,思想道德素质和科学文化素质日益提高。我国工人阶级的先进性在发展,党的阶级基础不断巩固。在长期的革命、建设和改革实践中,我国工人阶级时刻牢记自己的历史使命,充分发挥主动精神,展现了伟大的创造力量。

第三,中国共产党是中国工人阶级的先锋队,同时是中国人民和中华民族的先锋队。中国共产党的阶级基础是工人阶级,其党员是中国工人阶级中有共产主义觉悟的先进战士。由于近代中国是一个两头小、中间大的社会,即工人阶级和地主阶级、买办资产阶级人数少,农民阶级人数最多。因此,中国共产党成立后十分重视发展其他阶级出身的人入党。在中国革命和建设实践中,以毛泽东为主要代表的中国共产党人创造性地解决了在中国这样一个经济文化落后、农民占绝大多数的国家,如何建设工人阶级政党,以及在大量农民和小资产阶级分子入党的情况下,如何保持党的工人阶级先锋队性质的问题,形成了一整套有中国特色的党的建设理论。改革开放后,产生了大量新的社会阶层。党的十六大明确提出,"新的社会阶层"是中国特色社会主义事业的建设者,并积极探索吸收其中的优秀分子入党的方法和途径。吸收其他阶层中符合条件的人加入党组织,有利于扩大党的群众基础,使党真正成为中国最广大人民利益的代表,这是保持党的先进性的必要条件。

党的十六大修改通过的党章提出:中国共产党不仅是工人阶级的先锋队,而且是中国人民和中华民族的先锋队。这是党中央着眼于我们党所处的新的环境和条件,面临新的考验和使命,对党的性质作出的一个新的概括,是对马克思主义建党学说的一个创造性的发展。之所以说中国共产党是"中国人民和中华民族的先锋队",是因为:

第一,自觉成为中国人民和中华民族的先锋队,是由于中国工人阶级的根本利益与中国人民和中华民族的根本利益不仅一致而且紧密联系在一起;它的历史使命也同中国人民和中华民族富强振兴的宏伟目标是高度一致的。马克思早在 19 世纪 40 年代就指出,无产阶级是"一个若不从其他一切社会领域解放出来从而解放其他一切社会领域就不能解放自己的领域"的阶级。① 也就是说,无产阶级只有解放了全人类,才能最终解放自己。中国共产党一成立就肩负着消灭阶级压迫和实现民族独立的双重使命。它的历史使命就是中国工人阶级的历史使命,就是中国人民和中华民族的历史使命。1935 年 12 月召开的瓦窑堡会议指出:"中国共产党是中国无产阶级的先锋队……同时中国共产党又是全民族的先锋队。"②之后,毛泽东多次强调:"我们共产党是无产阶级的先锋队,同时又是最彻底的民族解放的先锋队。"③邓小平在党的八大所作的《关于修改党章的报告》也指出,我们党不仅应当成为工人阶级先锋队,而且应当成为"劳动人民中先进分子的集合体,这对于人民群众的伟大的领导作用,是不容怀疑的"④。党成立以来,始终代表着中国工人阶级的根本利益,代表着中国人民和中华民族的根本利益,站在中国革命和民族解放与发展的最前头,领导中国人民和中华民族取得了革命、建设和改革的一个又一个伟大胜利。

第二,自觉成为中国人民和中华民族的先锋队,是中国共产党忠实履行执政使命的内在要求。中国人民把执政权力赋予中国共产党,这既是对党的信任,同时也寄予厚望。任何时候,党都要自觉站在中国人民和中华民族先锋队的立场上,把人民赋予的执政权力掌握好、运用好。党执政的实质,是把人民赋予的权力用来为人民服务,维护好、实现好、发展好最广大人民的根本利益。党执政的根本出发点,就是把中国最广大人民的根本利益以及集中体现这种根本利益的国家利益维护好、实现好、发展好。党只有作为中国人民和中华民族的先锋队去自觉实现这种要求,执政的基础才会牢固。否则,就会有丧失执政资格的危险。

第三,自觉成为中国人民和中华民族的先锋队,是实现中华民族伟大复兴的必然要求。把我国建设成为富强、民主、文明、和谐的社会主义现代化国家,实现中华民族的伟大复兴,是历史赋予中国共产党的重任,是中国人民和中华民族赋予中国共产党的重任。实现中华民族的伟大复兴,需要我们继续进行长期的艰

---

① 《马克思恩格斯选集》第 1 卷,人民出版社 1995 年版,第 15 页。
② 《中共中央文件选集》(1934—1935)(9),中共中央党校出版社 1986 年版,第 620 页。
③ 《毛泽东文集》第二卷,人民出版社 1993 年版,第 42 页。
④ 《邓小平文选》第一卷,人民出版社 1994 年版,第 218 页。

苦奋斗。党要承担起这一历史重任,只有高举中国特色社会主义旗帜,凝聚全中国人民和中华民族的力量,最大限度地团结和调动一切积极因素;只有把全民族各阶层的先进分子吸收到党内来,才能使自己成为复兴中华民族的中流砥柱。

两个"先锋队"是不可分割的统一整体,两者是相互依存,相互补充的,而不是相互对立、相互排斥的。一方面,成为中国工人阶级的先锋队,是党真正成为中国人民和中华民族先锋队的根本前提。党只有成为工人阶级的先锋队,自觉做到以马克思主义为指导思想,才能拥有当好中国人民和中华民族先锋队所必需的科学指南。同时,党只有成为中国工人阶级的先锋队,自觉做到以实现共产主义为最终奋斗目标,才能真正具有当好中国人民和中华民族先锋队所必需的政治远见和宽广胸怀。另一方面,自觉成为中国人民和中华民族的先锋队,是党成为中国工人阶级先锋队的必然要求。党只有自觉成为中国人民和中华民族的先锋队,始终代表全体人民和整个民族的利益要求,始终坚持从人民群众的社会实践和中华民族的优良传统中汲取营养,才有利于保持工人阶级先锋队的政治本色。党只有自觉成为中国人民和中华民族的先锋队,注意吸收全民族各个阶层的优秀分子,才能充分发挥工人阶级先锋队所应有的领导核心作用。

党的先进性是历史的具体的,既是一以贯之的,又是与时俱进的。保持党的先进性,不是一劳永逸的,而是一个动态的发展过程,贯穿于党生存与发展的始终。江泽民在庆祝中国共产党成立 80 周年的大会上指出,从鸦片战争到中国共产党成立,从中国共产党成立到现在,"中国经历了截然不同的两个八十年"。"从这前后两个八十年的比较中,中国人民和中华民族一切爱国力量深深认识到,中国能从最悲惨的境遇向着光明的前途实现伟大的历史转变,就是因为有了中国共产党的领导。没有共产党,就没有新中国。有了共产党,中国的面貌就焕然一新"。① 在当代中国,保持党的先进性,就是用邓小平理论、"三个代表"重要思想和科学发展观武装头脑、指导实践。

中国共产党的性质决定了党的宗旨是全心全意为人民服务。党既代表工人阶级的利益,同时也代表全体中国人民和整个中华民族的利益。党除了工人阶级和最广大人民的根本利益,没有自己特殊的利益。为人民服务是党的最高宗旨,是党区别于其他任何政党的最显著的标志之一。中国共产党发展壮大的历史证明,只有依靠人民群众,党才能拥有巨大的智慧和力量;只有为人民服务,党才有存在和发展的意义。在当代中国,一切从人民的利益出发,立党为公,执政

---

① 《江泽民文选》第三卷,人民出版社 2006 年版,第 266 页。

为民;情为民所系,权为民所用,利为民所谋,是党坚持根本宗旨的必然要求。

二、党的领导是中国特色社会主义事业的根本保证

中国共产党的领导地位是在长期的革命斗争中形成的,是近现代中国历史发展选择了中国共产党,是人民选择了中国共产党。

1840 年,西方殖民主义者用坚船利炮强行打开了中国的大门,中国从此沦为半殖民地半封建社会。为了摆脱受剥削、受压迫的困境,中华民族一代又一代仁人志士进行了不懈努力。从军事技术到民用工业,再到政治制度,他们不断向西方学习,结果却出现了一次又一次的失败。伟大的民主革命先行者孙中山领导的辛亥革命,虽然推翻了封建帝制,建立了资产阶级共和国,仍然没有从根本上改变中国半殖民地半封建社会的性质,中国仍然处于极端贫困落后的状态。

十月革命一声炮响,给我们送来了马克思列宁主义。马克思主义在中国的广泛传播及其与工人运动相结合,促进了中国共产党的诞生。中国共产党以马克思列宁主义作为指导思想,勇敢地举起了反帝反封建的旗帜,把马克思主义基本原理与中国具体实际相结合,找到了"农村包围城市,武装夺取政权"的革命道路,带领全国各族人民推翻了帝国主义、封建主义和官僚资本主义的统治,赢得了中华民族的独立和人民的解放,建立了人民当家作主的新中国。毛泽东在抗日战争胜利后不久就指出:"人民要解放,就把权力委托给能够代表他们的、能够忠实为他们办事的人,这就是我们共产党人。"①历史证明,中国共产党没有辜负人民的重托。

新中国成立后,已经站起来的中国人民希望国家繁荣富强,过上幸福美好的生活。中国共产党适应这种需要,领导人民为恢复和发展国民经济而奋斗,走上了社会主义道路。虽然在社会主义建设过程中,出现过"大跃进"、"文化大革命"等失误,但通过我们党的艰辛探索和全国人民的英勇奋斗,我国的社会主义建设仍然取得了巨大成就。古老的中国以崭新的姿态屹立在世界的东方。

1978 年 12 月,我们党召开了十一届三中全会,开启了改革开放和现代化建设的新征程,领导中国人民开创了中国特色社会主义的发展道路。胡锦涛指出:"中国特色社会主义道路,就是在中国共产党领导下,立足基本国情,以经济建设为中心,坚持四项基本原则,坚持改革开放,解放和发展社会生产力,巩固和完善社会主义制度,建设社会主义市场经济、社会主义民主政治、社会主义先进文

---

① 《毛泽东选集》第四卷,人民出版社 1991 年版,第 1128 页。

化、社会主义和谐社会,建设富强民主文明和谐的社会主义现代化国家。"①在当代中国,能够团结和带领全国各族人民进行改革开放和社会主义现代化建设的政治力量,只有中国共产党。

第一,只有坚持党的领导,才能保证国家统一与社会和谐稳定,为中国特色社会主义事业创造有利的条件。维护国家统一和社会稳定,始终是全国各族人民最关切的头等大事。近代中国深受外国势力入侵、军阀混战和政局动荡之害。新中国成立后,各民族的团结统一和社会的稳定为国家的发展提供了坚实的基础,也为改革开放和社会主义现代化建设提供了有利环境。新世纪新阶段,中国要实现和保持国家的长期稳定,仍然需要一个能够凝聚全国人民的力量、总揽全局的领导核心。中国共产党作为中国工人阶级的先锋队、中国人民和中华民族的先锋队,作为中国最广大人民利益的忠实代表,作为一个以马克思主义为指导思想的政党,坚持把发展作为党执政兴国的第一要务,坚持以人为本、全面协调可持续发展的科学发展观,推进经济社会又好又快发展。

第二,只有坚持党的领导,才能制定正确的路线、方针、政策,顺利推进社会主义现代化建设。摆脱中国贫穷落后的面貌,实现现代化,是中国人民的百年梦想与追求。近代中国的历史反复证明,试图走资本主义道路实现现代化,根本行不通。只有坚持中国共产党的领导,走社会主义道路,走改革开放之路,才能保证现代化建设事业的正确方向。在中国这样一个经济文化落后的国家建设进行社会主义现代化,是一项史无前例的伟大事业,既无现成的答案,也不能照抄照搬外国的模式和经验。中国共产党是一个高度重视理论指导,善于进行理论创新的马克思主义政党。只有坚持中国共产党的领导,才能把马克思主义基本原理与中国实际结合起来,制定正确的路线、方针、政策,不断推进改革开放和社会主义现代化建设。

第三,只有坚持党的领导,才能正确处理各种复杂的社会矛盾,调动广大人民群众的积极性,共同构建社会主义和谐社会。中国幅员辽阔,人口众多,且城乡之间、地区之间发展不平衡。改革开放以来,发展不平衡进一步加剧,贫富差距扩大,社会矛盾凸显,资源短缺的压力加大。只有正确调整和协调各方面的利益关系,才能调动一切积极因素为我国经济社会发展服务。这个重任只能由中国共产党来承担。只有在中国共产党的领导下,以科学发展观为指导,着力解决影响和制约科学发展的突出问题,才能聚民力,凝民智,尽快构建社会主义和谐

①　《中国共产党第十七次全国代表大会文件汇编》,人民出版社2007年版,第11页。

社会。

第四，只有坚持党的领导，才能正确应对复杂的国际环境的挑战。当前，世界多极化不可逆转，经济全球化深入发展，科技革命加速推进，全球和区域合作方兴未艾，国与国相互依存日益紧密，国际力量朝着有利于维护世界和平方向发展。但同时，世界仍然很不安宁。霸权主义和强权政治依然存在，局部冲突的热点问题此起彼伏，全球经济失衡加剧，南北差异拉大，传统安全威胁和非传统安全威胁相互交织，世界和平与发展面临着许多难题和挑战。面对复杂的国际环境，只有坚强的领导核心，才能把全国各族人民团结起来，把握发展机遇，应对各种挑战，始终不渝走和平发展道路。中国共产党就是这样一个坚强的领导核心。

第五，只有坚持党的领导，才能完成中华民族伟大复兴的历史重任。没有民族的独立，没有政治的民主，民族的复兴就无从谈起。中国共产党带领人民实现了民族独立和人民解放，才为实现民族复兴奠定了基本的政治前提。正如毛泽东所说："一个不是贫弱的而是富强的中国，是和一个不是殖民地半殖民地的而是独立的，不是半封建的而是自由的、民主的，不是分裂的而是统一的中国，相联结的。在一个半殖民地的、半封建的、分裂的中国里，要想发展工业，建设国防，福利人民，求得国家的富强，多少年来多少人做过这种梦，但是一概幻灭了。"①新中国的诞生，社会主义制度的初步确立，开辟了民族振兴的广阔道路。中国人民在中国共产党的领导下，为实现国家繁荣富强和人民幸福安康而艰苦奋斗。经过半个世纪的努力，我们终于指导了一条中国特色社会主义的发展道路，我国的经济社会生活发生了翻天覆地的变化。这就为实现中华民族的伟大复兴打下了坚实的基础。当然，实现中华民族的伟大复兴，是一个没有先例的创造性事业，不会是一条平坦的大道。只有坚持中国共产党的领导，坚定不移地走自己的路，紧紧依靠人民群众，诚心诚意为人民谋利益，从人民群众中汲取前进的不竭力量，民族复兴的宏伟大业就一定才能够实现！

第二节　坚持和改善党的领导

一、坚持党的领导必须改善党的领导

坚持中国共产党的领导，就是坚持党在建设中国特色社会主义事业中的领

---

① 《毛泽东选集》第三卷，人民出版社 1991 年版，第 1080 页。

导核心地位,发挥党总揽全局、协调各方的作用;就是坚持党对国家大政方针和全局工作的政治思想领导;就是坚持党对军队的绝对领导;就是坚持党对人民民主专政的国家的领导;就是坚持党管干部的原则,坚持党对意识形态的领导;就是坚持党领导的多党合作与政协制度。

坚持党的领导,必须改善党的领导。我们党所处的国内外环境已经发生并将继续发生重大变化;我们在前进的道路上,不可避免地会遇到各种困难和风险的考验。中国特色社会主义事业越是向前发展,我们面临的任务就越艰巨,需要解决的矛盾和问题也越复杂。要保证我们党始终走在时代前列,始终成为全国人民的主心骨,始终成为坚强的领导核心,就必须改善党的领导,不断提高党的领导水平和执政能力。

坚持党的领导同改善党的领导是辩证统一的。坚持党的领导是改善党的领导的前提条件。改善党的领导是坚持党的领导的必然要求。坚持党的领导所要解决的是党在国家生活和社会主义事业中的地位和作用的问题;改善党的领导所要解决的是如何更好地实现党对国家生活和社会主义事业的领导、提高执政本领和效率的问题。不坚持党的领导,就谈不上改善党的领导;不改善党的领导,就不能很好地坚持党的领导。

从国际上看,当今世界正处于大变革大调整之中。和平与发展仍然是当今时代主题,求和平、谋发展、促合作已成为不可阻挡的时代潮流。但是,不公正不合理的国际政治旧秩序没有从根本上发生改变。世界仍然很不安宁。世界和平与发展面临许多难题和挑战。只有不断改善党的领导,更好地应对日趋激烈的国际竞争所带来的严峻挑战,我们党才能团结和带领全国人民抓住机遇,加快发展,实现社会主义现代化的宏伟目标。

从国内看,当代中国正在发生广泛而深刻的变革。我们党实施现代化建设"三步走"战略,带领人民艰苦奋斗,推动我国以世界上少有的速度持续快速发展起来。我国经济从一度濒于崩溃的边缘发展到总量跃至世界第四、进出口总额位居世界第三,人民生活从温饱不足发展到总体小康,农村贫困人口从两亿五千多万减少到两千多万,政治建设、文化建设、社会建设取得举世瞩目的成就。中国的发展,不仅使中国人民稳定地走上了富裕安康的广阔道路,而且为世界经济发展和人类文明进步作出了重大贡献。但是,我们也要清醒认识到,我国的改革发展与人民的期待还有不小差距,前进中还面临不少困难和问题。例如,经济增长的资源环境代价过大;城乡、区域、经济社会发展仍然不平衡;农业稳定发展和农民持续增收难度加大;劳动就业、社会保障、收入分配、教育卫生、居民住房、安全生产、司法和社会治安等方面关系群众切身利益的问题仍然较多,部分低收入群众生活比较困难;思想道德建设有待加强;党的执政能力同新形势新任务不完全适应,对改革发展稳定一些重大实际问题的调查研究不够深入;一些基层党组织软弱涣散;少数党员干部作风不正,形式主义、官僚主义问题比较突出,奢侈浪费、消极腐败现象仍然比较严重。新形势、新任务对我们党提出了新的更高的要求。如果党的领导方式、工作方法和具体制度不加以改进和完善,就难以承担新的历史任务。

从党的自身状况看,我们党已经成立 87 年,在全国执政 59 年,拥有七千多万党员,党的自身建设的任务比过去任何时候都繁重。党领导的改革开放既给党注入巨大活力,也使党面临许多前所未有的新课题新考验。当前,党的思想、作风、纪律、组织状况、领导水平、执政能力,同党肩负的建设中国特色社会主义、实现中华民族伟大复兴的历史使命还有许多不相适应的地方。《中共中央关于加强党的执政能力建设的决定》指出:"面对新形势新任务,党的领导方式和执政方式、领导体制和工作机制还不完善;一些领导干部和领导班子思想理论水平不高、依法执政能力不强、解决复杂矛盾本领不大,素质和能力同贯彻落实'三个代表'重要思想、全面建设小康社会的要求还不适应;一些党员干部事业心和责任感不强、思想作风不端正、工作作风不扎实、脱离群众等问题比较突出;一些党的基层组织软弱涣散,一些党员不能发挥先锋模范作用;腐败现象在一些地方、部门和单位还比较严重。这些问题影响党的执政成效,必须引起全党高度重视,切实加以解决。"①

世情、国情、党情的发展变化,决定了我们既要坚持党的领导,又要改善党的领导。当然,改善党的领导,不是否定党的领导,而是要继承和发扬党的领导的好传统和好制度。一方面,我们应该坚持党在长期的革命和建设过程中形成的一套好的领导制度和工作作风;另一方面,由于党执政的环境、条件和任务发生变化,需要对一些具体制度和做法进行调整和创新。如果墨守成规,不思进取,就必然会脱离实际、脱离群众,党的领导就会遭到削弱,坚持党的领导就成了一句空话。

当前,改善党的领导,应着力解决好以下几方面的问题:

首先,要正确处理党的领导和依法治国的关系。加强党的领导和依法治国是辩证统一的关系。江泽民深刻阐明了党的领导和依法治国的科学内涵和基本

---

① 《十六大以来重要文献选编》(中),中央文献出版社 2006 年版,第 272—273 页。

要求。他指出："党的领导主要是政治、思想和组织领导,通过制定大政方针,提出立法建议,推荐重要干部,进行思想宣传,发挥党组织和党员的作用,坚持依法执政,实施党对国家和社会的领导。"①所谓依法治国,就是广大人民群众在党的领导下,依照宪法和法律规定,通过各种途径和形式管理国家事务,管理经济文化事业,管理社会事务,保证国家各项工作依法进行,逐步实现社会主义民主的制度化、法律化,使这种制度和法律不因领导人的改变而改变,不因领导人看法和注意力的改变而改变。依法治国是党领导人民治理国家的基本方略,而坚持党的领导是依法治国的根本前提。党领导人民制定宪法和法律,必然要领导人民遵守宪法和法律。党自身的活动也必须在宪法和法律的范围内进行,并成为遵守宪法和法律的典范。只有这样,才能把党的领导与依法治国高度统一起来。

其次,要改革和完善党和国家的领导制度。革命战争年代乃至新中国成立后的相当长一段时期内,我们都采取了高度集中的一元化领导体制,即党对政治、军事、经济、文化、社会生活等各方面实行集中、统一、全面的领导。在革命战争时期,实行党的一元化领导,有利于集中力量、统一指挥,对保证革命战争的胜利起了重大作用。但在党执政以后,特别是在进入社会主义建设时期,面对相当繁重的任务,继续实行党的一元化领导容易使党陷于处理大量具体事务和管理工作,既降低了党的领导作用,也妨碍了政府部门和群众组织的积极性和创造性的发挥。因此,在社会主义现代化建设的过程中,既要坚持中国共产党的领导,又要根据社会主义现代化建设的实际情况,改进党的领导方式。改革和完善党的领导体制,在观念上和行动中改变过去那种一元化的领导方式和领导作风,保证党更好地实行政治、思想和组织领导。改革领导体制,关键是正确处理党政关系,解决党的有效领导问题。要按照总揽全局、协调各方的原则,依据宪法和法律,规范党委与国家政权机关的关系,保证人大依法履行国家权力机关的职能,将改革和发展的重大决策和立法相结合;保证党组织推荐的人选依法成为国家政权机关的领导人员;保证政府履行法定职能,依法行政;保证审判机关和检察机关依法独立公正地行使审判权和检察权。

经过八十多年的奋斗和发展,中国共产党已经从过去领导人民为夺取全国政权而奋斗的党,成为领导人民掌握全国政权并长期执政的党;从受到外部封锁和实行计划经济条件下领导国家建设的党,成为在全面改革开放和社会主义市场经济条件下领导国家建设的党;从建党初期只有几十个党员的小党,成为现在

① 《十六大以来重要文献选编》(上),中央文献出版社2005年版,第26页。

拥有七千多万党员,党员干部队伍状况发生很大变化的大党。伴随着我们党的发展和执政环境的变化,只有与时俱进,自觉加强党的建设,才能解决提高党的领导水平和执政水平,提高拒腐防变和抵御风险能力这两大历史性课题。

二、改进党的领导方式和执政方式

改善党的领导,必须改进党的领导方式和执政方式。党的领导方式是党从政治、思想、组织上对国家和社会实行领导的体制、机制和方法、途径的总称。而党的执政方式是党掌握国家政权、实现执政目标的体制、机制和方法、途径的总称。党的领导方式和执政方式既有区别也有联系。从对象上看,领导方式既包括对党组织和党员的领导,也包括党领导国家政权的方式,领导政治、经济、文化和其他社会事务的方式;执政方式则主要是党掌握国家政权并实现执政目标的方式。从内容上看,领导方式主要包括政治、思想、组织领导,制定国家大政方针;执政方式主要包括国家权力的产生、配置、行使与监督等。从实现条件上看,领导方式伴随着党存在与发展的全过程,无论执政与否,都存在着领导方式的问题;而执政方式必须以党夺取政权为前提,通过控制国家政权来实现。从调整的关系上看,领导方式包括解决党和人民群众的关系,党与经济、政治、文化、社会的关系,党与群众组织、经济组织和其他政治组织的关系等,概括地说是解决党与民众的关系问题;执政方式的核心是党政关系,也就是解决执政党与公共权力的关系问题。总的说来,党的领导方式所涉及的对象、内容和实现条件要比执政方式宽泛,但从内容上看两者是紧密相连的,不能把领导方式与执政方式截然分开。在执政条件下,党的执政方式是党的领导方式的核心内容,是一种特殊的领导方式。

党的领导主要内容有三项:一是领导人民制定大政方针;二是对党员和人民群众进行思想宣传;三是发挥党组织和党员的作用。党的执政方式的主要内容也有三项:一是向国家机关提出立法建议;二是向国家机关推荐重要干部;三是坚持依法执政,保证党始终在法律范围内活动。这六项内容是一个有机的统一整体。

新中国成立以后到改革开放之前,我们实行过以党代政、党政不分的领导体制,虽然有一定的历史原因,但随着条件的变化,这种体制的弊病逐渐显露出来。十一届三中全会以来,我们党总结各国政党执政的经验教训,改革党的领导方式和执政方式,取得了明显的成效。在新世纪新阶段,改进党的领导方式和执政方式还要着力解决以下问题:

首先,改革和完善党的领导体制,发挥党委的领导核心作用。要按照精简、统一、效能的原则和决策、执行、监督相协调的要求,进一步规范党政机构设置,科学确定职能,撤并党委和政府职能相同或相近的工作部门;进一步完善党委常委会的组成结构,适当扩大党委常委会与政府领导成员之间的交叉任职,减少领导职数,切实解决党政领导成员分工重叠问题;精简和规范各类议事协调机构及其办事机构,减少行政层次,降低行政成本,着力解决机构重叠、职责交叉、政出多门问题。要按照党总揽全局、协调各方的原则,规范党委与人大、政府、政协的关系,及时研究并统筹解决他们工作中的重大问题,通过这些组织中的党组织和党员干部贯彻党的路线方针政策,贯彻党委的重大决策和工作部署,支持人大、政府、政协依法履行职能。加强对工会、共青团和妇联等人民团体的领导,支持他们依照法律和各自章程开展工作,更好地成为党联系广大人民群众的桥梁和纽带。

第二,提高科学执政、民主执政和依法执政的水平,为人民掌好权。科学执政是马克思主义政党执政成功的前提条件。科学执政,就是坚持以马克思主义的科学理论为指导,不断探索和遵循共产党执政规律、社会主义建设规律、人类社会发展规律,以科学的思想、科学的制度、科学的方式组织和带领人民共同建设中国特色社会主义。要科学制定和实施党的路线方针政策,科学设计、组织、开展各项执政活动。在当代中国,科学执政尤其要体现在切实抓好发展这个党执政兴国的第一要务上,坚持以科学发展观统领经济社会发展全局,不断实现好、维护好、发展好最广大人民的根本利益。要大力推进决策科学化、民主化,努力使我们作出的决策特别是关系国计民生的重大决策符合客观规律和科学规律,符合人民群众的愿望。民主执政是马克思主义政党执政的本质要求。民主执政,就是坚持为人民执政、靠人民执政,发展中国特色社会主义民主政治,推进社会主义民主政治的制度化、规范化、程序化,以民主的制度、民主的形式、民主的手段支持和保证人民当家作主。要牢牢坚持立党为公、执政为民,真正把最广大人民的根本利益作为一切工作的出发点和落脚点,切实做到权为民所用、情为民所系、利为民所谋。要不断完善和扩大党内民主,加强对权力的监督,保证把人民赋予的权力真正用来为人民谋利益。依法执政是新的历史条件下马克思主义政党执政的基本方式。依法执政,就是坚持依法治国,建设社会主义法治国家,领导立法,带头守法,保证执法,不断推进国家经济、政治、文化、社会生活的法制化、规范化,以法治的理念、法治的体制、法治的程序保证党领导人民有效治理国家。要加强党对立法工作的领导,推进科学立法、民主立法,从制度上、法律上保证党的路线、方针、政策的贯彻实施。各级党组织都要在宪法和法律范围内活动,全体党员都要模范遵守宪法和法律。要督促和支持国家机关依法行使职权,依法推动各项工作的开展,切实维护公民的合法权益。

第三节 全面推进党的建设新的伟大工程

一、新时期党的建设是一项新的伟大工程

高度重视并加强党的建设,是中国共产党从小到大、从弱到强,不断战胜困难取得胜利的一大法宝。

在党的历史上,毛泽东首先提出要把党的建设当成是一项伟大的工程。1939 年 10 月,他在《〈共产党人〉发刊词》一文中指出,为了中国革命的胜利,迫切地需要建设一个全国范围的、广大群众性的、思想上政治上组织上完全巩固的布尔什维克化的中国共产党。"建设这样一个党的主观客观条件也已经大体具备,这件伟大的工程也正在进行之中。"①在实施这项伟大工程中,以毛泽东为主要代表的中国共产党人创造了许多宝贵的经验。例如,把思想建设放在党的建设的首位,成功地解决了在农村和战争环境下如何把绝大多数党员来自农民的党,建设成为工人阶级先锋队的问题;坚持民主集中制原则,实行集体领导制度;坚持理论与实际相结合,同人民群众保持紧密联系的作风;坚持批评与自我批评的作风;通过整风运动开展马克思主义教育,开展党内斗争,处理党内矛盾,等等。1949 年 3 月,在党的七届二中全会上,毛泽东进一步提出执政条件下加强党的建设的问题。他明确地说:"中国的革命是伟大的,但革命以后的路程更长,工作更伟大,更艰苦。这一点现在就必须向党内讲明白,务必使同志们继续地保持谦虚、谨慎、不骄、不躁的作风,务必使同志们继续地保持艰苦奋斗的作风。"②

在改革开放的新时期,以邓小平为核心的第二代中央领导集体,开创了党的建设新的伟大工程。邓小平结合改革开放和现代化建设新的实践,强调要"把我们党建设成为有战斗力的马克思主义政党,成为领导全国人民进行社会主义

---

① 《毛泽东选集》第二卷,人民出版社 1991 年版,第 602 页。

② 《毛泽东选集》第四卷,人民出版社 1991 年版,第 1438—1439 页。

物质文明和精神文明建设的坚强核心"①。他还围绕党的思想建设、组织建设、作风建设、制度建设，提出了"要聚精会神地抓党的建设"、"党要管党，从严治党"等重要的思想观点，阐明了在改革开放和现代化建设的条件下，建设一个什么样的党、怎样建设党的问题。

党的十三届四中全会以后，在改革开放和发展社会主义市场经济的条件下，以江泽民为主要代表的中国共产党人在总结党的建设历史经验的基础上，结合新的形势，继续推进"党的建设新的伟大工程"。江泽民在党的十五大报告中指出："面向新世纪，党中央领导全党正在继续推进这个新的伟大工程，就是要把党建设成为用邓小平理论武装起来、全心全意为人民服务、思想上政治上组织上完全巩固、能够经受住各种风险、始终走在时代前列、领导全国人民建设有中国特色社会主义的马克思主义政党。"②以江泽民为核心的党中央先后制定颁布了《关于加强党同人民群众的联系的决定》、《关于加强党的建设几个重大问题的决定》等，对新形势下党的建设作出了战略部署，党的建设新的伟大工程取得了新的进展。

党的十六大以来，以胡锦涛为总书记的党中央在推进中国特色社会主义伟大事业的实践中，扎实推进党的建设新的伟大工程。这主要表现在：党的执政能力建设和先进性建设深入进行；理论创新和理论武装卓有成效；保持共产党员先进性教育活动取得重大成果；党内民主不断扩大；领导班子和干部队伍建设特别是干部教育培训取得重要进展，人才工作进一步加强，干部人事制度改革和组织制度创新不断深入；党风廉政建设和反腐败斗争成效明显。新世纪新阶段，党的建设有力地推动了我国经济社会又好又快发展，谱写了深化改革、扩大开放和发展社会主义市场经济条件下马克思主义执政党建设的新篇章。

二、新世纪新阶段党的建设的总体要求

党的十七大站在新的历史起点上提出以改革创新精神全面推进党的建设新的伟大工程。胡锦涛在十七大报告中指出："必须把党的执政能力建设和先进性建设作为主线，坚持党要管党、从严治党，贯彻为民、务实、清廉的要求，以坚定理想信念为重点加强思想建设，以造就高素质党员、干部队伍为重点加强组织建设，以保持党同人民群众的血肉联系为重点加强作风建设，以健全民主集中制为

---

① 《邓小平文选》第三卷，人民出版社1993年版，第39页。
② 《江泽民文选》第二卷，人民出版社2006年版，第42—43页。

重点加强制度建设,以完善惩治和预防腐败体系为重点加强反腐倡廉建设,使党始终成为立党为公、执政为民,求真务实、改革创新,艰苦奋斗、清正廉洁,富有活力、团结和谐的马克思主义执政党。"①上述关于党的建设的一条"主线"、一个"要求"、五大"建设"、一个"目标",反映了我们党对党的建设规律和执政规律的认识更加全面、更加深刻了,丰富和发展了马克思主义党建理论和执政理论,为推进党的建设新的伟大工程指明了前进的方向和道路。

新世纪新阶段,推进党的建设新的伟大工程必须以党的执政能力建设和先进性建设为主线,这是由我们党的性质、宗旨、历史任命和面临的环境所决定的。

首先,这是由党的性质、宗旨所决定的。中国共产党是中国工人阶级的先锋队,同时是中国人民和中华民族的先锋队,党始终以为广大人民谋利益作为自己的价值取向。先进性是马克思主义政党的本质特征,是立党立国之根本。我们党之所以能够得到群众的广泛拥护和支持,之所以能够在各个历史阶段实现正确有效的领导,靠的就是党的先进性。2006年6月30日,胡锦涛在庆祝中国共产党成立85周年暨总结保持共产党员先进性教育活动大会上强调:先进性是马克思主义政党的"生命所系"、"力量所在"。要保持党的先进性,就要与时俱进地加强党的先进性建设,将其作为贯穿始终的一项根本性建设。

第二,这是由党所处的执政地位和领导作用决定的。中国共产党是中国特色社会主义事业的领导核心,是中国各族人民的领导核心。在执政条件下,党对国家政治生活的领导是通过把党的意志上升为国家意志来实现的。社会发展和时代前进,总是不断给我们党提出新的要求和挑战,给党的建设赋予新的内涵。执政能力建设是党执政后的一项根本性的建设。党要巩固执政地位,完成执政使命,领导人民建设中国特色社会主义,构建社会主义和谐社会,必须认识和把握共产党执政规律、社会主义建设规律、人类社会发展规律,必须顺应时代发展的新情况新要求,不断加强党的执政能力建设,不断提高党的领导水平和执政能力。20世纪80年代以后,世界上一些执政几十年甚至上百年的大党老党如日本自民党、印度国大党、墨西哥革命制度党、台湾国民党等纷纷失去执政地位,有的甚至走向衰亡。出现这种情况,原因是多方面的,但有一点是共同的:这些政党上台执政后忽视了执政能力建设,执政成绩与民众的要求之间有较大的差距。生于忧患,死于安乐。中国共产党作为一个代表中国最广大人民利益的政党,面对纷繁复杂的国际形势,面对人民群众不断增长的物质文化生活需要与落后的

---

① 《中国共产党第十七次全国代表大会文件汇编》,人民出版社2007年版,第48页。

社会生产之间的矛盾,面对党的自身建设存在的一些突出问题,"我们一定要居安思危、增强忧患意识,始终保持对马克思主义、对中国特色社会主义、对实现中华民族伟大复兴的坚定信念;一定要戒骄戒躁、艰苦奋斗,牢记社会主义初级阶段基本国情,为党和人民事业不懈努力;一定要刻苦学习、埋头苦干,不断创造经得起实践、人民、历史检验的业绩;一定要加强团结、顾全大局,自觉维护全党的团结统一,保持党同人民群众的血肉联系,巩固全国各族人民的大团结,加强海内外中华儿女的大团结,促进中国人民同世界各国人民的大团结,为战胜一切艰难险阻、推动党和人民事业取得新的更大胜利提供强大力量。"①

第三,这是由推进中国特色社会主义伟大事业的要求所决定的。"把推进中国特色社会主义伟大事业同推进党的建设新的伟大工程结合起来",是我国摆脱贫穷、加快实现现代化、巩固和发展社会主义的宝贵经验之一。② 中国共产党的历史表明,党的建设与党的事业是紧密联系的。在新民主主义革命时期,我们把党的建设同当时党的政治任务、政治路线和奋斗目标紧密联系起来,取得了推翻三座大山、建立新中国的历史性的胜利。在中国社会主义现代化过程中,我们必须把建设中国特色社会主义伟大事业同推进党的建设新的伟大工程紧密联系起来,以中国特色社会主义理论和正确的路线、纲领指引党的建设,推进党的建设新的伟大工程,保证中国特色社会主义事业取得新的更大胜利。推进党的建设新的伟大工程,核心问题是保持党的先进性、提高党的执政能力问题;推进党的伟大事业,要靠党的先进性和执政能力。

党的十七大之所以把先进性建设和执政能力建设并列作为执政党建设的主线,是因为这两者的基本要求和内涵是一致的,是相辅相成、辩证统一的。先进性是无产阶级政党的本质要求和内在素质,执政能力是党的先进性在执政活动中的体现和反映,二者内在地统一于全面贯彻落实科学发展观的伟大实践中。只有保持了先进性,党的执政能力才能增强和提高。同样,党的领导水平和执政能力提高,也必然反映到党的先进性之中。我们还要看到,党的先进性建设和执政能力建设与党的其他方面建设不是彼此孤立的,而是紧密联系的。一方面,党的先进性建设和执政能力建设是总要求,是根本性建设。党的其他方面建设都要围绕先进性建设和执政能力建设。另一方面,党的先进性建设和执政能力建设不是抽象的,必须通过党的思想、组织、作风、制度和反腐倡廉建设体现出来,

---

① 《中国共产党第十七次全国代表大会文件汇编》,人民出版社 2007 年版,第 54—55 页。
② 同上书,第 10 页。

通过党的领导班子建设、干部队伍建设、党员队伍建设、基层党组织建设得以落实。

党的执政能力，就是党提出和运用正确的理论、路线、方针、政策，领导制定和实施宪法和法律，采取科学的领导制度和领导方式，动员和组织人民依法管理国家和社会事务、经济和文化事业，有效治党治国治军，建设社会主义现代化国家的本领。党的执政能力建设是关系社会主义事业兴衰成败、关系中华民族前途命运、关系党的生死存亡和国家长治久安的一个重大战略课题。新中国成立前夕，毛泽东形象地把执政比做"进京赶考"，要求我们不做李自成，强调我们务必继续保持谦虚、谨慎、不骄、不躁的作风，必须学会自己不懂的东西，学习做经济工作，学习做城市工作，从作风和本领两方面提出了加强党的执政能力建设的历史性课题。实践证明，中国共产党的执政能力是高的，不仅打仗是内行，搞建设也是内行。改革开放后，以邓小平为核心的党中央紧紧围绕我国现代化建设的实际，确立党和国家的工作重点是领导人民进行社会主义现代化建设，强调坚持党的领导必须改善党的领导，提出了党和国家领导体制改革的问题。改革开放取得的巨大成就再次证明，党的执政能力是高的。以江泽民为核心的党的第三代中央领导集体把加强党的建设与推进社会主义现代化建设结合起来，强调我们党要不断提高科学判断形势的能力，不断提高驾驭市场经济的能力，不断提高应对复杂局面的能力，不断提高依法执政的能力，不断提高总揽全局的能力。以胡锦涛为总书记的党中央进一步作出了《中共中央关于加强党的执政能力建设的决定》，阐明了加强党的执政能力建设的重要性和紧迫性，提出了加强党的执政能力建设的指导思想、总体目标和主要任务。

尤其值得注意的是，《中共中央关于加强党的执政能力建设的决定》对我们党半个多世纪的执政实践进行了总结概括，提出了六点主要经验：一是必须坚持党在指导思想上的与时俱进，用发展着的马克思主义指导新的实践。二是必须坚持推进社会主义的自我完善，增强社会主义的生机和活力。三是必须坚持抓好发展这个党执政兴国的第一要务，把发展作为解决中国一切问题的关键。四是必须坚持立党为公、执政为民，始终保持党同人民群众的血肉联系。五是必须坚持科学执政、民主执政、依法执政，不断完善党的领导方式和执政方式。六是必须坚持以改革的精神加强党的建设，不断增强党的创造力、凝聚力、战斗力。这六条经验也可以说是加强执政能力建设必须遵循的重要原则。

党的十七大报告明确指出："党的执政能力建设关系党的建设和中国特色社会主义事业的全局，必须把提高领导水平和执政能力作为各级领导班子建设的核心内容抓紧抓好。"①要按照科学执政、民主执政、依法执政的要求,改进领导班子思想作风,提高领导干部执政本领,改善领导方式和执政方式,健全领导体制,完善地方党委领导班子配备改革后的工作机制,把各级领导班子建设成为坚定贯彻党的理论和路线方针政策、善于领导科学发展的坚强领导集体。以加强领导班子执政能力建设带动全党,使党的全部工作始终符合时代要求和人民期待。

加强党的先进性建设,就是要使党的理论和路线方针政策顺应时代发展的潮流和我国社会发展进步的要求,反映全国各族人民的利益和愿望,使各级党组织不断提高创造力、凝聚力和战斗力、始终发挥领导核心作用和战斗堡垒作用,使广大党员不断提高自身素质、始终发挥先锋模范作用,使我们党始终走在时代前列,不断提高执政能力、巩固执政地位、完成执政使命。

中国共产党始终重视保持党的先进性,总是把党的先进性建设摆在突出的位置。党在成立之初就明确提出:党应当是无产阶级中最有革命精神的人组织起来,为无产阶级之利益而奋斗的政党,"为无产阶级做革命运动的急先锋"②。土地革命时期,为了保持农村和战争环境下党的先进性,毛泽东提出从思想建党的方针,要求"从党内教育做起",提高党员的政治水平。抗日战争时期,毛泽东把党的建设作为中国革命的三大法宝之一,号召建设一个全国范围的、广大群众性的、思想上政治上组织上完全巩固的党。为此,毛泽东、刘少奇、周恩来撰写了《纪念白求恩》、《为人民服务》、《论共产党员的修养》、《我的修养要则》等不朽的篇章,从不同方面论述了保持共产党员先进性的问题。党还通过开展大规模的整风运动来加强先进性建设。延安整风实质上是一次全党范围的先进性教育活动。中国共产党以民族独立和人民解放的辉煌胜利,在人民心中竖立了共产党员先进性的丰碑。

党的十一届三中全会以后,邓小平面对改革开放的特点,明确地提出"执政党应该是一个什么样的党,执政党的党员应该怎样才合格"的问题,要求全党进行新的探索,加强和改善党的领导。党的十三届四中全会后,以江泽民为核心的党中央,在国际国内风云变幻的条件下,从容应对复杂局面的考验,积极探索在发展社会主义市场经济条件下保持共产党员先进性的新途径。党的十六大以来,以胡锦涛为总书记的党中央,高举邓小平理论和"三个代表"重要思想的旗

---

① 《中国共产党第十七次全国代表大会文件汇编》,人民出版社 2007 年版,第 49 页。
② 《中共中央文件选集》第 1 册,中共中央党校出版社 1982 年版,第 58 页。

帜,坚持把伟大事业与伟大工程更加紧密地结合起来,采取了包括在全党开展以实践"三个代表"重要思想为主要内容的保持共产党员先进性教育活动的一系列措施来加强党的先进性建设,全面推进党的建设新的伟大工程。

回顾党的历史,我们党在保持先进性方面积累了不少经验,主要有以下几点:

第一,要始终在指导思想和理论基础上保持和发展党的先进性。中国共产党是一个高度重视思想建设的马克思主义政党,始终坚持把思想理论的先进性建设放在党的先进性建设的首要位置。加强思想理论的先进性建设,最根本最重要的是坚持马克思主义的指导地位,不断推进理论创新,坚持用发展了的马克思主义——毛泽东思想和中国特色社会主义理论体系来指导党的建设和中国特色社会主义事业。

第二,要始终与党的路线纲领相联系,保持党的奋斗纲领的先进性。党的奋斗纲领是党公开树立的一面旗帜,是反映和体现党的先进性的重要载体,也是衡量党的先进性的重要尺度。党的纲领,既包括实现共产主义远大目标的最高纲领,也包括确定每个历史阶段中心任务和奋斗目标的基本纲领,即最低纲领。最高纲领为最低纲领的制定和实施指明方向,最低纲领为最高纲领的最终实现准备条件。加强奋斗纲领的先进性建设,就是要通过推进思想、组织、作风和制度建设,使党的纲领和路线顺应时代发展的潮流,始终代表中国最广大人民的根本利益;使广大党员牢固树立共产主义远大理想,坚定走中国特色社会主义道路的信念,脚踏实地地为实现党在现阶段的基本纲领而奋斗。

第三,要始终加强党的组织和党的队伍的先进性建设,在组织基础和领导骨干上保持和发展党的先进性。党的先进性要通过各级党组织和干部队伍、党员队伍的先进性来体现。要进一步加强领导班子和干部队伍建设,改进领导班子思想作风,把各级领导班子建设成为坚定贯彻党的理论和路线方针政策、善于领导科学发展的坚强领导集体;不断深化干部人事制度改革,提高干部的素质和执政本领。要进一步加强基层组织建设,着眼于保证党的路线方针政策在基层的有效贯彻落实,坚持围绕中心、服务大局、拓宽领域、强化功能,调整组织设置,改进工作方式,创新活动内容,进一步扩大覆盖面,不断提高基层党组织的创造力、凝聚力和战斗力。

第四,要着重抓好党内制度和机制建设,在领导体制和工作机制上保持和发展党的先进性。我们党是执政党,党的领导体制和工作机制是否科学、是否先进,关系到能否科学执政和高效执政。要在党和国家的政治生活中坚持和健全民主集中制,进一步完善党的领导制度和工作制度,保证科学执政、民主执政、依法执政、廉洁执政。要进一步完善党的领导体制,进一步完善决策机制,进一步完善各级党组织内部运行机制,为保持和发展党的先进性提供切实可靠的制度保证。

第五,要加强治国理政的先进性建设,在推进中国特色社会主义事业全面发展的实践中保持和发展党的先进性。我们党作为马克思主义执政党,党的先进性最根本的体现,就是善于科学地治国理政,执政能力强、执政效率高,能够实现好、维护好、发展好最广大人民的根本利益。加强治国理政的先进性建设,要求我们党在执政实践中敏锐地洞察经济社会的发展趋势,把握人民群众的意愿和要求,科学制定代表最广大人民的根本利益的路线方针政策和策略,以尽快实现国家富强、民族振兴、社会和谐、人民幸福。

总之,以改革创新的精神加强党的建设,就是要善于用改革的办法破解党的建设的难题,善于用创新的思路探索提高党的执政能力、保持党的先进性的途径;就是要通过党的思想建设、组织建设、作风建设、制度建设和反腐倡廉建设,使党的理论和路线方针政策始终适应时代发展的潮流和我国经济社会发展的要求,反映我国各族人民的利益和愿望,使各级党组织不断提高创造力、凝聚力和战斗力,始终发挥领导核心作用和战斗堡垒作用;使广大党员不断提高自身素质、始终发挥先锋模范作用;使我们党保持与时俱进的精神状态,始终走在时代前列,不断提高执政能力、巩固执政地位、完成执政使命。

第十六章
中国特色社会主义理论体系的基本范畴

任何一种理论体系都是以一系列范畴为"细胞"或"元素"构建起来的。中国特色社会主义理论体系作为与马克思列宁主义、毛泽东思想一脉相承而又与时俱进的科学体系,自然也有其范畴体系。在范畴体系中,一些基本范畴对中国特色社会主义理论体系的形成和发展,具有十分重要的作用。探讨这些基本范畴的科学内涵及其辩证关系,是学习和研究中国特色社会主义理论体系的重要环节。

第一节 基本范畴与理论体系的关系

一、范畴的含义与实质

中国特色社会主义理论体系的基本范畴是对中国特色社会主义的本质属性和各方面关系的概括,是在中国特色社会主义建设实践中形成的认识成果,在中国特色社会主义理论体系中具有十分重要的地位。有的范畴是中国特色社会主义理论体系形成和发展的起点,有的范畴是某一方面理论产生和发展的标志。从某种意义上说,这些基本范畴的丰富和展开的过程,也就是中国特色社会主义理论体系不断发展的过程。

"范畴"源于希腊文"Kategoria",原意为指示、证明,在英文(Category)、德文(Kategorie)、法文(Categorie)中,其原意均为种类、类别、等级,亦即根据事物的性质进行归类。

汉语的"范畴"一词出自《尚书·洪范》,指治国大法的分类,意指归类范物。洪范篇中有"天乃赐禹洪范九畴"一语,说上天赐给禹九类治国安民的大法。南宋蔡沈在《书集传》中解释道:"洪范九畴,治天下之大法,其类有九。""洪"即大;"范"指法则、规范;"畴"指耕作的田地,引申为种类、类别。由此可见,在传统文化中,"范畴"不仅是客观事物本质属性的反映,更是其相互关系的反映。

马克思主义哲学认为,范畴是人的思维对客观事物的本质属性的概括,是反映客观事物的诸种矛盾关系的基本概念。它作为客观事物在人们头脑中的反映,是在社会实践的基础上产生和发展起来的,是认识不断深化的结果。范畴的产生标志着人类思维开始从原始状态进入逻辑思维阶段。如果在认识过程中没有产生范畴,那就意味着对客体的认识还停留在感性阶段。列宁曾把客观世界比做复杂的自然现象之网,把实践基础上产生的范畴比做认识和掌握自然现象之网的网上扭结。他说:"在人面前是自然现象之网。本能的人,即野蛮人,没有把自己同自然界区分开来。自觉的人则区分开来了,范畴是区分过程中的梯级,即认识世界的过程中的梯级,是帮助我们认识和掌握自然现象之网的网上扭结。"①人类对世界的认识和改造是一个历史过程,随着实践和认识的不断发展,人类的理性思维和理论活动不断深入,新的范畴不断产生,新的学科门类也不断形成。

范畴是主观性与客观性的统一。范畴作为人类思维活动的成果在形式上是主观的,是对具体对象的抽象概括。但就其内容即反映事物的属性和关系而言,却是客观的,是客观事物本身所具有的。正如列宁所言:"人的概念就其抽象性、分隔性来说是主观的,可是就整体、过程、总和、趋势、来源来说却是客观的。"②

范畴是确定性与相对性的统一。范畴概括和反映客观事物普遍的本质联系,具有确定的内涵和外延。但是,在一定社会历史条件下,人们认识的范围和程度总是有限的。这就决定了在一定历史时期内,范畴的内涵和外延总是相对的,会随着实践的发展而变化,新范畴会不断取代旧范畴。马克思指出:"范畴也和它们所表现的关系一样不是永恒的。它们是历史性的和暂时的产物。"③正是这种相对性,促使人们不断纠正谬误与偏见,不断完善范畴,使之日益接近所反映事物的本质。

范畴是客观事物最一般存在形式的反映,是对其反映对象的本质和关系的抽象和概括。马克思在论述经济范畴时曾指出:"经济范畴只不过是生产的社

---

① 《列宁全集》第 55 卷,人民出版社 1990 年版,第 78 页。
② 同上书,第 178 页。
③ 《马克思恩格斯选集》第 4 卷,人民出版社 1995 年版,第 539 页。

会关系的理论表现,即其抽象。"①如果对这种社会关系,即对我们所反映的事物作进一步的抽象,在抽象的最后阶段,我们就会得到逻辑范畴。他说:"如果我们逐步抽掉构成某座房屋个性的一切,抽掉构成这座房屋的材料和这座房屋特有的形式,结果只剩下一个物体;如果把这一物体的界限也抽去,结果就只有空间了;如果再把这个空间的向度抽去,最后我们就只有纯粹的量这个逻辑范畴了,……用这种方法抽去每一个主体的一切有生命的和无生命的所谓偶性,人或物,我们就有理由说,在最后的抽象中,作为实体的将是一些逻辑范畴。"②我们由此可以看出,一切范畴都是对现实对象及其关系的一种抽象,是对象及其关系在理论上的一种反映。

范畴是抽象形态的运动。一切事物都处于运动变化之中。马克思指出,正题——反题——合题的辩证运动,就是逻辑范畴的转化和运动过程。"抽象形态的运动是什么呢? 是运动的纯粹逻辑公式或者纯理性的运动。纯理性的运动又是怎么回事呢? 就是设定自己,自己与自己相对立,自相结合,就是把自身规定为正题、反题、合题,或者就是它自我肯定、自我否定和否定自我否定。"③

范畴是人类认识和把握对象的基本形式。一切思维活动不管其对象如何不同,反映的具体内容如何千差万别,都是通过概念、判断、推理来进行的。人们总要用一定的概念来反映具体的对象、表达一定的思想,也总要用一系列概念组成判断、推理,从而获得新的知识。列宁明确地说过:"自然界在人的认识中的反映形式,这种形式就是概念、规律、范畴等等。"④范畴作为反映客观事物本质属性及其关系的基本概念,自然也是人们以逻辑思维反映和把握客观对象的基本形式,是人们认识和把握现实对象的思维工具。

二、基本范畴在理论体系中的地位和作用

理论体系往往是以范畴为基础建立起来的。无论是西方还是东方,概莫能外。中国特色社会主义理论体系也是以一系列范畴为基础建立起来的。

中国特色社会主义理论体系的范畴,是反映和概括中国特色社会主义认识和实践中普遍的本质联系的思维形式,是对中国特色社会主义诸多重要问题和

---

①　《马克思恩格斯选集》第 1 卷,人民出版社 1995 年版,第 141 页。

②　同上书,第 138—139 页。

③　同上书,第 140 页。

④　《列宁全集》第 55 卷,人民出版社 1990 年版,第 153 页。

矛盾关系的概括,是人们在中国特色社会主义建设实践中形成的带有规律性的认识成果。概言之,中国特色社会主义理论体系的范畴是指反映和概括中国特色社会主义认识和建设过程中的一些重要问题及其特性与关系的基本概念,是认识和把握中国特色社会主义理论和实践的手段和工具。

中国特色社会主义理论体系的基本范畴,是在中国特色社会主义实践中产生的,是中国特色社会主义理论体系中最本质、最重要的基本概念,如马克思主义基本原理与马克思主义中国化、四项基本原则与改革开放、社会主义基本制度与社会主义具体体制、计划与市场、效率与公平、人民民主与依法治国、党的领导与基层群众自治、独立自主与对外开放等。它们不仅是中国特色社会主义理论与实践的产物,而且是中国特色社会主义理论与实践的思维工具,并在中国特色社会主义建设实践中得到检验和发展。

中国特色社会主义理论体系的基本范畴,在中国特色社会主义理论体系中具有特殊的地位和作用。

中国特色社会主义理论体系的基本范畴构成中国特色社会主义理论体系的"细胞"或"元素"。一个理论体系,要求以基本范畴为起点,逐步推演出其中所蕴含的丰富内容,逐步构建起一个严整的逻辑结构,从而最终形成科学的理论体系。中国特色社会主义理论体系的基本范畴,反映着中国特色社会主义建设中经济、政治、文化、社会等方面最本质最普遍的联系。正是在这些有着内在联系的基本范畴基础上,形成了中国特色社会主义理论体系。这些基本范畴与整个理论体系的不可分割性,表明中国特色社会主义理论体系具有自己的逻辑起点,具有稳定的逻辑结构,是一个完整的科学体系。

中国特色社会主义理论体系的基本范畴是中国特色社会主义理论体系形成和发展的标志。从认识发展史的角度考察,任何一个范畴都凝结着一定历史时期认识的成果。随着实践活动的不断深入和认识的不断发展,人们会获得越来越丰富、越来越深刻的认识成果。这些成果总是以概念的形式凝结起来,表现为原有范畴为新的认识所否定而形成新的范畴,或者得到修正而更加准确。这样,范畴很自然地具有了作为认识史的总结功能。与此功能相适应,任何一个范畴,也就成为人们认识发展阶段的标志,认识发展特定环节的标志。例如,毛泽东在1938年10月的《论新阶段》中,就提出了"马克思主义中国化"命题。"马克思主义中国化"的实质,就是马克思主义基本原理同中国具体实际相结合。但在理论表述上有一个从马克思主义"普遍真理"演变到"基本原理"的过程。这一变化表明,人们已经认识到在马克思主义理论中,并不是所有的内容都是"基本原理"。"马克思主义基本原理与马克思主义中国化"这一对范畴,正是这一认识发展阶段的标志。

中国特色社会主义理论体系的基本范畴是认识和研究中国特色社会主义理论体系的切入点。我们认识和研究某一理论体系时,不能不考察这一理论体系形成的历史背景和时代特征,不能不考察其理论基础、基本原理及其主要内容之间的相互关系。基本范畴是反映事物本质属性和普遍联系的最基本概念,渗透在整个理论体系之中。可以说,任何理论体系都离不开基本范畴这些"细胞"或"元素",整个理论体系的诸要素就是以基本范畴为关节点建立起来的。中国特色社会主义理论体系的基本范畴,表现和反映着这一理论体系形成的历史背景、时代特征、理论基础、基本原理;表现和反映着这一理论体系所涵盖的经济、政治、文化、社会等方面的主要问题、基本任务、实践纲领及其相互关系。例如,四项基本原则和改革开放这一对范畴,作为党在社会主义初级阶段的基本路线的"两个基本点",反映了新时期中国社会主义的基本特点,由此构成了中国特色社会主义理论体系的主要内容。因此,只有把握了这些基本范畴才能有效地认识和研究中国特色社会主义理论体系。

中国特色社会主义理论体系的基本范畴还是发展和完善中国特色社会主义理论体系的生长点。范畴不是凝固的、僵化的,而是发展的、变化的,随着实践的发展和认识的深入,新的范畴会不断产生,原有的范畴也会获得新的内容。人类认识史、科学史上的不少事例已经证明,范畴的突破、创新会带来理论的发展。随着中国特色社会主义建设的不断推进,必将涌现出新的范畴,现有的基本范畴也会被赋予新的含义。对这些具有新的含义的基本范畴或新产生的基本范畴进行推演、拓展,就会逐步产生新的理论,从而使中国特色社会主义理论体系更加丰富、更加完善。这也表明中国特色社会主义理论体系是一个开放的、不断发展的理论体系。

第二节　中国特色社会主义理论体系基本范畴的科学内涵和重要意义

一、马克思主义基本原理与马克思主义中国化

在中国特色社会主义理论体系中,马克思主义基本原理与马克思主义中国化这对范畴是最基本、最重要的范畴,具有普遍的指导意义。其他范畴乃至整个

中国特色社会主义理论体系都建立、发展于这对范畴的基础之上。

　　马克思主义基本原理特指马克思主义思想体系中那些最主要和最重要的理论、观点。大家知道,马克思主义是无产阶级及其政党的完整而彻底的世界观,是无产阶级和一切被压迫人民争取解放的理论。马克思主义不仅仅包括它的创始人马克思和恩格斯的观点和学说,而且还包括它的继承者对它的补充和发展。过去较长一段时期,我们曾使用"马克思主义普遍真理"这一提法,强调马克思主义是科学的理论体系,具有普遍的指导性;而马克思主义基本原理,强调的是马克思主义思想体系中那些最主要、最基本的东西,以防止人们将马克思主义教条化。对此,邓小平说得很明白:"我们坚持的和要当做行动指南的是马列主义、毛泽东思想的基本原理,或者说是由这些基本原理构成的科学体系。至于个别的论断,那末,无论马克思、列宁和毛泽东同志,都不免有这样那样的失误。但是这些都不属于马列主义、毛泽东思想的基本原理所构成的科学体系。"①

　　马克思主义中国化是指将马克思主义基本原理同中国具体实际相结合。具体而言,就是把马克思主义的基本原理进一步和中国实践、中国历史、中国文化结合起来,使马克思主义在中国实现民族化和具体化。马克思主义中国化,就是运用马克思主义解决中国革命、建设和改革的实际问题,就是把中国革命、建设和改革的实践经验和历史经验提升为理论,就是把马克思主义植根于中国的优秀文化之中。实现马克思主义中国化,是中国革命进程中正反两方面实践经验的科学总结,是解决中国实际问题的迫切需要,也是马克思主义理论发展的内在要求。中国的国情与马克思、恩格斯所分析的西方资本主义国家有很大的不同。要真正运用马克思主义来指导中国的革命、建设和改革,就必须将马克思主义基本原理与中国具体实际相结合,不断推进马克思主义中国化。恩格斯明确地指出:"马克思的整个世界观不是教义,而是方法。它提供的不是现成的教条,而是进一步研究的出发点和供这种研究使用的方法②"。马克思主义只有在同各国实际相结合的过程中,才能开辟自己发展的道路。

　　马克思主义基本原理与马克思主义中国化是辩证统一的。马克思主义基本原理具有共性、普遍性、一般性,是具有普遍指导意义的真理。马克思主义中国化是将马克思主义基本原理与中国具体实际相结合,是中国化的马克思主义,体现了马克思主义的个性、特殊性、差异性。具体而言:

---

① 《邓小平文选》第二卷,人民出版社 1994 年版,第 171 页。
② 《马克思恩格斯选集》第 4 卷,人民出版社 1995 年版,第 742—743 页。

第一，马克思主义基本原理是马克思主义中国化的前提和基础。任何个别不论怎样都是一般，马克思主义中国化是马克思主义基本原理的体现。马克思主义中国化不是孤立的，不是无源之水、无本之木，而是将马克思主义基本原理与中国具体实际相结合，实现其中国化、具体化。不坚持马克思主义基本原理，就无所谓马克思主义中国化。

第二，马克思主义中国化是马克思主义基本原理的具体体现。一般只能存在于个别之中，共性体现于个性之中。马克思主义基本原理不是抽象的一般，不是脱离中国的具体实际而存在的，它正是通过马克思主义中国化来显示其真理性。马克思主义基本原理就体现于马克思主义中国化的历史进程之中，体现于马克思主义中国化的理论成果之中。

第三，马克思主义中国化是马克思主义基本原理的创造性运用和发展。马克思主义之所以能称为"放之四海而皆准"的普遍真理，是因为它揭示了包括人类历史在内的世界发展的本质规律，具有普遍的适用性。但是，这种普遍性是就其本质而言的，不能将其绝对化，更不能庸俗化。如果认为马克思主义基本原理是万能的，无所不包的，就曲解了马克思主义的普遍指导意义，也有悖于马克思主义基本原理。在长期的革命和建设实践中，我们认识到，要真正运用马克思主义来指导中国的实践，必须紧密结合中国的国情和时代特征，把马克思主义应用到中国的具体环境中去，找到适合中国的道路。同时，马克思主义中国化的理论成果又丰富和发展了马克思主义基本原理。中国共产党人把马克思主义基本原理与变化的时代特征相结合，与中国具体国情相结合，对现实中的一系列重大问题作出新的回答，得出新的结论，从而不断出现用"新内容、新思维、新语言"写出的马克思主义的"新篇章"、"新版本"。

马克思主义基本原理与马克思主义中国化这对范畴对中国特色社会主义理论体系的形成与发展具有重要意义。

第一，促进了中国特色社会主义理论体系的形成。邓小平在十二大开幕词中明确地指出："把马克思主义的普遍真理同我国的具体实际结合起来，走自己的道路，建设有中国特色的社会主义，这就是我们总结长期历史经验得出的基本结论。"①正是以马克思主义基本原理与马克思主义中国化这对范畴为基础，我们党在和平与发展成为时代主题的历史条件下，在我国改革开放和现代化建设的实践中，在总结我国社会主义胜利和挫折的历史经验并借鉴其他社会主义国

_____

① 《邓小平文选》第三卷，人民出版社1993年版，第3页。

家兴衰成败历史经验的基础上,创立了邓小平理论,标志着中国特色社会主义理论体系正式形成。

第二,推动了中国特色社会主义理论体系的发展。马克思主义基本原理与马克思主义中国化这一范畴,体现了理论与实践的统一、坚持与发展的统一,既反对轻视甚至背离马克思主义的错误倾向,又反对教条式地对待马克思主义,倡导对待马克思主义的科学态度和优良学风。我们以马克思主义基本原理为指导,对中国特色社会主义建设中的许多重大现实问题予以理论分析,作出正确回答、得出正确结论,既促进中国特色社会主义事业的发展,也推动中国特色社会主义理论体系的发展。正是以这对范畴为基础,党的十三届四中全会以来,以江泽民为核心的党的第三代中央领导集体,高举邓小平理论伟大旗帜,在科学判断党的历史方位的基础上,在建设中国特色社会主义的伟大实践中,逐步将治党治国治军的经验加以概括和总结,创立了"三个代表"重要思想。党的十六大以来,以胡锦涛为总书记的党中央从新世纪新阶段党和国家事业发展全局出发,在深刻总结国内外经济社会发展的经验教训的基础上,明确提出了科学发展观,进一步回答了什么是发展、为什么发展和怎样发展等重大问题,从而丰富和完善了中国特色社会主义理论体系

第三,处理好马克思主义基本原理与马克思主义中国化的关系,并不断推进中国特色社会主义理论体系的发展,关系到中国特色社会主义事业的兴衰成败。在邓小平理论和"三个代表"重要思想的指导下,我国不断推进中国特色社会主义建设的进程,国民经济持续快速健康发展,社会主义政治文明和精神文明建设成效显著,人民生活总体上达到小康水平。新世纪新阶段,党领导人民全面贯彻落实科学发展观,正朝着实现富强、民主、文明、和谐的社会主义现代化目标前进。实践证明,处理好马克思主义基本原理与马克思主义中国化的关系,以中国特色社会主义理论体系为指导,我们的实践就有正确的方向,我们的事业就会不断取得胜利。

二、四项基本原则与改革开放

十一届三中全会以来,我国社会的生产力迅速发展、综合国力大大增强、人民生活水平显著提高。之所以能取得如此巨大的成就,关键原因就在于我们正确认识四项基本原则与改革开放的本质要求,正确处理二者之间的辩证关系。要继续推进中国特色社会主义事业,也必须做到这一点。

四项基本原则是立国之本。1979 年 3 月,邓小平在党的理论工作务虚会上

明确提出了"四项基本原则"。他说:"我们要在中国实现四个现代化,必须在思想政治上坚持四项基本原则。这是实现四个现代化的根本前提。这四项是:第一,必须坚持社会主义道路;第二,必须坚持无产阶级专政;第三,必须坚持共产党的领导;第四,必须坚持马列主义、毛泽东思想。"①四项基本原则从领导力量、发展方向、国家政权和意识形态等方面,科学而完整地回答了当代中国社会的发展道路和方向问题,是全国各族人民团结奋斗的共同政治基础。四项基本原则,是现代中国根本区别于历史上的封建主义中国和半殖民地、半封建中国的主要标志。离开了四项基本原则,中国就不成其为社会主义国家,也就谈不上建设中国特色社会主义。西方敌对势力要"西化"、"分化"我们,其目的就是要我们放弃四项基本原则。苏联解体、东欧剧变,原因是多方面的,但最根本的是这些国家的共产党主动放弃了社会主义道路,放弃了共产党的领导,放弃了无产阶级专政,放弃了马克思列宁主义,最终酿成了制度改变、国家解体的悲剧。殷鉴不远,我们必须记取。

改革开放是强国之路。1978年12月,我们党召开具有重大历史意义的十一届三中全会,开启了改革开放历史新时期。改革开放既是我们党领导的一场新的伟大革命,又是社会主义制度的自我完善和发展。在社会主义社会,促进生产力和经济社会发展的直接动力是改革开放。通过改革,使社会主义制度自我完善和自我发展,解放和发展生产力,充分发挥社会主义制度的优越性;通过开放,引进和吸收人类文明的有益成果,发展和壮大社会主义。党的十七大强调:"改革开放是决定当代中国命运的关键抉择,是发展中国特色社会主义、实现中华民族伟大复兴的必由之路;只有社会主义才能救中国,只有改革开放才能发展中国、发展社会主义、发展马克思主义。改革开放符合党心民心、顺应时代潮流,方向和道路是完全正确的,成效和功绩不容否定,停顿和倒退没有出路。"②

四项基本原则与改革开放是相互贯通、相互依存、不可分割的,二者在本质上是统一的。

首先,四项基本原则与改革开放互为前提。不能离开四项基本原则谈论改革开放,也不能离开改革开放抽象谈论四项基本原则。我们的改革开放是社会主义的改革开放,只有坚持四项基本原则,才能保证全国各族人民有统一的意志

① 《邓小平文选》第二卷,人民出版社1994年版,第164—165页。
② 《中国共产党第十七次全国代表大会文件汇编》,人民出版社2007年版,第10页。

和统一的行动,才能保证改革开放有一个坚定正确的政治方向和安定团结的社会环境,才能推动改革开放顺利进行。离开四项基本原则,改革开放就会失去正确的方向,就会走到背离社会主义的邪路上去。同时,只有实行改革开放,社会主义才能保持蓬勃的生机与活力,四项基本原则才能不断从改革开放的实践中获取新的内容,才能得到更好的坚持。

其次,四项基本原则与改革开放目的一致。改革开放是党在新的时代条件下带领人民进行的新的伟大革命,目的就是要解放和发展社会生产力,实现国家现代化,让中国人民富裕起来,振兴伟大的中华民族;就是要推动我国社会主义制度自我完善和发展,赋予社会主义新的生机活力,建设和发展中国特色社会主义;就是要在引领当代中国发展进步中加强和改进党的建设,保持和发展党的先进性,确保党始终走在时代前列。不论是坚持四项基本原则,还是坚持改革开放,都是为了更好地解放和发展生产力、巩固和加强党的领导、建设和发展中国特色社会主义。

四项基本原则与改革开放统一于中国特色社会主义的实践中,统一于社会主义现代化建设进程中。邓小平指出:"要搞现代化建设使中国兴旺发达起来,第一,必须实行改革、开放政策;第二,必须坚持四项基本原则。"①四项基本原则是社会主义现代化建设的政治保证;改革开放是社会主义发展的动力和条件,是实现现代化的根本途径。我们必须将二者统一起来,使它们相互依存、相互促进,而不能把二者割裂开来。既要注意克服离开改革开放谈论四项基本原则的僵化倾向,也要坚决反对背离四项基本原则的资产阶级自由化倾向。

坚持四项基本原则与改革开放的统一,必须划清两种改革开放观,即坚持四项基本原则的改革开放,同资产阶级自由化主张的实质上是资本主义化的"改革开放"的根本界限。前者是为了发展中国特色社会主义,后者是为了把中国资本主义化。对此问题,江泽民说得十分清楚。他指出:"在改革开放问题上,实际上存在着两种截然不同的主张。一种是党中央和邓小平同志一贯主张的坚持社会主义道路,坚持人民民主专政,坚持共产党的领导,坚持马列主义、毛泽东思想的改革开放,即作为社会主义制度自我完善的改革开放。另一种是坚持资产阶级自由化立场、要求中国'全盘西化'的人所主张的同四项基本原则相割裂、相背离、相对立的'改革开放'。这种所谓'改革开放'的实质,就是资本主义化,就是把中国纳入西方资本主义体系。我们必须明确划清两者的

---

① 《邓小平文选》第三卷,人民出版社 1993 年版,第 248 页。

根本界限。"①

坚持四项基本原则与改革开放的统一,必须旗帜鲜明地反对资产阶级自由化。搞资产阶级自由化,就是反对党的领导,否定社会主义制度,主张资本主义制度,主张全盘西化。这是违背人民利益和历史潮流的,为广大人民所反对。邓小平明确地指出:"自由化本身就是资产阶级的,没有什么无产阶级的、社会主义的自由化,自由化本身就是对我们现行政策、现行制度的对抗"②。他一再强调,我们搞的四个现代化,是社会主义的四个现代化,绝不能搞自由化,绝不能走西方资本主义道路。否则,改革开放和现代化建设就不可能正常进行,已经取得的成果也可能丧失。只有始终坚持四项基本原则,旗帜鲜明地反对资产阶级自由化,才能保证改革开放和现代化建设永不背离社会主义的正确方向,才能保证改革开放和现代化建设有一个稳定的政治局面和社会环境。

三、社会主义基本制度与社会主义具体体制

制度和体制是表征社会结构层次的范畴。社会主义基本制度与社会主义具体体制范畴作为一对实体范畴,在中国特色社会主义理论体系中占有重要地位。

制度是一种系统和体系,具有整体性、系统性、稳定性特征。制度主要是指社会经济形态,其性质是由生产力发展的程度和生产关系的基础即所有制的形式决定的。从整体上看,制度是经济基础和上层建筑相统一的本质表现。因此,制度一般分为经济制度和政治制度。③ 制度包括基本制度和非基本的具体制度。基本制度直接作用于社会经济关系,对它们进行干预制约,能够维护和强化社会经济关系及政治关系,能够巩固社会秩序。就社会主义而言,从经济上看,其本质特征是生产资料公有制;从政治上看,其本质特征是人民当家作主。我国是工人阶级领导的、以工农联盟为基础的人民民主专政的社会主义国家。人民民主专政是我国的国体,人民代表大会是我国的政体,二者都是中国人民当家作主的根本政治制度。

每种社会形态中总有经济、政治、文化等诸多领域,每个领域都有若干配套的具体制度,分别组合成相应的体制。它实质上是社会基本制度的具体化,是社

① 江泽民:《在庆祝中华人民共和国成立四十周年大会上的讲话》,人民出版社1989年版,第11页。

② 《邓小平文选》第三卷,人民出版社1993年版,第182页。

③ 参见靳辉明:《中国特色社会主义理论体系研究》,海南出版社1998年版,第437页。

会基本制度的表现方式和实现形式。体制详细规定了一定社会领域中若干具体的规程和行为准则,可以直接、具体地指导和规范人们的活动,能使社会基本制度得以贯彻和落实。

社会主义基本制度与社会主义具体体制既有联系又有区别,二者是辩证统一的。

社会主义基本制度规定社会主义具体体制,社会主义具体体制是社会主义基本制度的表现形式。经济体制是经济制度的表现形式,政治体制是政治制度的表现形式。制度是根本性的,体现本质关系;体制是派生的,体现表层或具体关系。制度决定体制,体制从属和服务于制度。

社会主义具体体制对社会主义基本制度具有反作用。如果没有具体体制的存在和发挥作用,社会主义基本制度就会悬空,就难以健康运行。具体体制不完善、不健全或不匹配,必然会影响社会主义基本制度的贯彻落实。与社会主义基本制度相适应的具体体制,不仅能促进基本制度的运行,还能促进基本制度的完善和发展。我们正在进行的体制改革就是对社会主义制度的完善和发展。

社会主义基本制度决定社会主义具体体制必须与自己保持一致,与自己相适应。但由于社会主义基本制度本身又受生产力与生产关系、经济基础与上层建筑矛盾运动的制约,因此,社会主义具体体制与社会主义基本制度既有相适应的一面,又有不相适应的一面。相适应,就有利于社会主义基本制度的运行和发展;反之,则阻碍。在不相适应的情况下,就必须对具体体制进行改革。

社会主义基本制度与社会主义具体体制范畴对社会主义改革具有重要的指导意义。

第一,正确认识社会主义基本制度与社会主义具体体制,是改革的前提。苏联解体和东欧剧变,其原因固然复杂多样,但其中一个关键原因在于:这些国家没有正确认识社会主义基本制度与社会主义具体体制的关系。他们将具体体制上的问题归咎于制度本身,从而在"改革"中放弃了社会主义制度。这个教训是惨痛的,促使有识之士对社会主义基本制度与社会主义具体体制关系进行再认识。邓小平指出:"社会主义基本制度确立以后,还要从根本上改变束缚生产力发展的经济体制,建立起充满生机和活力的社会主义经济体制,促进生产力的发展,这是改革,所以改革也是解放生产力。"[①]也就是说,改革的对象不是社会主义基本制度本身,而是它的具体实现形式。改革不是否定社会主义基本制度,而

---

① 《邓小平文选》第三卷,人民出版社 1993 年版,第 370 页。

是改变束缚生产力发展的具体体制,其目的是通过建立新的社会主义具体体制来巩固和发展社会主义基本制度。

第二,正确认识社会主义基本制度与社会主义具体体制,是改革沿着正确方向顺利推进的保证。从根本上讲,社会主义具体体制是社会主义基本制度的实现形式,是服从和服务于社会主义基本制度的。改革中的失误和偏差,都会影响社会主义基本制度。这就要求我们的改革,既要态度积极,坚决及时地改革旧体制;又要步子稳妥,循序渐进地推进改革。改革还必须是全面的改革,不仅是经济体制改革,还包括政治体制、文化体制等方面的改革。

第三,正确认识社会主义基本制度与社会主义具体体制,还能澄清对改革的种种误解。在改革初期,一些人对改革不理解,认为改革就是走资本主义道路。当时对深圳特区改革的态度,颇具代表性。全面深入分析社会主义基本制度与社会主义具体体制这对范畴,有利于澄清对改革的性质、目的、走向等这些错误认识。

四、计划与市场

计划与市场,是对经济体制和调节手段的抽象概括。计划与市场范畴在中国特色社会主义经济理论中占有十分重要的地位。

计划是经济制度的表现形式之一,也是经济运行的一种机制。在现代经济运行中,计划调节不可或缺,任何经济体制都要采用一定的计划手段。计划调节有其优点:能够较好地完成中、长期经济社会发展任务;能以强有力的手段集中人力、物力、财力,保证重点项目建设;能够有效进行宏观调控,及时对经济运行中的偏差进行调整。但传统的计划经济的弊端也比较明显,政企不分,条块分割,国家对企业统得过多过死;忽视商品生产、价值规律和市场的调节作用,分配中平均主义严重;经济形式和经营方式单一。

市场是指价值规律在经济运行中起基础性作用、通过供求关系配置资源的调节机制。市场经济最本质的规定性是资源配置市场化。企业是市场的主体,拥有生产经营自主权,一切经济活动都以市场为中心,实行自主经营、自负盈亏、自我发展、自我约束。生产经营者有权根据自身的利益决定投入和产出,在法律许可的范围内,追求自身利益最大化。竞争是市场经济的灵魂,通过竞争实现资源优化配置。市场经济是开放的经济,需要建立统一开放的市场体系。市场经济强调宏观调控间接化,使用财政、税收等手段进行调节。市场经济也存在着盲目性、自发性、滞后性等缺陷。

　　计划与市场是辩证统一关系。

　　第一,计划与市场都是经济调节手段。计划与市场不是划分社会制度的标志,而是资源配置的方式。市场经济是在资本主义私人占有制下逐步发展成熟的,但它并不因此而姓"资",因为资本主义在搞市场经济的同时也有计划;计划经济虽然在社会主义公有制下长期奉行,但它并不因此而姓"社",因为社会主义在搞计划经济的同时,也在改革中引入了市场机制。计划与市场和社会制度没有本质联系,都是现代经济运行普遍采用的手段,它们可以为不同的所有制经济服务。

　　第二,计划与市场在功能上相互补充。计划与市场作为经济调节的两种手段,各有优劣。在社会化大生产和经济关系复杂的条件下,市场经济对促进经济发展具有更强的适应性,能带来较高的效率,但不能克服自身的盲目性、自发性所引发的恶性竞争、短期行为、道德缺失等弊端。计划经济不能有效地解决效率和激励、竞争等问题。但是,二者目标是一致的,都是力图有效配置资源。因此,可以把二者结合起来,取长补短,共同促进经济的发展。正如邓小平所说:"把计划经济和市场经济结合起来,就更能解放生产力,加速经济发展。"①

　　计划与市场范畴对中国特色社会主义市场经济体制的建立和完善具有重要意义。

　　第一,正确认识计划与市场,是社会主义市场经济体制建立和完善的理论基础。社会主义市场经济理论,解决了我国在社会主义初级阶段的经济发展问题。这一问题的解决,是建立在对计划和市场范畴的正确认识基础之上的。长期以来,人们认为计划与市场是社会主义与资本主义相互区别的重要标志。在总结实践经验、借鉴人类优秀文明成果的基础上,邓小平在南方谈话中明确地指出:"计划多一点还是市场多一点,不是社会主义与资本主义的本质区别。计划经济不等于社会主义,资本主义也有计划;市场经济不等于资本主义,社会主义也有市场。计划和市场都是经济手段。"②这一论断从根本上破除了把计划经济和市场经济看做社会基本制度范畴的思想束缚,为发展社会主义市场经济奠定了理论基础。

　　第二,计划和市场范畴是对马克思主义经济理论的丰富和发展。马克思和恩格斯认为,由于社会主义革命将在经济最发达的资本主义国家中实现,因此生

---

① 《邓小平文选》第三卷,人民出版社1993年版,第148—149页。
② 同上书,第373页。

产资料和社会产品将属于一个主人——社会全体成员,资源的配置有可能由一个社会中心通过计划来实现。据此,人们形成了一种根深蒂固的观念:计划经济是社会主义经济的特征。列宁尽管经历了社会主义社会,并在利用市场发展经济方面作出了有益的尝试,但毕竟实践的时间很短。邓小平有更多的时间来思考社会主义的经济发展问题,尤其是他从理论上科学地阐明了计划和市场的关系,提出社会主义也可以搞市场经济的新观点,这是对马克思主义基本原理尤其是经济理论的丰富和发展。

五、效率与公平

效率与公平问题是当今世界各国普遍关注的问题,不仅具有重要的经济意义,而且具有重要的政治意义。

效率是一个经济学范畴,是指资源的有效配置与使用,是指在经济活动中人们获得的劳动成果与所耗费劳动成果的比率。效率的增长或下降表现为劳动生产率的提高或降低,表现为资金利润率的提高或降低。效率和分配有密切关系。在市场经济条件下,通常按照供给者提供的生产要素所产生的经济效益进行分配。所提供的生产要素产生的经济效益越大,获得的收益就越多。这与效率的增长或降低是一致的,有助于效率的提高。但是,这种分配方式也有局限,表面上的公平掩盖了事实上的不平等,因为参与竞争者的条件不同,不仅要受其经济实力等因素的限制,还要受多种偶然情况的制约。

公平是一个综合性概念,具有经济学、政治学、伦理学等方面的意义,是一种价值判断,是一种价值观。在经济学上,公平表现为一种分配制度,具有利益均等的内涵;在政治学上,公平表现为一种权利尺度,具有正义、平等的内涵;在伦理学上,公平表现为一种价值尺度,是一种行为准则和道德规范。归根结底,公平的实质是利益关系问题,是指一定社会中人们之间利益或权利分配的合理化。

效率与公平既有联系又有区别,二者是辩证统一的。

效率与公平互为前提,互相促进。一方面,效率是公平的基础。有了效率,才有利于经济发展,才能为实现公平创造必要的物质基础。另一方面,公平又是效率的保证,只有做到公平,才能调动劳动者的积极性,才能创造出更高的效率。同时,公平也是效率的社会目的和意义所在。只有正确处理好效率与公平的关系,才能保持社会稳定,促进共同富裕目标的实现。

效率与公平是内在统一的。在资本主义市场经济条件下,人们认为二者不可兼得,强调经济效率会损害社会公平,强调社会公平会降低经济效率。但在社会主义市场经济条件下,由于效率和公平都与最终实现共同富裕这一目标紧密联系,因而效率与公平不是彼此对立的,而是内在统一的,都是实现共同富裕的途径。

效率与公平的内在统一,是社会主义的本质要求。正确处理效率与公平的关系,有利于防止两极分化,关系到最广大人民的根本利益,关系到广大干部群众的积极性、主动性、创造性的充分发挥,必须高度重视并切实抓好。党的十四大以来,为了克服平均主义严重影响效率提高的情况,充分调动人们的生产积极性,加快生产力的发展,提出了效率优先、兼顾公平的原则。党的十五大提出要进一步完善分配结构和分配方式,要"规范收入分配,使收入差距趋向合理,防止两极分化"。党的十六大进一步提出,坚持效率优先、兼顾公平,既要提倡奉献精神,又要落实分配政策,既要反对平均主义,又要防止收入悬殊。初次分配注重效率,发挥市场的作用,鼓励一部分人通过诚实劳动、合法经营先富起来。再分配注重公平,加强政府对收入分配的调节职能,调节差距过大的收入,规范分配秩序。党的十六届四中全会强调,要注重社会公平,切实采取有力措施解决地区之间和部分社会成员收入差距过大问题。党的十六届六中全会提出,加强收入分配宏观调节,在经济发展的基础上,更加注重社会公平,促进共同富裕。党的十七大报告强调,合理的收入分配制度是社会公平的重要体现。初次分配和再分配都要处理好效率和公平的关系,再分配更加注重公平。创造机会公平,整顿分配秩序,逐步扭转收入分配差距扩大趋势。这些提法的变动,反映了党对效率与公平问题的高度重视,反映了党对效率与公平关系的认识在不断深化,也反映了我们党在防止两极分化方面作出的巨大努力。

六、人民民主与依法治国

人民民主与依法治国是社会主义上层建筑不可分割的两个方面。这一对范畴的提出,反映了中国共产党对社会主义政治文明建设的认识的深化,反映了中国共产党治国方略的发展。

人民民主就是人民当家作主,就是人民群众在党的领导下,通过人民代表大会、中国共产党领导的多党合作和政治协商、民族区域自治、基层民主自治等制度形式,掌握国家政权,行使民主权利,管理国家事务、经济文化事业和社会事务。具体而言,人民群众根据宪法和法律的规定选举人民代表,表达自己的愿望和要求,同时通过立法听证、行政听证等形式,有序参与法律法规及政策的制定;在城乡基层群众自治组织中,依法直接行使民主选举、民主决策、民主管理、民主监督等权利,对所在基层组织的公共事务和公益事业实行民主自治,对党和政府及其工作人员实行民主监督。人民当家作主是社会主义民主政治的本质要求,是社会主义政治文明建设的根本出发点和归宿。

依法治国,就是广大人民群众在党的领导下,依照宪法和法律规定,通过各种途径和形式管理国家事务,管理经济文化事业,管理社会事务,保证国家各项工作都依法进行,逐步实现社会主义民主的制度化、法律化,使这种制度和法律不因领导人的改变而改变,不因领导人看法和注意力的改变而改变。依法治国的主体是党领导下的人民群众,也就是党领导人民实行依法治国。依法治国的客体是国家事务、经济文化事业和社会事务。依法治国所依的法,最重要的是宪法和法律。依法治国,是党领导人民治理国家的基本方略,是发展社会主义市场经济的客观需要,是社会文明进步的重要标志,是国家长治久安的重要保障。

人民民主与依法治国相互依赖、相互促进、密不可分,统一于中国特色社会主义民主政治建设的伟大实践之中。

首先,人民民主是依法治国的目的和基础。法治的性质由民主的性质决定,法治的主体也由民主的主体决定。在我国,一切权力属于人民,人民是国家的主人。这决定了依法治国的主体只能是广大人民群众。依法治国所依的法,是人民在党的领导下,通过法定程序制定的,是人民意志的体现,是人民当家作主的体现。只有实行人民民主,才能制定出真正体现人民意志、代表人民根本利益的法律,法律才更具权威、更有力量,才能更好地发挥其保障功能。

其次,依法治国是实现人民民主的保证。人民取得的民主权利如果不上升为制度和法律,并使这种制度和法律具有稳定性、连续性和权威性,人民的民主权利就没有保障。依法治国,将人民的民主权利以及国家在政治、经济、文化和社会生活等方面的民主结构、民主形式和民主程序,用法律和制度固定下来,并确保其实施。这样,才能保证全体人民真正管理国家事务、经济文化事业和社会事务,享有各项民主自由权利。

人民民主与依法治国这对范畴对中国特色社会主义民主法制建设具有重要的指导意义。

中国特色社会主义是一项长期的、艰巨的伟大事业,需要全体人民共同努力。只有充分发扬人民民主,才能激发全体人民的积极性、主动性和创造性,才能充分发挥他们的智慧和力量,从而使中国特色社会主义事业不断前进。发扬人民民主,也是社会主义事业始终沿着正确方向发展的保证。邓小平指出:"没有民主就没有社会主义,就没有社会主义的现代化"。历史经验告诉我们,民主遭到破坏,社会主义事业的发展方向就会偏离,就会遭受挫折。①

社会主义法制是人民按照自己的意志,通过国家政权建立起来的法律制度和执法原则,是人民当家作主的重要手段。从党的十一届三中全会以来,我国逐步构建起社会主义法律体系,改变了法制不健全的状况,但仍有待健全和完善,亟须加强社会主义法制建设。要坚持科学立法、民主立法,完善中国特色社会主义法律体系;要加强宪法和法律实施,坚持公民在法律面前一律平等,维护社会公平正义;要深化司法体制改革,优化司法职权配置,规范司法行为,建设公正高效权威的社会主义司法制度;要深入开展法制宣传教育,弘扬法治精神,形成自觉学法守法用法的社会氛围。

民主与法治相辅相成,不可分割。但是,民主与法治并非天生就是相生相存的。必须坚持人民民主与依法治国的统一,切实发展人民民主,有效实施依法治国方略,扩大人民民主权利,提升法律权威,使民主与法治相辅相成,为社会主义和谐社会奠定坚实基础。

七、党的领导与基层群众自治

党的领导与基层群众自治这对范畴,在中国特色社会主义理论体系中占有重要地位,对中国特色社会主义民主政治的发展具有重要指导意义。

党的领导主要是政治领导、思想领导、组织领导。中国共产党的领导地位是在长期革命斗争中形成的,是中国近代历史发展和中国人民长期选择的必然结果。中国共产党是中国特色社会主义事业的领导核心,是中国最广大人民根本利益的忠实代表。这不仅体现在党的理论、纲领、路线、方针和政策上,更体现在党的各项实际工作中。坚持中国共产党的领导,是中国特色社会主义政治文明的首要内容和突出特色。离开了中国共产党的领导,中国特色社会主义事业也就无从谈起。正如江泽民所说:"要把十几亿人的思想和力量统一和凝聚起来,共同建设有中国特色社会主义,没有中国共产党的统一领导是不可设想的。"②

基层群众自治主要表现为群众依法直接行使民主权利,管理基层公共事务和公益事业,实行自我管理、自我服务、自我教育、自我监督,是人民当家作主最有效、最广泛的途径,具有全体公民广泛和直接参与的特点。我国目前已形成以农村村民委员会、城市居民委员会和企业职工代表大会为主要内容的基层群众

---

① 《邓小平文选》第二卷,人民出版社1994年版,第168页。
② 《江泽民文选》第二卷,人民出版社2006年版,第262页。

自治体系。1987 年,全国人大常委会通过了《村民委员会组织法(试行)》,两年后《城市居民委员会组织法》也获得通过。基层群众自治成为一项具有全面法律保障的民主制度。

党的领导与基层群众自治是辩证统一的关系。

首先,党的领导是基层群众自治的政治保证和根本前提。中国共产党是中国工人阶级的先锋队,同时是中国人民和中华民族的先锋队。这一性质决定了中国共产党的宗旨是全心全意为人民服务。无论是在新民主主义革命时期,还是在社会主义革命和社会主义建设时期,中国共产党的理论、纲领、路线、方针和政策始终是与广大人民的根本利益相一致的,赢得了广大人民的支持和拥护。当前,基层群众自治面临着一系列复杂的社会矛盾和问题,这就特别需要中国共产党这一强大的政治组织的引导和推进,提高基层群众自治的制度化、法律化程度,保证基层群众自治沿着正确的方向顺利发展。

其次,基层群众自治有利于坚持和改善党的领导。坚持和改善党的领导,需要推动基层群众自治,首先保证人民群众在基层的政治、经济、文化和社会事务中当家作主。只有这样,党才能得到人民衷心的支持和拥护,才能巩固党的领导和执政的群众基础,扩大党的社会影响力。同时,发展基层群众自治,也加强了人民群众对党和党员干部的监督,这也有利于改善党的领导。

党的领导与基层群众自治这对范畴对加强党的建设、健全基层群众自治制度具有重要的指导意义。

第一,加强党的组织建设,发挥党员的示范带头作用,发挥基层党组织的战斗堡垒作用。党的组织是党执政的组织基础。要全面推进农村、企业、城市社区和机关、学校、新社会组织等的党组织建设,优化组织设置,扩大组织覆盖,创新活动方式,以党的组织建设带动基层群众自治。要积极发展基层群众自治组织中的优秀分子加入中国共产党。要鼓励、支持、推荐党员参加基层群众自治组织,通过依法选举,使尽可能多的党员在基层群众自治组织中担任领导职务,以此增强党组织在群众中的影响力、凝聚力和号召力,更好地发挥基层党组织的战斗堡垒作用。

第二,健全基层群众自治制度,扩大基层民主。基层群众自治制度有利于广大人民群众直接行使民主权利,有利于提高人民群众的民主素养,有利于社会主义民主的进一步发展,是中国共产党不断发展社会主义民主的生动体现,也是人民当家作主的具体体现。为此,要健全基层党组织领导的充满活力的基层群众自治机制,扩大基层群众自治范围,完善民主管理制度,把城乡社区建设成为管理有序、服务完善、文明祥和的社会生活共同体;全心全意依靠工人阶级,完善以职工代表大会为基本形式的企事业单位民主管理制度;深化乡镇机构改革,加强基层政权建设,完善政务公开、村务公开等制度,实现政府行政管理与基层群众自治有效衔接和良性互动;发挥社会组织在扩大群众参与、反映群众诉求方面的积极作用,增强社会自治功能。

八、独立自主与对外开放

独立自主与对外开放这一对范畴,是对我们处理对外关系所奉行的方针、政策的抽象和概括,在中国特色社会主义理论体系中也占有重要地位。

独立自主主要是指在坚持政治独立和经济自主的基础上,从本国的具体情况出发,主要依靠本国人民的力量,充分利用自己的资源来解决中国的问题。独立自主是毛泽东在新民主主义革命时期提出来的。其本意是,立足于本国实际,主要依靠本国人民的力量夺取革命和建设的胜利。邓小平在党的十二大开幕词中重申:"中国的事情要按照中国的情况来办,要依靠中国人自己的力量来办。独立自主,自力更生,无论过去、现在和将来,都是我们的立足点。中国人民珍惜同其他国家和人民的友谊和合作,更加珍惜自己经过长期奋斗而得来的独立自主权利。"①

对外开放一方面是指国家积极主动地扩大对外经济交往;另一方面是指放开或取消各种限制,不再采取封锁国内市场和国内投资场所的保护政策,发展开放型经济。现在的世界是开放的世界,中国的发展离不开世界。实行对外开放,既是对世界经济发展经验的深刻总结,也是对中国发展历史经验的深刻总结,更是充分发挥社会主义制度优越性的内在要求。邓小平指出:"经验证明,关起门来搞建设是不能成功的,中国的发展离不开世界。当然,像中国这样大的国家搞建设,不靠自己不行,主要靠自己,这叫做自力更生。但是,在坚持自力更生的基础上,还需要对外开放,吸收外国的资金和技术来帮助我们发展。"②

独立自主与对外开放相辅相成,在根本上是统一的,都是为了更好更快地推进社会主义现代化建设,促进我国的发展。

独立自主是对外开放的前提和基础。当今世界,人类社会步入了一个科技创新不断涌现的重要时期。坚持独立自主,把增强国家自主创新能力作为国家

---

① 《邓小平文选》第三卷,人民出版社 1993 年版,第 3 页。
② 同上书,第 78—79 页。

战略,建设创新性国家,对于不断巩固和发展中国特色社会主义伟大事业,是十分重要的。只有增强独立自主能力,依靠本国人民不断推进发展,才能在国际上获得较高的尊重,才能吸引更多的合作者,才能不断扩大对外开放的深度和广度,才能不断推进中国特色社会主义伟大事业。

对外开放可以增强独立自主的能力。独立自主,主要依靠本国人民的智慧和力量实现发展,并不意味着闭关自守、盲目排外。在对外开放过程中积极利用外国的资金、先进技术和管理经验,取得更好的经济效益和社会效益,可以加快本国经济发展,增强经济实力和综合国力,从而提高国家的独立自主能力。

在实践中,必须把独立自主与对外开放有机结合起来,绝不能将二者对立起来。

我国是独立的社会主义国家,在对外开放过程中,必须坚决维护国家的政治、经济等方面的根本利益,绝不允许别国干涉。我国也是拥有十几亿人口和丰富自然资源,具有广阔国内市场和巨大经济发展潜力的大国,不能依靠别人来实现发展,而必须依靠本国人民的力量。在现实中,有些国家和国际组织利用所谓"援助",干涉别国内政,造成了极大破坏。因此,必须毫不动摇地坚持独立自主,这是对外开放的基本立足点。

当今世界是开放的世界。一个国家经济的发展,在很大程度上取决于能否在更大范围内和更高程度上进行国际经济交流与合作。像我国这样经济比较落后的发展中国家要赶上并超过发达国家,不对外开放是难以想象的。邓小平指出:"社会主义要赢得与资本主义相比较的优势,就必须大胆吸收和借鉴人类社会创造的一切文明成果,吸收和借鉴当今世界各国包括资本主义发达国家的一切反映现代社会化生产规律的先进经营方式、管理方法"[1]。从我国实际情况看,资源相对不足、资金严重缺乏、技术和管理落后,迫切需要在独立自主的基础上积极推进对外开放,扩大国际经济技术交流,以加快社会主义现代化建设,缩小与发达国家的差距,尽快实现中华民族的伟大复兴。

---

[1]　《邓小平文选》第三卷,人民出版社 1993 年版,第 373 页。

第十七章
中国特色社会主义理论体系与
国外理论流派

自从科学社会主义作为一种思想理论产生以来,一直都是在与形形色色理论流派的斗争中发展的。作为科学社会主义最新理论成果的中国特色社会主义理论体系,是在不断总结我国社会主义现代化建设实践经验基础上形成的,同时也是在同各种理论流派的比较和斗争中产生的。考察国外理论流派的产生和演进,分析这些流派的实质和影响,正确认识国外主要理论流派与中国特色社会主义理论体系的相互关系,有助于人们理解中国特色社会主义理论体系的基本内涵、精神实质、历史地位和指导意义,更好地坚持中国特色社会主义道路。

第一节　中国特色社会主义与新自由主义

一、新自由主义的实质与影响

新自由主义是在亚当·斯密古典自由主义思想基础上形成的一种理论体系。广义的新自由主义除包括以哈耶克为代表的伦敦学派外,还包括以米尔顿·弗里德曼为代表的货币学派、以罗伯特·E.卢卡斯为代表的理性预期学派、以布坎南和塔洛克为代表的公共选择学派、以阿瑟·拉弗和保罗·罗伯茨为代表的供给学派等。狭义的新自由主义特指哈耶克、弗里德曼、张五常、萨克斯等比较极端的自由主义经济学家的思想观点。以20世纪70年代西方国家普遍出现的"滞胀"为契机,新自由主义成为了西方主流经济学,并在随后的二三十年间,逐步发展成为西方垄断资本向全球扩张的经济政策和政治纲领。新自由主义的传播,给世界经济政治,特别是发展中国家带来了严重的危害,也对我国的经济理论和经济改革造成了一定的干扰。因此,必须正确认识新自由主义的实质和影响,划清新自由主义与中国特色社会主义的界限。

作为与国家干预主义相对立的一种理论思潮,新自由主义是在 20 世纪 30 年代关于"中央计划经济能否有效运行,社会主义能否实现经济的合理计算"的大争论中兴起的。由于当时的资本主义国家大都采纳了凯恩斯的理论,把资本主义市场体制与一定程度的国家干预相结合,并取得了比较显著的成效。因此,新自由主义在长达 40 多年的时间内,一直遭受冷落。

20 世纪七八十年代西方国家"滞胀"危机的出现,为沉寂多年的新自由主义的崛起提供了机遇。以哈耶克为代表的伦敦学派与以弗里德曼为代表的货币主义学派领衔新自由主义①,从理论和政策等方面,对凯恩斯主义展开了全面的批判,对其"清单上的每一项目都提出了反对意见"②。他们宣称凯恩斯主义是应当抛弃的过时的错误理论,并为西方国家摆脱危机开出了"药方",即削弱工会的力量并严格控制货币总量;节省财政开支,压缩福利开支,减少政府对经济的干预。

新自由主义倡导的放松管制、削减社会福利以及贸易自由化和全球经济一体化等观点,不仅适应了资本主义国家解决经济困难的需要,而且也迎合了垄断资产阶级稳定经济的需要,得到西方大财团、大资本家以及国际货币基金组织、世界银行等机构的支持。在这种强力的支持下,新自由主义在 20 世纪 80 年代扶摇直上,并在 90 年代从理论、学术演变成为英美官方的意识形态和西方垄断大资产阶级的主流价值观念,成为一种以经济学思潮为表现形式,实质是国际垄断资本集政治、经济与文化功能为一体的向全球进行扩张的经济政策和政治纲领。其标志性事件是 1990 年由美国政府炮制的包括十项政策工具的"华盛顿共识"。

从新自由主义由学术理论演变为西方发达国家意识形态的过程可以看出,新自由主义是适应国家垄断资本主义向国际垄断资本主义转变的理论思潮、思想体系和政策主张,其根本目标是肢解民族国家,为垄断资本提供更多的空间。"新自由主义的华盛顿共识指的是以市场经济为导向的一系列理论,它们由美国政府及其控制的国际经济组织所制定,并由它们通过各种方式进行实施——在经济脆弱的国家,这些理论经常用做严厉的结构调整的方案。"③就其实质而

---

① 哈耶克与弗里德曼分别于 1974、1976 年获得了诺贝尔经济学奖,从而使新自由主义思潮的影响迅速扩大。

② A. S. 布林德:《争论中的宏观经济学》,伦敦惠顿斯出版公司 1989 年版,第 103 页。

③ 诺姆·乔姆斯基:《新自由主义和全球秩序》,江苏人民出版社 2000 年版,第 4 页。

言,新自由主义是国际垄断资本主义的思想理论体系和政策主张,是为国际垄断资产阶级经济和政治根本利益服务的西方主流意识形态,对世界经济政治产生了巨大影响,特别是对发展中国家造成了严重危害。

20世纪90年代以后,许多发达国家纷纷把新自由主义作为自己的施政方针,进行了一系列减少公共开支和社会福利支出、削减税率、放松市场管制以及大幅度的私有化等改革措施,以此摆脱了"滞胀"的困境。但新自由主义的实行,带来了贫富差距日益扩大的社会问题,带来了私人部门债务膨胀、财政赤字不断扩大的弊端。正如西方有的学者所说:"新自由主义的另一结构性痼疾是,损害劳工优待资本,因而将财富从社会底层转移到社会上层……如果你属于社会上层20%的人,你可能从新自由主义得到一些东西,你沿着这个阶梯爬得越高,你得到的就越多。相反,社会底层80%的人将受到损失,他们的社会地位越低,就会相应的失去越多。"①

作为西方发达国家干预世界经济活动和政治秩序的重要手段,新自由主义也被推行到了诸多发展中国家,并使这些国家的民族工业遭到了致命打击,政府控制国内经济和金融活动的能力遭到了削弱,经济安全、民族独立和国家主权也不断弱化。譬如,在深受新自由主义冲击和影响的拉美地区,1982—1991年的经济增长率仅为1.8%。不仅如此,拉美新自由主义改革还带来了一系列严重问题,如国有企业私有化,使一些产业向私人资本和外国资本集中,失业问题更为严重;收入分配不公的问题越来越突出,两极分化和贫困化十分严重;民族工业陷入困境;国家职能削弱,社会协调发展被忽视;金融自由化导致金融危机濒发,等等。实行"休克疗法"的俄罗斯经济更是一蹶不振。俄罗斯在转轨过程中把"西方化或全盘西化"作为战略和政策主导思想,效法美国模式,向西方国家全面开放国内市场,使俄罗斯在经济转型的10年里,陷入了前所未有的经济危机和政局混乱。其他推行新自由主义理论和政策的国家也大致相仿。例如1994年的墨西哥金融危机、1997—1998年的东南亚和俄罗斯金融危机、1999年的巴西货币危机和2001年的阿根廷债务危机,都是采纳新自由主义受到国际金融资本破坏的表现。拉美、俄罗斯、东南亚和东欧等地的实践表明,新自由主义推行到哪个国家和地区,哪个国家或地区就会遭到巨大的风险和灾难。

---

① 苏珊·乔治:《新自由主义简史》,载《国外理论动态》2002年第11期。

二、划清新自由主义与中国特色社会主义的界限

诸多国家盲目推行新自由主义改革的严重后果,留下的一个深刻教训和启示是:可以借鉴但绝不可以照搬西方市场经济,必须排除新自由主义的干扰。

值得肯定的是,从 20 世纪 50 年代后期起,我国就明确提出"以苏为鉴",开始了有中国特色社会主义建设道路的探索。在改革中,我国既没有被社会主义计划经济模式所束缚,大胆地引进了市场经济机制,并将其作为资源配置的基础。同时,我们也没有完全效仿西方国家的市场经济模式,而是坚持市场经济的社会主义方向,探索出了一条具有本国特色的独特发展道路。

不可否认,我国也受到了新自由主义的干扰。尤其是在经济学领域,新自由主义一度流行,其核心观点,如经济人假设、私有制永恒、市场经济万能、国家职能最小化等等,在一些人眼里几乎成为不言而喻的真理,到处搬用。一方面,国际上一些人反复向我们宣传新自由主义,企图用新自由主义误导我国改革开放。譬如,弗里德曼等就竭力向我国兜售新自由主义。俄罗斯"休克疗法"的倡导者萨克斯等人也曾为"引导中国的发展",制定中国经济联邦制和中国私有化方案。另一方面,在市场取向的改革中,有人根据新自由主义的理论,主张建立以私有制为基础的资本主义市场经济;宣扬市场经济万能论,否定国家的宏观调控,甚至主张非经济领域,包括医疗卫生、教育等,也实行市场化。这些观点曾经被当做"创新"大肆宣传,严重干扰了我国改革的进程,引起了人民群众的不满。[①]

划清中国特色社会主义与新自由主义的界限,排除新自由主义的有害影响和干扰,是一项紧迫任务。概括起来,新自由主义与中国特色社会主义的本质区别突出表现在以下三个方面:

第一,新自由主义反对国家干预经济,中国特色社会主义强调国家对经济的宏观调控。

新自由主义最基本的理念是强烈反对国家对经济进行干预,极力崇尚"自由化"和"市场化"。他们认为,国家对经济生活的干预,不仅不能促进经济的稳定和增长,反而会限制市场经济的自我调节和完善。因此,他们通常把劳动生产率增长速度的减慢、资本积累的降低、失业的增加以及通货膨胀的加剧等一系列

---

① 参见周新城:《关于社会主义与市场经济相结合的若干思考》,载《经济经纬》2007 年第 3 期。

问题,归咎于国家干预经济的政策。当然,新自由主义者并不完全反对利用国家干预来稳定资本主义经济,只是主张严格限制国家干预经济的范围和形式,让市场机制最大限度地发挥作用。中国特色社会主义则高度重视对经济的宏观调控,明确地指出:社会主义市场经济"是有国家宏观调控的市场经济,不是无领导、无政府完全自由放任的经济"①。从正式确立社会主义市场经济体制改革目标起,中国就非常注重国家宏观调控的作用,认为只有把市场机制和国家调节有机地结合起来,才能达到资源的有效配置。十多年来,在充分发挥市场作用的同时,加强和完善宏观调控一直是中央特别强调的一个重要问题。党的十六届三中全会提出要按照"五个统筹"的要求,健全国家宏观调控。所谓统筹,就是要综合考虑,协调发展,照顾到各方面及其相互间的关系,这些都必须依靠国家的宏观调控来实现。

第二,新自由主义主张全面私有化,中国特色社会主义坚持公有制的主体地位。

新自由主义坚决维护资本主义私有制,极力反对公有制,认为公有制是对自由最大的破坏,"会摧毁我们所有的自由"②。他们力主实行私有制的原因主要有:(1)私有产权是最明晰的产权,只有坚持私有制,才能有效地推动经济发展,保证经济的稳定增长。(2)只有在私有制条件下,个人自由才能实现。哈耶克说:"正是由于生产资料掌握在许多个独立行动的人的手里这个唯一的缘故,才没有人来控制我们的全权,我们才能够以个人的身份来决定我们要做的事情。"③(3)私有制不仅能保证有产者的个人自由,而且也能保证穷人通过自己努力得以致富的行为不会受到任何人的阻碍,因而私有制是最好的制度,是自由最重要的保障。中国特色社会主义则一贯坚持公有制是社会主义的基本特征和社会主义经济制度的基础,强调只有坚定不移地坚持和巩固公有制的主体地位,才能确保社会主义市场经济体制改革始终沿着社会主义的方向发展。当然,在社会主义初级阶段,作为公有制经济必要的有益的补充,非公有制经济一定程度的发展,有利于促进生产、活跃市场、扩大就业,更好地满足人民多方面的生活需求。因此,中国制定了许多相关的政策和法律,保护非公有制经济的合法利益,同时中国也坚持以生产资料公有制为主体,以国有经济为主导,发展多种所有制

①　李兴山:《深刻认识社会主义市场经济的本质特征》,载《解放日报》2005年1月31日。

②　Milton Friedman(1982),*Capitalism and Freedom*,The University of Chicago Press,p.20.

③　哈耶克:《通往奴役之路》,中国社会科学出版社1997年版,第101页。

经济,确保公有制的主体地位。

第三,新自由主义提倡"机会均等",中国特色社会主义坚持"共同富裕"。

新自由主义强调"机会均等",认为它是保障个人自由的重要条件。"就平等问题而言,自由主义者所提出的只是这样一项要求,即在国家规定个人据以行事的各种条件的情况下,国家必须根据同样适用于所有人的形式规则来规定这样的条件。"①在这种平等观的支配之下,新自由主义者反对国家实行累进税、最低工资法等缩小收入差距的措施,认为这些措施不仅增加了个人依赖国家的惰性,而且也无益于缩少收入差距。同时,他们坚决反对工会,认为工会的存在尽管能提高某一行业或工种的工资率,但这种提高必然导致失业人数增加以及其他工种的工资被迫下降,从而"使工人阶级的收入更加不均等"②。中国特色社会主义则坚持把共同富裕作为社会主义的根本目标,认为"社会主义的目的就是要全国人民共同富裕,不是两极分化"③。针对我国现阶段存在的城乡之间、地区之间以及行业之间贫富差距不断扩大的现状和趋势,党的十七大报告强调指出:要"逐步扭转收入分配差距扩大趋势",并再次明确了深化收入分配制度改革的重要性和基本原则,在各个领域都提出了具体的政策措施,为实现"共同富裕"的目标提供了有力的保障。

第二节　中国特色社会主义与民主社会主义

一、民主社会主义的嬗变与实质

民主社会主义是西方社会(民主)党思想体系与意识形态的名称,在不同时期有着不同的理论内涵和表现形式。在当代诸多国外理论流派中,民主社会主义的历史比较悠久,影响也比较广泛。主张民主社会主义的社会(民主)党,是欧洲政治舞台上与右翼、极右翼势力相抗衡的一支重要的左翼政治力量,常以西方社会广大民众政治代表的身份进行活动。冷战期间,曾有二十多个欧洲社会(民主)党上台执政或参政,有的执政时间长达半个世纪。苏东剧变后,欧洲社会(民主)党推出"第三条道路"来应对信息革命、经济全球化、福利国家危机等

---

① 哈耶克:《哈耶克论文集》,首都经济贸易大学出版社 2001 年版,第 84 页。

② Milton Friedman(1982), *Capitalism and Freedom*, The University of Chicago Press, p. 124.

③ 《邓小平文选》第三卷,人民出版社 1993 年版,第 110—111 页。

当代资本主义面临的种种挑战,并取得了明显的成效,出现了20世纪90年代中后期欧盟15国中社会民主党在13国单独执政或联合执政。鉴于民主社会主义在世界社会主义运动中已经产生并将继续发挥不可忽视的作用,我们必须全面了解民主社会主义的嬗变和观点,正确认识民主社会主义的本质,认清民主社会主义和中国特色社会主义的本质区别。

民主社会主义或社会民主主义萌发于19世纪中叶,但其基本理论是在伯恩施坦修正主义出现后确立起来的。从1899年伯恩施坦在《社会主义的前提与社会民主党的任务》一书中,提出用社会改良主义取代马克思主义,鼓吹通过合法的、改良的、阶级合作的途径实现社会主义至今,民主社会主义大体经历了三个阶段。

第一阶段是伯恩施坦等人构建社会民主主义基本理论时期。这一时期,伯恩施坦等人全面修正了马克思主义理论,公然反对根据客观的历史必然性论证社会主义,提出要把社会民主党变成"民主社会主义的改良的党"①,主张用"民主改良和经济改良"对资本主义社会进行"社会主义"改造,以实现社会平等和分配公正。社会民主主义逐步演变为一种在资本主义范围内通过议会道路来改良资本主义的思想主张。社会(民主)党也蜕化为资产阶级、小资产阶级政党,放弃暴力革命理论,宣扬"和平长入社会主义"的思想。

第二阶段是社会民主主义进一步放弃马克思主义,倡导改良主义时期。1951年社会党国际成立并发表了《法兰克福声明》,②1959年德国社会民主党制定了《哥德斯堡纲领》,③这两个纲领构成了社会民主主义战后几十年的基本理论框架。这一时期,民主社会主义放弃了实现生产资料社会化的目标,致力于建立社会福利国家,并逐步衍生为各国社会(民主)党的思想体系和政治纲领。同时,为了凸显社会民主主义的"民主",社会民主党人将其思想体系的名称由"社会民主主义"改为"民主社会主义"。

第三阶段是"第三条道路"兴起,也即民主社会主义的转型时期。"第三条道路"的兴起是与冷战结束后西方政治、经济、文化领域发生的剧烈变化相联系

---

① 伯恩施坦:《社会主义的前提与社会民主党的任务》,三联书店1965年版,第112页。

② 1951年在德国法兰克福召开的国际社会党第一次代表大会,通过了《民主社会主义的目标和任务》(通称《法兰克福声明》),该纲领第一次以"民主社会主义"表述了社会党国际的思想体系,明确指出马克思主义只是多元思想中的一元。

③ 1959年在哥德斯堡通过的德国社会民主党基本纲领,宣称民主社会主义"在欧洲根植于基督教伦理学、人道主义和古典哲学",把马克思主义排除在了其"三大理论来源"之外。

的。为了应对这些变化和全球化的挑战,民主社会主义提出了一套全方位(包括政治、经济、文化、社会等)、多层次(即从微观公司改革到宏观福利改制)、多角度(即从公民社会到世界主义的民族国家)的改革方案和政治策略,即"超越左与右"的新激进政治框架。① 尽管"第三条道路"的鼓吹者反复表明自己"超越于旧的左派和右派之上",但从其基本理论观点可以看出,它仍然是想运用传统右派的一些政策手段,借以实行传统民主社会主义的基本价值观念。因此,它并没有摆脱社会民主主义所固有的折中和改良主义的基本特点。② 值得注意的是,这一时期,社会民主党又把其思想体系的名称重新改成"社会民主主义",意在表明它并不是一种(民主)"社会主义",而是一种(社会)"民主主义"。

从上述民主社会主义的嬗变可以看出,民主社会主义是一种"永恒的修正主义"。正如"第三条道路"的扛旗人物托尼·布莱尔所言:"我们的方式是'永恒的修正主义',是在认清了发达工业国家社会所发生的变化的基础上,不断寻求实现我们目标的更好的途径。"③ 随着时代变迁和形势变化,民主社会主义进行了由左向右、从社会民主主义到民主社会主义再到社会民主主义的不断修正,从而离社会主义越来越远。因此,就其实质来说,民主社会主义是一种为改良资本主义制度服务的资产阶级思潮,是一种非马克思主义的社会改良主义思潮。

社会民主党的实践虽然在一定程度上改善了资本主义国家人民物质生活条件,扩大了一定的民主权利,但它并没有也不可能改变资本主义社会制度本身,并没有改变资本主义的权力结构和阶级差别,并没有消灭各种资本主义社会固有的弊病。民主社会主义充其量只是充当资本主义病床边的"医生"。

民主社会主义与科学社会主义的对立和斗争,在苏东社会主义国家剧变中体现得淋漓尽致。以戈尔巴乔夫为代表的苏东国家执政党,在"改革"的名义下,极力推行所谓"人道的民主社会主义",放弃共产党的领导,主张实行多党制;颠覆无产阶级专政,鼓吹"全民民主";放弃马克思主义的指导地位,主张意识形态多元化;否定生产资料公有制,主张推行私有化。这些思想观点和政策主张,最终导致了苏联解体、东欧剧变。

---

① 安东尼·吉登斯:《超越左与右——激进政治的未来》,社会科学文献出版社 2000 年版,第12—19 页。

② 参见吕薇洲:《中左派及其第三条道路评析》,载《郑州大学学报》2000 年第 3 期。

③ 陈林、林德山主编:《第三条道路——世纪之交的西方政治变革》,当代世界出版社 2000 年版,第 10 页。

二、划清民主社会主义与中国特色社会主义的界限

作为一种资产阶级改良主义思潮，民主社会主义不仅有一套反科学社会主义的系统理论，而且在实践中长期与社会主义制度相抗衡，并促成了苏东地区共产党的社会民主党化，对苏东剧变起了推波助澜的作用。正如有的学者所说："民主社会主义不仅作为社会改良主义同科学社会主义相对立，而且作为一种指导思想，指导着社会党国际坚决反对共产主义、共产党，反对社会主义国家。而在 1989 年东欧剧变的过程中，还对社会主义国家采取和平演变的政策。"①民主社会主义在苏东国家的推行及其所导致的灾难性后果，理应引起社会主义国家的高度警惕。然而，近年来，尤其自 2006 年下半年开始，民主社会主义思潮在国内也滋长起来，有人甚至公然提出"只有民主社会主义才能救中国"②。在这种情况下，只有划清民主社会主义与中国特色社会主义的界限，才能保证中国的改革沿着社会主义方向前进。

民主社会主义与科学社会主义是两种不同的思想体系，正因为如此，民主社会主义的"社会主义理论与策略在许多方面同我们是有原则性分歧的"③。民主社会主义与中国特色社会主义的本质区别主要表现在：

第一，民主社会主义主张指导思想多元化，中国特色社会主义坚持马克思主义的指导地位。

民主社会主义认为，社会主义不应当以某一种固定的思想为其理论基础，而应当兼容并收所有符合伦理主义和改良主义的思想材料，因而反对把马克思主义作为唯一的指导思想，主张世界观和指导思想的多元化，提倡社会主义思想构成和来源的多样性。它宣称"基督教教义、法国大革命的口号、康德的伦理学与新康德主义、黑格尔的辩证历史哲学、马克思的批判分析方法、E 伯恩施坦的修正主义和工人运动的经验等都可以作为自己的理论基础。同时，它还广泛吸取资产阶级的经济学和政治学理论，如凯恩斯主义、福利经济学、自由市场经济等等"④。中国特色社会主义则始终坚持马克思主义在意识形态中的指导地位，认为马克思主义作为科学的世界观和方法论，是社会主义运动的理论基础，应该在

---

①　徐崇温：《民主社会主义评析》，重庆出版社 1995 年版，第 59 页。

②　谢韬：《民主社会主义模式与中国前途》，载《炎黄春秋》2007 年第 2 期。

③　殷叙彝：《民主社会主义论》，中央编译出版社 2007 年版，第 11 页。

④　徐觉哉：《社会主义流派史》，上海人民出版社 2007 年版，第 340—341 页。

中国特色社会主义实践中占指导地位。在实践中,中国特色社会主义坚持把马克思主义普遍原理与时代特征以及中国现阶段的客观实际结合起来,使马克思主义随着科学和实践的发展不断发展,使马克思主义中国化的最新理论成果成为推动中国不断发展的强大思想武器。

第二,民主社会主义把社会主义看成是一种道德需要,中国特色社会主义坚持把共产主义作为自己的奋斗目标。

民主社会主义崇尚伦理主义,认为社会主义是一种道德价值,是某些基本原则或基本价值的实现。它坚持把"自由、民主、公正、互助"等伦理道德原则看做社会主义的基本特点,提出民主社会主义的目标是为一个社会公正、自由民主、世界和平的制度而奋斗,认为资本主义社会各种弊病和矛盾产生的根源不在于资本主义根本经济和政治制度本身,也不在于阶级剥削和压迫的存在,而是违背了所谓人类一般的理性、伦理原则。只要按照上述原则不断对其改良就能够解决资本主义的问题。中国特色社会主义坚持把社会主义当做一种与资本主义制度相对立的社会形态,认为社会主义有着区别于资本主义制度的本质特征,坚持把"解放生产力、发展生产力,消灭剥削,消除两极分化,最终实现共同富裕"作为社会主义本质,并确立了在生产力极大发展的基础上实现共产主义的奋斗目标。

第三,民主社会主义主张实行"混合所有制",中国特色社会主义强调公有制占主体。

民主社会主义声称生产资料主体结构不是衡量社会性质的标准,社会主义可以在不改变生产资料资本主义私有制的条件下实现。他们主张实行国有企业、私人企业和其他经济成分并存的"混合经济"制度。民主社会主义发展到当代,"第三条道路"的倡导者明确提出"21世纪不会是公有制和私有制之间相互拼杀的世纪",主张淡化所有制问题,重视竞争和管制的作用,建立一种能够在管制和放松管制方面达成平衡关系的新的混合经济,以对经济的民主监督取代消灭私有制。中国特色社会主义则认为,社会主义与资本主义在基本经济制度上具有决定意义的差别就在于生产资料社会所有制结构,强调生产资料公有制为主体、国有经济为主导,对于建设社会主义具有举足轻重的作用。尽管由于目前中国生产力不发达,还不能实现完全的生产资料公有制,但在发展各种私有制经济的同时,始终坚持公有制的主体地位。

第四,民主社会主义宣称自己是"全民党",中国特色社会主义坚持党的工人阶级先锋队性质。

信息技术革命和经济全球化的发展导致资本主义生产组织形式和企业管理模式的变化，从而加剧了社会结构和阶级结构的变迁，传统产业工人队伍缩小，新中间阶层急剧膨胀。为寻找适应社会和文化多样性环境下的新的社会认同，社会民主党摒弃阶级政治，淡化自己的传统阶级定位，抹煞党的工人阶级性质，宣称自己是由具有不同信仰和思想的人组成的一个共同体，是"全民党"。譬如，英国新工党宣布其不再是"工会党"，而是"人民党"、"选民党"，要求把传统工党塑造成为"商业界和企业界的党"；瑞典社民党表示要成为一个跨越阶级与集团利益的多元化的"现代政党"，积极争取中产阶级成员入党。中国特色社会主义则坚持，在新的科学技术革命面前，工人阶级依然承担着推翻资本主义，建设社会主义、共产主义的历史使命。在多种社会阶层出现和并存的新格局下，共产党仍然要保持工人阶级先锋队的性质，全心全意依靠工人阶级。

第五，民主社会主义主张资产阶级的民主宪政，中国特色社会主义坚持发展社会主义民主政治。

民主观在民主社会主义思潮中占有重要的地位，它把无产阶级争取社会主义的斗争，完全局限在资产阶级民主的框架内，认为社会主义只有通过资产阶级民主制才能实现。社会党国际第十八次代表大会提出："民主不仅仅是实现社会主义目的的政治手段，而且是社会主义目的（建立民主的经济和民主的社会）的根本实质。"①因此，民主社会主义主张实行多党制、三权分立、西方式民主那一套，认为在资本主义条件下通过民主、改良的办法就可以实现社会主义；主张在资产阶级国体下的多党轮流执政，这其实也是民主社会主义不敢触动资本主义政治统治秩序的改良主义立场的体现。中国特色社会主义也强调民主的重要性，但始终拒绝实行西方多党制和三权分立，并在实践中逐步探索出一条符合中国国情的社会主义政治发展道路，坚持党的领导、人民当家作主和依法治国的有机统一，坚持工人阶级领导的、以工农联盟为基础的人民民主专政；坚持和完善人民代表大会制度、中国共产党领导的多党合作和政治协商制度、民族区域自治制度以及基层群众自治制度，不断推进社会主义政治制度的自我完善和发展。

---

① 转引自徐崇温：《民主社会主义评析》，重庆出版社 1995 年版，第 67 页。

第三节　中国特色社会主义与市场社会主义

一、市场社会主义理论的沿革及影响

作为当代世界社会主义的一个重要理论流派,市场社会主义泛指国外对"社会主义"与"市场经济"能否结合、怎样结合等一系列问题的探索中形成的,将市场和社会主义联结在一起的理论模式。自第一个完整的理论模式——"兰格模式"诞生至今,市场社会主义已有数十年的历史,并经历了"早期"和"当代"两大时期、"初创——发展——突破——最新发展"等四个阶段的发展①。

早在 19 世纪末 20 世纪初,随着马克思主义的迅速传播,西方一些经济学家和社会改良主义者开始探讨社会主义条件下的经济问题。尽管他们并不主张根本变革资本主义制度,但对社会主义的生产组织形式进行了尝试性探索,提出了一系列关于社会主义能否实现资源有效配置的观点,其中隐含有大量社会主义与市场经济相结合的思想。这些思想观点为市场社会主义理论模式的建构提供了丰富的思想材料,有的还直接或间接地被市场社会主义各种理论模式和实践形式所吸收。

计划模拟市场的"兰格模式"是市场社会主义的第一个完整理论模式。它是社会主义由理想变成现实之后,伴随着历史上"中央计划经济能否有效运行,社会主义能否实现经济的合理计算"的争论②,由波兰经济学家奥斯卡·兰格首先提出来的。他提出:社会主义经济可以通过反复试验纠正错误、寻求正确答案的方法达到资源的合理配置。这是"兰格模式"的核心和精髓所在。"兰格模式"首次打破了传统的社会主义经济模式,可视为社会主义计划经济中引进市场机制的最早理论尝试,标志着市场社会主义理论的正式形成。

"兰格模式"诞生后曾一度被视为异端邪说,遭到了批判和抵制。直到 20 世纪 50 年代以后,随着中央集权计划经济体制弊端不断暴露,市场社会主义才开始受到国际学术界的重视。东西方一些经济学家在"兰格模式"的基础上,进一步对市场和社会主义的关系作了积极探索。在西方,出现了美国经济学家本

---

① 参见吕薇洲:《市场社会主义论》,人民出版社 2001 年版,第 14—141 页。
② 吕薇洲:《市场社会主义的历史回顾:两次论战和两种模式》,载《马克思主义研究》1997 年第 4 期。

杰明·沃德的"伊利里亚"经济模式①、杰罗斯拉夫·范尼克的"工人自治经济模式"②、阿布拉姆·伯格森的"竞争解决法计划经济模式";英国学者阿里克·诺夫的"可行的社会主义经济模式";瑞典学者阿萨尔·林德贝克的"自由—社会民主主义的混合经济模式"。在苏东国家,出现了苏联经济学家利别尔曼的"利润刺激或物质刺激经济模式";波兰学者布鲁斯的"导入市场机制的计划经济模式";捷克经济学家奥塔·锡克的"社会主义的计划性市场经济模式"、考斯塔的"计划—市场经济模式";匈牙利经济学家科尔内的"在计划经济内导入市场机制的模式"、涅尔什的"中央计划经济和市场机制有机结合经济模式"以及里斯卡的"计划竞争市场经济模式";南斯拉夫政治家卡德尔的"自治社会主义经济模式"等等。这些理论模式,从不同角度强调了市场和企业的作用,论证了社会主义国家通过可控市场引导企业决策、实现计划和市场、劳动者自主管理与宏观经济计划结合的社会主义运行模式,为社会主义国家的改革、尤其是南斯拉夫和匈牙利的市场社会主义实践提供了必要的理论依据。苏东国家的改革,又为市场社会主义理论的进一步发展创造了有利条件和氛围。在理论探讨和实践演进的交互作用中,以"计划与市场并存"为特征的"分权模式"的市场社会主义得到了长足发展。

　　20 世纪 80 年代以来,苏东国家的经济政治改革相继进入加速阶段。与此同时,西欧奉行民主社会主义的社会民主党由于在大选中连续受挫,也开始思考摆脱困境的方法,着力更新其传统的社会主义经济理论。市场社会主义发展的第三个阶段——"重大突破"阶段就是在这种历史背景下出现的。这一阶段的标志是"市场主导"市场社会主义的提出。该模式是英国工党迎合选民意志,不断调整其经济理论和政策的产物。与市场社会主义前两个阶段的一个根本区别在于:这一阶段的市场社会主义模式不仅认识到市场是一种中性机制,社会主义可以而且应当与市场联姻,而且突破了长期以来在"计划与市场"两者之间徘徊的局面,主张把市场作为实现社会主义的一种主要手段,强调把市场作为经济运行中的主要交换机制。

　　苏东剧变在某种意义上表明了早期市场社会主义的失败,但市场社会主义

---

① Ward,B. (1958),"The Firm in Illyria: Market Syndicalism", in *American Economic Review*. June.

② Vanek,J. (1970),"The General theory of Labor-Managed Market Economies",N. Y. Cornell University Press.

理论并未因此销声匿迹。针对苏东全面市场化改革带来的不良后果,欧美发达国家的左翼人士掀起了"复兴社会主义"、"重构社会主义理论模式"的浪潮。市场社会主义由此进入了第四个发展阶段——"最新发展阶段"。这一阶段提出的"各种新模式",是欧美发达国家的左翼人士基于对苏东剧变的深入思考,对社会主义未来发展提出的种种设想,其目的在于建构一种相对于现代资本主义国家具有更高效率和更大公平的经济制度,出现了美国经济学家罗默"银行中心的"市场社会主义模式,英国学者戴维·米勒"合作式"的市场社会主义模式,美国经济学家詹姆斯·容克"实用的"市场社会主义模式,托玛斯·韦斯科夫"民主的基于企业的"市场社会主义模式,弗累德·布洛克"剥夺金融资本权力的社会主义模式",迪安·埃尔逊"市场社会化社会主义模式"等等。尽管当代市场社会主义新模式的种类繁多,且存在许多差异,但它们仍具有一些共同特征:一是强调市场的主导地位和作用,甚至要求"复制"一个资本主义下完全竞争的市场;二是力图建立一些隶属于代表公共利益的"公有公司",以保持某种形式的"公有",从而实现更大程度的平等;三是允许企业在自由竞争的市场中追求自身的"最大利润";四是力图建立一个有效而民主的投资管理体系。

总的看来,在一个世纪的发展历程中,市场社会主义不仅提出了许多理论模式,还在一些国家得到过不同程度的实践。这些理论模式和实践形式,对世界社会主义运动的发展,以及对我国社会主义建设,都产生过并将继续产生不同程度的影响。因此,必须对这种理论流派有一个科学的认识和把握。

二、市场社会主义与中国特色社会主义的比较分析

在市场社会主义和中国特色社会主义尤其是与社会主义市场经济的关系问题上,国内外学术界存在着两种错误倾向:一是"等同论",即不加任何辨析地把两者等同起来,认为我国目前实行的就是市场社会主义;二是"目标论",即认为我国目前的市场经济体制还不完善,其所要追求的目标应该是市场社会主义。实质上,市场社会主义是一种具有改良性质的思潮,它与中国特色社会主义之间既存在一些共同特征,也存在本质区别。

第一,市场社会主义与中国特色社会主义的共同特征。

市场社会主义与中国特色社会主义都致力于建立一种既不同于"市场资本主义",又有别于"计划社会主义"的模式,以取得经济效率和社会公平的双重结果。可以说,对市场效率的推崇和重视是它们区别于传统社会主义的重要特征,对社会主义价值观的追求又是它们不同于新自由主义的主要表现。两者的共同

特征包括：

（1）两者均在是对"市场资本主义"和"计划社会主义"批判的基础上发展来的。以美国为代表的"市场资本主义"，最显著的缺陷是雇佣劳动和生产资料私人占有，这种缺陷是社会制度层面的；以苏联为典型的"计划社会主义"，主要弊端是中央高度集权的计划经济，这一弊端是经济运行机制层面的。正是通过对"市场资本主义"社会制度和"计划社会主义"经济运行机制的批判，两者的基本经济制度特征才得以确立。奥塔·锡克认为："可以假定，两个经济体制（市场资本主义和计划社会主义——引者注）的缺陷能够唤起政治力量的关注，政治力量将自觉地对这两个经济体制进行改革，其结果可能出现一个新的经济——市场体制。"[1]

（2）两者均强调市场的作用，都主张把社会主义和市场经济结合起来。"它们都建立在对市场经济及其效率的认识之上，主张利用市场这一'中性机制'作为提高资源配置效率的手段。"[2]这就改变了传统的社会主义理论和实践把中央计划视为社会主义唯一经济运行机制的看法，丰富和发展了马克思主义的经济理论。正如国外有的学者所说："推翻资本主义并不意味着消除对生产力发展的一切社会——经济障碍的一切矛盾……具有巨大重要性的是组织问题和手段的选择，令人高兴的是，只有一种经济机制形式适合于社会主义经济的看法现在已经早已成为陈迹。"[3]

（3）两者均以其对社会公正的追求，体现社会主义的价值目标。"随着资本主义的出现而形成的一切社会主义思潮都有一个共同的目标，这就是摆脱经济剥削和社会压迫。"[4]追求社会公正、平等是市场社会主义和中国特色社会主义共同具有的又一个重要特征，这一特征主要是基于其对资本主义各种不公正现象的批判，对社会主义社会公平、和谐理想的向往。正是针对资本主义社会存在的剥削、压迫等不公正现象，两者都要求消除强者对弱者的压迫和剥削，使一切成员平等地成为社会生产资料的共同所有者，平等地以劳动为尺度分配消费品等，从而实现人们在收入、地位、权力等诸多方面的较大平等。

第二，市场社会主义与中国特色社会主义的本质差异。

---

[1]　奥塔·锡克：《经济体制——比较、理论、批评》，商务印书馆1993年版，第66页。
[2]　吕薇洲：《市场社会主义论》，河南人民出版社2001年版，第147页。
[3]　诺夫：《可行的社会主义经济》，中国社会科学出版社1988年版，第289页。
[4]　尤里·考斯塔：《社会主义经济体制比较》，重庆出版社1988年版，第1页。

作为两种不同类型的模式,市场社会主义与中国特色社会主义也存在着许多实质性的差别。

(1)理论基础不同。市场社会主义建立在包括福利经济学、边际效用价值学说、产权理论等现代西方经济学各种理论的基础之上。兰格明确提出:"新古典主义理论与社会主义经济学的关系,要比马克思政治经济学(他认为,马克思政治经济学的力量,在于从整体上理解资本主义的历史演进)密切得多。"①斯蒂格利茨也认为,构成市场社会主义的基础是阿罗——德布鲁(新古典)模型。②中国特色社会主义则建立在马克思主义的基础之上。

(2)社会制度基础不同。市场社会主义、尤其是当代市场社会主义的诸种新模式,处于私有制和市场经济制度基础上,是试图为剧变和解体后的苏东国家,也称转型国家发展到社会主义,或资本主义(主要是指以美国为代表的发达资本主义国家)过渡到社会主义所设计的方案。中国特色社会主义则建立在社会主义基本制度基础上,是一种力图综合运用社会主义的基本制度优势和资源配置的经济制度优势的模式。

(3)最终目标不同。不同的理论基础和社会制度基础,决定了两者所追求的最终目标也必然存在本质区别:中国特色社会主义致力于最终实现"共同富裕",明确把"共同富裕"作为改革必须坚持的根本原则。而市场社会主义则着眼于追求"社会福利"和"公共利益",把其最终目标简单地界定为增进"社会福利"和"公共利益"、实现平等、自由等一系列价值目标。

(4)生产资料所有制上存在分歧。早期的市场社会主义也反对生产资料的资本主义私人占有制,但当代市场社会主义在其具体方案的构筑过程中,不再把社会主义公有制作为一项根本制度。其倡导者罗默甚至明确地指出:"公有制是否如社会主义运动中一直认为的那样,是一种政治——经济制度中实现社会主义者需要的东西所必不可少的。我的答案是否定的。"③中国特色社会主义则一直把公有制作为社会主义制度的基本特征,随着社会主义市场经济的建立和完善,公有制也得到了坚持和发展。

(5)宏观调控上存在差异。在宏观调控的地位、方式和范围等问题上,市场社会主义和中国特色社会主义之间存在着不同。中国特色社会主义注重宏观调

---

①　霍华德,J. E. 金:《马克思主义经济学史》,中央编译出版社 2003 年版,第 370 页。

②　斯蒂格利茨:《市场社会主义与新古典经济学》,载《马克思主义与现实》2001 年第 3 期。

③　约翰·罗默:《社会主义的未来》,重庆出版社 1997 年版,第 5—6 页。

控的指导作用,主张加强和完善政府的宏观调控作用,市场社会主义则强调宏观调控的补充功能,主张尽可能地削弱国家的宏观调控职能。

(6)收入分配制度上存在区别。虽然都反对资本主义制度下收入分配的不平等,但在如何保障收入分配公平方面,两者却存在明显分歧。中国特色社会主义的收入分配制度虽然也发生了很大变化,收入分配中市场的作用逐步增加,但不论如何变化,"按劳分配"的主体作用却贯彻始终。而市场社会主义不是从制度层面去保障收入分配的公平合理,而是通过一些具体的收入分配政策,来保障收入分配的尽可能平等,强调起点的平等和机会的平等。

第四节　中国特色社会主义与生态社会主义

一、生态社会主义理论的兴起及影响

生态社会主义发端于 20 世纪六七十年代,是在西方发达资本主义国家蓬勃发展的绿色运动中产生的,因此也被称为绿党社会主义。生态社会主义的总体目标是,把维护全球性的生态平衡和实现社会主义结合起来,即实现其宣称的"保护生态的、自我管理的和自我解放的社会主义,一种历史上从未有过的社会主义。"①从总体上看,生态社会主义是特定的社会历史条件下人们对社会现实的一种理论反映,它既是当代西方发达国家垄断资本主义矛盾发展的产物,又是对当代资本主义生产方式、生态殖民主义进行批判的结果。

资本主义生产对全球自然资源的掠夺性开发,造成了大量不可再生资源的枯竭,使生态平衡遭到了严重破坏。20 世纪 60 年代末 70 年代初,随着各种全球性生态矛盾的不断尖锐,生态环境问题逐步成为西方国家公众关注的热点。这一时期,一大批与系统论、生态学等有关的著作在西方相继问世,如 E. 舒马赫发表的《小即为美》(1973 年),罗马俱乐部出版的《增长的极限》(1974 年),H. 格鲁尔发表的《被掠夺的星球》(1978 年)等等,这些著述使生态学、系统论得到广泛传播,从而为生态社会主义理论的产生提供了理论依据。同时,为了确保子孙后代的生存,一场旨在防止生态灾难,维护人类生存环境的群众性运动在西方社会蓬勃兴起,人们不断走上街头游行、示威,要求政府当局控制和治理环境污

---

① 弗·卡普拉、查·斯普雷纳克:《绿色政治——全球的希望》,东方出版社 1988 年版,第 184 页。

染,这就促使绿色公民组织和政党纷纷成立,①为生态社会主义思潮的兴起提供了有利条件。早期生态运动的目的相对比较简单,参加生态运动的人员成分也非常复杂,且缺乏严密的组织,常常是围绕某一具体生态环境问题展开活动。

随着生态运动的深入开展,人类对生态环境问题的思索超越了生态学范围,生态运动成为集环境保护、和平运动和女权运动等为一体的全球性群众性的政治运动在西欧迅速崛起。20世纪70年代末,除了绿党中出现的激进社会主义"左派"以外,共产党、社会民主党已不局限于个别红色阵营人士的"绿化",从最初对绿党的拒斥转向谋求与绿党结盟。社会主义"左派"与绿色生态运动的结合,使世界范围的反战、反核、和平、裁军、环境保护等运动在20世纪80年代显现出空前的规模。德国绿党公开打出"生态社会主义"的旗号,澳大利亚共产党首先提出了"红绿联盟"的纲领。这一阶段绿党的队伍进一步壮大,并正式走上了政治舞台。

苏东剧变后,一些社会主义者把社会主义的前途命运同生态问题、生态运动结合起来,从而使生态社会主义在20世纪90年代得到了重大推进,发展到了"红绿交融"的阶段。这一阶段的西方社会主义左派,纷纷把目光投向绿色生态运动,探讨马克思主义与绿色思想的结合。欧洲的一些共产党、社会党采取与绿色运动结盟的政策,解体后的共产党组织中的不少成员加入了绿色组织,出现了"红"色绿化的现象,从而使这一阶段的生态社会主义者能够更多地以马克思主义、社会主义解救全球生态危机。生态运动的参与面更广,效果更加明显,特别是公共决策和政治过程的"绿化",使生态运动成为绿色政治运动。

作为批判和否定资本主义制度、关心人类前途和命运的一种理论派别,生态社会主义对人类面临的生态危机的后果、根源及其解决的方式等问题进行思考,对资本主义制度的矛盾和弊端进行揭露。由于生态社会主义所要解决的生态环境问题、和平问题、人口问题、科技负效应问题、南北经济差距扩大问题等,大都切中时弊,使该流派得以在短时期内迅速发展。

随着生态社会主义的广泛传播,欧洲许多国家的绿党在政治舞台上的地位也日渐提高。这迫使许多执政党不得不正视这种挑战,并逐步在自己的施政纲领中吸纳生态社会主义的观点。这就促使各国政府更加重视生态问题,南北问题,和平问题,从而有利于世界的和平与共同发展。比如,德国社会民主党在

---

① 新西兰于1972年成立了第一个绿党(新价值党),但此后西欧成了绿党发展的中心。德国绿党的创立和发展,对全世界绿党产生了极大影响。

1983 年大选失败后,就立即着手修改党纲,增加生态保护,反对经济无限制增长;认真对待科技的负作用;反对核武器,维护世界和平;消除南北经济差距;为人类未来创造良好的生存环境等内容。1972 年联合国通过了《人类环境宣言》,要求保护人类赖以生存的自然环境。1987 年世界环境与发展委员会在《我们共同的未来》报告中,第一次阐述了可持续发展的概念并得到了国际社会的广泛共识。1992 年世界环境与发展大会通过了《地球宣言》,明确提出了可持续发展战略,要求人类最大限度地减少因人类文明进步而对环境施加压力,在实现经济发展目标的同时,保护支撑经济增长的资源与环境,以达到人类与自然界和谐协调发展。

二、生态社会主义与中国特色社会主义的比较分析

生态社会主义在理论上批判资本主义经济制度,将生态问题作为反对资本主义和建立社会主义的重要依据,力图揭示造成生态危机的根本原因,并对"生态殖民主义"(发达资本主义国家将一些有害于人类健康和生态环境的技术、工业甚至垃圾转移到第三世界国家)进行了严厉的抨击,从而发展了马克思主义关于环境保护的思想观点。我们应该全面地考察和探讨生态社会主义的兴起与影响,深入分析它与中国特色社会主义的异同点。

第一,中国特色社会主义与生态社会主义的共通之处。

针对资本主义出现的新变化,生态社会主义提出了许多值得反思的理论和实践问题,其中许多思想观点对于我国经济社会发展具有积极的借鉴意义。

(1)两者都在对资本主义的批判中发展了马克思主义理论。生态社会主义对资本主义基本上采取批判的态度,尽管批判的角度和深度与马克思主义不同,但它毕竟看到了现代垄断资本主义的某些弊端,部分地反映了人民的要求和愿望。比如,它批判资本主义市场经济不关心生态保护和人类的长远利益,使人类的生存环境受到了污染和破坏;它批判资本主义的垄断性,认为各种垄断企业和跨国公司都是对内对外剥削掠夺的工具;它批判发达资本主义国家在国际上的强权政治,深刻地指出:工业化国家的财富都是以剥削第三世界为基础的等等。这些对正确地认识当代资本主义,坚持和发展马克思主义有着重要的意义。中国特色社会主义是当代马克思主义中国化的最新理论成果,更是对马克思主义的继承和发展。

(2)两者都揭示了造成生态危机的重要原因,主张加强生态环境保护,强调可持续发展。生态社会主义认为,资本主义生产的无政府状态是造成生态危机

的根本原因,发达资本主义国家过去的发展已经欠下了生态方面的巨大债务,现在仍以占世界25%的人口消耗着占世界75%以上的能源和80%以上的原材料,因而应对环境恶化、生态失衡负首要责任。他们主张建立一种以保护自然和理智使用自然资源为特征的"稳态经济"。中国也于1992年制定"中国环境与发展十大对策",提出走可持续发展道路是中国当代以及未来的选择。1994年中国政府制定完成并批准通过了《中国21世纪议程——中国21世纪人口、环境与发展》白皮书,确立了中国21世纪可持续发展的总体战略框架和各个领域的主要目标。此后,国家有关部门和地方政府也相应的制定了可持续发展实施行动计划。

(3)两者都反对资本主义代议制民主,主张实行基层民主。基层民主是生态社会主义的四大理论支柱之一。① 生态社会主义认为,代议制民主不能真正代表人民,反映民意,保障公民对政治权利的充分享受,其实质是政党斗争。只有实行直接民主,才能唤起人们的政治热情,更好地为保护生态平衡服务。他们提倡实行直接民主,即"由社会最底层发展起来的、遍及社会每一个基层的民主,使所有人真正参加国家大小事务的决策"②,以实现社会公正、平等。中国特色社会主义更加注重基层民主,将其作为社会主义民主政治的基础性环节,以保障人民享有更多更切实的民主权利。党的十七大报告指出:人民依法直接行使民主权利,管理基层公共事务和公益事业,实行自我管理、自我服务、自我教育、自我监督,对干部实行民主监督,是人民当家作主最有效、最广泛的途径。这就更加深刻地阐明了中国特色社会主义基层民主的实质内容和重大意义。

第二,中国特色社会主义与生态社会主义的本质区别。

生态社会主义把斗争的矛头直接对准垄断资本,从不同侧面批判了资本主义的弊端。但生态社会主义的倡导者把生态问题看得高于一切,用"生态危机论"来取代"经济危机论",从而用人与自然之间的矛盾掩盖了资本主义社会的基本矛盾。生态社会主义更接近于欧洲历史上的"小资产阶级社会主义"和现代的"民主社会主义",它在许多方面都与中国特色社会主义有着本质区别。

(1)理想目标不同。生态社会主义虽对资本主义持批判和否定的态度,但对什么是社会主义并没有科学的认识,只是站在抽象的人道主义的立场上,试图

---

① 生态社会主义的基本理论是由生态原则、社会责任感、基层民主和非暴力四大支柱构成的。
② 周兆祥:《绿色政治》,香港明镜出版社1988年版,第83页。

在不触动资本主义制度的前提下,通过对话、谈判、游行、示威、舆论和选举等手段,谋求执政,他们不重视变革所有制,只讲参与管理,主张走改良主义的道路。中国特色社会主义则坚持把全面建设小康社会作为自己的奋斗目标,坚持中国特色社会主义经济建设、政治建设、文化建设、社会建设的基本目标。

(2)策略主张不同。生态社会主义者认为大型跨国公司的现代化大生产导致了劳动破碎化,力图建立一种小国寡民式的经济单位,并企图用手工劳动去取代现代化大生产,将符合现代社会经济发展的大工业分化为前工业化时期的那种自给自足的小手工业,这无疑是一种历史的倒退。中国特色社会主义则坚持走中国特色的新型工业化道路,鼓励发展具有国际竞争力的大企业集团。

(3)依靠力量不同。生态社会主义强调依靠具有"生态意识"的中间阶级,即中小资产阶级、知识分子和青年学生。他们反对和工人组织联合,认为工人在资本主义意识形态的操纵下,已沾染上了追求异化消费的习惯,与工会联合有损于自己的纯洁性。这就把极具革命性的工人阶级撇在了一边。这与马克思主义的阶级分析、与中国特色社会主义依靠工人阶级的方针显然相去甚远。

(4)变革社会的途径不同。生态社会主义坚持"非暴力"原则,反对核军备竞赛,提倡人类和平,鼓励各国裁军,销毁核武器,反对一切战争等。尽管20世纪90年代的生态社会主义者认识到,"非暴力"只能是一种斗争的策略,如若将之绝对化,只能使人们在反对资本主义制度的斗争中遭到大量的不必要的牺牲,并同意将某种形式的阶级斗争(如罢工)作为其他政治斗争方式(如议会斗争、宣传教育)的补充。但他们仍将"非暴力当做斗争的一条基本原则",坚持认为用暴力推翻资本主义是不可能的。中国特色社会主义则坚持认为,暴力革命与和平过渡是社会革命的两种基本途径和方式。

第十八章
中国特色社会主义理论体系的历史地位和重大意义

党的十七大指出,改革开放以来我们取得一切成绩和进步的根本原因,归结起来就是:开辟了中国特色社会主义道路,形成了中国特色社会主义理论体系。中国特色社会主义理论体系,是我们党领导改革开放和社会主义现代化建设伟大实践的正确反映,是马克思主义中国化的最新成果。这一科学体系是对马克思列宁主义、毛泽东思想的继承和发展,以一系列新思想、新观点丰富和发展了科学社会主义,是我们党带领全国人民开拓中国特色社会主义更为广阔的发展前景的科学指南,具有重大的理论意义与实践意义。

第一节 中国特色社会主义理论体系是马克思主义中国化的最新成果

一、马克思主义中国化是中国共产党人坚持和发展马克思主义的根本途径

"马克思主义中国化"这个重大命题,是毛泽东1938年10月在党的扩大的六届六中全会上最先提出的。他指出:"马克思列宁主义的伟大力量,就在于它是和各个国家具体的革命实践相联系的。对于中国共产党说来,就是要学会把马克思列宁主义的理论应用于中国的具体的环境。成为伟大中华民族的一部分而和这个民族血肉相连的共产党员,离开中国特点来谈马克思主义,只是抽象的空洞的马克思主义。"将马克思主义中国化,使之在其每一表现中带着中国的特性,即是说,"按照中国的特点去应用它,成为全党亟待了解并亟须解决的问题"①。马克思主义必须中国化,否则不能指导中国革命的具体实践。这是以毛

---

① 《毛泽东选集》第二卷,人民出版社1991年版,第534页。

泽东为主要代表的中国共产党人在经过对中国革命艰辛探索后达到的一种理论自觉。

这种理论自觉实现了对马克思主义特殊的理论品质的深刻把握,适应了坚持和发展马克思主义的根本要求。马克思和恩格斯一贯主张,要以科学态度对待他们所创立的思想体系。他们在《共产党宣言》序言中强调:"不管最近25年来的情况发生了多大的变化,这个《宣言》中所阐述的一般原理整个说来直到现在还是完全正确的。"这些原理的实际应用,"随时随地都要以当时的历史条件为转移"①。他们还声明:马克思主义是发展的理论,而不是必须背得烂熟并机械地加以重复的教条;马克思主义不是现成的公式,而是研究历史和行动的指南;认为可以"到马克思的著作中去找一些不变的、现成的、永远适用的定义"是一种"误解"。马克思主义经典作家们之所以反复强调这一点,绝非是出于自谦或其他方面的原因。马克思主义是科学性、实践性和革命性的统一,这就决定了发展是马克思主义的内在品质和根本要求。马克思主义者,必须根据历史自身发展的法则发现历史自己提出并可能解决的任务,并按照历史辩证法的逻辑寻求解决问题的方案。

"正确的理论必须结合具体情况并根据现存条件加以阐明和发挥。"②马克思主义以自身特有的品格粉碎了任何教条主义者所有懒汉般的幻想和企图。这对马克思之后的马克思主义者而言,事实上提出了只有将马克思主义民族化才能谈得上真正坚持马克思主义的问题,也才能谈得上真正解决各国革命的实际问题。列宁深谙这一原则。他说:"对于俄国社会党人来说,尤其需要独立地探讨马克思的理论,因为它所提供的只是总的指导原理,而这些原理的应用具体地说,在英国不同于法国,在法国不同于德国,在德国又不同于俄国。"③从一定意义上讲,列宁是将马克思主义民族化并成功实践的第一人,他提出了"变帝国主义战争为国内战争"的口号,取得了十月社会主义革命的胜利,开辟了世界历史的新纪元。在1923年的《论我国革命》一文中,列宁不仅论述了俄国能够表现出而且势必表现出某些特殊性,使俄国革命有别于以前西欧各国的革命,而且预见到,这些特殊性到了东方国家又会产生某些局部的新东西,"在东方那些人口无比众多、社会情况无比复杂的国家里,今后的革命无疑会比俄国革命带有更多

---

① 《马克思恩格斯选集》第1卷,人民出版社1995年版,第248页。
② 《马克思恩格斯全集》第27卷,人民出版社1972年版,第433页。
③ 《列宁全集》第4卷,人民出版社1984年版,第161页。

的特殊性"①。

当中国共产党人提出马克思主义中国化这一重大命题时,必然涉及如何对待马克思主义的特殊性与普遍性的关系,即如何认识和处理民族化的马克思主义与马克思主义基本原理的关系的问题。在这个问题上,以毛泽东为主要代表的中国共产党人注意防止将马克思主义普遍性和特殊性相脱离的倾向。

一方面,反对片面强调普遍性而忽视特殊性的倾向。事实上,当我们党第一次提出马克思主义中国化的命题时,对特殊性的重视和强调是不言自明的,主要反对无视中国国情的特殊性而机械照搬马克思主义一般原则的教条主义倾向。毛泽东提出:"我们要把马、恩、列、斯的方法用到中国来,在中国创造出一些新的东西。只有一般的理论,不用于中国的实际,打不得敌人。但如果把理论用到实际上去,用马克思主义的立场、方法来解决中国问题,创造些新的东西,这样就用得了。"②在读苏联《政治经济学教科书》时,毛泽东进一步指出:"任何国家的共产党,任何国家的思想界,都要创造新的理论,写出新的著作,产生自己的理论家,来为当前的政治服务,单靠老祖宗是不行的。"③共产党人只有将马克思主义基本原理与本国具体实际结合起来,运用马克思主义的立场、观点和方法指导实践,才能有效地解决中国革命和建设的实际问题。

另一方面,反对片面强调特殊性而忽视普遍性的倾向。民族化的马克思主义是以对马克思主义立场、观点和方法在一定时空条件下的运用和马克思主义基本原理在一定时空条件下的具体展开为实现途径的,而不是特殊性对普遍性的替代。著名马克思主义哲学家艾思奇在20世纪40年代曾说过:"在中国应用马克思主义,或使马克思主义中国化,就是要坚决地站在马克思主义的观点上,在马克思主义基本原则和基本精神上,用马克思、恩格斯所奠定了的、辩证唯物论的和政治经济学的科学方法,来具体地客观地研究中国社会经济关系,来决定中国无产阶级在中国民族革命斗争中的具体任务及战略策略。"④"中国化绝不是丢开马克思主义的立场的意思,相反的,愈更要能够中国化,就是指愈更能够正确坚决地实践马克思主义的立场的意思,愈更能创造,就是指愈更能够开展真正的马克思主义的意思。"⑤毛泽东在读苏联《政治经济学教科书》时强调:"马

---

① 《列宁选集》第4卷,人民出版社1995年版,第776、778页。
② 《毛泽东文集》第二卷,人民出版社1993年版,第408页。
③ 《毛泽东文集》第八卷,人民出版社1999年版,第109页。
④ 《艾思奇文集》第1卷,人民出版社1981年版,第481页。
⑤ 同上书,第489页。

克思这些老祖宗的书,必须读,他们的基本原理必须遵守",讲的就是这个道理。

中国共产党人一旦认识到将马克思主义基本原理的普遍性和民族国家具体国情的特殊性相结合这一科学的方法论,党和国家事业就进入一个自觉主动的新阶段。善于创造性地将马克思主义普遍真理同我国革命、建设和改革的具体实践相结合,走自己的路,成为中国共产党人的一大特点和优势,成为中国共产党的首要经验。中国革命、建设和改革的一个又一个伟大胜利,在用铁一般的事实证明中国共产党人在马克思主义中国化的道路上所取得的伟大成功的同时,也有力地证明中国共产党人选择马克思主义中国化作为坚持和发展马克思主义的根本途径的正确性。

二、中国特色社会主义理论体系总体上属于马克思主义中国化第二次历史性飞跃的理论成果

我们党在领导中国革命、建设和改革的历史进程中,把马克思列宁主义同中国实际相结合,不断推进马克思主义中国化,实现了两次重大的历史性飞跃。

第一次飞跃的标志性理论成果是新民主主义革命理论。在领导中国革命的过程中,以毛泽东为主要代表的中国共产党人,把马克思列宁主义的基本原理同中国革命的具体实际结合起来,找到了有中国特色的革命道路,形成了被实践证明了的关于中国革命的正确的理论原则和经验总结——新民主主义革命理论。以毛泽东为代表的中国共产党人在对中国社会的现状和历史、对中国革命的特点和规律加以深刻认识和分析的基础上,系统阐述了中国新民主主义革命的基本理论、基本路线和基本纲领,精辟论述了党在民主革命时期的政策和策略,经过长期艰苦的奋斗,最终取得了新民主主义革命的胜利,成立新中国。

第二次飞跃的标志性理论成果是中国特色社会主义理论体系。新中国成立以后,毛泽东针对照抄照搬苏联模式产生的弊端,明确提出要以苏为鉴,走自己的路,开启了将马克思列宁主义的基本原理与中国具体实际第二次结合的新航程。《论十大关系》和《关于正确处理人民内部矛盾的问题》等理论成果,表明我们党在探索适合中国自己的社会主义建设道路上有一个良好的开端。但由于后来发生了严重失误,特别是"文化大革命"那样全局性的严重错误,使得一些正确的方针政策没有得到贯彻落实。党的十一届三中全会以后,以邓小平、江泽民、胡锦涛为主要代表的中国共产党人,在和平与发展成为时代主题的历史条件下,在我国改革开放和社会主义现代化建设的伟大实践中,在总结我国社会主义建设正反两方面历史经验和改革开放以来新鲜经验,并借鉴其他社会主义国家兴衰成败经验教训的基础上,创立和不断发展着中国特色社会主义理论体系。胡锦涛指出,中国特色社会主义理论体系是马克思主义中国化的最新成果,总体上属于马克思列宁主义同中国实际相结合的第二次历史性飞跃的理论成果。这个重要论断,从时间上和空间上对中国特色社会主义理论体系的产生和发展作出了科学界定,为我们正确认识中国特色社会主义理论体系在马克思主义中国化进程中的历史地位提供了根本依据。

马克思主义中国化第二次历史性飞跃的标志性理论成果,包括邓小平理论、"三个代表"重要思想和科学发展观等重大战略思想,由此构成中国特色社会主义理论体系的基本组成部分。以邓小平为核心的党的第二代中央领导集体,坚持解放思想、实事求是,带领全党全国人民开启了改革开放的伟大历史进程,第一次提出了"建设有中国特色的社会主义"的重大命题,创立了邓小平理论。这一理论是中国特色社会主义理论体系的最基础的组成部分,以回答"什么是社会主义、怎样建设社会主义"这个历史课题为出发点,以社会主义本质论、社会主义初级阶段论、社会主义市场经济论等理论成果,支撑起中国特色社会主义理论体系的基本架构;以"一个中心、两个基本点"的基本路线作为中国特色社会主义的实践纲领,从而为中国特色社会主义理论体系的形成作出了开创性的贡献。以江泽民为核心的第三代中央领导集体,在深化对"什么是社会主义、怎样建设社会主义"的课题的认识的同时,创造性地回答了"建设什么样的党、怎样建设党"这个重大现实课题,提出了"三个代表"重要思想。这一重要思想作为中国特色社会主义理论体系承上启下的组成部分,把始终代表中国先进生产力的发展要求、始终代表中国先进文化的前进方向、始终代表中国最广大人民的根本利益作为加强党的建设和发展中国特色社会主义的本质要求和根本原则,引领我们开创了中国特色社会主义事业新局面。党的十六大以来,以胡锦涛同志为总书记的党中央,坚持以邓小平理论和"三个代表"重要思想为指导,对"实现什么样的发展、怎样发展"这一重大现实课题进行了集中探索,提出了科学发展观等一系列重大战略思想。这是中国特色社会主义理论体系的重要创新成果,对中国特色社会主义发展规律作出了新的科学揭示,是马克思主义关于发展的世界观和方法论的集中体现,是我国经济社会发展的重要指导方针,是发展中国特色社会主义必须坚持和贯彻的重大战略思想。

当我们强调中国特色社会主义理论体系是对毛泽东艰辛探索社会主义建设规律重要思想成果的继承和发展时,这就涉及毛泽东思想与中国特色社会主义理论体系之间关系的问题。邓小平曾深刻阐明了党的十一届三中全会以来我们党所从事的事业与毛泽东的理论和实践的关系。他指出："从许多方面来说，现在我们还是把毛泽东同志已经提出、但是没有做的事情做起来，把他反对错了的改正过来，把他没有做好的事情做好。今后相当长的时期，还是做这件事。当然，我们也有发展，而且还要继续发展。"①胡锦涛同志在党的十七大报告中也明确指出："我们党正在带领全国各族人民进行的改革开放和社会主义现代化建设，是新中国成立以后我国社会主义建设伟大事业的继承和发展，是近代以来中国人民争取民族独立、实现国家富强伟大事业的继承和发展。"②胡绳是这样评价毛泽东的伟大贡献的。他说：毛泽东一生做了两件大事："第一件大事是领导党和人民，推翻了帝国主义、封建主义和官僚资本主义在中国的统治，完成了民主革命的任务。在中国的具体条件下，要战胜如此强大的敌人，中国革命不能沿袭别国的模式，而必须把马克思列宁主义的普遍真理和中国的具体实际相结合，走自己独特的道路。毛泽东敢于和能够抵制从国际来的错误的影响，找到并坚持唯一能使中国革命胜利的道路。""第二件大事是在以带有中国特色的方法完成了社会主义改造以后，努力探索中国的社会主义建设的道路。毛泽东是这种探索的开创者。他领导全党和全国人民抗拒来自国外的强大影响和强大压力，从而发动并且坚持进行这种探索。所以毛泽东作为这种探索的开创者的历史功绩应当用最浓的笔墨记载在史册上。"③由此，倘若否定了毛泽东关于社会主义建设的正确思想，中国特色社会主义理论体系也就成了无源之水、无本之术。

三、中国特色社会主义理论体系开辟了马克思主义中国化的新境界

1. 中国特色社会主义理论体系的形成，标志着我们党在马克思主义中国化道路上一次新的理论自觉

两次马克思主义中国化的重大历史性飞跃是两次重大的理论自觉的产物。以毛泽东为主要代表的中国共产党人在探索中国革命和建设道路的过程中，之所以提出了"马克思主义中国化"这个重大命题，是因为体察到教条主义对待马克思主义的错误后的理论自觉。这一理论自觉下的理论探索，解决了中国新民主主义革命和社会主义革命等重大课题。在毛泽东思想的正确指导下，中国共产党带领中国人民取得了新民主主义革命和社会主义革命的胜利以及社会主义

---

① 《邓小平文选》第二卷，人民出版社 1994 年版，第 300 页。

② 《中国共产党第十七次全国代表大会文件汇编》，人民出版社 2007 年版，第 54 页。

③ 胡绳：《马克思主义与改革开放》，中国社会科学出版社 2000 年版，第 95 页。

建设的初步胜利。在新的历史条件下,以邓小平为主要代表的中国共产党人,在探索中国社会主义建设道路的过程中,之所以提出了"建设有中国特色社会主义"这个重大命题,是因为体察到新中国社会主义没有摆脱苏联模式的严重弊端。邓小平在党的十二大开幕式上指出:"把马克思主义的普遍真理同我国的具体实际结合起来,走自己的道路,建设有中国特色的社会主义,这就是我们总结长期历史经验得出的基本结论。"①由于已经积累了新民主主义革命和社会主义革命的历史经验,由于已经拥有了初步探索中国社会主义建设道路的历史经验,我们党推进马克思主义中国化更加趋于自觉,更加趋于主动。这一次新的理论自觉,解决了中国这样一个经济文化相对落后国家如何建设社会主义,如何巩固和发展社会主义的重大历史课题,丰富和发展了科学社会主义。

2. 中国特色社会主义理论体系的形成,标志着我们党对马克思主义中国化基本经验的认识达到一个新高度

马克思主义中国化的探索历程,也是我们党发展马克思主义的历程。从这一意义上讲,马克思主义中国化的基本经验也是我们党发展马克思主义的基本经验。中国特色社会主义理论体系的形成,标志着我们党对马克思主义中国化基本经验的认识达到了一个新高度。具体体现在:第一,必须基于新的实践做到坚持与发展马克思主义的高度统一。理论创新必须以坚持马克思主义基本原理为前提,否则就会迷失方向;坚持马克思主义又要以根据实践的发展不断推进理论创新为条件,否则马克思主义就不能很好地坚持下去。第二,必须坚持马克思主义真理观与价值观的高度统一。马克思主义不仅是科学真理,它所具有的阶级特性也凸显了鲜明的价值取向。理论的创新可以因条件的变化表现为话语的转换,但贯穿其中的马克思主义立场、观点和方法是创新的灵魂,是任何意义上创新色调的底色。第三,必须正确借鉴和吸收古今中外的优秀文明成果。只有确切地了解人类全部发展过程所创造的文化,并对这种文化加以改造,才能建设社会主义的思想文化。这是马克思主义中国化必须坚持的一项基本原则。总体而言,推进马克思主义中国化,"要坚持以广大人民群众建设中国特色社会主义的生动实践为理论创新的源泉,以实现和发展最广大人民的根本利益为理论创新的目的,以顺应时代潮流不断与时俱进的创造精神为理论创新的动力,以研究和解决我们在前进中面临的突出问题为理论创新的着力点,不断打开理论创新的新视野,不断取得马克思主义基本原理同中国具体实际相结合的新进展,不断

---

① 《邓小平文选》第三卷,人民出版社1993年版,第3页。

丰富和发展马克思主义"①。

3. 中国特色社会主义理论体系的形成,标志着中国社会主义建设伟大事业进入一个新阶段

从 1938 年毛泽东提出"马克思主义中国化"这个重大命题起,我们党在马克思主义中国化的道路上的自觉探索已经整整 70 年了。在 70 年马克思主义中国化的历史进程中,以邓小平理论、"三个代表"重要思想和科学发展观等重大战略思想为主要内容的中国特色社会主义理论体系,标志着我们党领导的中国特色社会主义伟大事业进入了一个新的历史阶段。新阶段之"新"表现在,我们党承继了以毛泽东为主要代表的中国共产党人探索中国社会主义建设道路的思想财富,不断推进理论创新,形成了中国特色社会主义理论体系。这个理论体系科学回答了什么是社会主义、怎样建设社会主义,建设什么样的党、怎样建设党,实现什么样的发展、怎样发展的问题,探索和总结了中国特色社会主义建设的特殊规律,从而实现了马克思列宁主义普遍原理与中国实际相结合的第二次历史性飞跃。马克思主义中国化的理论探索历程与中国社会主义建设伟大事业的实践探索历程相伴相连。新阶段之"新"的重大意义在于,在这个历史阶段,中国共产党人承继了以毛泽东为主要代表的中国共产党人探索中国社会主义建设道路的未竟事业,以中国特色社会主义理论体系的形成为标志,成功探索出中国自己的社会主义现代化道路,开辟了中国社会主义广阔的发展前景。沿着这条道路,中国社会主义建设伟大事业必将乘风破浪,取得了一个又一个的伟大胜利。

第二节　中国特色社会主义理论体系对科学社会主义的坚持和发展

一、坚持科学社会主义的基本原则

科学社会主义是马克思主义创始人在深刻分析人类社会发展规律的基础上创立的关于无产阶级解放条件的学说。中国特色社会主义理论体系,作为科学社会主义基本原则同中国实际和时代特征相结合的产物,内在蕴涵着马克思主义的基本原理和科学社会主义的基本原则。在关于科学社会主义基本原则的一系列问题上,包括邓小平理论、"三个代表"重要思想以及科学发展观等重大战

---

① 《十六大以来重要文献选编》(上),中央文献出版社 2005 年版,第 645—646 页。

略思想在内的中国特色社会主义理论体系与科学社会主义保持了高度的一致性，充分体现着对科学社会主义的坚持和继承。

在社会主义本质的问题上，马克思在1877年《给〈祖国纪事〉杂志编辑部的信》中指出，人类社会最后达到的是"在保证社会劳动生产力极高度发展的同时又保证每个生产者个人最全面的发展的这样一种经济形态"①。这是马克思将他的价值理想和人类社会发展规律联系起来加以分析的产物，它清楚地表明马克思在关于未来社会的设想中既强调"生产力的极高度发展"这一历史观维度，又强调"人的全面而自由发展"这一价值观维度，蕴涵着科学性和价值性的统一。马克思主义创始人关于未来社会的基本设想构成了改革开放以来中国共产党人重新认识社会主义本质的理论根据。基于社会主义实践的经验教训的总结，邓小平从历史观的高度强调："经济长期处于停滞状态总不能叫社会主义。人民生活长期停止在很低的水平总不能叫社会主义。"②"社会主义的本质，是解放生产力，发展生产力，消灭剥削，消除两极分化，最终达到共同富裕。"③这些重要论断蕴涵着历史观与价值观的统一。江泽民在庆祝中国共产党成立80周年的讲话中指出："我们建设有中国特色社会主义的各项事业，我们进行的一切工作，既要着眼于人民现实的物质文化生活需要，同时又要着眼于促进人民素质的提高，也就是要努力促进人的全面发展。"④他还强调，这是马克思主义关于建设社会主义新社会的本质要求。胡锦涛将以人为本作为科学发展观的核心，凸显了社会主义关于人的解放的价值目标。正是在这一意义上，科学发展观正确揭示了社会主义与资本主义的本质差别，深化了我们党对社会主义本质的认识。

在社会主义制度特征的问题上，马克思和恩格斯认为，社会即联合起来的个人占有全部生产资料，是未来社会的首要特征。共产主义社会就是根据这个特征而命名的。恩格斯在1890年致奥·伯尼克的信中明确地指出："社会主义社会""同现存制度的具有决定意义的差别当然在于，在实行全部生产资料公有制（先是单个国家实行）的基础上组织生产"⑤。这个特征是马克思、恩格斯从逻

---

① 《马克思恩格斯选集》第3卷，人民出版社1995年版，第342页。
② 《邓小平文选》第二卷，人民出版社1994年版，第312页。
③ 《邓小平文选》第三卷，人民出版社1993年版，第373页。
④ 江泽民：《论"三个代表"》，中央文献出版社2001年版，第179页。
⑤ 《马克思恩格斯选集》第4卷，人民出版社1995年版，第693页。

辑上预测未来社会其他特征的起点。没有这个特征,其他特征就无从谈起。①
在改革开放的历史条件下,邓小平提出:"社会主义基本制度确立之后,还要从
根本上改变束缚生产力发展的经济体制,建立起充满生机和活力的社会主义经
济体制,促进生产力的发展"②。同时,他强调:"一个公有制占主体,一个共同富
裕,这是我们必须坚持的社会主义的根本原则"③。江泽民也阐明了公有制占主
体这一原则的重要意义。他指出,把国有资产大量量化到个人,并最终集中到了
少数人手中,那样,我们的国有资产就有被掏空的危险,我们的社会主义制度就
会失去经济基础。那时,中国将会是一个什么样的局面?我们靠什么来坚持社
会主义制度,靠什么来巩固人民的政权,靠什么来保证实现全体人民的共同
富裕。

　　在社会主义民主的问题上,马克思在分析第一个无产阶级政权——巴黎公
社的经验时指出,这个新的真正民主的国家是"人民自己当自己的家。"这实际
上提出了一个超越资产阶级民主的新的概念,即无产阶级民主。这种新型的民
主高于资产阶级民主的根本之处,并不在于民主的实现形式上,而在无产阶级作
为"最大多数人"这一民主主体上。正是这个"多数"从根本上改变了"民主"的
性质。④ 人民当家作主的思想观点是中国共产党人在新的历史条件下探索中国
特色社会主义政治发展道路的价值向导。改革开放以来,邓小平深刻总结了
"文化大革命"的历史教训,指出:"没有民主就没有社会主义,就没有社会主义
现代化。"这是新时期我们党对于社会主义民主政治进行新探索的逻辑起点,由
此开始了建设社会主义民主的新航程。2002 年 5 月 31 日,江泽民在中央党校
省部级干部进修班毕业典礼上的讲话中指出:"党的领导、人民当家作主和依法
治国的统一性,是社会主义民主政治的重要优势。发展社会主义民主政治,最根
本的是要坚持党的领导、人民当家作主和依法治国的有机结合和辩证统一。"⑤
在党的十七大报告中,胡锦涛进一步强调指出:"人民当家作主是社会主义民主
政治的本质和核心"⑥,深化政治体制改革必须以保证人民当家作主为根本。

---

① 参见李延明:《马克思恩格斯的未来世界——科学共产主义原理》,安徽人民出版社 2006
　　年版,第 49 页。
② 《邓小平文选》第三卷,人民出版社 1993 年版,第 370 页。
③ 同上书,第 111 页。
④ 参见郁建兴:《马克思与自由主义民主》,载《哲学研究》2002 年第 3 期。
⑤ 《十五大以来重要文献选编》(下),人民出版社 2003 年版,第 2416 页。
⑥ 《中国共产党第十七次全国代表大会文件汇编》,人民出版社 2007 年版,第 28 页。

　　不难看出,中国特色社会主义理论体系中每一个重要观点,都可以在马克思主义创始人那里找到思想源头。我国改革开放的进程和当今中国社会的现实充分证明,中国特色社会主义理论体系坚持了马克思主义基本原理,遵循了科学社会主义基本原则;同时也证明,在新的历史条件下,马克思主义基本原理和科学社会主义基本原则仍然是中国共产党人正确认识、把握和运用共产党执政规律、社会主义建设规律和人类社会发展规律的锐利思想武器。

二、赋予科学社会主义新的时代内容和中国特色

　　20世纪初列宁领导的十月革命的胜利,标志着科学社会主义从理论形态向实践形态转变的开始。在世界历史仍然处于资本主义占据主导地位的条件下,如何在经济文化相对落后国家建设、巩固和发展社会主义的历史任务,成为20世纪以来马克思主义者面对的重大历史课题。马克思曾提出过外在超越和内在超越两种现代性的超越理念。前一种超越蕴涵于马克思对未来社会的设想之中,后一种超越蕴涵于马克思对俄国社会发展前途的分析之中。列宁领导的十月革命的胜利也标志着内在超越现代性的探索的起步。显然,在这个重大历史课题上任何一次创新,都是对科学社会主义的丰富和发展。

　　艰辛而曲折的探索在20世纪社会主义历史长河留下了深深的印迹,其间既有凯歌行进的辉煌,也有严重挫折的经历。列宁的探索具有特殊的意义,这不仅因为经济文化相对落后国家建设社会主义过程中所遭遇的问题在列宁时期已经基本显露,更因为他在短暂的时间里提出了一系列在今天看来仍然具有现实意义的理论和政策。以毛泽东为主要代表的中国共产党人,运用马克思列宁主义的基本原理,分析和研究中国社会和中国革命的实际情况,在充分认识中国民主革命的特点和规律基础上,提出了新民主主义革命的理论,制定了新民主主义革命的政治、经济、文化纲领,成功地领导了中国新民主主义革命,带领全党全国各族人民建立了新中国。在毛泽东思想的指导下,我们党取得了社会主义革命和建设的伟大成就,并对社会主义建设规律进行了初步探索,取得了宝贵经验。但由于"左"的思想的干扰以及其他种种复杂的原因,我国的社会主义建设也遭受了严重挫折。

　　艰辛曲折的探索历程,既显示着这一重大历史课题的复杂性和艰巨性,也显示着一代又一代马克思主义者上下求索、百折不回的勇气和决心。当邓小平提出建设有中国特色社会主义的命题时,如何建设、巩固和发展社会主义,如何实现现代性内在超越的新探索,迈入了一个崭新的历史时期。30年改革开放和现

代化建设以一个又一个胜利,向世人证明这一重大历史课题取得了一个又一个突破。当我们说中国特色社会主义理论体系向前丰富和发展了科学社会主义,其根据就在于,它以一系列新思想、新观点系统和科学地回答了在中国这样经济文化相对落后国家如何建设社会主义、如何巩固和发展社会主义的基本问题,如何实现现代性内在超越的问题。

20 世纪以来,社会主义实践者共同面临着一个课题是,如何根据当时的社会状况和历史条件,正确发挥人的主观能动性,在促进历史的主体和客体的双重尺度相统一的基础上,有效地开展社会主义建设的问题。在邓小平看来,以往社会主义实践的失误主要体现在,将马克思关于未来社会的设想作为现实社会主义形态的蓝本,在忽视生产力发展水平的条件下片面拔高社会主义生产关系,既难以推动社会主义制度的完善,也难以很好地促进生产力的发展,从而导致了社会主义的挫折。社会主义本质论的提出,以马克思关于未来社会的基本原则为皈依,从当代中国的具体实际出发确定社会主义的现实任务,从而克服了像中国这样经济文化相对落后国家在"什么是社会主义"这个问题上的认识误区,赋予科学社会主义新的时代内容和中国特色。

社会主义初级阶段是我国在生产力落后、商品经济不发达条件下建设社会主义必经的特定阶段。邓小平清楚地意识到正确把握中国所处的社会发展阶段对于制定正确的路线方针和政策的重要性。在他看来,由于在很长一段时期内我们党制定的政策超越了中国社会主义所处的初级阶段,因此,在新的历史条件下,一个基础性的调整就是必须从社会主义初级阶段的基本国情出发,制定正确的路线方针政策。正如有的学者指出的:"社会主义初级阶段理论的核心问题,是对这个历史阶段的主要矛盾做出正确的分析和判断,以及由此而来的对这个历史阶段的中心任务进行详尽的研究和确定。"①社会主义初级阶段理论已解决现阶段中国社会的主要矛盾和根本任务,丰富和发展了科学社会主义。

社会主义改革开放理论和社会主义市场经济理论也实现了对科学社会主义的丰富和发展。改革开放是我们党在新的历史条件下放眼国际环境和国内环境后作出的重大决策。当原有的体制不再适应生产力发展的要求,当吸收和借鉴西方世界先进文明成果成为可能,改革开放就成为经济文化相对落后国家建设、巩固和发展社会主义的正确抉择。"坚持改革开放是决定中国命运的一招。"②

---

① 陈筠泉、方军:《邓小平理论的哲学基础》,北京出版社 2002 年版,第 139 页。
② 《邓小平年谱(1975—1997)》(下),中央文献出版社 2004 年版,第 1330 页。

改革开放是一场新的革命,是中国现代化的必由之路。这场历史上从未有过的大改革大开放,极大地调动了亿万人民的积极性主动性创造性。事实雄辩地证明,只有改革开放才能发展中国、发展社会主义、发展马克思主义。邓小平提出的社会主义市场经济理论的意旨是将市场调节的作用和社会主义制度的优越性结合起来,革除计划经济体制的弊端,更快地发展社会生产力。社会主义市场经济的发展,成为改革开放以来中国共产党人摆脱苏联模式探求中国特色社会主义发展道路的一个重要方面。

不难看出,中国特色社会主义理论体系,从中国的具体实际出发,以我国改革开放和社会主义现代化建设的实际问题、以我们正在做的事情为中心,创造性地提出了一系列新思想、新观点,丰富和发展了科学社会主义,因而具有重大的理论意义。30 年改革开放和社会主义现代化建设的伟大成就充分证明,不断推进马克思主义的理论创新,用发展着的马克思主义指导新的实践,是对马克思主义基本原理和科学社会主义基本原则的最好坚持。

第三节　中国特色社会主义理论体系的实践意义

一、中国特色社会主义理论体系对中国特色社会主义事业的指导意义

中国特色社会主义理论体系以其对中国社会主义建设特殊规律的科学揭示适应了中国社会主义建设伟大实践的需要;是中国社会主义现代化建设事业取得胜利的思想保证。改革开放以来我们党提出的一系列新思想、新观点绝非喃喃自语,而是有的放矢,这个"的"就是中国社会主义现代化事业。马克思曾深刻地指出:"一切划时代的体系的真正的内容都是由于产生这些体系的那个时期的需要而形成起来的。所有这些体系都是以本国过去的整个发展为基础的,是以阶级关系的历史形式及其政治的、道德的、哲学的以及其他的后果为基础的。"①中国特色社会主义理论体系,坚持和发展了马克思列宁主义、毛泽东思想,凝结了几代中国共产党人带领人民探索实践的智慧和心血,是我们党最可宝贵的政治和精神财富。可以说,中国特色社会主义理论体系的形成,是我们生活的这个时代最重大的理论创新、最高的社会科学成就。正是由于集中体现了当今世界和当代中国发展变化对党和国家工作的新要求;集中体现了全党全国人

---

① 《马克思恩格斯全集》第 3 卷,人民出版社 1960 年版,第 544 页。

民的意志,集中体现了当代中国马克思主义的实践特色、民族特色、时代特色,中国特色社会主义理论体系构成了建设中国特色社会主义的共同思想基础。"理论一经掌握群众,也会变成物质力量"①。"理论在一个国家实现的程度,总是决定于理论满足这个国家的需要的程度。"中国改革开放和社会主义现代化建设伟大成就,雄辩地证明了中国特色社会主义理论体系对于改革开放和社会主义现代化建设的重大指导意义。

中国特色社会主义理论体系以其对中国社会主义建设特殊规律的科学揭示向全国人民展示了中国社会主义建设的正确道路,是实现社会主义现代化和民族复兴的唯一正途。实现现代化,复兴中华民族,是中国人民选择社会主义道路的根由所在。中华民族曾经有过汉唐盛世的辉煌,为人类文明的发展作出过巨大的历史贡献。但近代以来,在西方资本主义列强蹂躏和掠夺下,中华民族逐渐沦为半殖民地半封建社会,陷入了衰落的境地。走独立自主的现代化道路,实现中华民族的伟大复兴,成为一百多年来中华民族仁人志士不懈的追求和理想。中国人民最终选择社会主义道路,是历史的必然,人民的选择。这是社会条件本身塑造的历史进步的唯一可能性。新中国成立以来的社会主义实践也从客观上赋予马克思主义一种特殊的使命,要求马克思主义从具体国情出发为中国发展提供一条正确的道路和一种合理的模式。新中国成立以来的全部历史,就是中国共产党领导全国人民努力实现社会主义现代化的历史,就是中国共产党领导全国人民探索中国发展进步的社会主义道路的历史。正是在这一意义上,改革开放以来的历史,也就是中国共产党人探索中国社会主义发展新道路的历史。经过30年的艰辛探索,我们可以自信地说,我们终于形成了中国特色社会主义理论体系,找到了中国社会主义建设的正确道路。这条道路,就是在中国共产党领导下,立足基本国情,以经济建设为中心,坚持四项基本原则,坚持改革开放,解放和发展社会生产力,巩固和完善社会主义制度,建设社会主义市场经济、社会主义民主政治、社会主义先进文化、社会主义和谐社会,建设富强、民主、文明、和谐的社会主义现代化国家。沿着这条道路走下去,社会主义现代化和民族复兴的双重理想必然会实现。

中国特色社会主义理论体系以其对中国社会主义建设特殊规律的科学揭示为开拓中国特色社会主义更为广阔的发展前景竖立起一面前行的旗帜,是开拓中国特色社会主义事业新局面的科学指南。中国特色社会主义是一面旗帜。在这面旗帜的指引下,我们已经走了30年改革开放和社会主义现代化建设的历

---

① 《马克思恩格斯选集》第1卷,人民出版社1995年版,第9页。

程。在新的历史起点上坚持和发展中国特色社会主义理论体系,奋力开拓中国特色社会主义更为广阔的发展前景,是当代中国共产党人的庄严责任。科学发展观是我国经济社会发展的重要指导方针,是发展中国特色社会主义必须坚持和贯彻的重大战略思想。在新的发展阶段,深入贯彻落实科学发展观,是对中国特色社会主义理论体系的最好实践。我们应自觉地用中国特色社会主义理论体系指导客观世界和主观世界的改造,全面把握科学发展观的科学内涵、精神实质、根本要求,不断增强贯彻落实科学发展观的自觉性和坚定性,着力转变不适应不符合科学发展观的思想观念,着力解决影响和制约科学发展的突出问题,把全社会的发展积极性引导到科学发展上来,切实把科学发展观贯彻到社会主义现代化建设的各个领域、各个方面,努力使贯彻落实科学发展观的过程成为推动经济社会又好又快发展的过程。中国特色社会主义理论体系是不断发展的开放的理论体系,它排斥任何绝对化、教条化的态度。实践永无止境,创新永无止境。在改革开放和社会主义现代化建设新的征途上,我们要根据不断变化了的实际,坚持解放思想,不断解决新课题、实现新突破、开拓新境界。随着中国特色社会主义实践的不断深化,中国特色社会主义理论体系必将不断得到丰富和发展,中国特色社会主义道路必将越走越宽广。

二、中国特色社会主义理论体系对世界社会主义运动的深刻启示

作为科学社会主义基本原则同当代中国实际相结合的产物,中国特色社会主义理论体系既有社会主义的特殊,又有社会主义的一般。就其一般性而言,中国特色社会主义理论体系所回答和解决的某些问题,是当前社会主义国家共同面临的问题。只要在经济文化落后国家建设社会主义,就不能回避这些问题。正是从这一意义上,中国特色社会主义理论体系的形成,所回答和解决的已经不仅仅是关于中国社会主义建设的问题,在一定程度上也回答和解决了在经济文化相对落后国家如何建设、巩固和发展社会主义,如何实现现代化这一重大课题。因此,中国特色社会主义理论体系不仅对中国社会主义事业的健康发展具有重大的指导意义,又必将越出一国的范围而对世界社会主义运动产生积极的影响。

对于具有世界历史眼光的邓小平来说,中国特色社会主义理论与实践双重探索的意义,从来就不仅仅局限于中国自身。他指出:"现在我们干的是中国几千年来从未干过的事。这场改革不仅影响中国,而且会影响世界。"[①]"我们的改

---

① 《邓小平文选》第三卷,人民出版社 1993 年版,第 118 页。

革不仅在中国,而且在国际范围内也是一种试验,我们相信会成功。如果成功了,可以对世界上的社会主义事业和不发达国家的发展提供某些经验。"①中国特色社会主义理论体系所蕴涵的改革经验对于世界上其他社会主义国家以及第三世界国家的改革来说,无疑具有重要的启示。党的十七大全面概括了中国改革开放的历史经验,即把坚持马克思主义基本原理同推进马克思主义中国化结合起来,把坚持四项基本原则同坚持改革开放结合起来,把尊重人民首创精神同加强和改善党的领导结合起来,把坚持社会主义基本制度同发展社会主义市场经济结合起来,把推动经济基础变革同推动上层建筑改革结合起来,把发展社会生产力同提高全民族文明素质结合起来,把提高效率同促进社会公平结合起来,把坚持独立自主同参与经济全球化结合起来,把促进改革发展同保持社会稳定结合起来,把推进中国特色社会主义伟大事业同推进党的建设新的伟大工程结合起来。这"十个结合"从辩证唯物主义和历史唯物主义的高度,揭示了经济文化落后的社会主义国家建设社会主义、巩固和发展社会主义的本质要求和一般规律。

越南、古巴等社会主义国家借鉴中国经验,通过改革和革新,寻找反映时代特点和符合本国情况的社会主义发展道路,并取得了一定的成效。比如,越南在革新开放的过程中借鉴我国的社会主义初级阶段理论、社会主义市场经济理论等,将自己所处的历史阶段定位于"社会主义过渡时期的初级阶段",提出要建立"社会主义定向的市场经济"。越南在对中国共产党的建设经验进行广泛而深入研究的基础上,提出要"突破固有的思维","在党的领导下,不断革新管理的角色、职能以及方法"。正是借鉴了中国的成功经验,越南在一定程度上减少了内部争论对改革的阻碍,也避免了因政策失误导致的巨大损失,少走了弯路。在中国共产党十一届三中全会以来的重要文献西班牙文译本出版发行后,菲德尔·卡斯特罗就指出:"中国改革经验对古巴很重要。"古巴正加大改革力度,以推动经济发展为工作重心,进一步关注民生问题,以满足民众对经济发展的要求。无论在改革理论和政策还是改革思路和方法上,中国特色社会主义理论体系的世界意义正在逐步显示出来。

进一步而言,我们有充分的理由坚信,随着中国特色社会主义事业的不断发展,中国特色社会主义理论体系对于21世纪世界社会主义运动复兴的重大而深远的意义,必将不断地展现出来。20世纪90年代的苏联解体、东欧剧变,使世

---

① 《邓小平文选》第三卷,人民出版社1993年版,第135页。

界社会主义运动遭受了严重挫折,"历史终结论"甚嚣尘上。世界上所有关心社会主义前途命运和人类进步事业的人们对中国都投以期待的目光。作为中国特色社会主义理论体系和中国特色社会主义道路的开创者,邓小平对中国社会主义前途命运的思考,始终是与对世界社会主义运动前途命运的思考联系在一起的。他向世人宣告:"中国的社会主义是变不了的。中国肯定要沿着自己选择的社会主义道路走到底。谁也压不垮我们。只要中国不垮,世界上就有五分之一的人口在坚持社会主义。我们对社会主义的前途充满信心。"①他还指出:"一些国家出现严重曲折,社会主义好像被削弱了,但人民经受锻炼,从中吸取教训,将促使社会主义向着更加健康的方向发展。"②历史的发展证明了这一预见的科学性。在世界社会主义运动陷入低潮的不利条件下,社会主义中国不仅顶住了重重压力,一直发挥着世界社会主义运动的中流砥柱的作用,而且披荆斩棘,不断开拓社会主义理论和实践探索的新境界。30年中国改革开放和社会主义现代化建设事业的伟大成就,不仅以铁一般的事实证明了中国特色社会主义理论体系的科学性,而且以铁一般的事实证明了社会主义道路的正确性。这一成就的取得必将有助于各国共产党人坚定对马克思主义的信仰、对社会主义的信念,努力探求适合本国国情的社会主义理论和社会主义发展道路,从而推动世界社会主义运动走出低潮,走向复兴。

三、中国特色社会主义理论体系对人类进步事业的深远影响

随着生产力的不断发展和科学技术的不断进步,人类对自身和社会发展的认识也在不断地调整。可持续发展观念的提出并在世界范围内达成普遍共识,是人类面对生存环境危机对自身发展道路反思的结果。1992年在巴西里约热内卢召开了联合国环境与发展大会,标志着发展问题已经越过环境问题的边界而扩大为对社会、经济和自然问题的全面关注。坚持以人为本,全面、协调、可持续发展,既是13亿中国人民为实现社会主义现代化作出的自觉选择,也是作为世界上人口最多、发展速度最快的发展中国家为实现人类可持续发展作出的郑重宣言,是对全球可持续发展的积极呼应。

应该看到,中国特色社会主义理论体系所倡导的发展观与西方所倡导的可持续发展理念的根本差异。从实质上说,西方的发展观是资本主导下意识形态

---

① 《邓小平文选》第三卷,人民出版社1993年版,第320—321页。
② 同上书,第383页。

的反映,服务于资本增殖的需要。资本主义市场经济不可能逾越资本主义生产方式的框架,资本所追求的是可持续增殖,绝非经济社会和自然环境的可持续发展。马克思对资本主义现代性的内在矛盾进行了深刻的揭示:"在我们这个时代,每一种事物好像都包含有自己的反面。我们看到,机器具有减少人类劳动和使劳动更有成效的神奇力量,然而却引起了饥饿和过度的疲劳。财富的新源泉,由于某种奇怪的、不可思议的魔力而变成贫困的源泉。技术的胜利,似乎是以道德的败坏为代价换来的。随着人类愈益控制自然,个人却似乎愈益成为别人的奴隶或自身的卑劣行为的奴隶。甚至科学的纯洁光辉仿佛也只能在愚昧无知的黑暗背景上闪耀。我们的一切发现和进步,似乎结果是使物质力量成为有智慧的生命,而人的生命则化为愚钝的物质力量。"①以往人类历史上任何一个时代不能想象的工业和科学的力量和人与人、人与自然之间的畸形关系,并行不悖地存在于资本主义生产的全部过程之中。只要资本主义生产方式不发生实质性的变革,在资本主义制度构架内,不论其发展理念如何美好、发展模式如何创新,人类在发展过程中面临的种种现代性问题都无法得到彻底的解决,它作出的努力只具有改良性的意义。正如美国学者理查德·布隆克所说:"自由市场这看不见的手,尽管它一样有不可怀疑的力量,但是它仍不足以确保许多牵涉到人类幸福以及能让人们对人类进步抱乐观态度的社会目标的实现"②。

　　科学发展观是立足于社会主义初级阶段基本国情,总结我国发展实践,借鉴国外发展经验,适应新的发展要求提出来的。就其蕴涵的一般性而言,无论在发展本质、发展目的还是在发展所依托的制度和体制方面,科学发展观都以鲜明的社会主义价值属性和依托的社会主义制度保障与西方发展观从根本上区别开来,是对西方发展观的历史性超越。正如胡锦涛所强调的,遵循人类社会发展规律并依照马克思主义价值观建立起来的社会主义制度,其本质就是要求经济社会和自然环境的全面、协调、可持续发展并为之提供切实的制度保障。科学发展观强调的"以人为本",是蕴涵社会主义发展主体、发展动力、发展目的的总体性概念。它阐明的社会主义的发展,一定要充分尊重人民群众作为发展主体的历史地位,坚持人民群众是发展的根本动力,人民的利益是一切工作的出发点和落脚点,不断满足人民群众的多方面需求和促进人的全面发展是我们追求的最高目标。作为社会主义发展观的一次新概括和新总结,科学发展观坚持以人为本

　　①　《马克思恩格斯选集》第1卷,人民出版社1995年版,第775页。
　　②　理查德·布隆克:《质疑自由市场经济》,江苏人民出版社2000年版,第5页。

与尊重社会发展规律相统一,坚持以经济建设为中心与社会全面发展相统一,坚持人的发展与尊重自然相统一,开拓了马克思主义发展观的新境界。可以认为,中国特色社会主义理论体系对什么是发展、为什么发展、怎样发展,发展为了谁、发展依靠谁、发展成果由谁享有等重大问题上所取得的理论成果,使我们党对发展问题的认识达到了新的高度,标志着人类一种新型发展模式的创立,昭示了人类发展的新途径,是中国共产党和中国人民对人类进步事业作出的重大贡献。

　　随着经济全球化的深入发展,中国的前途命运日益紧密地同世界的前途命运联系在一起。中国共产党高扬中国特色社会主义的伟大旗帜,向全世界昭告自己的理论创新成果,所显示的是一份自信,是一份社会主义的自信;所展示的是一个启示,一个关于人类未来选择的启示。中国特色社会主义的成功实践以铁一般的事实向世人昭告:当今世界,马克思主义的基本原理并没有过时,社会主义仍然是迄今为止人类社会最先进的社会制度,社会主义取代资本主义仍然是人类社会发展的必然趋势。我们有充分的理由相信,随着科学发展观的深入贯彻,随着中国特色社会主义事业的不断发展,中国特色社会主义理论体系对于人类进步事业的意义必将进一步展现出来。正如邓小平所说:到21世纪中叶,中国基本实现社会主义现代化,"这不但是给占世界总人口四分之三的第三世界走出了一条路,更重要的是向人类表明,社会主义是必由之路,社会主义优于资本主义。"①

---

　　①　《邓小平文选》第三卷,人民出版社1993年版,第225页。

后　记

　　作为国家社科基金重大项目"中国特色社会主义理论体系若干重大问题研究"（项目编号07&ZD001）的阶段性成果，我们撰写的《中国特色社会主义理论体系新论》一书，坚持历史与逻辑相一致、理论与实践相结合的原则，站在总结中国近现代历史发展和世界社会主义运动的实践经验和理论成果的高度，全面论述中国特色社会主义理论体系的时代背景、实践基础、思想渊源、发展历程、科学内涵、精神实质、历史地位和指导意义等一系列重大问题。该书既反映中国特色社会主义理论体系的科学性、完整性，又突出中国特色社会主义理论体系的实践性、开放性，力求揭示中国特色社会主义理论产生、发展的历史脉络，揭示其内在的逻辑结构和丰富内涵，揭示其理论创新意义和实践指导作用。

　　该书是项目负责人联系和组织中国社会科学院马克思主义研究院的专家学者，以及中国社会科学院研究生院、四川大学、苏州大学、西南交通大学、重庆邮电大学、西南科技大学、南京师范大学、四川师范大学、陕西师范大学、辽宁师范大学、哈尔滨师范大学、北方工业大学、重庆工学院等兄弟院校的教学科研骨干集体攻关的结晶。罗文东作为项目负责人拟定写作提纲，并审改了全部书稿。吴波协助主编拟定写作提纲，并审改了第1、12、15、16、17章，代金平协助主编审改了第4、5、7、10、14章。中国社科院研究生院马克思主义研究系的博士生李龙强协助校改了主要的引文注释。该书具体写作分工如下：导论、第六章和第九章：罗文东；第一章：赵万江；第二章：徐晓风；第三章：许建文；第四章：朱炳元；第五章：马桂萍；第七章：李杰；第八章：黄金辉、王洪树；第十章：高宜新、张帆；第十一章：陈志刚；第十二章：王永贵、洪光东；第十三章：吕静；第十四章：陈答才、王明；第十五章：袁本文；第十六章：代金平、闵绪国；第十七章：吕薇洲；第十八章：吴波、张晓敏。由于中国特色社会主义理论体系研究起步较晚，该书虽然参考了国内外有关研究资料和成果，但受各方面条件所限，疏漏在所难免，恳请同行专家和读者批评指正！

　　人民出版社对该书的出版给予了大力支持。特别是方国根编审、夏青编辑就本书的写作与出版多次与主编联系,并对书稿的修改提出了许多宝贵的意见,付出了大量的精力和心血!在此,对人民出版社和方国根编审、夏青编辑表示衷心的感谢!

罗文东
2008 年 8 月 6 日

责任编辑:夏　青
版式设计:陈　岩

图书在版编目(CIP)数据

中国特色社会主义理论体系新论/罗文东　主编. -北京:人民出版社,2008.10
ISBN 978 - 7 - 01 - 007338 - 5

Ⅰ. 中…　Ⅱ. 罗…　Ⅲ. 中国特色-社会主义建设模式-理论研究　Ⅳ. D616

中国版本图书馆 CIP 数据核字(2008)第 145845 号

中国特色社会主义理论体系新论
ZHONGGUOTESE SHEHUIZHUYI LILUNTIXI XINLUN

罗文东　主　编

吴　波　代金平　副主编

人 民 出 版 社 出版发行
(100706　北京朝阳门内大街166号)

北京集惠印刷有限责任公司印刷　新华书店经销

2008 年 10 月第 1 版　2008 年 10 月北京第 1 次印刷
开本:710 毫米×1000 毫米 1/16　印张:25
字数:430 千字　印数:0,001 - 5,000 册

ISBN 978 - 7 - 01 - 007338 - 5　定价:46.00 元

邮购地址 100706　北京朝阳门内大街166号
人民东方图书销售中心　电话 (010)65250042　65289539